W0468875

Robert L. Wolke

Drei Sterne für Einstein & Co.

Robert L. Wolke

Drei Sterne für Einstein & Co.

Neues aus der Küchenwissenschaft

Mit Rezepten von Marlene Parrish

Aus dem Amerikanischen von
Helmut Reuter

Piper
München Zürich

Die Originalausgabe erschien 2005 unter dem Titel
»What Einstein Told His Cook 2«
bei W. W. Norton, New York / London.

Gegenüber der Originalausgabe wurden für die deutsche Ausgabe Kürzungen vorgenommen.

FSC
Mix
Produktgruppe aus vorbildlich bewirtschafteten Wäldern und anderen kontrollierten Herkünften
Zert.-Nr. GFA-COC-1223
www.fsc.org
© 1996 Forest Stewardship Council

ISBN 978-3-492-04677-0
© 2005 by Robert L. Wolke
© (für die Rezepte) 2005 by Marlene Parrish
Deutsche Ausgabe:
© Piper Verlag GmbH, München 2007
Gesamtherstellung: Clausen & Bosse, Leck
Printed in Germany

www.piper.de

Dieses Buch widme ich wie mein ganzes Leben meiner Frau, Gefährtin, Motivatorin und liebevollsten Kritikerin Marlene Parrish, die sich selbst als Einsteins Köchin bezeichnet.

INHALT

Einführung

Dies ist das insgesamt vierte Buch der Reihe, die sich, ohne dass ich es zunächst so geplant hatte, zu meiner »Einstein-Serie« entwickelt hat, und das zweite, das sich mit dem Essen befasst.* Aber was das angeht, so habe ich den Verlauf meiner Karrieren nie vorher geplant, sondern bin einfach dem Rat von Yogi Berra gefolgt: Wo immer mein Weg mich an eine Abzweigung führte, so nahm ich sie. Eine Reihe solcher Weggabeln hat mich von der Lehre und Forschung in Nuklearchemie zum Autor von Lehrbüchern werden lassen, in die Universitätsverwaltung und dann zum Journalismus gebracht und zuletzt zum Autor unterhaltsamer Sachbücher gemacht. Vor einigen Jahren verließ ich die akademische Laufbahn, um meine ganze Zeit dem Schreiben zu widmen, das ich ebenso liebe wie Wissenschaft und Lehre – was unter anderem zu den »Einstein-Büchern« geführt hat.

Warum aber sollte ein Chemieprofessor über das Essen schreiben? Nun, zum einen hat mich gutes Essen, seit ich erstmals damit zu tun hatte, stets fasziniert – das war nicht auf den Knien meiner Mutter, sondern ungefähr zwanzig Jahre später an der Universität. Das College of Home Economics (Hauswirtschaftsinstitut) der Cornell-Uni-

---

* In deutscher Sprache sind alle im Piper Verlag erschienen, wobei der erste Band mit dem Titel »Woher weiß die Seife, was der Schmutz ist« noch auf Einstein als Galionsfigur verzichtete. – Anm. d. Ü.

versität (inzwischen ist es zum Fachbereich Ernährungswissenschaften geworden) betrieb eine Cafeteria, in der die Produkte der Kochklassen zu Preisen angeboten wurden, die sich ein Uni-Assistent leisten konnte. Auf der Karte standen Speisen, von denen ich nie zuvor gehört hatte, und sie waren mit einer Sorgfalt und Hingabe zubereitet, zu der nur ein künftiger Meisterkoch imstande sein konnte. So war es vielleicht abzusehen, dass ich meine Vorlieben für Wissenschaft, Lehre, Schreiben und Essen eines Tages miteinander verbinden und zwischen Buchdeckel betten würde. Als krönender Glücksfall kam dann die Ehe mit meiner fünften Liebe (in zeitlicher Hinsicht, nicht als Rangfolge) hinzu: Marlene Parrish, Restaurantkritikerin und Journalistin für kulinarische Themen und voller Leidenschaft für … nun, für alles, dem auch meine Leidenschaft gilt.

Als Albert Einstein 1935 das erste Mal seine Küche in der Mercer Street 112 in Princeton, New Jersey, betrat, sah er selbstverständlich einen Herd. Im Geiste sah er aber auch ein Gerät vor sich, das die chemische Energie von Holz oder Gas in Wärmeenergie umwandelt und diese Energie auf ein Hühnchen überträgt. Natürlich minderte das alles keineswegs den anschließenden Genuss an dem Hühnchen, aber es gab seinem Essen möglicherweise eine zusätzliche Würze, die weniger wissenschaftlich eingestimmte Köpfe vielleicht nicht wahrgenommen hätten.

Wissenschaft ist eine Art geistiger Würze, die den Dingen des Alltags, zu denen nicht zuletzt das Essen gehört, Tiefe und zusätzlichen Reiz verleiht. Dass uns das Essen Vergnügen bereitet und den Körper ernährt, ist klar. *Versteht* man seine Nahrung aber – wo kommt sie her, woraus besteht sie, was geschieht, wenn wir sie kochen, und das alles im Zusammenhang der vielen Erfahrungen und

Umstände, aus denen sich die Welt der Gastronomie aufbaut –, so nährt das unseren Geist und steigert den Genuss am Kochen und Essen sehr.

Einem Klischee zufolge ist Kochen gleich Chemie. Das stimmt zwar, aber für die Abläufe in der Küche sind auch andere Wissenschaftszweige interessant. Beispielsweise die Physik für die Wärmeübertragung, die Mechanik für das Schlagen und Emulgieren, die Mikrobiologie für die Fermentierung, die Anatomie für verschiedene Fleischarten, die Ingenieurstechnik für Geräte und Ausstattung und die Technologie für die Herstellung und Verpackung industriell hergestellter Lebensmittel – und noch vor alledem kommen Agrarwissenschaft und landwirtschaftliche Tierkunde für die Bauernhöfe. Küchenwissenschaft beschränkt sich nicht auf die bloße Chemie des Kochens. Sie umfasst vieles von dem, was ich als »Denken über den Tellerrand hinaus« bezeichne.

So ist dieses Buch eine nach Wahrheit strebende Erkundung von Bauernhöfen, Märkten und Küchen, durchgeführt von einem Wissenschaftler – ganz gewiss keinem Einstein, aber doch einem Wissenschaftler mit angeborener Wissbegierde für alles, was er sieht, und dem Drang, seine Freude am Wissen mit anderen zu teilen.

Wo immer es möglich war, habe ich Vorstellungen erklärt, ohne auf die Fachsprache zurückzugreifen, und dazu Beispiele und Bilder verwendet, die auf den Alltag bezogen sind. Dennoch stelle ich die entsprechende wissenschaftliche Terminologie in kursiver Schrift in Klammern vor, damit meine Leserinnen bzw. Leser sie mit anderer Lektüre verknüpfen und nach Belieben in fachspezifischeren Werken weiterverfolgen können.

In wissenschaftlicher Hinsicht ist das vorliegende Buch um einiges tiefer und reichhaltiger als sein Vorgänger (»Was Einstein seinem Koch erzählte«), was dem wachsenden Appetit der berufenen wie der beruflichen Fans guten Essens nach Wissenschaft Rechnung trägt. Die fachspezifischeren Einzelheiten habe ich als »Extraportion Küchenwissenschaft« getrennt abgehandelt – je nach Reichweite des wissenschaftlichen Interesses bleibt es dem Leser überlassen, sie zu lesen oder zu überspringen. Wer sie auslässt, verliert damit nicht den Zusammenhang mit dem übrigen Text, vor allem, weil die Einheiten aus Frage und Antwort darauf angelegt sind, dass man sie unabhängig von den anderen lesen kann, wo immer man das Buch aufschlägt.

Wenn Hunger, wie Cervantes im *Don Quijote* schrieb, die beste *Sauce* der Welt ist, so ist Humor der beste *Digestif.* Meiner Meinung nach gibt es nur wenige Themen oder Umstände, die nicht mit einer Prise Humor schmackhafter und verdaulicher zu machen wären. So wie Essen und Kochen Vergnügen bereiten können, so kann – und sollte – auch Wissenschaft Spaß machen. In diesem Sinn habe ich mich nicht (sehr) zurückgehalten, eine ironische Anmerkung unterzubringen, wo immer sie passend zu sein schien.

Schließlich kann man das Essen nicht wirklich genießen, wenn man nicht ab und zu das Gesicht zu einem Lächeln verzieht.

Kleine Anmerkung des Autors: *Dieses Buch ist durch und durch natürlich und nicht an Tieren getestet worden.*

1. KAPITEL

Was zu trinken?

Was sagt die Bedienung als erstes, sobald man seinen Platz im Restaurant eingenommen hat? In den USA: »Hallo, ich heiße Bruce / Anne und bin Ihr / e Kellner / in. Was darf ich Ihnen zu trinken bringen?«

Bis jetzt ist es mir gelungen, die folgenden Antworten für mich zu behalten: »Sehr erfreut. Ich heiße Bob und bin Ihr Gast. Ich bin in erster Linie hier, um zu essen.«

Ich habe häufig den Verdacht, dass viele Leute auf die Frage »Was darf ich Ihnen zu trinken bringen?« die erstbeste Flüssigkeit nennen, die ihnen einfällt, angefangen bei einem Aperitif oder Cocktail bis zum Eistee und dem unvermeidlichen *Cola light*, nur weil sie glauben, so etwas würde von ihnen erwartet. Aber vielleicht trauen sie sich auch einfach nicht, »Nur Wasser, bitte« zu antworten, weil sie die Frage fürchten, die dann oft folgt: »Flasche oder Leitungswasser?« Denn die sollte so beantwortet werden, dass man das Etikett »Geizhals« von sich abwehren kann – ähnlich wie ein Priester, der gegen einen Vampir mit dem Weihrauchfass wedelt.

Wenn wir ans Trinken denken, müssen wir die nur allzu verbreitete Bedeutung eines »Drinks« in unserer Gesellschaft meiden. »Geh'n wir was trinken« ist selten eine Aufforderung, sich ein Glas Karottensaft zu teilen, sondern hat sehr viel damit zu tun, dass man alkoholische Getränke zu sich nimmt. Und wenn man von jemandem sagt: »Er trinkt zu viel«, dann ist der sicher nicht süchtig auf Milchmixgetränke. Was Schnäpse angeht, umschreibt man den harten Sachverhalt auch gern mal mit blumigen Bezeichnungen: einen zwitschern, kippen, verlöten, heben …

Wenn wir von Getränken reden, so dreht es sich dennoch in erster Linie um Wasser. Alles, was wir trinken, besteht zu etwa 90 Prozent aus Wasser, der universellen Flüssigkeit auf Erden, ohne die wir nicht leben können.

Coke und Pepsi enthalten 89 Gewichtsprozent Wasser, bei Milch und Orangensaft sind es 88 Prozent und bei Kaffee und Tee mehr als 99 Prozent. Weine liegen im Schnitt bei 87 Prozent, während ein handelsüblicher Whisky, der bekanntlich einen erheblichen Anteil einer anderen Flüssigkeit namens Äthylalkohol enthält, nur mit etwa 67 Gewichtsprozent Wasser aufwarten kann.

Wie wird unser physiologisches System mit der Aufnahme all dieser Flüssigkeiten fertig? Unmittelbar nach dem Mund folgt der Rachen, in den zwei Röhren münden – die Luftröhre für den Atem und die Speiseröhre für Nahrung und Getränke. Deshalb kann das Schlucken von Flüssigkeiten oder halbfester Nahrung eine riskante Angelegenheit werden, falls etwas »in den falschen Hals« gerät und unsere Luftzufuhr drosselt. Die Natur hat uns deswegen mit einer komplexen Abfolge von Muskelreflexen ausgestattet und mit Klappen, die sich öffnen und schließen, damit Speisen und Getränke via Speiseröhre in den Magen wandern und nicht in die Luftröhre oder in die Nasenhöhle gelangen.

Nachdem wir zum Nutzen aller außerirdischen Besucher das Offensichtliche breitgetreten haben, wollen wir nun unsere gemeinsame (literarische) Mahlzeit mit einer Auswahl von »etwas zu trinken« beginnen.

Cola im Eis? Weiß!

Jemand in meiner Familie (ich habe da einen Verdacht) hat eine halbvolle Plastikflasche Cola in das Gefrierfach des Kühlschranks gelegt. Als ich die Flasche ein paar Tage später entdeckte, sah ich zu meiner Überraschung, dass der Inhalt zu spitzen Kristallen aus reinem, weißem Eis gefroren war, das sich von einer braunen, nicht gefrorenen Flüssigkeit abhob. Warum war das eisige Cola nicht braun wie die ursprüngliche Flüssigkeit?

Verfolgen wir mal, welchem Schicksal die Cola ausgesetzt war, nachdem dieser Schlingel sie ins Gefrierfach befördert hat – möglicherweise in der irregeleiteten Absicht, sie bis zum nächsten Durstanfall schön frisch und prickelnd zu erhalten.

Alle Flüssigkeiten werden fest – sie gefrieren –, wenn man sie hinreichend abkühlt. Reines Wasser wird bei 0 °C zu Eis, aber Cola besteht nicht aus reinem Wasser. Bei weitem nicht. Sie enthält Aromastoffe, Phosphorsäure, Farb- und Süßmittel in Form von Zucker, Maissirup oder künstlichen Süßstoffen. Den weitaus größten Anteil der Moleküle in der Flasche stellt jedoch immer noch das gute alte H_2O. Wenn diese Moleküle einfrieren, weil sie kalt genug sind, vereinen sie sich zu einem starren Gitterwerk – jener geometrisch regelmäßigen, dreidimensionalen Anordnung von H_2O-Molekülen, die wir Eis nennen. Die Moleküle im Eis sind tatsächlich so fest an ihren Ort gebunden, dass man sie nur schwer voneinander trennen kann. Deshalb ist Eis (Überraschung!) ein sehr viel härterer Stoff als flüssiges Wasser.

Weil im Cola aber auch all die anderen, nicht aus H_2O bestehenden Moleküle Platz beanspruchen, fällt es den Wassermolekülen schwerer, einander zu finden und sich zu Eiskristallen zusammenzuschließen. Deshalb musste die Brause unter die üblichen 0 °C abgekühlt werden, ehe sie einfrieren konnte.

Dennoch gefror sie schließlich – die Wassermoleküle wurden am Ende so langsam, dass sie sich bequem an ihrem Platz einnisten konnten. Dabei gelang es ihnen, all die fremden Moleküle zu verdrängen, weshalb das von ihnen gebildete Eis relativ »rein« war. Dieses weiße Eis haben Sie gesehen. Die »braunen Moleküle« blieben alle zurück.

Aus dem gleichen Grund bestehen die Eisschollen in der Arktis aus relativ salzfreiem Eis – obwohl sie aus salzigem Meerwasser ausgefroren sind.

Auch der Tee: Heiter bis wolkig!

Wenn ich Tee frisch zubereite, ist er zunächst immer schön klar. Im Kühlschrank trübt er sich aber oft ein. Wie kommt das, und wie kann ich dem vorbeugen?

Teeblätter enthalten Tannine (Gerbstoffe), eine lose Sammlung chemischer Verbindungen, die dem Tee viel von seinem Geschmack und seinem Körper mitgeben, insbesondere jenen herben, zusammenziehenden Effekt im Mund. Im Wasser bilden sie, solange es nicht zu kalt oder leicht alkalisch ist, eine klare Lösung. »Wolkig« wird der Tee, wenn einige der Tannine des heißen Tees mit zunehmender Abkühlung als kleine feste Teilchen aus der Lösung ausfallen. Außerdem kann er sich eintrüben, wenn Tannine mit dem im Tee enthaltenen Koffein reagieren.

Tannine sind in gewissem Umfang in den meisten pflanzlichen Stoffen vorhanden, besonders stark aber in

Galläpfeln (abnormen Zellwucherungen) von Eichen, in bestimmten Baumrinden, Hölzern, Wurzeln und Nussschalen.

Jedes Tannin ist wasserlöslich, aber welche Menge jeweils in einer gegebenen Wassermenge aufzulösen ist (seine *Löslichkeit*), hängt von der Temperatur des Wassers ab und davon, wie alkalisch oder sauer das Wasser ist. Verwendet man heißes Wasser, um starken Tee zuzubereiten (das ist der erste Schritt zum *Eistee*), dann extrahiert es den größten Teil der Tannine aus den Blättern. Kühlt man die Lösung dann mit Eiswürfeln ab, können diese Tannine nicht vollständig gelöst bleiben und fallen als feine, suspendierte feste Teilchen aus, die den Tee »wolkig« erscheinen lassen.

In sauren Lösungen sind Tannine besser löslich. Wenn man also eine Säure wie Zitronensaft in den Tee gießt, lösen sich alle festen Teilchen der Tannine auf, und die Trübung verschwindet wieder.

Wenn man Tee mit hartem Wasser zubereitet – also mit Wasser, das gelöste Kalzium- oder Magnesiumsalze enthält –, können auch diese Mineralien mit den Tanninen reagieren und relativ unlösliche komplexe Verbindungen bilden. Das ergibt ebenfalls eine Trübung, besonders dann, wenn man den Tee anschließend kühlt.

Wer in einer Gegend mit hartem Wasser lebt, kann es mit ein wenig Zitronensaft versuchen, um eine Trübung wieder klar werden zu lassen. Oder man brüht seinen Tee mit destilliertem oder enthärtetem Wasser auf. Man kann auch die Teesorte wechseln, weil einige Tees wie Assam oder Darjeeling mehr Tannine enthalten und deshalb eher zur »Wolkenbildung« neigen als andere, beispielsweise Ceylon-Tee.

Die Extraportion Küchenwissenschaft

Die Bezeichnungen *Gerbstoff* und *Gerbsäure* werden oft unterschiedslos verwendet – aber nicht von Chemikern und anderen pingeligen Typen. *Gerbsäure* ist eine spezielle chemische Verbindung namens Penta-m-Digalloylglukose mit hohem Molekulargewicht und der Summenformel $C_{76}H_{52}O_{46}$. Die Bezeichnung *Tannine* (*Gerbstoffe*) steht dagegen für eine ganze Klasse komplexer pflanzlicher Verbindungen, zu denen zufällig auch die Gerbsäure gehört. Die Gattungsbezeichnung Tannine tragen sie nicht aufgrund einer bestimmten chemischen Ähnlichkeit (obwohl es sich überwiegend um sogenannte Polyphenole handelt), sondern weil sie in früheren Zeiten dazu verwendet worden sind, Häute zu gerben: rohe Tierhäute in Leder umzuwandeln, was ihre Haltbarkeit und Widerstandsfähigkeit gegen Hitze, Wasser, Bakterien und Pilze stärkte.

Die Polyphenole der Gerbstoffe verwandeln Häute in Leder, weil sie mit Proteinen der Haut reagieren und dabei unlösliche, leimähnliche Substanzen bilden, welche die Proteinfasern fest miteinander verkleben. In dieser verdichteten, trockenen Form ist die Haut viel kräftiger und dauerhafter als rohes Tierfell.

Eine völlig andere Angelegenheit ist es, das eigene Fell zu bräunen (oder zu gerben, wenn man so will). Es ist nicht zu empfehlen, den eigenen Leib in starkem Tee oder einem Extrakt aus gekochten Eichengalläpfeln einzuweichen. Setzt man die menschliche Haut hingegen dem Sonnenlicht aus, wird sie dazu angeregt, das dunkle Pigment Melanin zu bilden. Sogenannte selbstbräunende Lotionen (die sich übrigens keineswegs selbst bräunen, sondern die Haut des Anwenders) enthalten gewöhnlich Dihydroxyaceton oder DHA, eine farblose Verbindung, die mit den Aminosäuren in den äußeren Zellen der Epidermis (dem *Stratum corneum*, der Hornschicht) reagiert und so eine Vielzahl dunkler Reaktionsprodukte hervorbringt.

Grün ist besser (keine Wahlwerbung!)

Heutzutage hört und liest man immer wieder etwas über grünen Tee. Aber ist nicht jeder Tee am Anfang grün? Gibt es Teepflanzen mit andersfarbigen Blättern, oder werden bestimmte Teesorten erst gepflückt, wenn das Grün verschwunden ist? Kürzlich habe ich grünen Tee gekauft, aber er sieht ziemlich schwarz und absolut nicht grün aus.

Alle Teesorten stammen von der einen und einzigen Teepflanze *Camellia sinensis* ab, deren Blätter an der lebenden Pflanze mit Sicherheit chlorophyllgrün sind. Je nach der weiteren Verarbeitung der Blätter unterscheidet man aber drei Sorten: den grünen Tee, der vor allem im Fernen Osten konsumiert wird, den schwarzen Tee, wie ihn die Engländer und andere Leute im Westen bevorzugen, und den Oolong (»Schwarzer Drache«), der geschmacklich zwischen dem schwarzen und dem grünen liegt.

Abgesehen davon gibt es eine verwirrende Vielzahl von Namen für Dutzende Teesorten, je nach Herkunftsort, Blattgröße sowie hinzugefügten Aromen, etwa Jasmin, Bergamotteöl (»Earl Grey«) und Orangenblüten.

Auf alle Fälle werden zunächst die Blätter von den Pflanzen gepflückt. Diese Blätter lässt man welken und Feuchtigkeit abgeben (gewöhnlich mit Hilfe von Warmluft oder auf die eher traditionelle Weise an der Sonne). Danach geht es mit grünen, schwarzen oder Oolong-Tees auf je unterschiedliche Art weiter:

Blätter, die man als grünen Tee in den Handel bringen will, werden mit Dampf bestrahlt oder auf Eisenpfannen geröstet, was die Enzyme in den Pflanzenzellen deaktiviert (siehe »Was sind Enzyme?«, S. 23) und die sogenannte Fermentierung verhindert, der die schwarzen und die Oolong-Tees unterzogen werden. Die Blätter für den grünen Tee werden so lange getrocknet, bis der Feuchtigkeitsgehalt bei etwa 3 Prozent liegt, worauf man sie in kleinere Stücke bricht oder pulverisiert.

Bei schwarzem Tee und Oolong werden die angewelkten Blätter durch die kreisenden Zylinder einer Rollmaschine geschickt, wodurch sie sich einrollen. Dabei brechen die Zellwände auf, was den Zellsaft mit dem Luftsauerstoff in Verbindung bringt und ein Enzym (die Polyphenoloxidase) freisetzt. Dieses Enzym lässt die Tannine oder Polyphenole in den Blättern oxidieren. Bei den Oxidationsreaktionen entstehen unter anderem orangerote und kupferfarbene Verbindungen, die Theaflavine und Thearubigine, denen der Tee die anregende Frische bzw. die starke Farbe verdankt. Diese Oxidation wird fast immer, aber fälschlicherweise, als Fermentation bezeichnet, obwohl Hefen und Bakterien nichts damit zu tun haben – es ist ein rein chemischer und kein biologischer Vorgang.

Der Unterschied zwischen Oolong und schwarzem Tee kommt zustande, weil man den Oxidationsvorgang beim schwarzen Tee einige Stunden lang ablaufen lässt, beim Oolong dagegen nur etwa die halbe Zeit. Um einen Tee mit herausragendem Geschmack zu erhalten, muss man dabei Zeit und Temperatur genau kontrollieren. Am Ende stoppt man den Oxidationsvorgang, indem man das dafür verantwortliche Enzym mit heißer Luft deaktiviert, wie das auch bei der Herstellung von grünem Tee geschieht. So wird aus grünem Tee ein helleres Getränk als aus schwarzem, weil er weniger Theaflavine und Thearubigine enthält.

Letztlich hängen die geschmacklichen Eigenheiten eines Tees aber nicht allein davon ab, wie die Blätter verarbeitet werden, sondern auch davon, wo der Busch wächst, dazu vom örtlichen Klima, der Jahreszeit der Pflückung und der Position der geernteten Blätter an der Pflanze.

Alle dem grünen Tee nachgesagten gesundheitsfördernden Wirkungen haben vermutlich etwas mit der Tatsache zu tun, dass dessen Polyphenole nicht oxidiert worden sind – und diese Verbindungen sind Antioxidantien: Sie schlucken freie Radikale, die für Alterungs- und Krankheitsprozesse verantwortlich gemacht werden.

Ich persönlich trinke morgens immer grünen Tee statt Kaffee.

Die Extraportion Küchenwissenschaft: Was sind Enzyme?

Enzyme sind vermutlich genauso oft missverstanden worden wie Bedienungsanleitungen für Videorekorder. Zwar weiß wohl jeder, dass Enzyme in allem Lebendigen eine entscheidende Rolle spielen, aber worum handelt es sich dabei wirklich? Sind sie lebendig wie Bakterien? Nein. Es sind chemische Verbindungen – fast ausnahmslos Proteine –, welche die für alle Organismen (Pflanzen wie Tiere) wesentlichen komplexen chemischen Reaktionen beschleunigen. Anders gesagt, Enzyme sind *Katalysatoren*, also Substanzen, die chemische Reaktionen schneller ablaufen lassen. Ohne Enzyme würde die Chemie des Lebens (falls sie überhaupt stattfände) so langsam vor sich gehen, dass wir allesamt tot wären, bevor wir geboren würden …

Das Molekül eines Enzyms verrichtet seine Aufgabe, wenn ein spezieller Teil (das *aktive Zentrum*) mit einer bestimmten Verbindung, dem dazugehörigen *Substrat*, reagiert und dieses dazu befähigt, tausend- oder millionenfach schneller als ohne das Enzym an lebenswichtigen chemischen Prozessen teilzunehmen. Die Moleküle eines Enzyms besitzen eine für dieses Enzym spezifische Gestalt, die nur mit einem ganz bestimmten Substrat reagieren kann, so dass nur eine spezielle chemische Reaktion katalysiert wird. Es gibt für jeden der vielen hundert chemischen Vorgänge, die das Leben aller Pflanzen und Tiere ausmachen, jeweils ein einzigartiges Enzym.

So sind beispielsweise die Lösung von Kohlendioxid aus dem Körpergewebe des Menschen in den Blutstrom und dessen anschließende Rückführung in das freie Gas, das über die Lungen ausgeatmet wird, unverzichtbare Lebensvorgänge. Ohne das Enzym *Kohlensäureanhydrase* würden diese Prozesse so langsam ablaufen, dass wir nicht überleben könnten. Die Kohlensäureanhydrase lässt diese Reaktion zehnmillionenmal schneller stattfinden. Jedes einzelne Molekül dieses Enzyms kann seine Beschleunigungshilfe pro Sekunde an eine Million Kohlendioxidmoleküle weitergeben.

Den Namen eines Enzyms bildet man, indem man an eine kurze Beschreibung seiner Funktion die Nachsilbe *-ase* anhängt. Das Tee-Enzym heißt demnach Polyphenoloxidase, weil es Polyphenole oxidieren lässt. Wenn es Enzyme gäbe, mit denen die Glasur verschiedener Töpferwaren beschleunigt würde, so könnte man diese vielleicht als Vasenglasurasen bezeichnen.

Lackmustee

Warum nimmt mein Tee eine hellere Farbe an, wenn ich Zitronensaft dazugebe? Andererseits pflegte meine Großmutter ihren Tee mit einer Prise Backnatron zu behandeln, worauf er so dunkel wie Cognac wurde. Was wusste sie, wovon ich keine Ahnung habe?

Sind Sie sicher, dass es *kein* Cognac war? Könnte die Oma vielleicht (Al Capone lässt grüßen) ein wenig aus der Teetasse gesüffelt haben?

Na schön, glauben wir ihr, was sie gesagt hat. Hier folgt, was in den Tassen jeweils abgelaufen ist.

Haben Sie schon mal von einem Lackmustest gehört, der zeigen soll, ob zum Beispiel ein Politiker bei einer bestimmten Frage auf der einen oder der anderen Seite steht? Nun, Lackmus ist ein aus Flechten gewonnener Farbstoff, der in saurer Umgebung rot und in basischer (alkalischer) Umgebung blau ist. Anders als ein Politiker gibt Lackmus eine klare Antwort: Entweder sauer oder alkalisch.

Die Chemiker bezeichnen Lackmus als einen *Säure-Base-Indikator.* Einige der Tannine des Tees sind ebenfalls ein solcher Indikator – in saurer Umgebung zeigen sie eine andere Farbe als in basischem Milieu. Der hinzugegebene Zitronensaft lässt einige der Tee-Tannine gelb werden, während Omas Backnatron ein rötliches Braun hervorruft.

Auch das Pigment im Rotkohl ist ein Säure-Base-Indikator, es gehört zu einer Klasse farbiger Verbindungen in Nahrungsmitteln, die man als Anthozyanine bezeichnet. Diese färben viele Blumen und Früchte, darunter Äpfel, Pflaumen und Trauben.

Die Farbe des wichtigsten Anthozyanins im Rotkohl

ändert sich je nach Säuregrad oder Alkalität der jeweiligen Umgebung. Das geht vom Rot einer stark sauren über das Violett einer neutralen (weder sauren noch alkalischen) Umgebung und kann in zunehmend alkalischem Milieu von Blau bis zu grünlichem Gelb reichen. Dieser Kohl wirkt im roten Teil des Spektrums appetitlicher, weshalb man ihn oft mit (säureliefernden) Äpfeln kocht, deren Süße durch etwas Essig (er verstärkt das Rot) vor dem Servieren ausbalanciert werden kann.

Die Extraportion Küchenwissenschaft:
Eine Lackmusfrage

Was führt dazu, dass ein Säure-Base-Indikator seine Farbe verändert?

Gerbsäure zum Beispiel ist chemisch gesehen eine schwache Säure. Das heißt, sie ist, nun ja, keine starke Säure (sehen Sie, wie einfach Chemie ist?). Die Moleküle einer schwachen Säure bestehen aus zwei Teilen: einem Wasserstoff-Ion (einem positiv geladenen Wasserstoffatom) und einem Anion (einem negativ geladenen Atom oder einer entsprechenden Atomgruppe). Die Chemiker sagen H für das Wasserstoff-Ion und A für das Anion; wenn beide zum Säuremolekül vereint sind, heißt das kurz HA.

Der A-Teil des Gerbsäuremoleküls ist farbig. Wenn Oma ihr alkalisches Backnatron hinzufügt, dann schluckt dieses einiges vom H der Säure. Das führt zu einem Überschuss von freiem A und somit zu einer dunkleren Färbung. Wenn dagegen Sie den sauren Zitronensaft dazugeben, so liefert dieser zusätzlich viel H, das sich mit dem A verbindet und so dafür sorgt, dass dessen Wirkung verringert wird. Daher wird die Färbung schwächer: Braun wird zu Gelb.

Wie ich als Junge von meinem Großvater, der aus Russland nach Amerika gekommen war, erfuhr, wurden Tannine früher als Färbemittel verwendet. Er hatte einen großartigen weißen Bart, aber wegen seiner Gewohnheit, Tee aus einem Glas zu trinken, war sein Schnurrbart ständig gelb verfärbt.

Tea for two – Kaffee dazu?

Ich trinke Tee, mein Freund trinkt Kaffee. Sobald der Kessel zu pfeifen anfängt, will er ihn vom Herd nehmen und das Wasser in seinen Filter gießen. Ich möchte den Kessel länger auf der Flamme lassen, weil das Wasser für den Tee nach meiner Ansicht heißer sein sollte. Er hingegen sagt, es würde sowieso nie heißer werden, wie lange der Kessel auch auf dem Feuer bleibt. Wer hat recht?

Was den Tee angeht, haben Sie recht, während *er* sowohl richtig als auch falsch liegt, was das Wasser betrifft.

Wie Sie sind viele Teetrinker der Meinung, das Wasser solle möglichst heiß sein, damit aus schwarzen oder Oolong-Teeblättern ausreichend viel Aroma extrahiert wird. Doch Wasser können Sie erhitzen, so lange Sie wollen: Nie wird es eine höhere Temperatur als den Siedepunkt erreichen – das sind 100 °C plus/minus ein oder zwei Grad, je nach Höhen- und Wetterlage. Denn Wasser kocht – verwandelt sich in Dampf –, wenn seine Moleküle gerade so viel Energie aufnehmen, dass sie den Druck der Atmosphäre überwinden und in die Luft davonfliegen können. Wenn ein Molekül zufällig mehr als diesen Energiebetrag mitbekommt, so nimmt es, wenn es fortfliegt, die überschüssige Energie mit – diese kann also nicht mehr dazu beitragen, die Temperatur des Wassers im Kessel zu erhöhen. Hier kann Ihr Freund also einen Punkt für sich verbuchen.

Pfeifende Teekessel können einen aber täuschen. Wenn der Kessel sein erstes schwaches Piepsen hören lässt, wird es erst wenigen der stabileren Blasen gelungen sein, den ganzen Weg bis zur Oberfläche zurückzulegen, wo sie ihren Dampf freisetzen und die Pfeife pfeifen lassen: Das Wasser kocht noch nicht vollständig. Für schwarzen Tee oder Oolong muss man es weiter erhitzen, bis das gesamte Wasser heftig sprudelt, die Pfeife zumindest ein paar Sekunden lang in höchsten Tönen und voller Lautstärke getönt hat und die Küche sich allmählich mit Dampfschwaden füllt.

Für grünen Tee gelten jedoch andere Regeln. Experten zufolge sollte er mit 74–82 °C überbrüht werden, vermutlich, weil höhere Temperaturen eine Oxidation seiner wertvollen Polyphenole fördern würden (siehe S. 22).

Kaffee wiederum ist sozusagen eine ganz spezielle Tasse Tee. Bei der Zubereitung von Kaffee ist heftig kochendes Wasser nicht erwünscht, weil dessen Dampf zu viele der flüchtigen aromatischen Geschmackskomponenten – im Kaffee zahlreicher als im Tee – davontragen würde. (Niemand hat je gesagt: »Wach auf und schnupper am Tee.«) Deshalb kommt bei der gröbsten und direktesten Methode der Kaffeezubereitung – man kocht das Pulver in einem Topf mit Wasser auf – ein Gebräu heraus, das besser für die Kammern einer Autobatterie als für eine Frühstückstasse geeignet ist.

Wie immer man vorgeht: Wenn das Wasser nicht richtig heiß ist, löst es nicht genug von den vielen hundert chemischen Bestandteilen heraus, die man im Kaffee gefunden hat. Sie sind alle empfindlich gegenüber Hitze,

Luft und für Reaktionen untereinander. Welche davon und wieviel von jedem am Ende in Ihrer Tasse landet, hängt von einigen Faktoren ab: der Kaffeesorte, dem Mengenverhältnis von Kaffee und Wasser, der Korngröße des Mahlguts, dem Mischungsvorgang im Brühgerät, der Wassertemperatur und der Zeit, die das Wasser mit dem Kaffeepulver in Kontakt bleibt. Nimmt man alles zusammen, so liegt die optimale Wassertemperatur für Kaffee bei etwa 88–93 °C oder »direkt nach dem Aufkochen«.

Damit Sie Ihren häuslichen Disput beilegen können, würde ich Ihnen also empfehlen, das Wasser zunächst sprudelnd kochen zu lassen und einen Teil davon auf die Teeblätter oder den Teebeutel in einem vorgewärmten Gefäß zu gießen. Dann zählen Sie bis zehn (das Wasser kühlt sich gerade richtig ab) und reichen den Kessel an Ihren Freund weiter, der dann seinen Kaffee zubereiten kann.

Da wollen Sie Sahne reinkippen?

Meinen Kaffee mag ich mit Sahne, aber ebenso liegt mir daran, ihn möglichst heiß zu trinken. Ich weiß, die Sahne kühlt ihn ab, wann sollte ich sie also dazugeben? Gleich nachdem ich den Kaffee eingegossen habe, oder erst, wenn ich ihn trinken will? In welchem Fall ist der Kaffee zum Zeitpunkt des Trinkens heißer? Oder gibt es überhaupt keinen Unterschied?

Ich habe so meine Zweifel, ob die griechischen Philosophen der Antike viel Zeit auf so etwas verwendet hätten, aber die Frage ist eine echte Herausforderung – wenn auch keine, die die Welt erschüttert.

Sie könnten sie mit Hilfe eines genauen Thermometers selbst beantworten, aber dazu müssten Sie immer die jeweils gleichen Mengen Kaffee und Sahne in genau die gleiche Art Tasse gießen, und das stets mit der gleichen Ausgangstemperatur usw. usf. Da es jedoch nicht unproblematisch ist, sorgfältig kontrollierte Experimente in einer Küche durchzuführen, wollen wir es einfach in Gedanken durchspielen.

Wenn alle anderen Bedingungen gleich sind, sollte man annehmen, dass beide Verfahren zur gleichen Temperatur der fertigen Mischung führen. Schließlich vereint man in beiden Fällen x Kalorien* Wärme im Kaffee mit y Kalorien Wärme in der Sahne zu einer Summe von $x + y$ Kalorien in der Mischung.

Gemäß Wolkes Gesetz der um sich greifenden Widrigkeiten sind »alle anderen Bedingungen« leider niemals die gleichen. Ob Kaffee schwarz oder mit Sahne, er muss eine Weile stehen, ehe Sie ihn trinken können. Dabei kühlt er ab, weil die Luft kälter ist als die Flüssigkeit in der Tasse – die Wärme fließt immer von der heißeren zu einer daran angrenzenden kühleren Substanz.

Dennoch gibt es zwei wesentliche Unterschiede zwischen dem Kaffee mit und dem ohne Sahne: Erstens enthält der hellere Kaffee wegen der zugefügten Sahne etwas mehr Flüssigkeit, und zweitens ist der Kaffee mit Sahne etwas kälter als der ohne.

* Zum Begriff der (Kilo-)Kalorie und ihrem unterschiedlichen Gebrauch in der Chemie bzw. der Ernährungslehre siehe auch: »Was Einstein seinem Koch erzählte« (Piper 2003, S. 212–15). Für alle, denen das nicht reicht, stellen wir hier einen Vorrat von Kilos bereit. Wann immer in diesem Buch das Wort Kalorie auftaucht, können Begriffspuristen eines davon davorsetzen: Kilo Kilo Kilo Kilo Kilo Kilo Kilo Kilo Kilo Kilo Kilo Kilo Kilo Kilo Kilo Kilo Kilo Kilo Kilo Kilo Kilo Kilo Kilo Kilo Kilo Kilo Kilo Kilo Kilo Kilo Kilo.

Unterschied Nummer 1 bringt es mit sich, dass der Kaffee »mit Sahne« länger braucht, um abzukühlen – damit seine Temperatur um einen bestimmten Wert sinkt, muss mehr Wärme abgeführt werden (eine Wanne voll Wasser braucht zum Abkühlen länger als ein Eimer Wasser mit gleicher Temperatur). Unterschied Nummer 2 führt zum gleichen Ergebnis: Der ein wenig kältere Kaffee mit Sahne verliert seine Temperatur etwas langsamer als der wärmere schwarze Kaffee, weil eine geringere Temperaturdifferenz zwischen einer heißen und einer kalten Substanz die Geschwindigkeit der Abkühlung verringert. Wieder liegt die sofortige Zugabe der Sahne vorn.

Folglich empfehle ich, die Sahne möglichst früh dazuzugeben. Wenn Sie den Kaffee dann trinken, ist er um ein bis zwei Grad wärmer. Ich bin sicher, Ihre Lebensqualität nimmt damit erheblich zu.

Die Extraportion Küchenwissenschaft: Abkühlen

Je höher die Temperatur eines Objekts ist, desto schneller verliert es Wärme durch Strahlung. Das besagt das Stefan-Boltzmann-Gesetz. Und je größer der Temperaturunterschied zwischen zwei miteinander in Kontakt stehenden Substanzen (beispielsweise Kaffee und Luft) ist, desto schneller gibt das wärmere Objekt seine Wärme per Konduktion an das kältere ab. Das ist Newtons Gesetz der Abkühlung. Für beide Gesetze gibt es genaue mathematische Formeln, aber ich sehe keinen Grund, diese Seite damit zu überfrachten. Auf Newtons Gesetz werde ich in Kapitel 9 zurückkommen.

Die alkoholischen Verwandten

Ich kenne Äthylalkohol, Methylalkohol, Reinigungsalkohol und Brennspiritus. Welchen kann man trinken und welchen nicht? Sind am Anfang alle Alkohole identisch, ehe man sie diversen Veränderungen unterzieht oder etwas hinzufügt?

Nein. Zwar gehören alle zu einer einzigen chemischen Familie, aber es gibt eine weite Spanne von Unterschieden zwischen den Alkoholen. Es kann eine Frage von Leben und Tod sein, diese Unterschiede zu kennen.

Alkohole sind eine große Familie organischer (kohlenstoffhaltiger) Verbindungen, die auf zwei Arten miteinander verwandt sind. Zum einen enthalten ihre Moleküle eine oder mehrere Hydroxyl-Gruppen (OH); zum anderen reagieren sie mit organischen Säuren zu sogenannten Estern.

Von den Tieren bis hin zu den chemischen Verbindungen ordnen Wissenschaftler alles nach den jeweils gemeinsamen Merkmalen, wobei diese Merkmale für alle, die nicht der Wissenschaftsgilde angehören, nicht von praktischem Interesse sein müssen oder sogar geradewegs irreführend sein können. Insofern muss man sich nichts daraus machen, dass Aubergine (*Solanum melongena*) und Kartoffel (*Solanum tuberosum*) derselben botanischen Familie angehören wie der tödlich giftige Bittersüße Nachtschatten (*Solanum dulcamara*) oder dass Hummer wie Asseln zu den *Crustacea* (Krebstieren) gerechnet werden.

Zu den Alkoholen gehört der hochgiftige Methylalkohol CH_3OH (auch Methanol oder Holzgeist genannt), dazu der etwas weniger giftige Isopropylalkohol C_3H_7OH (auch als Isopropanol oder Massagealkohol bekannt) und der noch weniger toxische – aber ebenfalls gefährliche – Äthylalkohol C_2H_5OH (auch Weingeist, Äthanol oder Kornsprit genannt). Das ist der Alkohol in Bier, Wein und Spirituosen. Und da sind die Alkohole, die wir nie dafür halten würden, beispielsweise Cholesterol $C_{27}H_{45}OH$ und Glyzerin $C_3H_5(OH)_3$, noch gar nicht dabei. (Inzwischen dürfte jeder gemerkt haben, dass Chemiker alle Alkohole mit der Nachsilbe *-ol* benennen.)

Sie sollten sich von der Bezeichnung »Alkohol« also nicht dazu verleiten lassen, die Substanz für eine relativ harmlose Verbindung zu halten. Tot ist erheblich schlimmer als betrunken.

Gehopft wie gesungen

Was ist eigentlich Hopfen?

Beim Hopfen handelt es sich um die Blüten der gleichnamigen Pflanze (*Humulus lupulus*). Diese zur Familie der Kannabinazeen (ein Schelm, wer Böses dabei denkt) gehörende Schlingpflanze wächst bis zu 8 Meter hoch, und ihre weiblichen Blüten (die Dolden) geben dem Bier jenes milde Bitteraroma, das die vom Malz kommende Süße ausgleicht. Außerdem vermitteln sie eine pflanzliche Note und einen angenehmen Duft, der davon abhängt, zu welchem Zeitpunkt des Brauvorgangs sie der Würze (dem zu vergärenden Getreide-Extrakt) beigemengt werden.

Es gibt männliche und weibliche Hopfenpflanzen. Die voll entwickelten weiblichen Blüten werden wegen ihrer einzigartigen Harze seit mehr als tausend Jahren dazu verwendet, Getränke und Lotionen zu aromatisieren. Übrigens kommen die weiblichen Pflanzen ganz gut ohne männliche Pflanzen in der Umgebung aus – die Blüten entwickeln keine Samen und dienen so nicht der Fortpflanzung. Die meisten Brauer bevorzugen Hopfen ohne Samen, weshalb man die männlichen Hopfenpflanzen gewöhnlich nicht kultiviert. (Damit soll nichts gegen die männlichen Vertreter anderer Spezies gesagt werden.)

Der weiblichen Hopfenpflanze ist zu verschiedenen Zeiten praktisch jede Eigenschaft – von beruhigender über entwässernde bis hin zu aphrodisierender Wirkung – zugeschrieben worden, und früher hat man sie den Elixieren und Kräutermischungen für so gut wie jeden Zweck hinzugefügt. Wahrscheinlich hat das sehr viel mit dem bitteren Geschmack der Hopfendolden zu tun – schließlich musste gute Medizin nach herkömmlichem Glauben übel schmecken.

Hat die seit jeher gerühmte beruhigende Wirkung des Hopfens etwas mit der Schläfrigkeit zu tun, die einen nach dem Genuss von Bier befällt? Eigentlich weiß das niemand so genau. Um eine Gallone (ca. 5 Liter) Bier zu brauen, verwendet man etwa eine bis zwei Unzen (ca. 15 bis 20 Gramm) Hopfen, doch diese Menge Bier enthält auch zwischen 200 und 300 Gramm Alkohol, ein bekanntes Sedativum. Die schlafterdernde Rolle des Hopfens werden wir erst dann genau kennen, wenn jemand die entsprechenden Versuche mit alkoholhaltigen sowie alkoholfreien Bieren durchführt, die jeweils die gleichen Anteile Hopfen enthalten.

Nicht allein wegen des Aromas und der Bitterstoffe ist Hopfen eine entscheidende Zutat für Bier. Er klärt auch das Bier, indem er die Proteine der Würze ausfällt, und er wirkt antibiotisch, was das Bier haltbarer macht. Unter den mehr als 150 chemischen Verbindungen, die man in seinem essentiellen Öl entdeckt hat, finden sich chemische Stoffe (*Terpene*) mit der Bezeichnung Isohumulone, die lichtempfindlich sind. Werden sie sichtbarem oder ultraviolettem Licht ausgesetzt, zerfallen sie in sehr aktive freie Radikale (siehe S. 161), die mit dem Schwefel in den Bierproteinen reagieren und unangenehm riechende Verbindungen (sogenannte Thiole oder Mercaptane) bilden. Mit seinem Geschmacks- und Geruchssinn kann der Mensch sie noch in Konzentrationen von wenigen Teilchen pro Billion wahrnehmen. Chemisch entsprechen sie der Thiolverbindung in den Drüsen des Stinktiers, welche diesem den schlechten Ruf eingebracht hat.

Schon ein Bier, das man nur 20 Minuten lang dem Licht ausgesetzt hat, kann also ein »stinktiermäßiges« Aroma entwickeln. Deshalb wird Bier heute allgemein in Dosen oder in lichtundurchlässige grüne oder braune Flaschen abgefüllt.

Bierteigbrot

Sie glauben wohl, Bier sei nur zum Trinken da? Falsch gedacht. Dieses Bierbrot ergibt hervorragenden Toast und ausgezeichnetes getoastetes Käse-Sandwich. Je nach der verwendeten Biersorte schmeckt es unterschiedlich; geeignet sind alle Biere. Am besten schmeckt das Brot am Tag der Herstellung.

500 Gramm Backmischung für Brot
3 Teelöffel Zucker
0,5 Liter Bier (vorzugsweise Vollbier)

1. Den Rost ins untere Drittel des Bratrohrs schieben und den Herd auf 180 °C vorheizen. Eine Kastenform, ca. 25 × 15 × 6 Zentimeter, mit Antihaftspray einsprühen.
2. Die Backmischung und den Zucker in einer großen Schüssel gut vermengen. Unter ständigem Rühren mit einem hölzernen Kochlöffel nach und nach das Bier zugeben, bis keine Ein-

schlüsse von trockenem Mehl mehr erkennbar sind (nicht zuviel rühren, da das Brot sonst zäher wird). Den klebrigen Teig in die Backform füllen und bis in die Ecken verteilen.

3. 50–60 Minuten backen (ein tief in das Brot gepiekster Zahnstocher sollte beim Herausziehen ohne Anhaftungen von Teig sein). Der Laib sieht ein wenig wie ein Pflasterstein aus.

4. Das Brot aus der Form auf einen Drahtrost stürzen und mindestens eine Stunde abkühlen lassen. Scheiben mit einem scharfen Sägemesser abschneiden. Die Kruste sollte knusprig sein, das Innere weich und feucht.

Wein(e) nicht?

In den Filialen einer großen Weinhandelsfirma liegen Tabellen aus, in denen der Sulfit- bzw. Schwefelgehalt der einzelnen Weine angegeben ist. Was haben Sulfite im Wein verloren? Mein Mann ist dagegen allergisch. Ein anderer Weinhändler hat uns erklärt, dass alle Weine natürlicherweise Sulfite enthalten. Was sollen dann die Analysen und die Angaben?

Sul*fite* – nicht zu verwechseln mit Sul*faten* – gehören zu einer Familie chemischer Verbindungen, die vom Schwefeldioxid (SO_2) abgeleitet sind. Sie entstehen bei der Vergärung von Wein aus Schwefelverbindungen, die von Natur aus in den Trauben vorhanden sind – eine geringe Menge ist also tatsächlich naturgegeben und unvermeidlich.

Außerdem hat man dem Wein seit jeher Sulfite (oder gleich das bei der Verbrennung von Schwefel entstehende Gas Schwefeldioxid) zugesetzt, um ihn vor Oxidation und Entfärbung zu schützen. Überdies können Sulfite schädliche Bakterien und wilde Hefezellen im Traubenmost abtöten. Das ermöglicht den »zahmen« Organismen zu Beginn des Gärvorgangs einen biologisch sauberen Start. Ohne die konservierende Wirkung hinzugefügter Sulfite wären Weine nach einem oder zwei Jahren nicht mehr genießbar, was für einen jung zu trinkenden Wein wie den Beaujolais vielleicht kein Problem wäre, für einen langsam reifenden Bordeaux dagegen eine Tragödie.

Von hundert Menschen ist im Schnitt einer empfindlich gegen Sulfite, die bei Asthmatikern sogar Anfälle auslösen können. Alle Betroffenen sollten folgende Stoffe meiden: Schwefeldioxid, Kaliumbisulfit, Kaliummetabisulfit, Natriumbisulfit, Natriummetabisulfit und Natriumsulfit. Man sollte darauf achten, dass mit Ausnahme des Schwefeldioxids selbst die Nachsilbe *-it* in der chemischen Bezeichnung den entscheidenden Hinweis gibt. Das einschlägige Gesetz sieht vor, dass ein Wein, der 10 ppm (parts per million) oder mehr *Sulfit* enthält, entsprechend gekennzeichnet sein muss.*

Empfindlichen Personen, die nicht auf Wein verzichten wollen, sei empfohlen, sich im Weinhandel umzuhören und herauszufinden, wer seine Weine auf Schwefel analysieren lässt. Die schwefelärmsten Sorten kann man dann im Selbstversuch auf Verträglichkeit testen – aber immer nur *einen* Wein pro Versuch, sonst sind die Nebenwirkungen vielleicht nicht mehr von den Wirkungen zu unterscheiden.

Und ganz nebenbei: Wenn jemand sagt, etwas »stinke nach Schwefel«, so hat er vermutlich nie Chemieunterricht gehabt. Das feste Element Schwefel ist absolut geruchlos, während viele seiner Verbindungen ziemlich übel riechen. Brennender Schwefel riecht nach Schwefeldioxid, und faule Eier haben ihren Geruch vom Schwefelwasserstoff.

* In der Europäischen Union (EU). – Anm. d. Ü.

Sherry, Chérie?

Was macht Sherry zu einer eigenen Weinkategorie? Liegt es an der Rebsorte, der Anbauregion oder dem Herstellungsverfahren?

Alles zusammen, aber vor allem ist es das Verfahren.

Es gibt etwa 5000 verschiedene Rebsorten, die allein in Frankreich mit annähernd 100 *appellations d'origine* (Ursprungsbezeichnungen) kombiniert werden; dazu kommen 74 Ursprungsbezeichnungen in Kalifornien, ganz zu schweigen von Australien, Chile und einigen Dutzend anderen Ländern, in denen man Wein herstellt. Multipliziert mit vielleicht zehn Jahrgängen, ergibt das mehr als 37 Millionen Flaschen mit anständigem Wein – plus unzähliger Flaschen mit Plörre ... Angesichts einer derart schwindelerregenden Fülle an Wahlmöglichkeiten in einem imaginären Weinkeller von der Größe Antarktikas frage ich mich oft, wie überhaupt jemand imstande ist, den besten Wein zu einem Essen zu wählen.

Von Sherry verstehe ich jedoch etwas: Ich habe den einzigen Ort auf der Welt besucht, wo er hergestellt wird, nämlich Jerez de la Frontera und Umgebung. Die Stadt liegt eine Autostunde südlich von Sevilla in der spanischen Provinz Cádiz. Dort hat man mich im übertragenen (und fast auch im wörtlichen) Sinn in Sherry gebadet, als ich eine Tour durch das Stammhaus von Williams & Humbert machte – man stellt da einige bekannte Sherrys und Weinbrände her.

Vielleicht fragen Sie sich, wie es zu dem englischen Ausdruck *Sherry* kommt? Einige der Sherry-Firmen in Jerez wurden im 19. Jahrhundert von englischen Unternehmern gegründet. Sie wollten Sherry nach England exportieren, weil man dort mit Vorliebe die trockenen Sherrys als Aperitif und die süßen als Dessertwein trank.

Der Ausdruck *Sherry* ist von Jerez abgeleitet. Wo spanisch gesprochen wird, sagt man weiterhin *vino de Jerez*.

Was ist an Sherry also so besonders?

Der Sherry-Kontrollrat überwacht genau, dass Sherry auch wirklich Sherry ist. Nur Weine aus den Rebsorten Palomino, Pedro Ximénez oder Muskat (die beiden letzteren werden nicht so häufig verwendet) dürfen die Ursprungsbezeichnung »Jerez-Xérés-Sherry« tragen; zudem müssen sie innerhalb eines Dreiecks gewachsen sein, das von den Städten Jerez de la Frontera, Sanlúcar de Barrameda und El Puerto de Santa María gebildet wird (den amerikanischen Bundesstaat Kalifornien schließt das Gremium eifersüchtig aus). In dem Gebiet herrscht ein einzigartiges Mikroklima, das vom Atlantik, den Flüssen Guadalquivir und Guadalete und den feuchtwarmen Winden aus dem nahen Nordafrika beeinflusst ist. Am stärksten werden die charakteristischen Eigenschaften der Reben wohl durch den kalkhaltigen, fast weißen Boden (*albariza*) geprägt – er besitzt eine ungewöhnliche Kapazität für die Aufnahme und Speicherung von Luft und Wasser.

Natürlich kommen viele große Weine durch ein außergewöhnliches Mikroklima und entsprechende Böden zustande. Aber die Sherrys unterscheiden sich insofern von allen anderen, als sie auf einzigartige Weise verschnitten und einem speziellen Reifungsverfahren unterzogen werden.

Nach der Pressung gärt der Traubenmost bei kontrollierter Temperatur in riesigen Behältern aus rostfreiem Stahl für 40 bis 50 Tage, was einen Alkoholgehalt von 11 bis 13 Prozent ergibt. Dann wird der junge Wein in Fässer aus amerikanischer Eiche (ca. 450 Liter Fassungsvermögen) gefüllt, wo die Reifung einsetzt.

Anschließend muss entschieden werden, ob der Wein

zu einem trockenen *Fino* oder einem süßeren *Oloroso* (den beiden Hauptkategorien von Sherry) ausgebaut werden soll. Zu den Finos zählen die Manzanillas und Amontillados, während bei den Olorosos die sogenannten Cortados und unterschiedliche Mischungen der sehr süßen Rebsorte Pedro Ximénez zu finden sind. Weine, die zu Finos werden sollen, verschneidet man mit reinem Alkohol auf ca. 15, Olorosos auf 17 Prozent Alkoholgehalt.

Das hat damit zu tun, dass die in der Gegend vorkommenden natürlichen Hefen (*flor* genannt), die auf der Oberfläche eine Schicht bilden, bei einer Alkoholkonzentration von über 15 Prozent nicht überleben. Alle Finos müssen ihre Reifezeit unter einer solchen Hefeschicht zubringen, damit sie ihre charakteristische helle Farbe und ihr Aroma gewinnen. Die Olorosos hingegen lässt man ohne Hefeschicht reifen, damit sie mit der Luft zu dunklerer Farbe oxidieren, mehr Körper bekommen und eine ausgeprägtere Nase entwickeln (*oloroso* bedeutet duftend). Die Amontillados schließlich beginnen den Reifungsvorgang unter einem Hefeflor und schließen den Prozess ab, nachdem die Hefen mittels einer Alkoholanreicherung auf 17 Prozent abgetötet worden sind.

Während der Reifung wird der Sherry einer komplizierten und nur bei diesem Wein üblichen Prozedur unterzogen. Man nennt sie *soleras y criaderas*: Der Wein wird durch eine Anordnung von Fässern geschickt, in denen Weine verschiedener Altersstufen lagern. Vom ältesten (er befindet sich jeweils im untersten Fass, das *solera* heißt, weil es in Bodenhöhe liegt) wird ein Drittel in Flaschen abgefüllt. Die fehlende Menge wird aus dem nächstältesten Fass (*criadera*) ergänzt, das man wiederum aus dem nächstältesten auffüllt, bis schließlich das Fass am oberen Ende der Kaskade mit jungem Wein »aufgefrischt« wird.

Der gesamte Zyklus benötigt Jahre, da der Wein zwischen zwei aufeinanderfolgenden Flaschenabfüllungen aus dem Solera-Fass jeweils mehrere Monate altern muss. Dadurch übernehmen die jüngeren Weine allmählich die Eigenschaften der älteren, was ein Produkt von gleichbleibender Qualität ergibt, das seine einzigartigen Eigenschaften über Jahrzehnte hinweg behält.

Hähnchen mit Knoblauch, mit Sherry gebräunt

Wenn wir eine befreundete Kochbuchautorin in Südspanien besuchen, bereitet sie für uns dieses Gericht zu.

Zum Bräunen der Hühnerteile verwendet man eine gusseiserne Bratpfanne (28 Zentimeter) und einen Oloroso Seco, der zur Kategorie »medium« gehört. Er sorgt für eine glänzende, mahagonifarbene Glasur. Man sollte sich nicht scheuen, die angegebene Menge Knoblauch zu verwenden; gegart entwickelt er eine milde Süße. Die reichhaltige Flüssigkeit – eine wohlschmeckende Sauce aus Olivenöl, Sherry und Knoblauch – gießt man über die Hühnerteile.

1 Kilogramm Hähnchenschenkel
Salz und frisch gemahlener Pfeffer
1 Knolle Knoblauch (ca. 15 große Zehen)
80 Milliliter Olivenöl, extra vergine
120 Milliliter Sherry medium dry (Amontillado oder Oloroso)
Evtl. 2 Teelöffel (spanischer) Cognac

1. Hähnchenteile unter fließendem kaltem Wasser abspülen und mit Küchentüchern trocken tupfen. Rundum salzen und pfeffern.
2. Knoblauchzehen mit der flachen Klinge eines großen Messers leicht zerdrücken, damit die Schalen aufplatzen. Acht Zehen ungeschält beiseite legen. Die übrigen schälen und in halbwegs gleichmäßige Scheiben schneiden.
3. Olivenöl in einer schweren, tiefen Pfanne auf mittlerer Flamme erhitzen. Knoblauchscheiben hinzugeben und ein bis

zwei Minuten sautieren, bis sie goldgelb sind. Mit einem Schaumlöffel herausnehmen, auf einem Küchentuch abtropfen lassen und aufheben.

4. Bei etwas mehr Hitze die Hähnchenschenkel hineingeben und 15 Minuten braten (evtl. mit einem Spritzschutzgitter abdecken), nach Bedarf wenden, bis sie rundum braun sind.

5. Die ungeschälten Knoblauchzehen, den Sherry und den Cognac dazugeben. Bei mittlerer Hitze für 8–10 Minuten weitergaren und die Teile gelegentlich umdrehen, bis die Flüssigkeit beinahe verkocht ist und die Hähnchenteile wieder zu brutzeln beginnen.

6. Hähnchen und Knoblauchzehen auf einen vorgewärmten Teller legen und den Jus aus der Pfanne darüber gießen. Mit den zurückbehaltenen gebratenen Knoblauchscheiben garnieren.

Ergibt 4 Portionen.

Löffeln mit Champagner

Eine Freundin aus England war kürzlich bei mir zu Besuch. Wir tranken Champagner, ohne die Flasche zu leeren. Sie schlug vor, ich solle den Griff eines kleinen Silberlöffels in den Hals der Flasche hängen und sie dann in den Kühlschrank stellen (das hatte sie dort im Fernsehen entdeckt). Ob Sie es nun glauben oder nicht, am nächsten Tag war der Champagner nicht schal geworden. Wie funktioniert das? Ginge es auch mit einer Gabel?

Ja, mit einer Gabel würde es genauso gut funktionieren. Und auch mit einem Nagel. Oder mit einem Zauberstab, denn der Löffel hat absolut nichts bewirkt. Der Löffeltrick ist purer Humbug und fauler Zauber.

Champagner wird ganz einfach nicht so schnell fade wie Bier oder Limo. Ohne den Löffel wäre er am nächsten Tag noch genauso spritzig gewesen. Wichtig war nur, dass Sie ihn gekühlt haben, weil Kohlendioxid sich wie alle Gase in kälteren Flüssigkeiten besser löst und in Lösung bleibt.

Damit gelöstes Gas aus einer Flüssigkeit entweichen kann, muss den Gasmolekülen ein mikroskopisch kleines Materieteilchen (ein *Bläschenkeim*) zur Verfügung stehen, an dem sie sich versammeln können, bis ihre Zahl zur Bildung einer Blase ausreicht. Echter Champagner bleibt vor allem deshalb länger prickelnd, weil er äußerst klar und frei von mikroskopisch kleinen Fremdkörpern ist. Wenn auf dem Etikett »Méthode champenoise« oder »Flaschengärung« zu lesen ist, hat man das prickelnde Getränk durch das sogenannte *Degorgieren* geklärt – alle Sedimente können sich im Hals der auf den Kopf gestellten Flasche sammeln, worauf der Hals schockgefrostet und der Eisstöpsel zusammen mit den eingeschlossenen Rückständen entfernt wird. Biere werden kaum in diesem Ausmaß geklärt, weshalb sie ihre Spritzigkeit rascher verlieren.

Um angebrochenen Champagner über die Nacht zu retten, sollten Sie der Flasche einen dichten Verschluss gönnen – kein Besteck – und sie in den Kühlschrank stellen. Schließlich weiß man nie, ob man am nächsten Morgen nicht noch viel mehr zu feiern hat. Dazu braucht man nicht unbedingt einen schicken Champagnerverschluss für viele Dollar – ein passender Korken genügt.

Die Extraportion Küchenwissenschaft: Stöpsel rein (doch Kork muss sein!)

Was ist der Grund für die seltsame Form der Sektkorken, die an einen Pilz mit Dirndlrock erinnern? Im Flaschenhals sind sie schließlich genauso zylindrisch wie die Korken in Weinflaschen, nur größer. Ein normaler Weinkorken misst 24 Millimeter im Durchmesser; er wird mittels einer Verkorkungsmaschine auf 18 Millimeter zusammengepresst und in den Flaschenhals eingeführt (Kork lässt sich recht gut komprimieren). Demgegenüber sind Sektkorken 31 Millimeter dick und werden in einen Flaschenhals von 17,5 Millimeter Durchmesser gepresst, wobei das obere Drittel des Korkens als »Kopf« herausragt, der zum Öffnen umfasst werden kann. Sobald der untere, weiche und feuchte Abschnitt aus dem Hals gezogen worden ist, dehnt er sich auf seinen ursprünglichen Durchmesser aus (Kork ist auch recht elastisch).

Diese Eigenschaften von Kork kann man selbst beobachten, wenn man einen Sektkorken ein paar Tage in Wasser legt: Dabei nimmt er über die gesamte Länge wieder seine ursprüngliche zylindrische Form an. Man kann ihn auch in seine Ausgangsform zurückversetzen, wenn man ihn einfach für ein paar Minuten in der Mikrowelle behandelt.

... das Feld ist gestartet!

Auf einer Party anlässlich des Kentucky Derby Day reichten meine Freunde Mint Juleps. Kurz nachdem der Gastgeber einen Drink gemixt hatte, bildete sich außen am Glas jedesmal eine Reifschicht. Ich weiß, dass beispielsweise ein Glas Tom Collins außen beschlägt, aber ich habe noch nie gesehen, dass es kalt genug geworden wäre, um zu gefrieren. Was ist an dem Mint Julep so besonders?

Ein Südstaatler würde antworten: »Plenty – 'ne ganze Menge.«

So ein Mint Julep, den man an einem warmen Sommerabend im Tempo des schleppenden Südstaatendialekts süffelt, ist vermutlich erfrischender als die meisten anderen Mixgetränke – aber auch hinterhältiger, was die berauschende Wirkung angeht, denn die verführerische Süße verdeckt die Tatsache, dass es sich praktisch um Whiskey pur handelt. Aber ebenso berauschend (zumindest für einige von uns) ist die Wissenschaft, die hinter der Reifbildung steckt.

Reduziert man ihn auf seine irdischen Grundbestandteile, so werden für einen Mint Julep Pfefferminzblätter in einem Glas oder Becher aus Metall zusammen mit Zucker zerquetscht. Dann füllt man mit zerstoßenem Eis auf und gießt einen großzügigen Schwapp Bourbon darüber. Würde man dagegen reines Wasser statt Whiskey zugeben, so würden Eis und Wasser rasch dieselbe Temperatur annehmen, nämlich die, bei der sie gemeinsam existieren können, ohne dass alles Eis schmelzen oder alles Wasser gefrieren müsste (es würde sich ein *Gleichgewicht* einstellen). Diese Temperatur ist, wie Sie wohl schon vermutet haben, der Gefrierpunkt von H_2O, also 0 °C.

Bourbon dagegen, dank sei seinem Geiste, enthält sowohl Alkohol als auch Wasser. Der Alkohol senkt den Gefrierpunkt (der Zucker hilft dabei mit), genau wie ein Frostschutzmittel den Gefrierpunkt von Kühlwasser im Auto senkt. Der niedrigere Gefrierpunkt bezeichnet natürlich auch die Temperatur, bei der Wasser und Eis nun nebeneinander existieren können (es ist dieselbe). Damit ihnen das gelingt, müssen sie sich auf dieses niedrigere Temperaturniveau begeben, wobei einiges von dem Eis schmilzt. Dieser Vorgang absorbiert Wärme und sorgt dafür, dass die Mischung kälter wird. Dabei passiert genau das, was eine Eis- und Salzmischung so kalt werden lässt, dass man in einem altmodischen Eisbereiter Sahne gefrieren lassen kann (in diesem Fall ist es das Salz, das wie der Alkohol im Mixgetränk den Gefrierpunkt absenkt).

Der Inhalt des Bechers kann durch den Alkohol des Bourbons so kalt werden, dass an einem schwülen Tag die Luftfeuchtigkeit auf dessen Oberfläche nicht nur kondensiert, sondern zu einer Reifschicht gefriert. Ein Tom Collins würde nicht ausreichend kalt werden, um die Feuchtigkeit außen auf dem Glas anfrieren zu lassen – er enthält nur ein paar Eiswürfel und zuwenig Alkohol, als dass der Gefrierpunkt sehr stark sinken könnte. In einem Becher mit Mint Julep dagegen stellt all das zerstoßene Eis eine sehr große Oberfläche bereit, an der das Gleichgewicht von Wasser und Eis seine temperatursenkende Wirkung im großen Maßstab ausspielen kann.

Damit alles richtig spektakulär aussieht, sollte ein Mint Julep statt im Glas in einem Becher aus Sterlingsilber (nicht in einem nur versilberten) zubereitet und serviert werden. Glas leitet Wärme (und Kälte) sehr schlecht, während Sterlingsilber zu 92,5 Prozent aus Silber besteht; es ist der beste Wärmeleiter unter den Metallen.

Rührung oder Schüttelfrost?

Meine Freunde und ich haben darüber gestritten, wie man Getränke kühlt – ob man sie mit Eiswürfeln rührt oder schüttelt, wieviel Eis man nehmen muss und welche Verdünnung dabei zustande käme. Ein ganz heller Typ meinte, er würde sehr viel Eis nehmen, um alles schneller abzukühlen und außerdem nicht so stark zu verdünnen. Ich hielt dagegen, dass es so schneller kalt würde, aber der Verdünnungsfaktor unverändert bliebe: weniger Wasser von jedem Würfel, aber insgesamt die gleiche Menge. Für Hilfe jeder Art wären wir sehr dankbar.

Ich halte es mit dem »ganz hellen Typ«.

Erstens: Je kälter das Eis, desto besser. Kälteres Eis kühlt die Flüssigkeit schneller, aber auch kältere Steine würden das schaffen.

Wenn zwei Substanzen miteinander in Kontakt sind, fließt automatisch Wärme von der wärmeren zur kälteren. In unserem Fall geht die Wärme aus der Flüssigkeit ins Eis über – man könnte auch sagen, das Eis saugt die Wärme aus dem Getränk. Je kälter das Eis anfänglich ist, desto mehr Kalorien kann es der Flüssigkeit abnehmen, ehe es seinen Schmelz- bzw. Gefrierpunkt (0 °C) erreicht hat und allmählich sogar ans Schmelzen denkt. Wenn das Eis also kalt genug – entsprechend weit unter den Gefrierpunkt abgekühlt – ist, wird nur wenig (oder gar kein) Eis schmelzen und somit auch nichts verdünnen.

Zweitens: Je mehr Eis, desto besser. Sehr viel Eis im Behälter zwingt die Flüssigkeit in die schmalen Räume zwischen den Würfeln; es entstehen dünne Schichten der Flüssigkeit, die einen guten thermischen Kontakt mit dem Eis haben und deshalb schneller kalt werden als dickere Flüssigkeitsschichten. Man könnte es auch so verstehen, dass eine größere Zahl von Eisbrocken mehr Eisfläche für den Wärmeübergang aus der Flüssigkeit bereitstellt. Somit führt auch das zu schnellerer Abkühlung und weniger (oder keinem) Abschmelzen – Sie dürfen das Eis nur nicht zu lange darin lassen.

Das beste Kühlungsmantra lautet demnach: »Haufenweise Eis für kurze Zeit.«

Ganz nebenbei geht es um *Eiswürfel*, nicht um zerhacktes Eis. Denn letzteres hat eine so große Oberfläche und sorgt damit für einen so starken Wärmefluss zwischen Flüssigkeit und Eis, dass es zu schmelzen beginnt und Ihren Drink verwässert, ehe Sie auch nur »Jack Daniel's« sagen können.

Doch zum Glück schmilzt Eis nicht gleich, wenn es seinen Schmelzpunkt erreicht. Jedes Gramm Eis muss zunächst noch einen Schlag zusätzlicher Kalorien (die *Schmelzwärme*) absorbieren, damit seine feste Struktur aufbricht und es zur Flüssigkeit wird. Deshalb kühlt auch nicht übermäßig kaltes Eis noch recht gut, selbst wenn hier einiges schmilzt und für Verdünnung sorgt. Verhindern Sie einfach, dass der *Barista* Ihren Martini zu lange rührt oder gar (der Himmel sei davor!) schüttelt.

Weil bei einem Martini ein wenig Schmelzwasser erwünscht ist (er ist zu scharf, solange er nicht etwa zehn Prozent Wasser enthält), muss man die richtige Balance zwischen der Menge Eis, dessen Temperatur und der Dauer des Rührens treffen. Deshalb schaffen es so viele Leute, einen Martini zu verderben – wo er doch eigentlich das einfachste Mixgetränk von der Welt sein sollte.

Ein Prösterchen auf die Selbstkontrolle

Alkohol trinke ich maßvoll: zum Abendessen ein Glas Wein, in Gesellschaft oft einen oder zwei Drinks, das ist wirklich alles. Auf Partys in der Urlaubszeit kommt es jedoch leicht vor, dass man beim Plaudern und Süffeln etwas den Überblick verliert, und so habe auch ich gelegentlich schon mal ein klein wenig zuviel erwischt ... Ich weiß, jeder Mensch ist anders, aber gibt es irgendwelche Anhaltspunkte dafür, wie unterschiedliche Mengen Alkohol sich wahrscheinlich auf einen auswirken?

In Jahrzehnten an der Uni (nein, nicht weil ich für den Abschluss so lange gebraucht hätte – ich war Hochschullehrer) habe ich einiges über das gehört, was Studenten eine »geile Party« nennen, sprich »Komasaufen«. Allerdings hat das Studentenvolk kein Monopol auf besinnungslose Besäufnisse, ob vorsätzlich oder versehentlich. Für uns Akademiker mit Abschluss kann die gelegentliche Überdosis am Semesterschluss üblere Folgen haben, weil wir nicht einfach in den Schlafsaal des Wohnheims auf dem Campus zurücktorkeln können. Zumeist müssen wir noch nach Hause fahren. Diese Vorstellung allein mag ja ernüchternd sein, aber Autofahren selbst wirkt sich leider nicht in dieser Weise aus.

Alle Studien zur Beeinträchtigung der Fahrtüchtigkeit durch Alkoholkonsum besagen übereinstimmend, dass bereits eine Blutalkoholkonzentration von 0,2 Promille die Leistungsfähigkeit beim Autofahren beeinträchtigt (0,5 Promille am Steuer gelten als Ordnungswidrigkeit, 0,8 Promille und mehr als Straftat*).

Wie also können wir unsere Alkoholaufnahme so steuern, dass wir einen Rauschzustand der Stufe 1 (Entspannung und angeregte Stimmung) erreichen, ohne darüber hinauszuplätschern auf Stufe 2 (Geschwätzigkeit und verminderte Hemmung), 3 (schlechte Koordination der Motorik und verwaschene Sprache), 4 (Verlust der Kontrolle oder der Zurückhaltung), 5 (Teilnahmslosigkeit und Benommenheit), 6 (Schwindel), 7 (Koma) und 8 (Tod)?

Die entmutigende Antwort lautet: Wir können es nicht. Zumindest nicht verlässlich. Es gibt einfach zu viele Faktoren, die alles durcheinanderbringen. Es sind viele Variable, welche die Reaktion eines Menschen auf eine bestimmte Alkoholmenge steuern, darunter genetische Voraussetzungen, Stoffwechselrate (bei Frauen allgemein höher als bei Männern), Körpergewicht und persönliche Vorgeschichte mit dem Alkohol (schwere Trin-

* In der EU. – Anm. d. Ü.

ker können mehr vertragen). All diese Faktoren werden davon überlagert, in welcher Weise eine bestimmte Menge Alkohol konsumiert wird – ob sie verdünnt ist, zusammen mit Nahrungsmitteln aufgenommen wird oder nicht und über welchen Zeitraum. Stärkere Verdünnung, mehr Speisen und längere Zeit verringern die Wirkung des Alkohols, wobei entscheidend ist, welche absolute Menge man sich einverleibt hat.

Wie wirken sich nun Mengen von, sagen wir, 10 (ein Drink) oder 20 Gramm Alkohol auf Sie persönlich aus? Gar nicht, solange sie nicht ins Blut gelangen. Als Maß für die Trunkenheit gilt deshalb allgemein die Blutalkoholkonzentration (BAK) in Promille, das ist die Masse Alkohol (in Gramm) pro Liter Blutvolumen. Die BAK wird nicht direkt im Blut gemessen (außer bei der Autopsie). Sie kann aber im Atem festgestellt werden, weil Alkohol vom Blut über die Lungen in die Atemluft transportiert wird. Normalerweise liegt die BAK etwa 2100mal so hoch wie die Konzentration im Atem – Atemtestgeräte können also darauf geeicht werden, dass sich die Werte der BAK direkt ablesen lassen.

Der einverleibte Alkohol wird vom gesamten Wasser im Körper gleichmäßig absorbiert – das findet zu 80 Prozent im Magen statt, zu 20 Prozent im Dünndarm. Deshalb hängt die BAK davon ab, wieviel Wasser im Körper der jeweiligen Person enthalten ist: Je mehr Wasser in Form von Blut vorliegt, desto niedriger ist die Konzentration einer bestimmten Alkoholmenge, was die körperlichen Auswirkungen entsprechend verringert. Auch hier gilt, dass jeder Mensch anders ist, aber im Durchschnitt bestehen Männer zu 58 Prozent aus Wasser, Frauen zu 49 Prozent, während das Blut sowohl bei Frauen wie bei Männern 80,6 Prozent Wasser enthält.

Zusammen mit der Dichte des Blutes (1,06 Gramm

pro Milliliter) geben wir diese Zahlen in den Rechner ein, der ohne große Verrenkungen herausfindet, dass jeweils 10 Gramm reiner Alkohol, den ein Mann von 77 Kilo Körpergewicht aufnimmt, dessen BAK um 0,19 Promille steigen lassen. Bei einer Frau von 54 Kilo führt diese Menge zu einer Zunahme um 0,32 Promille. Die gesetzlich definierte absolute Fahruntüchtigkeit von 0,8 Promille erreicht Herr Mustermann also mit 42 Gramm reinem Alkohol, für die Frau reichen schon 25 Gramm.

Gerundet heißt das (hier können Sie Ihr persönliches Lieblingsgift einsetzen):

- Bei Spirituosen mit 40 % Alkohol erreicht der Mann von 77 Kilo Körpergewicht die 0,8 Promille mit 15 Zentiliter, die Frau von 54 Kilo mit 9 Zentiliter.
- Bei Wein mit 13 % Alkohol sind es entsprechend 0,42 Liter bzw. 0,24 Liter.
- Bei Bier mit 5 % Alkohol sind es entsprechend 1,1 Liter bzw. 0,66 Liter.

Das sind sehr grobe Schätzwerte, nicht nur weil die Menschen sich stark voneinander unterscheiden, sondern auch, weil die Berechnungen davon ausgehen, dass der Alkohol sofort und vollständig absorbiert wird. Nicht berücksichtigt sind Verzögerungen bei der Aufnahme des Alkohols im Körper, die zustande kommen, wenn man während des Trinkens isst, ebensowenig der fortwährende Abbau des Giftes in der Leber oder die Ausscheidung über den Urin im Verlauf des Trinkens. Das alles ist ein recht komplexes System von Zufuhr und Abfuhr. Dennoch können wir eine sehr zurückhaltende Schätzung »für den Hausgebrauch« vornehmen: Zählen wir strikt das getrunkene Volumen und nehmen wir die oben genannten Mengen als Maßstab – für die je persönliche »Trunkenheitsschwelle« müssen wir dann nur noch Körpergewicht und gegebenenfalls die verzehrten Speisen berücksichtigen.

Selbstverständlich wird man lange vor diesem Punkt aufhören wollen. Doch es ist zugegebenermaßen schwierig, die Milliliter zu zählen, während man mit einem Lampenschirm als Kopfbedeckung »Marmor, Stein und Eisen bricht …« singt. Aber ob Mann oder Frau, groß oder klein, schwerer oder gelegentlicher Trinker, eines kann man in jedem Fall tun: *Pünktlich jede halbe Stunde* trete man virtuell aus sich heraus (eine sehr esoterische Übung) und bewerte das eigene Verhalten aus objektiver Distanz. Sobald man sieht oder hört, dass Stufe 2 oder gar schon Stufe 3 erreicht ist, weg aus der Bar und essen, was reingeht. Schöne Feier noch!

Postgastronomisches Belästigungssyndrom

Ich habe von zahlreichen Verfahren gehört, mit denen Rotweinflecken aus Tischtüchern oder Kleidung zu entfernen sind. Am häufigsten ist die Rede von Sprudelwasser und von Salz, aber ich habe beides erfolglos ausprobiert. Es muss doch eine Methode geben, die wirklich funktioniert. Kennen Sie sie?

Kaum hat irgendein schusseliger Gast ein Glas Rotwein auf das Tischtuch gekippt, rufen unweigerlich alle Anwesenden im Chor: »Nimm Sprudelwasser!« – »Weißwein drübergießen!« – »Nein, Essig!« – »Mit Salz bedecken!« Alles gut gemeint, aber nutzlos. Was Salz angeht, so kann es durch Kapillarwirkung allenfalls überschüssige Flüssigkeit aufsaugen, doch dafür wäre Sand ebensogut geeignet. Bloß sollte überschüssige Flüssigkeit ohnehin nicht mehr vorhanden sein, wenn man den Fleck auf der Stelle mit einem geeigneten Material aufgesaugt hat – denn bei jeder Fleckenbehandlung ist das ein entscheidender erster Schritt.

Bei den drei als Tipp gehandelten Flüssigkeiten Sprudelwasser, Weißwein und Essig besteht die Ironie darin, dass sie alle sauer sind und den Fleck sogar verstärken können. Hier der Grund: Die Pigmente aus den Schalen der roten Trauben – sie gehören zu einer unter der Bezeichnung Anthocyanine bekannten Familie von Nahrungsfarbstoffen – verhalten sich wie Säure-Base-Indikatoren (siehe S. 25). Das heißt, in sauren Medien sind sie rot, in alkalischen dagegen blau. Wenn man zu dem ohnehin schon sauren Weinfleck noch säurehaltige Flüssigkeit gibt, bewirkt das gar nichts oder verdünnt allenfalls den Fleck, doch dazu genügt auch klares Wasser.

Der Trick mit dem Mineralwasser, den man mehr als jeden anderen angepriesen hört, ist mir seit jeher verdächtig vorgekommen. Für mich war da einfach kein chemischer Grund erkennbar, der etwas bewirken könnte, weshalb ich beschloss, die Methode zu testen. (Der Ärger mit dieser Welt kommt daher, dass die Leute herumlaufen und anderen erzählen, was da oder dort hilfreich sei, obwohl nie jemand eine sorgfältige Untersuchung anstellt und überprüft, ob das auch stimmt.)

Als erstes behandelte ich einen frischen Weinfleck auf weißer Baumwolle mit schlichtem kohlensäurehaltigem Wasser, das Chemiker als verdünnte Kohlensäure bezeichnen. Weil es sauer war, konnte es nichts dazu beitragen, die rote Färbung des Weinflecks abzuschwächen. Dann probierte ich es mit dem sagenhaften Sprudelwasser (»Club Soda«), einem kohlensäurehaltigen Tafelwasser, das mit ein wenig Natriumbikarbonat (Backnatron) und manchmal auch noch mit etwas Natriumzitrat angereichert ist. Beide Verbindungen reduzieren den Säuregehalt, aber wie sich zeigte, war das Tafelwasser nach wie vor schwach sauer und veränderte nichts an der roten Farbe. Es bewirkte Nullkommanix.

Na schön, was hilft denn nun? Vor einigen Jahren ergaben Forschungen an einer amerikanischen Universität, dass je nach Gewebe und Alter der Flecke eine 50/50-Mischung aus dreiprozentigem Wasserstoffperoxid und dem flüssigen Spülmittel einer bestimmten Marke allgemein gut wirksam war. Für mich war das Wasserstoffperoxid in den Versuchen ein wichtiger Fingerzeig, denn Peroxide sind Bleichmittel, wenn auch nicht so stark wie Chlorbleiche, die vielleicht nicht nur den Fleck, sondern auch gleich alle Farben aus dem Gewebe entfernen würde (Peroxide oxidieren die farbigen Verbindungen zu farblosen).

Ich beschloss, ein paar neue Produkte zu testen, die Natriumperkarbonat enthalten – das ist ein sogenanntes Anlagerungsprodukt aus Natriumkarbonat (Waschnatron) und Wasserstoffperoxid. Die drei von mir geprüften Produkte mit Perkarbonat waren in meinem Supermarkt erhältlich. Sie liegen alle als weißes Pulver vor, das ich auf weißes Baumwollgewebe mit Weinflecken streute, großzügig mit Wasser besprenkelte und dann etwa zehn Minuten ruhen ließ.

Die Extraportion Küchenwissenschaft: Elektronenräuber

In der Chemie steht Oxidation für eine weit größere Klasse von Reaktionen als nur für die einfache Wechselwirkung einer Substanz mit Sauerstoff. In einem allgemeineren Sinn kennzeichnet der Begriff alle Reaktionen, in denen ein Atom oder Molekül Elektronen abgibt. So sind Wasserstoffperoxid und andere Peroxide Oxidationsmittel, die den Molekülen vieler anderer chemischer Verbindungen Elektronen entreißen können.

Nun sind farbige Verbindungen farbig, weil ihre Elektronen bestimmte Wellenlängen oder Farben des Tageslichts (einer Mischung aller sichtbaren Wellenlängen) absorbieren, das auf sie fällt. Alle übrigen Wellenlängen reflektieren sie, unter anderem zum Auge des Betrachters. Demnach sehen wir reflektiertes Licht, dem einige der einfallenden Farben fehlen. So absorbiert beispielsweise das Blütenblatt einer Narzisse einige der blauen Wellenlängen des Tageslichts und reflektiert demzufolge Licht, dem Blau fehlt – das nehmen wir als Gelb wahr. Wir sagen dann, die Blume selbst sei »gelb«. Wenn aber ein Oxidationsmittel die den blauen Lichtanteil absorbierenden Elektronen mit sich nimmt, dann ist das Gelb nicht mehr da. Die Blüte ist gebleicht worden.

Ich konnte zusehen, wie das stark alkalische Natriumkarbonat die Flecken blau verfärbte, ehe das Wasserstoffperoxid aktiv wurde und die blaue Farbe fast vollständig verschwinden ließ. Anschließend warf ich die Tücher samt dem ganzen Perkarbonat in die Waschmaschine und wusch alles wie gewohnt. Am Ende war nicht die Spur eines Flecks zu entdecken!

Lesen Sie also die Liste der Inhaltsstoffe auf den Packungen der Reinigungsmittel im Supermarkt. Steht dort »Natriumperkarbonat«, sollten Sie es kaufen und griffbereit aufbewahren. Es ist auch für viele andere Fleckenarten geeignet.

Eine »feige« Gegendarstellung: Fleckentfernung kann je nach fleckbildender Substanz, Alter des Flecks und Art sowie Farbe des Gewebes schwierig sein und nicht immer zum erwarteten Ergebnis führen. Ich habe meine Versuche an Flecken von frischem Merlot-Rotwein auf weißem Baumwollstoff durchgeführt. Wenden

Sie nie eine Methode zur Fleckentfernung einschließlich der oben geschilderten an, ohne sie zuvor an einer unauffälligen Stelle eines Tischtuchs oder Kleidungsstücks ausprobiert zu haben!

☞ So entfernt man einen frischen Rotweinfleck

Bereit sein ist alles! Halten Sie in der Küche ein Reinigungsmittel vorrätig, das Natriumperkarbonat enthält, beispielsweise ein entsprechendes Fleckensalz. Und nun:

1. Schenken Sie den Wein ein. Servieren Sie das Abendessen. Genießen Sie die Speisen, den Wein und die allgemeine Heiterkeit.
2. Sehen Sie in stummem Erschrecken zu, wie ein Gast Rotwein auf dem Tischtuch verschüttet.
3. Entfernen Sie den noch nicht ins Tischtuch eingedrungenen Wein sofort mit Küchentüchern, während Sie dem Schuldigen sagen, er solle sich keine Gedanken machen, und sich dabei insgeheim vorstellen, dass er in die Hölle fährt.
4. Streuen Sie weißes Perkarbonatpulver auf die befleckte Zone.
5. Sprühen Sie (etwa mit einem Zerstäuber) großzügig Wasser darüber, so dass eine Paste entsteht.
6. Lassen Sie die Paste zehn Minuten an Ort und Stelle und plaudern Sie weiter mit den Gästen, während Sie sich ausmalen, wie der Schuldige in der Hölle schmort.
7. Werfen Sie das Tischtuch mit der Paste aus Perkarbonat und allem anderen bei nächster Gelegenheit in die Waschmaschine.
8. Waschen Sie es wie immer mit der normalen Menge Waschmittel.
9. Gehen Sie wegen Ihrer bösen Gedanken (siehe 3 und 6) in sich!

2. KAPITEL

Auf dem Bauernhof

Draußen auf dem Bauernhof nimmt alles seinen Anfang: die Erde, das Land, der Ackerboden.

Als unsere Vorfahren vor ungefähr 9000 Jahren ihre Existenz als Sammler und Jäger durch die Domestikation von Tieren und den Ackerbau zu ergänzen begannen, brachten sie die Saat (um ein treffendes Bild zu verwenden) der modernen Landwirtschaft aus. Obwohl wir auf den Ozeanen nach wie vor sammeln und jagen (siehe 6. Kapitel), ist die Landwirtschaft dennoch die Hauptquelle praktisch aller Nahrung der Menschen – wir bestellen Mutter Erde, um sowohl Feldfrüchte hervorzubringen als auch Vieh zu halten.

Im vorliegenden Kapitel konzentrieren wir uns auf Molkereiprodukte und Eier. Diese beiden Grundlagen tierischen Lebens – das Ei, aus dem Leben hervorgeht, und die Milch, welche Säugetierjunge zum Leben brauchen – erhalten wir von domestizierten Tieren. Wir nehmen Milch und Eier entweder unverändert zu uns oder verwandeln sie mechanisch, chemisch oder biologisch in Produkte wie beispielsweise Butter und Käse, die wir dann in Form vieler hundert Gerichte der Küchen in aller Welt verspeisen.

Sahnehäubchen

Worin besteht der Unterschied zwischen den verschiedenen Arten von Sahne, die ich im Supermarkt sehe: Schmand, Crème fraîche, Saure Sahne, halbfette Sahne usw.?

Generell wird Sahne aus Milch gewonnen. Dazu jagt man den Anteil des Milchfetts (es heißt auch Butterfett, weil es zu – na was wohl? – Butter weiterverarbeitet wird) auf höhere Werte, als die Kuh der Milch mitgegeben hat. Oder andersherum: Man entfernt ein wenig von dem wässrigen, fettlosen Anteil der ursprünglichen Milch (die »Buttermilch«) und reichert sie auf diese Weise an. Ergebnis: das glatte, cremige Mundgefühl.

Wie das geht? Nun, die Schwerkraft erledigt das automatisch, wenn man die nicht homogenisierte Vollmilch eine Weile stehenlässt. Da Fett leichter (weniger dicht) als Wasser ist, sammelt es sich oben, und der fettreiche Anteil – die Sahne – kann abgeschöpft oder abgegossen werden.

Doch die Molkereien trennen heute die Fettkügelchen schneller und effizienter von der übrigen Milch ab. Dazu setzen sie Zentrifugen oder sog. Sahneseparatoren ein – Maschinen, welche die Vollmilch mit mehreren tausend Umdrehungen pro Minute herumwirbeln, als handle es sich um Wäsche im Schleudergang einer wildgewordenen Waschmaschine. Die schwerere (dichtere) wässrige Fraktion wird stärker nach außen geschleudert als das Fett und wandert in den äußeren Bereich des Behälters; die weniger dichten Fettmoleküle bleiben mehr in dessen Zentrum versammelt. Hier montierte Teller, die kreisrunden Spitzhüten mit aufgebogener Krempe ähneln, sammeln die Produkte mit jeweils verschiedener Dichte, also mit unterschiedlichem Fettanteil.

Die Landwirtschaftsministerien schreiben in der Regel

die Kennzeichnung für den jeweiligen Fettgehalt vor. Das fängt bei der Kaffeesahne mit 10–15 % an, dann folgt »einfache« Sahne mit 25–29 % Fettgehalt, Schlagsahne mit 30–33 % und schließlich Schlagsahne extra (sozusagen die Crème de la crème), die es auf mindestens 36 % bringt. Bleibt noch zu erwähnen, dass alle Sorten unter 30 % nicht zu Schlagsahne werden – egal, wie lange und wie heftig man sie bearbeitet.

Süßigkeiten wie Kopfkissen

Hier haben wir die angepasste Version eines handgeschriebenen Rezepts der amerikanischen Malerin Mary Cassat (1844–1926). Sie stellte diese Karamellbonbons für die Gesellschaften her, zu denen sie zusammen mit dem französischen Maler Edgar Degas in Paris einlud. (Anlässlich der Eröffnung eines großen Hotels in ihrer Geburtsstadt Pittsburgh wurden die hausgemachten, mit Kakaopulver bestreuten Karamellen, die winzigen Kissen ähneln, als Präsent auf die Kopfkissen der Gästebetten gelegt.)

Das Rezept sollte man genau befolgen. Wenn die Küche zu warm ist, werden die Karamellen leicht weich und zerfließen. In einem kühleren Raum behalten sie ihre Form. Wer Fondant mag, wird diese »Kissen« lieben.

150 Gramm Halbbitter-Schokolade
320 Gramm Zucker
100 Gramm ungesalzene Butter
240 Milliliter Honig
240 Milliliter Schlagsahne
30 Gramm ungesüßtes Kakaopulver zum Überstäuben

1. Eine Marmor- oder Granitarbeitsfläche (ein Backblech tut es auch) leicht einölen. Kein Gerät mit Teflon-Oberfläche verwenden!
2. Schokolade durch die großen Öffnungen einer Reibe in eine mittlere Schüssel reiben.

3. Die geriebene Schokolade und die übrigen Zutaten (außer dem Kakaopulver) in einem schweren Kochtopf mittlerer Größe mit Hilfe eines Holzlöffels vermengen.
4. Bei mittlerer Hitze und unter gelegentlichem Umrühren aufkochen lassen und weiter erhitzen, bis die Mischung 115 °C erreicht hat. Das dauert etwa 10 Minuten.
5. Die heiße Mischung vorsichtig auf die eingeölte Arbeitsfläche gießen – nicht aktiv verteilen – und abkühlen lassen.
6. Die Masse mit einem Schaber in vier Kugeln aufteilen und diese leicht mit einem Teil des Kakaopulvers bestäuben. Zu etwa 3 Zentimeter dicken Rollen formen und erneut mit Kakaopulver bestreuen. Auf ein Backblech legen, mit Klarsichtfolie abdecken und im Kühlschrank mehrere Stunden oder über Nacht fest werden lassen.
7. Die Rollen von der Folie befreien und in Stücke von etwa 3 cm Dicke schneiden. Dabei werden die Teile durch die Messerklinge in Kissenform gezogen. Die Candystücke flach in eine Blechdose legen; dicht verschließen.
8. Bis zum Servieren im Kühlschrank aufbewahren. Die Karamellbonbons sind ungefähr eine Woche haltbar. Gereicht werden sie einzeln in passenden Papierförmchen oder kleinen Bechern aus Alufolie.

Ergibt etwa 48 Stück.

Gute Tierchen – böse Tierchen

Nach der Zutatenliste auf dem Etikett eines Joghurtbechers ist darin auch Pektin enthalten. Ist es damit nicht eher eine Art Gelee als eine Joghurtsorte?

Grundsätzlich ist Joghurt – in vielen Ländern in aller Welt – eine einfache Angelegenheit. Er entsteht, wenn man der Milch von Kuh, Ziege oder Schaf bestimmte Kulturen nützlicher lebender Bakterien zusetzt. Diese ernähren sich von der Laktose (dem Milchzucker) in der

Milch und wandeln sie dabei in Milchsäure und manche andere chemische Verbindungen mit interessanten Geschmacksrichtungen um. Einige davon (vor allem die Säuren) lassen das Milcheiweiß zu einem festen Gel gerinnen (koagulieren). Aber in der modernen, mechanisierten Lebensmittelindustrie gibt es nichts, was so einfach wäre.

Vollmilch mit all ihren reichen Inhaltsstoffen ergibt einen festen, gehaltvollen Joghurt. Dem steht jedoch eine starke Nachfrage der Verbraucher nach fettarmem Joghurt entgegen. Um nun kein dünnflüssiges Produkt anbieten zu müssen, können die Hersteller Stabilisatoren daruntermischen, die es andicken: feste Milchbestandteile, Pektin (ein wasserlösliches, vorwiegend aus Früchten gewonnenes Kohlenhydrat) oder eine kleine Menge Gelatine.

In Osteuropa und im Mittleren Osten stellt man seit Jahrhunderten Joghurt her. In den westlichen Ländern ist er dagegen erst seit relativ kurzer Zeit eingeführt worden und steht in dem (wenn auch unbewiesenen) Ruf, uns gesund, schlank und fit zu halten. Gewerbliche Joghurthersteller fechten Kalorienkämpfe aus, indem sie ihre Produkte aus fettarmer oder fettfreier Milch produzieren – so können sie diese gefälligen Schlagwörter auf ihren Etiketten zur Schau stellen. Weil aber sehr viele Verbraucher den Geschmack von purem Joghurt nicht mögen, werden den meisten Joghurtprodukten Zucker oder konservierte Früchte beigemischt, und so geht es mit den Kalorien ohnehin wieder aufwärts.

Unter den vielen tausend Bakterien- und Schimmelarten gibt es, wie in den alten Westernfilmen, gute und böse Jungs. Die bösen können uns krank machen, die guten hingegen heißen wir willkommen und nutzen sie, um eine unendliche Fülle wunderbarer Nahrungsmittel herzustellen, vom Joghurt bis zu vielen hundert Käsesorten, Bieren und Weinen.

Für Joghurt muss man zuerst alle krankmachenden Bakterien (das sind die mit den sehr, sehr winzigen schwarzen Hüten) abtöten, die möglicherweise in der Milch lauern. Dazu würde die normale Pasteurisierung, bei der die Milch für 15 Sekunden auf 72 °C oder für 30 Minuten auf 63 °C erhitzt wird, völlig ausreichen, doch die Joghurthersteller arbeiten in der Regel mit höheren Temperaturen: zehn Minuten bei 95 °C oder 30 Minuten bei 85 °C. Diese Temperaturen lassen einige der Milchproteine gerinnen, was dem Produkt eine dickere Konsistenz gibt. Anschließend kühlt man die pasteurisierte Milch auf 43 °C ab, was für die guten Jungs nett und komfortabel ist und sie gedeihen lässt.

Die Bakterien mit den weißen Hüten, die man zur Herstellung von Joghurt verwendet, heißen *Lactobacillus bulgaricus* (LB) und *Streptococcus thermophilus* (ST) und werden zu gleichen Teilen gemischt (auch andere Bakterien wie etwa *Lactobacillus acidophilus* können hinzugefügt werden). LB und ST gehen dabei eine einzigartige symbiotische Beziehung ein: Während sie gemeinsam in der Laktose der Milch dinieren, zerlegt LB die Proteine außerdem in Aminosäuren (die Bausteine der Proteine) und Peptide (zwei oder mehr miteinander verbundene Aminosäuren), die für ST als Nahrung dienen können. ST wiederum erzeugt Kohlendioxidgas, das das Wachstum von LB anregt.

Zu den von diesen Bakterien produzierten wichtigsten Geschmacksträgern gehören Milchsäure, Essigsäure und Acetaldehyd, eine säuerliche Verbindung, die nach Walnuss oder grünem Apfel schmeckt. All diese Säuren gemeinsam schaffen es, die Milch zur cremigen Konsistenz des Joghurts einzudicken.

Sobald die Bakterien ihre Aufgabe erfüllt und genau das richtige Aroma sowie die passende Konsistenz zustande gebracht haben, werden sie von den meisten Joghurtherstellern in einem Akt beispielloser Undankbarkeit mit Hitze abgetötet. Auf dem Etikett steht in diesem Fall wahrscheinlich: »Nach Reifung der Kultur hitzebehandelt.«

Manche Menschen glauben, es würde irgendwie ihre Gesundheit fördern, wenn sie lebende Bakterien zu sich nehmen (wofür es aber keine überzeugenden wissenschaftlichen Belege gibt). Wer dennoch Joghurt mit noch lebenden und strampelnden Bakterien vorzieht, wird im Supermarkt ein großes Angebot mit entsprechender Kennzeichnung auf dem Etikett finden. Es läuft darauf hinaus, dass in 200 Milliliter Joghurt etwa zwei Milliarden lebende Keime herumwimmeln. Eine ernüchternde Vorstellung.

Steht auf einem Etikett so etwas wie »Mit aktiven Kulturen hergestellt«, sollten Sie sich davon nicht täuschen lassen. *Natürlich* waren sie ursprünglich aktiv, sonst wäre die Milch nicht in Joghurt umgewandelt worden. Die Frage ist nur, ob die Kulturen noch am Leben sind, wenn Sie den Joghurt nach Hause gebracht haben und ihn verzehren.

Die Extraportion Küchenwissenschaft: Mizellen sind keine Frischzellen

Während die Milch zu Joghurt umgewandelt wird, wirken die von den Bakterien erzeugten Säuren auf das Milchprotein (vor allem Kasein) ein und sorgen dafür, dass dessen winzige, weithin verteilte Kügelchen (die Mizellen) sich zu einer festen Masse vereinigen. Das geschieht, wenn die Bakterien nach einiger Zeit einen bestimmten Säuregrad hergestellt haben. Beim Kasein liegt er bei einem pH-Wert von 4,6 (sogenannter isoelektrischer Punkt). Hier verlieren die Mizellen ihre elektrische Ladung, stoßen einander nicht mehr ab und können zusammenklumpen. Für den Beobachter sieht das so aus, dass die Milch bei diesem pH-Wert gerinnt und der Quark sich von der Molke absetzt. In der Joghurtfabrik homogenisieren sie dann Quark, Molke und Milchfett zu einer einheitlichen, glatten Konsistenz.

Joghurt-Käse

Wer Joghurt mag, aber eine dickere Konsistenz bevorzugt, kann die Molke abgießen und einen Käse herstellen, der zu den halbweichen Sorten zählt. Er eignet sich gut als Aufstrich für Bruschetta oder Toastbrot und nimmt das Aroma hinzugefügter Kräuter dankbar an, lässt sich aber auch, mit Honig gesüßt, zusammen mit Crackern zum Dessert reichen.

0,5 Liter Joghurt (aus Vollmilch oder fettarm – nicht fettfrei)

1. Joghurt in ein feinmaschiges, mit einigen Schichten Käseleinen ausgelegtes Sieb leeren. Das Sieb muss über einer Schüssel hängen.
2. Die ganze Anordnung in den Kühlschrank stellen und den Joghurt zwischen zwei und 24 Stunden abtropfen lassen. Je länger er steht, desto dichter wird die Masse. Die sich ansammelnde Flüssigkeit (die Molke) kann weggeschüttet werden.
3. Der halbweiche Joghurt-Käse im Sieb ist streichfähig – seine Konsistenz liegt zwischen saurer Sahne und Ziegenfrischkäse.

Saure Sahne, selbstgemacht

*Wer saure Sahne zu Hause selbst herstellen will, kann die »guten Tierchen« aus der Buttermilch (*Streptococcus lactis, S. cremoris *und / oder* S. diacetylactis*) nutzen und für den Geschmack und das rechte Maß noch etwas* Leuconostoc *hinzugeben. Sie alle ernähren sich von der Laktose und produzieren dabei die angenehm säuerliche Milchsäure. Buttermilch stammt zwar von entrahmter oder teilentrahmter Milch, doch wenn man ihre Bakterien auf fettreiche Sahne loslässt, so kommt ein weit reichhaltigeres Produkt heraus.*

Anders als die handelsübliche saure Sahne lässt sich die in Heimarbeit hergestellte Sorte – vorausgesetzt, man verwendet Schlagrahm – auch steifschlagen. Dabei sollte man jedoch nicht übertreiben, weil sie sonst plötzlich zu Butter werden kann. Selbstgemachte saure Sahne, ob steif oder flüssig, ergibt eine köstliche Abrundung auf Obstkuchen und für viele Schokoladendesserts.

Die altmodische pasteurisierte Sahne stockt innerhalb von 24 Stunden und entwickelt einen wundervollen Säuregeschmack. Unpasteurisierte Sahne braucht etwas länger und liefert eine weichere Konsistenz. Beide können im Kühlschrank mehr als einen Monat lang aufbewahrt werden – dabei wird die saure Sahne fester und noch köstlicher.

0,5 Liter Schlagsahne extra
5 Teelöffel Buttermilch mit Bakterienkulturen

1. Sahne und Buttermilch in ein Glasgefäß mit Schraubdeckel füllen, 1 Minute schütteln.
2. Das Gefäß 24 Stunden bei Zimmertemperatur stehenlassen, bis die Flüssigkeit die Konsistenz saurer Sahne angenommen hat. In einem besonders kühlen Raum (etwa an einem kalten Wintertag) kann es nötig werden, die Sahne weitere 12–24 Stunden sich selbst zu überlassen.
3. Vor dem Servieren mindestens 24 Stunden im Kühlschrank aufbewahren – je länger die Sahne steht, desto besser werden Geschmack und Konsistenz.

Ergibt ca. 0,5 Liter.

Cool, Mann!

Kann man sich bei Hitze abkühlen, indem man Eis isst?

Die Leute scheinen das zu glauben. Vor der Eisdiele bei mir um die Ecke stehen sie im Sommer immer in langer Reihe an, um sich einen kühlen Nachtisch zu besorgen, aber ab September ist der Ort vom einen Tag auf den anderen praktisch »vom Eise befreit«.

Tatsächlich lautet die Antwort auf Ihre Frage: »Nein.« Schließlich sind wir Warmblüter, deren Thermostat auf 37 °C eingestellt ist, und das ändert sich nicht, wenn wir etwas Kaltes essen. Kühlung findet bei uns ausschließlich als Oberflächenphänomen statt: Schweiß verdunstet von unserer Haut, und wenn wir Glück haben, kommt noch eine frische Brise dazu, die den Vorgang beschleunigt. Eiscreme im Mund bewirkt nur, dass der Mund kälter wird. Sie könnten sehr viel mehr damit bewirken, wenn Sie sich das Eis auf den ganzen Körper schmieren würden.

Damit ein Eiswürfel von ca. 2,5 Zentimetern Kantenlänge und -18 °C im Mund schmilzt, werden nach meinen Berechnungen nur 1,3 Kalorien Wärme verbraucht. Auf den gesamten Körper bezogen würde dieser Wärmeverlust die Temperatur einer Person von 68 Kilogramm Gewicht um ganze 0,004 °C senken.

Hunde dagegen kühlen sich über das Maul: Sie lassen ihre lange, nasse Zunge heraushängen und hecheln, damit der Speichel verdunstet. Vielleicht möchten Sie diese Methode gelegentlich ausprobieren – sie dürfte wirksamer sein als das Schlecken einer Portion Eis aus der Waffeltüte.

Ruhm und Ehre der Aufgeblasenheit

Als ich mal vergessen hatte, eine angebrochene Portion Eiscreme über Nacht in den Gefrierschrank zu stellen, war sie morgens auf das halbe Volumen zusammengeschmolzen. Wieso ist das Zeug so geschrumpft?

Die Hälfte davon war Luft.

In den USA ist amtlich festgelegt, dass der sogenannte Luftaufschlag (*overrun*) in Eis unter 100 % bleiben muss. Der Begriff steht für das zusätzliche Volumen, das zu den ursprünglichen Zutaten hinzukommt, wenn bei der Zubereitung Luft ins Eis gerührt wird. Demnach besteht ein Speiseeis mit 100 % Luftaufschlag zu 50 % aus Luft*.

Frischkäse, Hüttenkäse, alles Käse?

Mein »Gourmet«-Markt führt fast zwei Dutzend verschiedene Käsesorten, und ich vermute, weltweit gibt es noch viele hundert Sorten mehr. Doch zwei Käsesorten, die mich seit meiner Kindheit begleiten, scheinen sich von allen anderen zu unterscheiden: Frischkäse und Hüttenkäse (als Kind kannte ich überhaupt nur diese beiden). Was macht sie so einzigartig? Sind sie nur in Amerika bekannt?

Nicht nur in Amerika, aber vor allem dort.

Zusammen mit dem französischen Neufchâtel und einigen anderen Sorten haben Frischkäse und Hütten-

---

* In Deutschland kann das Eis statt mit Luft auch mit Stickstoff »aufgeblasen« werden, wobei ebenfalls ein Aufschlag von 100 % nicht überschritten werden sollte. – Anm. d. Ü.

käse gemeinsam, dass man sie nicht reifen lässt. Die Milch oder die Milch-Sahne-Mischung gerinnt vorzugsweise durch die Wirkung einer Säure (gewöhnlich Milchsäure) und nicht durch Labferment, und das quarkähnliche Produkt ist verzehrfertig, sobald man es von der Molke abgetrennt hat.

Hüttenkäse, die wohl einfachste aller Käsesorten, wird in Variationen überall auf der Welt hergestellt – vermutlich zuerst in Hütten, obwohl anscheinend niemand den Ursprung des Namens kennt. Hüttenkäse trägt unter anderem auch die Bezeichnungen Topfkäse, Bauernkäse, Bonnyclabber (in Irland) und Schmierkas (im holländisch geprägten Pennsylvania).

In den USA, wo Hüttenkäse sehr beliebt ist und Anfang des 20. Jahrhunderts erstmals in industriellem Maßstab hergestellt wurde, setzt man dazu pasteurisierte entrahmte oder fettarme Milch mit einer Kultur von *Streptococcus lactis* an. Diese Bakterien ernähren sich vom Milchzucker und produzieren die Milchsäure, die zur Gerinnung führt. Außerdem gibt man gewöhnlich noch *Leuconostoc citrovorum* hinzu, einen Bakterienstamm, der aromareiche Verbindungen erzeugt, aber keine Säure. Nach der einige Stunden dauernden Fermentation kocht man die geronnene Milch und trennt einen Teil des Wassers ab, wobei lockere, krümelige Bröckchen Quark übrigbleiben: Das ist Hüttenkäse. Wenn man noch mehr Wasser entzieht, heißt das trockenere Produkt vielleicht Topfkäse. Den kann man dann noch zu einem runden oder länglichen Laib pressen, schon ist der Bauernkäse fertig.

Weil Hüttenkäse recht feucht ist (bis zu 80 % Wassergehalt), verdirbt er sehr leicht. Als guter Nährboden für alle möglichen schädlichen Bakterien, die sich darauf niederlassen könnten, muss er gekühlt aufbewahrt werden.

250 Gramm eines Hüttenkäses mit 2 % Fettgehalt ergeben 225 Kalorien, die gleiche Menge mit 1 % Fett nur 180 Kalorien. Beide enthalten jeweils 30 Gramm (12,4 %) Protein, weshalb Hüttenkäse als Diätnahrung gilt: Hoher Eiweißgehalt, aber wenig Fett und Kohlenhydrate.

Mit *Frischkäse* verhält es sich ganz anders. Das könnte man schon daraus entnehmen, dass es zunächst nur eine einschlägige Marke gab, die man nach der Stadt Philadelphia in Pennsylvania benannt hatte. Nach Auskunft der Firma Kraft, der die Marke gehört, stammt der Frischkäse ursprünglich aus einer Molkerei in Chester (Bundesstaat New York). 1880 wurde sie von einem New Yorker Großhändler mit dem Markennamen »Philadelphia« versehen, weil die Stadt damals für Lebensmittel hoher Qualität berühmt war.

Heute enthält Frischkäse mindestens 33 % Fett und maximal 55 % Wasser; die 34,9 % Fett (etwa 68 % in der Trockenmasse) im Philadelphia ergeben bei 200 Gramm 720 Kalorien. Die einzigartig cremig-weiche Konsistenz kommt jedoch nicht von allein zustande; sie ist bestimmten Zusatzstoffen zu verdanken, zu denen das aus Algen gewonnene Algin ebenso gehört wie das Carobpulver aus den Früchten des Johannisbrotbaums (*Ceratonia siliqua*) oder der Tragantgummi, dem eingedickten Pflanzensaft aus verschiedenen Bocksdornarten (*Astralagus*), sowie Guargummi, der aus den Samen eines Leguminosenstrauchs gewonnen wird. Glätte gibt es eben nicht umsonst.

Bester Käsekuchen wo gibt

Dieser samtige, sahnige Käsekuchen ist kinderleicht zu backen, und im Herd reißt er nie auf. Mit frischen Beeren, Rhabarberkompott (S. 108) oder Fruchtsirup garnieren. Am besten eignet sich ein klassischer Frischkäse, sofern man keine fettarme Sorte verwendet.

Boden:
10 lange Butterkekse oder Löffelbiskuits
10 Gramm Zucker
30 Gramm ungesalzene Butter, geschmolzen

Käsemasse:
3 Packungen zu je 250 Gramm normaler Frischkäse (mit Zimmertemperatur)
4 große Eier (mit Zimmertemperatur)
1 Teelöffel Vanilleextrakt
220 Gramm Zucker
1 Prise Salz

Überzugmasse:
0,25 Liter saure (keine fettarme) Sahne
10 Gramm Zucker
1 Teelöffel Vanilleextrakt

1. Backblech in die mittlere Schiene des Backrohrs schieben, auf 185 °C vorheizen. Eine Springform (22 Zentimeter) mit Antihaftspray einsprühen.
2. Boden: Butterkekse in der Küchenmaschine oder in einem Plastikbeutel mit Zippverschluss zerkrümeln. Ca. 140 Gramm Krümel abmessen und in eine kleine Schüssel geben, übrige Krümel anderweitig verwenden. Zucker und Butter dazugeben und mit einer Gabel durcharbeiten, bis alles gut durchgemischt ist und die Krümel angefeuchtet sind.
3. Diese Teigmasse gleichmäßig auf dem Boden der Springform verteilen und mit leichtem Fingerdruck seitlich einen Rand von etwa einem Zentimeter Höhe formen. Boden in den Kühlschrank stellen, während die Käsemasse vorbereitet wird.

4. Den Frischkäse in einer großen Schüssel bei mittlerer Drehzahl mit dem Mixer für eine Minute schlagen. Eier, Vanille und Zucker dazugeben und weitere zwei Minuten durchrühren, bis die Mischung cremig ist.
5. Diesen Teig in die mit dem Boden belegte Form füllen. Im Backrohr 35 Minuten lang backen.
6. Für die Überzugmasse saure Sahne, Zucker und Vanilleextrakt in einer mittleren Schüssel mit einem Gummispatel glattrühren.
7. Den in der Mitte leicht schwabbeligen Käsekuchen aus dem Herd nehmen. Die Überzugmasse mit Hilfe eines Esslöffels vom Rand her nach und nach auf der Oberfläche des Kuchens verteilen, bis sie überall eine gleichmäßige Schicht bildet. Den Kuchen für weitere 5 Minuten im Backrohr backen.
8. Kuchen aus dem Herd nehmen und in der Form abkühlen lassen. Anschließend mit Küchenfolie abdecken und mindestens 6 Stunden oder über Nacht in den Kühlschrank stellen.
9. Vor dem Servieren mit einer Messerklinge vorsichtig vom Rand der Springform lösen, dann den Rand entriegeln und entfernen.

Ergibt 10–12 Portionen.

Brie – versteht man wie?

Was bedeutet die Prozentangabe auf dem Etikett eines Brie-Käses?

Sie gibt an, wieviel Fett der Käse enthält, bezieht sich jedoch auf das, was ein Chemiker als *Trockengewicht* bezeichnet – das heißt den Prozentsatz an Fett in einer Käsemasse, der alles Wasser entzogen worden ist.

Der berühmte und altehrwürdige (aus dem achten Jahrhundert stammende) französische Weichkäse Brie, benannt nach einer Region östlich von Paris, kann aus

Milch-Sahne-Mischungen mit unterschiedlichem Gehalt an Butterfett hergestellt werden, was zu entsprechend unterschiedlichen Fettanteilen der Endprodukte führt.

Käse enthält sogar in den einzelnen Produktionschargen jeder Sorte stets unterschiedlich viel Wasser. Sollen wir uns nun auf einen feuchten oder einen trockenen Käse beziehen, um den Fettanteil von 100 Gramm Käse zu bestimmen? Offensichtlich wird die Angabe genauer und aussagekräftiger sein, wenn man den wechselnden Wassergehalt herausnimmt und den Fettgehalt in Prozent der Trockenmasse angibt. Dazu erhitzt man eine Probe in einem Laborofen, bis keine Feuchtigkeit mehr vorhanden ist, sondern vor allem nur noch getrocknetes Eiweiß und Fett. Dann wiegt man die Fettmenge und erhält deren prozentualen Anteil an der Gesamtmenge – er ist größer als der Fettgehalt des ungetrockneten Käses.

Zum Beispiel enthält Brie im Schnitt 20 % Wasser, so dass 100 Gramm 80 Gramm Trockenmasse entsprechen. Nehmen wir an, davon seien 40 Gramm Fett, dann steht auf dem Etikett »50 % Fett i. Tr.« (40 / 80), obwohl der Käse in der Packung eigentlich nur 40 % (40 / 100) Fett enthält.

Diese Schreibweise des Fettgehalts ist kein Trick, der einen höheren Anteil an Butterfett im Käse vortäuschen soll. Bei Proben mit wechselndem Wassergehalt verfährt man in der Wissenschaft stets in dieser Weise, weil man nur so zu standardisierten Aussagen über die prozentualen Anteile der restlichen Inhaltsstoffe kommt, ob das nun Lebensmittel oder andere Substanzen sind.

☞ ***Mineralwasser?***
Lieferanten bestimmter Sorten von Meersalz »für Gourmets« (soll heißen teurer Sorten) brüsten sich damit, dass ihre Produkte so viele »wertvolle Mineralien« enthalten, weil der Anteil an Natriumchlorid bei nur 85 % liegen soll. Der Trick liegt darin, dass die restlichen 15 % Wasser sind, weil ihr Salz nicht sorgfältig getrocknet worden ist. Auf der Grundlage des Trockengewichts würde dieses Meersalz zu mehr als 97 % aus Natriumchlorid bestehen, genau wie all die anderen Salzsorten, die für den menschlichen Verzehr zugelassen sind.

Sennerin, Sennerin, mach mir den Käs'!

Ich bin gerade in einer Lehre als Käsemacher. Wenn wir Camembert machen, geben wir Penicillium candidum *(oder eine andere Form von Penicillin) in die Milch oder sprühen die Außenseite damit ein. Meine Mutter ist gegen Penicillin allergisch, hat aber auf meinen Camembert nie eine Reaktion gezeigt. Wieso? Außerdem ist es hier in den USA vorgeschrieben, die Milch für den Käse zu pasteurisieren oder den Käse mindestens 60 Tage reifen zu lassen. Mit dem Pasteurisieren wird man, wie ich weiß, üble Bakterien wie Listeriose oder Brucellose (meine Mutter nennt das Wechselfieber) los, aber wie läuft das bei der Reifung ab?*

Als erstes müssen wir die Terminologie klarstellen – Sie verwechseln die Bakterien mit den von ihnen verursachten Krankheiten, das Medikament mit dem Schimmelpilz und den Pilz mit dem Allergen (dem Stoff, der bei manchen Menschen allergische Reaktionen auslöst). Hier die richtige Bedeutung der Begriffe:

- *Penicillin* (nicht Penicillium) heißt das Medikament.
- *Penicillium* (nicht Penicillin) heißt der Bakterienstamm, der das Medikament produziert.
- *Listeriose* und *Brucellose* sind Krankheiten, die von Bakterien verursacht werden, nicht die Namen der Bakterien selbst.

Das Medikament: Die oft erzählte Geschichte von der »Wunderarznei« Penicillin geht auf das Jahr 1928 zurück, als der am St. Mary's Hospital in London beschäftigte schottische Arzt und Bakteriologe Alexander Fleming gerade Urlaub machte. Wie er Wochen später bei seiner Rückkehr feststellen musste, waren einige Sporen des Schimmelpilzes *Penicillium notatum* in sein Labor gesegelt und hatten sich auf einer seiner Kulturen mit dem pathogenen Bakterium *Staphylococcus aureus* niedergelassen (Fleming führte sein Labor angeblich sehr nachlässig und ließ regelmäßig unbedeckte Petrischalen mit Kulturen herumstehen). Ihm fiel auf, dass die Bakterien sich weigerten, in der Nähe der wuchernden Pilzkolonie zu wachsen, und er unterstellte, der Schimmelpilz *Penicillium* habe eine Art antibakterieller Substanz erzeugt. Diese Substanz, für deren Entdeckung er 1945 den Nobelpreis erhielt, nannte Fleming »Penicillin«. (Ein Ratschlag für strebsame Anwärter auf den Nobelpreis: Einfach das Labor schlampig betreiben und lange in Urlaub fahren.)

Heute stellt man Penicillin im großen Maßstab her. Dazu kultiviert man die Schimmelsporen von *Penicillium chrysogenum*, der mehr Penicillin erzeugt als *P. notatum*, in Stahltanks und füttert sie dort mit »corn steep«. Dieses bei der Herstellung von Maisstärke anfallende Nebenprodukt, in Wasser aufgequollene Maiskörner, ist reich an Kohlenhydraten und Stickstoff.

Allergisch reagiert Ihre Mutter auf die chemische Verbindung Penicillin ($R\text{-}C_9H_{11}N_2O_4S$, wobei R für mehrere unterschiedliche Atomgruppen stehen kann), nicht auf den Schimmelpilz des Stammes *P. chrysogenum*. Die zur Käseherstellung eingesetzten Pilze aus der Familie *Penicillium* produzieren kein Penicillin, stellen also kein Problem für Menschen dar, die auf das Medikament allergisch reagieren.

Schimmelpilze: Die Schimmelpilze gedeihen auf feuchter und warmer organischer Materie. Wie jeder Mycophile (Pilzliebhaber) weiß, gibt es auch unter den Pilzen gute und böse Jungs. Sogar einige Stämme der Gattung *Penicillium* erzeugen Giftstoffe, die Speisen ungenießbar oder gefährlich werden lassen. Beispielsweise gehört der blaugrüne Schimmel, der verdorbene Nahrung aussehen lässt wie einen Hund der auffallend faltigen Chia-Rasse, zu dieser Familie. Dennoch ist da kein Penicillin. Verschimmelte Lebensmittel sollte man auf alle Fälle wegwerfen, dazu auch alle Speisen, die vielleicht Sporen abbekommen haben könnten. Eine Küche sollte man besser nicht so führen wie Fleming sein Labor.

Käse stellt man mit mehreren verschiedenen Arten von *Penicillium* her. Dazu injiziert man entweder die Schimmelkultur in den Käse (er ist dann innengereift), oder man bringt die Kultur auf die Oberfläche des Käselaibs auf (außengereift). Der Schimmel verleiht dem Käse gute Aromen und gibt seiner Oberfläche einen weichen »Flor«. Zu den am häufigsten gebrauchten Arten gehören *Penicillium camemberti* für Camembert, *P. glaucum* für Gorgonzola, *P. candidum* für Brie, Coulommiers und mehrere französische Ziegenkäse sowie *P. roqueforti* für Roquefort, Dänischen Blauschimmelkäse und Stilton.

Bakterien: Bei den Bakterien gibt es selbstverständlich auch gute und böse Jungs. Zu denen mit den schwarzen Hüten gehören die Krankheitserreger *Listeria monocyto-*

genes und gewisse Mitglieder der Gattung *Brucella*. Die durch eine Infektion mit diesen Bakterien hervorgerufenen Symptome werden als Listeriose bzw. Brucellose bezeichnet, wobei letztere je nach der Weltgegend, in der die verschiedenen Arten von *Brucella* den meisten Ärger ausgelöst haben, auch als Maltafieber, Mittelmeerfieber oder Zypernfieber usw. geläufig sind. (Der Begriff Wechselfieber wiederum ist darauf zurückzuführen, dass das Fieberdiagramm eines an Brucellose erkrankten Patienten ständig nach oben und unten verläuft.)

Neben *Listeria* und *Brucella* können auch andere pathogene Schurken wie *Campylobacter jejuni*, einige Arten von *Salmonella* und das allzeit beliebte *Escherichia coli* $O_{157}:H_7$ in der feuchten Umgebung von Molkereien und Käsefabriken gedeihen.

Der Käse: Mehr als 55 Jahre lang hat die zuständige Behörde (FDA) verlangt, dass alle in den USA verkauften Käsesorten, auch die im Ausland hergestellten, wenigstens einem der drei folgenden Kriterien gerecht werden: 1. Die Milch, aus der sie hergestellt werden, ist entweder durch Erhitzen auf 63 °C für 30 Minuten oder auf 72 °C für 15 Sekunden pasteurisiert worden. 2. Der Käse selbst ist einer entsprechenden Wärmebehandlung unterzogen worden. 3. Der Käse ist mindestens 60 Tage lange bei einer Temperatur von nicht weniger als 1,7 °C gereift. Die lange Reifung, die zu den härteren Sorten wie Gruyère und Cheddar führt, steigert den Säuregrad der Käsemasse und lässt sie außerdem trockener werden – in trockener, saurer Umgebung können viele Bakterien sich nicht vermehren. Dagegen lassen Weichkäse sich wegen ihrer kürzeren Reifezeit nicht völlig gefahrlos aus unpasteurisierter Milch herstellen.

In den letzten Jahren hat die FDA immer wieder verlauten lassen, den Vertrieb aller – gereiften oder ungereiften – Käsesorten in den USA zu untersagen, die aus unpasteurisierter, »roher« Milch erzeugt werden. Dieser Versuchsballon hat bei vielen Betroffenen lautstarken Widerspruch hervorgerufen: bei den europäischen Käseherstellern und Exporteuren*, die gerade für viele jener Produkte Rohmilch verwenden, auf die sie besonders stolz sind; bei den amerikanischen Herstellern, die Käse auf handwerklicher Basis produzieren; und bei den Liebhabern guten Essens, von denen nicht wenige glauben, mit dem Pasteurisieren würde der Geschmack beeinträchtigt und Erkrankungen aufgrund einer Vergiftung des Käses durch *Listeria* kämen ohnehin nur selten vor. So ist beispielsweise nicht leicht festzustellen, wie viele der wenigen hundert Todesfälle durch Listeriose in den USA möglicherweise auf den Genuss von Käse zurückzuführen sind. Andere Nahrungsmittel, insbesondere Hot Dogs, Fleischgerichte aus dem Feinkostgeschäft und Hühnchen, sind nämlich die Hauptquelle solcher Vergiftungen durch *Listeria*, und viele Krankheitsfälle sind überhaupt nicht eindeutig auf eine bestimmte Quelle festzulegen.

Das zieht sich aber

Wie kommt der Strang-Mozzarella zu seiner speziellen Konsistenz?

Zunächst: Mozzarella ist ein weicher, weißer, elastischer Käse, der neuerdings auch in Strangform angeboten wird.

* In der EU sind Herstellung und Verkauf von Rohmilchkäse nach wie vor erlaubt, sofern dabei bestimmte Hygienerichtlinien beachtet werden. – Anm. d. Ü.

Der handelsübliche italienische *Mozzarella di bufala* wird, wie der Name erwarten lässt, nicht aus Kuhmilch, sondern aus der Milch des asiatischen Wasserbüffels hergestellt – diese Rinderart wurde vor Jahrhunderten in Italien eingeführt. Man lässt die Milch gerinnen und trennt den seit Miss Muffett* sprichwörtlichen Quark (Protein und Fett) von der Molke (der verbleibenden wässrigen Flüssigkeit) ab. Dieser Quark wird anschließend mit ein wenig heißer Molke gemischt und so lange gestreckt und geknetet, bis die Mischung glatt und gummiähnlich wird.

Strang-Mozzarella erhält man, wenn man den Quark auf 75 °C erhitzt und schmelzen lässt, ehe man ihn zieht und streckt wie Toffee. Das geschieht jedoch nur in einer Richtung, damit die Moleküle des Kaseins (Milcheiweiß) sich der Länge nach aneinander anlagern und dem Käse so eine entsprechende Struktur verleihen. Das Produkt wird in Form zigarrenförmiger Walzen verkauft, die vor allem in der Gastronomie beliebt sind, weil man sie leichter portionieren kann als die klassischen Mozzarellabällchen.

Mehlpampen schlampampen? Besser Butter ins Futter!

Nach dem Anbraten von Fleisch löse ich den Bratensatz für die Sauce mit Wein oder Brühe aus der Pfanne, doch das Ergebnis ist nach meinem Geschmack selbst dann zu dünn, wenn ich die Sauce reduziert habe. Deshalb halte ich mich an den französischen Küchenbrauch und vollende die Sauce mit einem Stich Butter, den ich vorsichtig einarbeite. Die Sauce wird dabei wie

* Siehe Wolke: »Was Einstein seinem Koch erzählte«, S. 140.

durch Zauberei eingedickt. Mit anderen Fetten, etwa Olivenöl, ist das nicht möglich. Warum funktioniert es mit Butter?

Butter als Fett zu bezeichnen ist so ähnlich, als würde man die *Queen Mary* eine Atlantikfähre nennen. Der Zauber der Butter erwächst aus ihrer Einzigartigkeit – nicht nur wegen ihrer Geschichte und dem allseits gerühmten Geschmack, sondern auch wegen ihrer Zusammensetzung. Butter enthält relativ viel Wasser, und das gibt ihr die Eigenschaften, die Fette normalerweise nicht besitzen: Sie kann eine Sauce binden und aufschäumen, wenn man sie in einer Sautierpfanne erhitzt. Auf diese beiden Phänomene komme ich noch zurück, doch zunächst ein wenig Hintergrundwissen.

Butter ist eine komplexe Mischung von Fetten (in der EU mindestens 82 % Anteil) und Wasser (16–18 %), dazu 1–2 % Protein (hauptsächlich Kasein) und gegebenenfalls 1,5–3 % Salz, das den Geschmack hebt und sie vor dem Ranzigwerden bewahrt. Gelegentlich gibt man noch einen Hauch fettlösliches orangerötliches Pigment bei. Das geschieht vor allem im Winter, wenn die meisten Kuhrassen blasseres Fett produzieren, weil ihrem Futter karotinreiche frische Pflanzen fehlen. Dieses Pigment namens Orleans oder Arnotto, mit dem auch Käse gefärbt wird, gewinnt man aus den Samen des Orleansstrauchs (*Bixa orellana*), der ursprünglich aus Südamerika stammt.

Normalerweise lassen Fette und Wasser sich nicht miteinander mischen. In Butter hingegen sind der Fettanteil der Milch (das Butterfett) und der wässrige Anteil (die Buttermilch) in einer anscheinend homogenen Masse vereint. In mikroskopischem Maßstab könnten wir erkennen, dass das Wasser in Form winziger Kügelchen (Durchmesser etwa 0,0005 Millimeter) vorliegt, die gleichmäßig in einem Ozean aus Fett verteilt sind. Diese

Art von stabiler Zusammensetzung zweier Flüssigkeiten, die sich gewöhnlich nicht vermischen, heißt Emulsion. Butter ist also eine sogenannte Wasser-in-Öl-Emulsion.

Scheinbar paradox ist, dass Butter aus Sahne hergestellt wird, denn die besitzt genau die entgegengesetzte Struktur: In der Sahne sind mikroskopisch kleine Fettkügelchen überall in der wässrigen Flüssigkeit verteilt – es liegt eine Öl-in-Wasser-Emulsion vor. Die mechanische Einwirkung, die aus Sahne Butter werden lässt, zerschlägt die Membranhülle der winzigen Fettkügelchen, die sich daraufhin vereinigen können. Zunächst bilden sich reiskorngroße Körnchen, und am Ende, nachdem die Rohbutter ausgepresst und geknetet worden ist, entsteht daraus eine homogene Masse, die mikroskopisch kleine Wasserkügelchen einschließt.

Aber Butter ist, könnte man einwenden, hauptsächlich festes Fett, kein flüssiges Öl. Doch erstens verwendet man in der Chemie das Wort *Fett* unabhängig davon, ob die Substanz bei Zimmertemperatur zufällig fest oder flüssig ist. Und zweitens liegt das Milchfett der Butter teilweise in Form eines Ozeans aus weichem, fast flüssigem »freiem Fett« vor, teilweise aber in Form fester Kristalle. Wenn Butter bei unterschiedlichen Temperaturen gebuttert und dann jeweils mit anderem Temperaturverlauf abgekühlt oder »temperiert« wird (ähnlich verfährt der Patissier, wenn er Schokolade temperiert, um deren Fettkristalle zu beeinflussen), so kommt es zu einem jeweils unterschiedlichen Verhältnis von freiem Fett zu Kristallen. Das ergibt dann verschiedene Stufen der Festigkeit, die von weicher Streichbutter bis zum gefürchteten Brotzerkrümler reichen.

Hier kommen die winzig kleinen Tierchen ins Spiel. Mehrere Bakterienstämme (einige davon nützlich, andere schädlich) sehen im Milchzucker (Laktose) ein delikates Nahrungsmittel. Wenn wir es zulassen, gedeihen sie in Sahne hervorragend. Die schädlichen lassen sich durch Pasteurisieren ausschalten, während die nützlichen durch Wärme dazu ermuntert werden können, kräftig reinzuhauen und dabei ein paar wunderbar aromatische Nebenprodukte zu erzeugen. Für die Butter haben beide Behandlungsmethoden wichtige Folgen.

In den USA muss die zur Butterherstellung verwendete Sahne zunächst ausnahmslos pasteurisiert (30 Minuten auf 74 °C gehalten) werden. Diese Behandlung vermittelt, wie Kenner steif und fest behaupten, einen schwachen, abträglichen Geschmack nach gekochter Milch, den unpasteurisierte Butter »direkt vom Bio-Hof« nicht besitze. In der besten aller Welten, wenn auch bedauerlicherweise in unserem Teil der Welt nicht besonders häufig, lässt man die Sahne nach dem Pasteurisieren reifen und säuert sie mit Hilfe zugesetzter Milchsäurebakterien (gewöhnlich einer Mischung aus Stämmen von *Lactococcus* und *Leuconostoc*, die Milchsäure und Diacetyl produzieren). Die Milchsäure verleiht der Butter einen angenehm säuerlichen Charakter, während die chemische Verbindung Diacetyl für deren vorherrschendes Aroma sorgt.

Inzwischen werden Sie darauf gekommen sein, dass die Butter in der Pfanne aufschäumt, weil ihr Wasseranteil sich in Dampf verwandelt, dessen Bläschen anschließend geräuschvoll entweichen. Doch trotz ihres hohen Wassergehalts spritzt heiße Butter in der Pfanne nicht wie andere heiße Fette in Gegenwart von Wasser. Vielmehr schäumt sie lediglich um das Bratgut herum auf, weil das in ihr enthaltene Wasser in Form einzelner, mikroskopisch kleiner Kügelchen vorliegt. Diese vereinigen sich nicht zu größeren Tröpfchen, die bei Kontakt mit heißem Fett zu relativ großen Dampfwolken explodieren und dabei Spritzer heißen Fetts mit sich reißen.

Wie aber gelingt es nun, mit Butter eine Sauce im Topf zu homogenisieren und anzudicken? Auf zwei Arten: Erstens kann das Butterfett sich mit dem Bratfett im Topf vereinen, während das Wasser Wein oder Brühe bindet, was sozusagen alles harmonisch miteinander vermählt. Diese Eintracht würde jedoch nicht lange bestehen, wenn Butter nicht eine geringe Menge (etwa 0,24 Prozent) Lecithin enthielte, das als Emulgator wirkt. Die Moleküle solcher Emulgatoren stabilisieren eine Emulsion, weil sie sich gleichzeitig sowohl an Fett- als auch an Wassermoleküle anheften und sie damit zusammenhalten. Sobald der gesamte Topfinhalt auf diese Weise zu einer Emulsion aus Fett und Wasser geworden ist, wird die Mischung erkennbar dicker, glänzender und cremiger sein als der wässrige Wein oder die Brühe allein. Jetzt wissen Sie also, warum französische Küchenchefs seit Escoffier ihren abgelöschten Bratfond stets mit Butter abrunden.

Gute Eier – eine Klassenfrage

In meinem Supermarkt werden viele Arten von Eiern angeboten, und ich weiß nicht, welche ich kaufen soll. Es scheint sich immer um die Handelsklasse A zu handeln, was vermutlich gut ist, aber wie steht es mit Größe und Frische?

Ähnlich wie in den USA, wo Eier in die Handelsklassen AA, A oder B eingestuft werden, gibt es in der EU die entsprechenden Klassen A, B und C, wobei in Deutschland praktisch nur die Klasse A (und deren Steigerung »A extra«) im Supermarkt auftaucht. Damit ein Ei dieser Qualitätsstufe entspricht, müssen Schale und Kutikula (das Häutchen in der Schale) sauber und unbeschädigt sein. Die Luftkammer auf der flacheren Unterseite darf nicht mehr als 6 Millimeter hoch sein (bei »A extra« sind es 4 Millimeter), das Eiweiß muss klar, durchsichtig, frei von Einlagerungen und von fester, gallertähnlicher Konsistenz sein. Der Dotter darf keine Einlagerungen aufweisen, es darf kein Keim erkennbar und kein fremder Geruch wahrnehmbar sein.

Dazu gibt es Gewichtsklassen, die EU-einheitlich sind: XL, L, M und S. XL müssen mindestens 73 Gramm wiegen; L zwischen 63 und 73 Gramm; M zwischen 53 und 63; S darf weniger als 53 Gramm auf die Waage bringen.

Bei allen Rezepten in diesem Buch gehe man (sofern nichts anderes angegeben) davon aus, dass wir sie mit großen Eiern ausprobiert haben.

Aber sind die Eier auch frisch? Wird ein Eidotter älter, dann neigt er – wie so manche andere Dinge, an die wir lieber nicht denken wollen, z. B. unser Toastbrot – dazu, zu erschlaffen. Das Eiweiß schrumpft und wird trüb, die Luftkammer des Eies vergrößert sich. Das sehen wir allerdings erst, wenn wir es gekauft und aufgeschlagen haben.

Um uns vor unliebsamen Überraschungen zu bewahren, schreibt die EU vor, dass auf der Eierschale oder der Verpackung das Legedatum oder das auf 28 Tage begrenzte Mindesthaltbarkeitsdatum (MHD) anzugeben sind. Außerdem muss vermerkt sein, ab wann die Eier im Handel gekühlt (zwischen 5 und 8 °C) aufzubewahren sind.

Orange-Biskuitkuchen

Eier zeichnen sich auch dadurch aus, dass man Dotter und Eiweiß trennen und deren spezielle Eigenschaften jeweils separat nutzen kann. Bei diesem Kuchen dienen die Dotter als Bindemittel und steuern Fett, Farbe und reiches Aroma bei, während das zu Eischnee geschlagene Eiweiß eine lockere, schaumige Struktur liefert.

Beachten Sie bitte: Bei allen Arten von Schwammkuchen darf die Form nicht eingefettet werden. Falls vorher ein Kuchen mit Fett darin gebacken worden ist, sollte man die Form gründlich reinigen und sorgfältig trocknen, ehe man sie für diesen Zweck verwendet. Der Teig findet nur an der Wand einer sauberen, trockenen Form Halt.

Weil Konsistenz und Aroma der Biskuitkuchen so köstlich sind, isst man sie gewöhnlich ohne Glasur oder Überzugmasse, die sie damit zusammendrücken würden. Ein wenig Puderzucker als Dekoration schadet jedoch nicht. Der Kuchen kann vor dem festlichen Ereignis gebacken und bei Zimmertemperatur zwei Tage, im Kühlschrank bis zu fünf Tage und im Gefrierschrank maximal zwei Monate lang aufbewahrt werden.

Eiweiß von 6 großen Eiern
250 Gramm Mehl
½ Teelöffel Salz
200 Gramm Zucker
Eidotter der 6 großen Eier
Orangenöl (falls gewünscht)
100 Milliliter frisch gepresster Orangensaft
1 Esslöffel frisch abgeriebene Orangenschale (unbehandelt)
Puderzucker zur Dekoration

1. Das abgetrennte Eiweiß in einer mittelgroßen Schüssel beiseite stellen, bis es Zimmertemperatur angenommen hat.
2. In der Zwischenzeit das Backblech in die untere Schiene des Backrohrs schieben. Eine Napfkuchenform bereithalten. Das Rohr auf 180 °C vorheizen.
3. Mehl und Salz mit Hilfe eines feinen Siebs in eine mittlere Schüssel geben. Beiseite stellen.
4. Das Eiweiß mit dem Handmixer auf mittlerer Stufe schaumig

schlagen. Nach und nach die ersten zwei Drittel des Zuckers hinzugeben und die Masse jedesmal wieder aufschlagen. Weiterrühren, bis kleine Spitzen stehen bleiben, wenn man den Quirl langsam aus der Masse hebt. Beiseite stellen.

5. Die Eidotter in einer großen Schüssel mit dem Mixer auf hoher Stufe schlagen und dabei nach und nach das restliche Drittel Zucker zugeben, bis die Masse dick und zitronenfarben ist. Das dauert insgesamt etwa 5–8 Minuten. Wenn man will, einen oder zwei Tropfen Orangenöl (sehr ergiebig!) hinzufügen und gründlich untermengen. Der Handmixer wird nun nicht mehr benötigt.

6. Orangensaft und die geriebene Orangenschale zu der Dottermischung geben und mit dem Schneebesen einarbeiten. Mehlmischung hinzufügen und weiterrühren, bis weiße Flecken sichtbar werden.

7. Zunächst ein Drittel des Eischnees mit Schneebesen oder Gummispatel unterheben, dann die Hälfte der verbleibenden Masse und schließlich den Rest einarbeiten, bis eine homogene Mischung vorliegt.

8. Den schaumig-lockeren Teig sachte in die Napfkuchenform füllen. 30–35 Minuten backen, bis der Kuchen bis an den Rand der Form aufgegangen ist, oben eine schöne braune Farbe angenommen hat und ein hineingestochenes Holzstäbchen ohne Anhaftungen wieder herauskommt.

9. Falls die Form Füße besitzt, kann man sie auf einen Drahtrost stürzen. Ansonsten stülpt man sie einfach auf einen Flaschenhals. Keine Angst, der Kuchen fällt nicht heraus. Mindestens eine Stunde hängenlassen, bis der Kuchen vollständig abgekühlt ist.

10. Die Kuchenform auf eine Arbeitsplatte stellen, den Kuchen sorgsam mit einem Spatel von der Form lösen und auf einer Platte anrichten. Wer will, kann ihn nun noch mit Puderzucker bestäuben. Zum Aufschneiden des Kuchens empfiehlt sich ein Sägemesser.

Ergibt 12 Portionen.

Hahnlose Hühner?

Als ich kürzlich das Frühstück machte, schlug ich ein Ei auf und entdeckte auf dem Dotter einen roten Fleck, der wie Blut aussah. Ich habe das Ei weggeworfen. Hätte ich es essen können? Und wie kommt so etwas zustande?

Das Ei war jedenfalls nicht befruchtet – wie lange Sie sich auch draufsetzen mögen, Sie werden es nicht ausbrüten können. Hühner, deren Eier im Handel landen, haben nie einen Hahn gesehen, geschweige denn eine »Verabredung« mit einem gehabt. Legehennen sind keine Bruthennen.

Bei dem roten Fleck handelte es sich tatsächlich um Blut. Es stammte aus Rissen in Blutgefäßen auf der Dotteroberfläche, die während der Entwicklung des Eies oder wegen einer ähnlichen Verletzung in der Wand des Eileiters auftreten können. Solche Bluteinschlüsse kommen bei weniger als einem Prozent der Eier vor.

Da man die Eier vor dem Verpacken routinemäßig durchleuchtet (sie ziehen an einem Leuchtschirm vorbei), um ihre inneren Eigenschaften zu inspizieren, kann man die meisten Eier mit Bluteinschlüssen aussortieren. Einige mogeln sich jedoch durch und kommen auf den Markt. Man kann sie bedenkenlos essen.

Vanillesauce: Englische Creme – ohne Probleme

Anstatt (wie üblich) die Eidotter in kochende Milch zu geben, gießen wir kochende Milch direkt und rasch über leicht angewärmte Eidotter. Diese werden durch die Milch gegart, ohne dass sie gerinnen. Die

Creme besteht sofort den Standardtest für eine solche Sauce: Sie haftet auf einem eingetauchten Löffel. Im Kühlschrank dickt sie weiter ein. Schwer zu glauben, solange man das nicht selbst einmal ausprobiert hat.

Diese Vanillesauce schmeckt vorzüglich, ob man sie nun kalt oder warm über Äpfel im Schlafrock, Apfelkuchen oder Apfelstrudel, Schokoladenkuchen, Lebkuchen, Kartäuserklöße oder sogar Backobst gießt. Will man sie verfeinern, so kann man den Vanilleextrakt durch einen Teelöffel Orangenlikör ersetzen. In der passenden Jahreszeit lässt sie sich auch zu Eggnog verwandeln – man gibt frisch gemahlene Muskatnuss und Rum dazu.

6 große Eidotter
110 Gramm Zucker
1 Prise Salz
0,5 Liter Vollmilch
10 Milliliter Vanilleextrakt

Für den Eggnog:
¼ Teelöffel frisch gemahlene Muskatnuss
1 Teelöffel Rum (oder nach Belieben mehr)

1. Eine mittlere Schüssel mit Hilfe von warmem Wasser anwärmen, trocknen. Die angewärmte Schüssel auf eine rutschfeste Unterlage stellen, Eidotter (sie sollten zimmerwarm sein) hineingeben.
2. Zucker, Salz und Milch in einen mittelgroßen Kochtopf füllen. Bei mittlerer Hitze unter ständigem Rühren erhitzen, bis der Zucker aufgelöst ist und die Milch zu kochen beginnt.
3. Die Milch sofort vom Herd nehmen und rasch mit dem Schneebesen in die Eidotter einrühren. Die ersten 3–5 Sekunden schnell schlagen, dann langsamer weiterrühren, bis die gesamte Milch eingearbeitet ist (das dauert etwa 20 Sekunden). Noch einmal für 10 Sekunden langsam weiterrühren und gut durchmischen, ohne Luft unterzuheben. Die Dotter werden ohne zusätzliche Wärmezufuhr gar.
4. Vanilleextrakt einrühren.
5. Die Mischung durch ein feinmaschiges Sieb treiben, um die festen Eischnüre (*Chalazae*) abzutrennen, die den Dotter im

Zentrum des Eies fixieren. Bis zum Servieren im Kühlschrank aufbewahren. Die Mischung dickt weiter ein, während sie sich abkühlt.

Ergibt etwa 0,75 Liter Sauce oder
4 Portionen Eggnog.

❖ ❖ ❖ ❖ ❖ ❖

Eierpieksen: Tätlicher Angriff?

Kürzlich habe ich irgendwo gelesen, dass Eier nicht platzen, wenn man Salz ins Kochwasser gibt. Ich habe es dreimal mit Erfolg ausprobiert. Gibt es eine chemische Erklärung dafür?

Die gibt es nicht, weil es nicht stimmt. Salz (Natriumchlorid) wirkt auf Eierschalen (Kalziumkarbonat) weder chemisch noch physikalisch.

Die Eierschale kann platzen, wenn es plötzlich zu der großen Temperaturdifferenz zwischen der kalten Schale und dem heißen Wasser kommt. Wegen der Hitze dehnt die Schale sich zu schnell und zu ungleichmäßig aus, weil sie an verschiedenen Stellen unterschiedlich dick ist. Die dabei auftretenden Belastungen können die Schale an den schwächsten Stellen brechen lassen. (Hält man ein Ei gegen eine starke Lichtquelle, so erkennt man manchmal feine Sprünge in Schalen, die ansonsten völlig unversehrt aussehen.) Zudem kann eine Eierschale auch brechen, wenn die Luft in der Kammer am breiten Ende sich zu rasch ausdehnt, noch ehe sie sachte durch die poröse Wand entweichen kann. Das kann man recht gut verhindern, wenn man das Ei mit einer Stecknadel oder einem Eierpiekser ansticht. Während das Ei erwärmt wird, kann die Luft dann in kleinen Blasen austreten.

Damit die Eier beim Kochen nicht platzen, sollte man

vermeiden, sie kalt in kochendes Wasser zu legen. Besser ist es, sie in kaltem Wasser aufzusetzen und den Topf zu erhitzen, bis das Wasser zu kochen beginnt. Sobald die ersten Bläschen zu erkennen sind, deckt man den Topf zu und schaltet die Herdplatte ab. Je nachdem, wie lange man die Eier dann im Wasser lässt, erhält man alle Garstufen: 1–2 Minuten ergeben »weiche« Eier, »harte« hat man nach 12–15 Minuten.

Aber wie erklären wir dann Ihre Erfahrung? Bei allem schuldigen Respekt: Drei Versuche kann man nicht als wissenschaftliches Experiment bezeichnen. Woher wollen Sie wissen, ob die Eier ohne Salz geplatzt wären? Sie sollten Ihr Experiment mit sechs Dutzend Eiern wiederholen und dabei eine Hälfte mit und die andere ohne Salz kochen. Dann notieren Sie die Zahl der geplatzten Eier für beide Anordnungen und schicken mir Ihren Laborbericht bis nächsten Donnerstag zu.

Doch halt – es ist tatsächlich nicht ganz unvernünftig, das Wasser für die Eier zu salzen. Lesen Sie einfach weiter.

Ei verdämmt

Ein wenig Essig im Kochwasser von Eiern verhindert angeblich, dass die Schale bricht. Stimmt das? Und wie funktioniert es?

Es stimmt nicht. (Und damit bin ich endgültig aus dem Schneider, was die Salz-Frage angeht.)

Die Essigsäure des Essigs lässt das Protein im Eiweiß gerinnen, das aus einem bereits vorhandenen Sprung in der Eierschale austreten könnte. So wirken Säuren ganz allgemein auf Proteine ganz allgemein. Salz kann das ebenfalls. Demnach ist die Zugabe von Essig, Zitronensaft (Zitronensäure) oder eben Salz ins Kochwasser eine Rückversicherung für Pessimisten, die erwarten, dass die Eier platzen, und das Austreten von Eiweiß eindämmen wollen. Säuren und Salz können ein Leck stopfen, aber nicht verhindern – sie sind die Finger im Deich.

Neue olympische Disziplin: Eierdrehen

Warum sind die Schalen von hartgekochten Eiern manchmal ganz einfach abzupellen und kleben in anderen Fällen wie blöd am harten Eiweiß?

Sobald die Eier gar sind (siehe S. 89), sollte man sie rasch unter fließendem kaltem Wasser abschrecken. Dadurch schrumpft das Eiweiß und löst sich so ein wenig von der Schale, die dann leichter zu entfernen ist. (Das verhindert auch, dass der Dotter sich grün verfärbt; siehe die folgende Frage.) Sehr frische Eier lassen sich schwerer schälen, weil deren Eiweiß dazu neigt, an der Membran im Inneren der Schale zu haften. Diese Membran zieht sich jedoch nach ein paar Tagen etwas zusammen und haftet nicht mehr so stark – Sie sollten also nicht gerade die frischesten Eier hartkochen.

Ach ja, hartgekochte Eier sollen in den Kühlschrank. Am einfachsten ist es, sie wieder in den Karton zu packen, der die rohen Eier enthalten hat. Aber wie unterscheidet man dann später die gekochten von den rohen? Ganz einfach: Sie legen ein Ei auf den Tisch und versetzen es in eine Drehbewegung. Wenn es sich der Drehung widersetzt, ist es nicht gekocht, rotiert es dagegen wie ein Kreisel, ist es hart. Am auffälligsten ist dieser Effekt, wenn Sie das Ei auf dem breiteren Ende kreiseln lassen.

Sie könnten natürlich auch einfach ein *H* auf die Schale der hartgekochten Eier pinseln, aber macht das vielleicht Spaß?

Grüne Eier ja, grüner Schinken nein

Von hartgekochten Eiern mit so komisch grünlich oder grau verfärbten Dottern habe ich immer die Finger gelassen. Nun aber – auf dem Kinderbuch »Green Eggs and Ham« (von Dr. Seuss) meines vierjährigen Sohnes – sind die Spiegeleier mit grünem Dotter dargestellt! Lernen Kinder da nicht schlimme Sachen?

Auf dem Umschlag meiner Ausgabe sind sowohl Eidotter als auch Schinken grün. Der gute Doktor muss das Adjektiv *grün* also auf die beiden Hauptwörter *Schinken* und *Eier* bezogen haben. Da ich Ihnen aber dringend empfehle, grünen Schinken nicht anzurühren, werde ich meine Ausführungen auf die Dotter beschränken.

Was verursacht die grünlich-schwarze Farbe der Dotter in hartgekochten Eiern? Diese Frage wird oft gestellt und beantwortet, doch es macht mir nichts aus, sie erneut aufzugreifen.

Eines vorab: Die Färbung ist harmlos. Auch wenn die farbige Substanz eine giftige Verbindung wäre (was nicht zutrifft), ist sie doch nur in Spuren vorhanden.

Wenn Eier altern, zersetzen sich einige der schwefelhaltigen Proteine des Eiweißes, wobei eine kleine Menge des übelriechenden Gases Schwefelwasserstoff (H_2S) entsteht. Wärme beschleunigt diese Zersetzung erheblich: Bei der Siedetemperatur von Wasser bildet sich Schwefelwasserstoff in einem Ei zweihundertmal schneller als bei Zimmertemperatur. Das Gas diffundiert durch das gesamte Ei. Wenn es den Dotter erreicht, reagiert es mit der darin enthaltenen geringen Menge Eisen und bildet mit ihr die Eisensulfide FeS und Fe_2S_3, unter Chemikern auch Eisen(II)-Sulfid bzw. Eisen(III)-Sulfid genannt. FeS ist zufällig bräunlich-schwarz, Fe_2S_3 gelbgrün. Und da haben wir's: einen schmutzig wirkenden Eidotter. Welche Farbe genau herauskommt, hängt von der im Inneren des Eies verfügbaren Luft ab, denn in Anwesenheit von Luftsauerstoff wird das graue Eisen(II)-Sulfid zum grünlichen Eisen(III)-Sulfid oxidiert. Weil ältere Eier mehr Luft enthalten, werden deren Dotter tendenziell grüner.

Sollte Ihr kleiner Sprössling sich ein Ei wünschen, das den Vergleich mit dem aus dem Buch aushält, so könnten Sie versuchen, ihm ein Kasuar-Ei zu beschaffen. Der Kasuar, ein großer, flugunfähiger Vogel aus Australien, legt Eier, die durchschnittlich 8–13 Zentimeter groß und etwa 1,5 Kilogramm schwer sind. Die Schalen sind ziemlich grün – allerdings muss ich zugeben, dass ich mich für den Inhalt nicht verbürgen kann.

Die Extraportion Küchenwissenschaft: Über faule Eier

Das Albumin (Eiweiß) von Hühnereiern besteht zu 88 Prozent aus Wasser und zu 11 Prozent aus etwa einem Dutzend verschiedener Proteine. Den größten Anteil (54 Prozent) davon stellt jedoch das Ovalbumin, dessen Riesenmolekül mehr als 3000 Atome enthält, darunter nur sechs Schwefelatome. Diese geringe Schwefelmenge kann indessen für eine ganze Menge Gestank sorgen, wenn sie zu Schwefelwasserstoff (H_2S) umgesetzt wird. Dieses Gas ist fast so giftig wie das Blausäuregas (HCN). Doch zum Glück ist Schwefelwasserstoff sehr geruchsintensiv – wir registrieren schon, wenn eine gefährliche Konzentration in der Luft noch sehr fern ist. Er dürfte einen Konzertsaal schneller leeren als eine Sopranistin, die ihre Töne nicht trifft.

Wie wird aus einem Ei ein faules Ei? Entgegen der üblichen Meinung liegt es nicht daran, dass das Ei ins Greisenalter eingetreten ist. Alte Eier werden nicht faul – wie alte Soldaten schwinden sie einfach dahin. Um diese Behauptung zu überprüfen, ließ ich ein intaktes Ei sechs Monate lang bei Zimmertemperatur auf meinem Schreibtisch liegen. Die ganze Zeit über rechnete ich mehr oder weniger damit, durch den Gestank von Schwefelwasserstoff aus meinem Büro vertrieben zu werden. Doch das trat nicht ein. Als ich das Ei schließlich aufschlug, war der Inhalt zu einer gelierten Masse geschrumpft, die nur noch etwa ein Fünftel des Hohlraums in der Schale ausfüllte. Ansonsten war nichts als reine, frische Luft ohne den geringsten Hauch von Schwefelwasserstoff darin. Das Ei, vielleicht aus Altersschwäche eingegangen, war jedenfalls nicht faul geworden.

Bei Eiern verläuft der Fäulnisprozess nicht anders als bei jeder anderen organischen Substanz: Bakterien lassen alles verwesen. Da die Eierschale keine Sprünge aufwies, durch die Bakterien hätten eindringen können, war mein Versuchs-Ei nicht infiziert worden und konnte deshalb nicht in Verwesung übergehen.

Obwohl Eierschalen porös und deshalb angeblich für das Eindringen von Bakterien anfällig sind, verfügen Eier über einige Abwehrmechanismen. Erstens sind frischgelegte Eier mit einem Schutzfilm namens Kutikula überzogen. Zweitens bilden die beiden Membranen direkt unter der Schale eine weitere Abwehrfront. Drittens besitzt das Albumin antibakterielle Eigenschaften – unter anderem enthält es das Enzym Lysozym, das die Zellwände von Bakterien auflöst (das Lysozym in unserer Tränenflüssigkeit bekämpft ebenfalls Infektionen).

Sobald aber die Schale eines Eies zerbrochen wird, beginnt für die Mikroorganismen in der Umgebung die Fiesta (hören Sie nicht ihre winzigen Jubelrufe?), und dann geht es für das arme Ei nur noch bergab …

Verhagelte Eier

Woher stammt die bei manchen hartgekochten, geschälten Eiern am einen Ende sichtbare Delle?

Hühnereier enthalten am breiten Ende innerhalb der Schale eine kleine Luftblase. Diese ermöglicht es dem Küken, das sich an seinem Geburtstag ins Freie pickt, zu atmen. Weil die Schale porös und für Gase durchlässig ist, kann Luft von außen eindringen und die Innenluft ersetzen. Wenn das Ei altert und sein Inhalt schrumpft, gelangt mehr Luft in den freiwerdenden Raum, was die Blase größer werden lässt. Ein wirklich frisches Ei geht in Wasser unter; wenn es älter wird und die Luftblase wächst, dreht es sich mit der breiten Seite nach oben. Ein zu altes Ei schließlich schwimmt an der Oberfläche.

Beim Eierkochen dehnt sich die Luft in der Blase aufgrund der Erwärmung aus, was den Druck steigen lässt. Solange das Eiweiß noch flüssig ist, kann es deswegen nicht in dieses Volumen eindringen, und wenn es gerinnt, wird es um diesen Hohlraum herum fest – daher die Delle.

Ganz nebenbei: Diese Schnüre aus dickem Eiweiß, die vom Dotter zu den Membranen an beiden Enden des Eies verlaufen und am Dotter hängenbleiben, wenn man ein

Ei trennt, sind nicht die ersten Ansätze eines Embryos. Es sind die *Chalazae* – aus unerfindlichen Gründen hat man die Bezeichnung aus dem griechischen Wort für »Hagelkörner« abgeleitet. Sie dienen dazu, den Dotter zentriert im Eiweiß zu fixieren. In sehr frischen Eiern treten die Chalazae stärker hervor. Falls man nicht gerade ein Soufflé oder einen Vanillepudding möglichst klumpenfrei zubereiten will, ist es nicht erforderlich, sie zu entfernen.

Eine leichte Übertrei-ei-bung

Ich habe tausendjährige Eier immer für ein Märchen gehalten, bis ich sie auf einem Chinamarkt im Angebot entdeckte. Woher konnten Menschen im 11. Jahrhundert wissen, dass wir im 21. Jahrhundert solche Eier essen wollen? Und wo hat man sie die ganze Zeit über aufbewahrt?

Wollen Sie mich vergackeiern? *Touché* (Treffer – ab und zu muss ich einfach mein Französisch vorführen)!

Die in China *Pidans* genannten »tausendjährigen« Eier darf man getrost als spaßhafte Übertreibung verstehen. Weniger lyrisch gestimmte Chinesen sprechen womöglich von hundertjährigen Eiern. In Wahrheit sind die Eier allenfalls hundert *Tage* alt, was Ihnen vielleicht schon ziemlich übel vorkommen wird.

Und so werden sie gemacht:

Man nimmt ein frisches *Entenei* mit intakter Schale, packt es rundum mit einer Paste aus Salz, Kalk (vom Gartencenter), Kiefernholzasche aus dem Kamin (oder Holzkohlenasche aus dem Grill, wenn man nichts anderes hat) und starkem schwarzem Tee ein und umwickelt alles mit Reisstroh oder gar Grasschnitt. Dieses Ding vergräbt man dann für etwa drei Monate im Garten. Nach dem Ausgraben wäscht man es, entfernt die Schale und genießt das Ergebnis mit Sojasauce und gehacktem Ingwer als Appetithäppchen – ungeachtet der Tatsache, dass es mit seinem dunkelgrünen Dotter und dem gelblich-schwarzen »Eiweiß« eher wie ein Appetitzügler aussieht.

Beachten Sie, dass ich den ganzen Abschnitt mit nur *einem* Wortspiel zum Thema *Ei* bestritten habe, obwohl Sie viell-ei-cht der M-ei-nung sind, ich hätte ei-nen Eiertanz im R-ei-ch der Wortsp-ei-le ... auweia: Wortspiele betreiben sollen, bis Sie völlig verzweifelt oder eingeschlafen sind.

Ich hoffe aber, Sie können sich das Gelbe vom Ei selbst heraus(l)eiern.

Die Extraportion Küchenwissenschaft:
Je oller, desto doller?

Die in einem »tausendjährigen Ei« ablaufenden Veränderungen werden vor allem durch Kalk und Holzasche, die beide stark alkalisch sind, verursacht. (Kalk ist Kalziumoxid [CaO], während in der Holzasche Kaliumkarbonat [K_2CO_3] enthalten ist.) Diese alkalischen Stoffe gehen allmählich in den Tee über, der durch die Schale dringt und auf die Proteine des Eiweißes einwirkt. Deren Moleküle werden dadurch in ähnlicher Weise wie beim Kochen umgebaut. Gleichzeitig finden auch einige der normalen chemischen Veränderungen statt, die in einem, nun ja, lange leidenden Eidotter ablaufen. Dabei entstehen chemische Verbindungen wie Aldehyde und Ketone, die für die schärfsten Aromen verantwortlich sind.

3. KAPITEL

Was der Mensch sät …

… das wird er auch ernten. Wir wollen hier nicht weiter in biblische Gefilde abschweifen. Aus dem »festen Land« der Schöpfungsgeschichte wurden immer kleinere Teile und Teilchen – Kiesel, Sand, Schlick, Ton –, die sich überall ablagerten, wo das möglich war. Das Ergebnis nennen wir Erde. Als in diesem mineralhaltigen Boden dann allmählich Pflanzen wuchsen, reicherte ihre sich zersetzende organische Substanz die Erde weiter an und machte sie noch fruchtbarer für unsere Vorfahren, die hier schließlich Pflanzen kultivierten. So etwa kam in den letzten zwei Millionsteln der Erdgeschichte der Ackerbau in die Welt.

Die Vielfalt der von uns inzwischen auf dem Ackerland herangezogenen Nahrung wird nur durch Klima und Gelegenheit begrenzt. Im vorigen Kapitel haben wir Molkerei- und Eierprodukte behandelt, und in späteren Kapiteln möchte ich speziell über Früchte und Körner sprechen, die in der menschlichen Ernährung einen besonderen Platz einnehmen. Jetzt aber sehe ich mich auf den grünen Feldern um und verweile bei einigen der vielen hundert bunt gemischten Nahrungspflanzen, die wir in der Kategorie »Gemüse« versammeln.

Kunterbunt in den Mund

In der Gemüseabteilung meines Supermarktes beeindruckt mich bei Obst und Gemüse jedesmal die Fülle lebhafter Farben, besonders Grün, Rot, Orange und Gelb in allen Variationen. Falls die Frage nicht zu umfassend ist: Welche chemischen Verbindungen sind für diese Farben verantwortlich, und welchen Zweck haben sie?

Das Kaleidoskop leuchtend bunter Früchte und Gemüse – rote Tomaten, Wassermelonen, Erdbeeren und Rote Beete, orangefarbene Karotten, Süßkartoffeln, Kürbisse, Aprikosen und Mangos, gelbe Zitronen und Paprika, bläulichrote Trauben, Pflaumen und Kohlsorten sowie all die grünen Bohnen und Blattgemüse – verdanken wir einer Vielfalt pflanzlicher Verbindungen mit den drei Hauptgruppen Chlorophylle, Karotinoide und Flavonoide (letztere wiederum mit den Anthozyaninen und Anthoxanthinen).

Die nach dem griechischen *phyton* (Pflanze) benannten Phytochemikalien umfassen alle von Pflanzen produzierten chemischen Verbindungen. Zuletzt ist dieser Begriff von den Anhängern der Gesundheitskost übernommen worden, die darunter alle chemischen Verbindungen pflanzlicher Herkunft verstehen – abgesehen von den nahrhaften Proteinen, Kohlenhydraten, Fetten, Mineralien und Vitaminen –, weil diese vermeintlich alle »gut für uns« sind. Das mag für viele der roten, orangefarbenen, gelben, grünen und blauen Pigmente in Früchten und Gemüse zutreffen, die in der Tat für ihre gesundheitsfördernde Wirkung bekannt sind. Aber Nikotin und Kokain sind ebenfalls Phytochemikalien, oder?

Das *Chlorophyll* muss nicht eigens vorgestellt werden. Es handelt sich um eine grüne Verbindung, in der jedes

Molekül ein Magnesiumatom enthält. Doch Chlorophyll zeigt uns auch, dass es nicht einfach ist, grün zu bleiben. Werden Chlorophyllmoleküle durch Wärme denaturiert, so setzt das ihre Magnesiumatome frei. Dadurch werden sie zu Pheophytin und Pyropheophytin, was für die deprimierende olivgraue Färbung zu lange gekochter Gemüse sorgt (siehe S. 101).

Die Farbe der *Karotinoide* reicht von Gelb bis zu Orange und Rot. Das orangefarbene Beta-Karotin wird im menschlichen Körper in Vitamin A umgewandelt. Von Karotten bis hin zu Mais, Pfirsichen, Zitrusfrüchten, Kürbissen, Paprika, Safran, Tomaten, Wassermelonen und rosa Grapefruits wird durch Karotinoide alles verschönt. Die drei letzten, vor allem die Tomaten, enthalten das fettlösliche Karotinoid Lycopin – dieses Antioxidans gilt als heißer Kandidat für die Vorbeugung gegen Prostatakrebs.

Anthozyanine sind wasserlösliche Pigmente, die man in Trauben, Beeren, Pflaumen, Auberginen, Kohl, Kirschen und Herbstlaub findet. In alkalischer Umgebung violett oder blau, werden sie in sauren Medien rot. Von nicht allzu vielen Ausnahmen abgesehen kann man sich Karotinoide als die gelben, orangefarbenen und hellroten Farben bei Gemüse und Anthozyanine als die blauen, violetten und dunkelroten Farben vorstellen.

Weniger bekannt sind *Betalaine*, die intensiv roten, wasserlöslichen Pigmente der Roten Rüben. Wenn man diese vor dem Kochen zerschneidet, löst sich anschließend ein großer Teil der Farbe im Wasser. Kocht man sie jedoch ganz und ungeschält, dann bleiben sie so herausfordernd rot wie Klatschmohn.

Und welchen Zweck verfolgt die Natur nun, wenn sie all diese Gemüse so schön bunt färbt? Das geschieht nicht nur für die Maler von Stillleben. Die leuchtenden Farben ziehen Tiere an, die zum wechselseitigen Nutzen die Pflanzen besuchen bzw. fressen. Die Tiere profitieren von den gesundheitsfördernden Eigenschaften, welche die Natur in viele der farbigen chemischen Verbindungen eingebaut hat, während die Pflanzen dadurch entschädigt werden, dass Tiere Blüten bestäuben und Samen verbreiten.

Die Extraportion Küchenwissenschaft

Die häufig dem Lycopin zugeschriebene charakteristisch rote Farbe der Tomaten resultiert eigentlich aus einer Kombination verschiedener Karotinoid-Pigmente mit dem Lycopin als Hauptbestandteil. Die Farbe der Früchte ist nicht immer aus der Gesamtmenge der Karotinoide und noch viel weniger aus der Menge des Lycopins abzuleiten. Deshalb lässt sich aus der intensiven Rotfärbung einer Tomate auch nicht zuverlässig auf den Gehalt an Lycopin schließen. Trotzdem sind alle Tomaten eine recht gute Quelle für Lycopin.

(Bei dieser Gelegenheit möchte ich noch erwähnen, dass sowohl das Rot der Rosen als auch das Blau der Veilchen einem Anthozyanin zu verdanken sind, das als Säure-Base-Indikator dienen kann [siehe »Lackmustee«, S. 25]. In den leicht sauren Blütenblättern der Rose ist es rot, in den leicht alkalischen des Veilchens blau.)

Wenn Grün zu Graugrün wird

Warum nimmt grünes Gemüse beim Kochen eine so triste Farbe an?

Die grüne Farbe in Pflanzen und Algen stammt von einem wunderbaren Molekül namens Chlorophyll, das die Energie des Sonnenlichts absorbieren und dazu verwenden kann, Kohlendioxid und Wasser in Glukose und Sauerstoffgas umzuwandeln. Anschließend nutzen die Pflanzen die Glukose entweder als Energiequelle für das eigene Wachstum oder polymerisieren sie (d. h. verbinden Tausende von Glukosemolekülen miteinander) zu Stärkeverbindungen, die sie dann speichern. Und weil Tiere ihre Lebensenergie gewinnen, indem sie die Kohlenhydrate von Zucker und Stärke mit den Pflanzen fressen, kann man das Chlorophyllmolekül als die Quelle für fast das ganze Leben auf der Erde ansehen.

Für den Menschen, der als einzige Spezies seine pflanzliche Nahrung großenteils kocht, um sie zarter zu machen, ist das Chlorophyll jedoch ein unzuverlässiger Freund, denn beim Kochen kann die grüne Farbe sich in ein fades, wenig appetitliches Khaki-Grün verwandeln. Dabei wird das Chlorophyll in Verbindungen mit der Bezeichnung *Pheophytine* umgewandelt.

Das Chlorophyllmolekül besteht aus einer Ansammlung von Kohlenstoff-, Wasserstoff- und Stickstoffatomen, die man als *Porphyrin* bezeichnet – in ihrer Mitte ist zudem ein Magnesiumatom verborgen. Doch beim Chlorophyll handelt es sich nicht um eine einheitliche chemische Verbindung. Es gibt zwei Typen, die von den Chemikern (die dauernd belegen wollen, dass sie das Alphabet beherrschen) Chlorophyll A bzw. Chlorophyll B genannt werden. Typ A ist blaugrün, Typ B gelblichgrün.

Jeweils unterschiedliche Anteile der beiden Typen (auf ein B kommen meist zwei bis drei A) bestimmen den genauen Farbton verschiedener grüner Pflanzen.

Wenn wir beispielsweise grüne Bohnen, Erbsen, Rosenkohl, Brokkoli oder Spinat kochen, verändert sich in der Hitze zunächst die Form der Chlorophyllmoleküle (sie werden *isomerisiert*), und falls das Gemüse wie in den meisten Fällen schwach sauer ist, so können die Magnesiumatome von einigen der zahlreichen Wasserstoffatome der Säure verdrängt und ersetzt werden. Dadurch werden aus den Chlorophyllmolekülen die schon genannten Pheophytine. Chlorophyll A verwandelt sich in ein graugrünes, Typ B in ein olivgrünes Pheophytin. Da Typ A gewöhnlich häufiger vorhanden ist und diese Umwandlung schneller durchläuft als Typ B, bekommen wir die graugrüne Farbe.

Weil Säure die Reaktionen anregt, die das Chlorophyll abbauen, hat man sich immer wieder dazu verleiten lassen, das Kochwasser mittels einer Prise Natron (Natriumbikarbonat) ein wenig alkalisch zu machen. Die alkalische Umgebung greift jedoch die komplexen Kohlenhydrate an, mit denen die Zellen zusammengehalten werden, weshalb man lediglich Hässlichkeit gegen Matschigkeit eintauscht – und als fragwürdige Zugabe den seifigen Geschmack des Bikarbonats.

Beim Kochen grünen Gemüses ist noch ein weiterer merkwürdiger Vorgang zu beobachten: Natrium-, Magnesium- und Kalziumsalze hemmen die Reaktionen, die das Chlorophyll umwandeln. Vermutlich erschweren sie es den Wasserstoffatomen, die Zellwände zu passieren und die Magnesiumatome zu verdrängen. Demnach hilft Salz im Kochwasser (mit Natriumchlorid) oder hartes Wasser (mit Magnesium- und Kalziumsalzen), die grüne Farbe zu erhalten.

Für die Praxis lässt sich festhalten, dass bei kürzerer Kochzeit entsprechend weniger Chlorophyll in die schlammfarbenen Pheophytine umgewandelt wird. Wie eine Studie ergab, verlor Brokkoli nach fünf Minuten Kochzeit 17,5 Prozent des Chlorophylls, nach zehn Minuten waren es 41,1 Prozent.

Krieg den Keimen!

Wie kann ich Obst, Gemüse und andere Produkte der Landwirtschaft am besten waschen, damit sicher keine Keime, Pestizide und Insektizide mehr daran haften?

Das geht nicht gegen Sie persönlich – aber sind wir als Gesellschaft nicht ein bisschen paranoid geworden? Drogerien und Supermärkte stellen zur Beruhigung unserer Ängste (oder schüren sie sie vielleicht?) Dutzende von antibakteriellen Seifen, Sprays, Gelen, Lotionen, Handwaschpasten, Duschseifen, Deodorants und Mundspülungen ins Regal. Die Fernsehwerbung erschreckt uns mit der Möglichkeit, in unseren Toiletten könnten ein oder zwei Keime lauern. (Um es einmal laut und deutlich zu sagen: Wo sollen diese armen Bakterien denn sonst leben?) Für mich ist das »Hy-Hy« = Hygiene-Hysterie.

Was hat das nun mit Nahrungsmitteln zu tun? Eine Überprüfung meiner unbeantworteten Leserpost (verzeihen Sie mir – ich gebe mir Mühe) ergibt 130 Briefe mit den Worten *Keime* oder *Bakterien*, und 195mal kommt in Hinblick auf eine Vergiftung von Nahrung der Begriff *Gefahr* in irgendeiner Form vor. Manchmal sieht es so aus, als gäbe es heute mehr Menschen, die Angst vor ihrer Nahrung haben, als solche, die sie genießen.

Normalerweise vermeide ich es, über Fragen der Gesundheit zu schreiben, weil ich kein Mikrobiologe, Ökotrophologe oder Mediziner bin. Trotzdem möchte ich ein paar Worte über mögliche Krankmacher und Gifte in oder auf unseren Lebensmitteln sagen – insbesondere, was Obst und Gemüse angeht. Die hatten zwangsläufig Kontakt mit Erde, in der Mikroorganismen zu Hause sind, und waren möglicherweise auch den in der Landwirtschaft verwendeten chemischen Verbindungen ausgesetzt, etwa Unkraut- oder Insektenvernichtungsmitteln, ganz zu schweigen von Mist und anderen »natürlichen« Düngern beim Anbau von organisch-biologischen Lebensmitteln.

In den USA gibt es eine Reihe von Produkten, mit denen Salat, Lauchzwiebeln, Tomaten, Äpfel und dergleichen gewaschen werden sollen, vermutlich, um sowohl Bakterien als auch giftige Stoffe zu entfernen. Ein Hersteller brachte beispielsweise ein Produkt auf den Markt, das sich als Mischung aus Wasser, Ölsäure, Glyzerin, Äthanol, Grapefruitöl, Kaliumhydroxid, Backnatron und Zitronensäure entpuppte. Glyzerin, Alkohol und Ölsäure sollen vermutlich die gewöhnlich wasserunlöslichen Pestizide lösen und entfernen. Das Kaliumhydroxid greift Wachse an, die von der FDA als harmloser Überzug für Früchte wie etwa Gurken zugelassen sind. Backnatron und Zitronensäure wiederum sind, soweit ich das beurteilen kann, nur dazu da, miteinander zu reagieren und dabei Kohlendioxid abzugeben. Das so erzeugte Zischen (wie bei Brausepulver) soll wohl den Eindruck vermitteln, das Produkt wirke stark. Von allen Produkten wird behauptet, mit ihnen könne man Obst und Gemüse effektiver reinigen als mit purem Wasser.

Den meisten Fachleuten zufolge ist es immer noch das Beste, alles kräftig unter fließendem Wasser abzuwaschen. Dabei spült das Wasser die Erdpartikel von Grüngemüse ab, denn wenn überhaupt, dann verbergen sich die schädlichen Bakterien am wahrscheinlichsten dort. Das Wasser tötet sie nicht ab, aber dazu sind ja auch die für diese Gemüse gedachten Waschmittel nicht imstande. Wenn sie es könnten, würden sie auf den Nahrungsmitteln vielleicht Rückstände von (für den Menschen) giftigen Substanzen zurücklassen. Die Behauptung, sie würden Mikroorganismen abtöten, hätte zudem die Folge, dass ihre Unschädlichkeit für den Menschen geprüft und sie bei der Umweltbehörde als Pestizide registriert werden müssten. Deshalb sind die an Verbraucher verkauften Produktwaschmittel lediglich Reinigungs- und keine Desinfektionsmittel. Sie eignen sich also vor allem dazu, einem das Geld aus der Börse zu waschen.

Bei Früchten mit Schale, z.B. Äpfeln, Tomaten, Birnen, Pfirsichen, Gurken, Zitronen und Orangen, lassen sich alle Kontaminationen mit ein paar Tropfen Geschirrspülmittel und einer weichen Bürste sehr gut entfernen, wenn man anschließend mit klarem Wasser nachspült. Vor allem, wenn man die Schalen von Zitronen oder Orangen beim Kochen verwenden will, empfiehlt sich das ganz besonders.*

1996 haben Ernährungswissenschaftler an der Universität von Nebraska ein simples und sicheres antibakterielles Verfahren entwickelt: Man besprühe das Produkt mit einer dreiprozentigen Wasserstoffperoxidlösung (ein in Drogerien erhältliches Desinfektionsmittel) und anschließend mit Essig – oder umgekehrt. Die beiden Flüssigkeiten reagieren auf dem Nahrungsmittel miteinander

---

* In der EU sollten nur die Schalen unbehandelter Zitrusfrüchte verwendet werden. Dabei schadet es nichts, sie vorher in der angegebenen Weise zu waschen. – Anm. d. Ü.

und setzen das keimtötende Sauerstoffgas frei. Eventuell auf dem Salat zurückbleibendes Peroxid zersetzt sich rasch und ist auf alle Fälle geschmacksneutral, während übrigbleibender Essig schon ein guter Ansatz für das Dressing ist.

Mit dem Peroxid-Essig-Verfahren lassen sich auch Schneidebretter und andere bei der Zubereitung verwendete Oberflächen desinfizieren, vor allem, wenn man sie vorher mit einem Spülmittel und einer Bürste bearbeitet hat.

Spanisches Kartoffelpüree

In Olivenöl gebrutzelter Knoblauch wird milder, während das Öl sein Aroma übernimmt. Soll das Gericht für eine größere Anzahl von Gästen zubereitet werden, empfiehlt sich folgende Formel: Für jeweils 500 Gramm Püree mehr nimmt man zusätzlich 30–60 Milliliter Olivenöl, 2 sautierte Knoblauchzehen, ½ Teelöffel grobes Salz, ½ Teelöffel geräucherte süße Paprika (Pimentón), ¼ Teelöffel gemahlenen Kreuzkümmel, ⅛ Teelöffel Cayennepfeffer, 2 Scheiben durchwachsenen Speck und 1 Frühlingszwiebel. Reste des Pürees lassen sich am folgenden Tag als Kartoffelpfannkuchen mit einem Spiegelei wunderbar aufwärmen. Am besten ist das Püree als Beilage zu dem in Sherry gebräunten Hähnchen mit Knoblauch (S. 41).

1 Kilogramm mehlig-festkochende Kartoffeln
60 Milliliter Olivenöl, extra vergine (kann auch mehr sein)
4 Knoblauchzehen
4 Scheiben durchwachsener Schinkenspeck
2 Frühlingszwiebeln, fein geschnitten
1 Teelöffel Salz
1 Teelöffel geräucherte süße Paprika (Pimentón)
½ Teelöffel gemahlener Kreuzkümmel
¼ Teelöffel Cayennepfeffer

1. Kartoffelpüree: Die Kartoffeln mit einer Gabel anstechen und bei 180 °C für eine Stunde im Backrohr garen; die Kartoffeln müssen beim Anstechen mit einem Messer weich sein. Energiesparender ist es, die Kartoffeln zu schälen, zu vierteln und etwa 20 Minuten in Salzwasser zu kochen, bis sie weich sind. Gebackene Kartoffeln der Länge nach halbieren, das »Fleisch« aus der Schale pulen und in einen Topf geben. Gekochte Kartoffeln abgießen und im Topf lassen.
2. Während die Kartoffeln garen, Olivenöl in eine kleine Pfanne gießen und den gehackten Knoblauch zugeben. Bei mittlerer Hitze andünsten, bis der Knoblauch zu brutzeln beginnt und ein wenig Farbe annimmt. Vom Herd nehmen, ehe er braun wird.
3. Schinkenspeck in einer mittleren Pfanne bei schwacher Hitze braten, bis er knusprig ist, und dann in Stücke von ca. 1 Zentimeter Größe schneiden.
4. Olivenöl, Knoblauch, Salz, Paprika, Kreuzkümmel und Cayennepfeffer zu den heißen Kartoffeln geben. Kartoffeln grob zerdrücken und die Mischung abschmecken.
5. Kartoffelpüree in eine vorgewärmte Servierschüssel umfüllen, mit Schinken und Zwiebeln garnieren.

Ergibt 4 Portionen.

Rhabarberhabarberhabarberha …

Von einem befreundeten Biologen habe ich erfahren, dass Rhabarber giftig ist. Ich dagegen meine, das kann nicht wahr sein, weil ich seit Jahren Rhabarberkuchen esse und nach wie vor auf Erden wandle. Wer hat nun recht?

Beide.

Alle Teile der Rhabarberpflanze (*Rheum rhaponticum*) enthalten in unterschiedlichen Mengen (zwischen 0,1 und 1,4 Prozent) Oxalsäure und deren chemische Verwandtschaft, die Oxalate (ihre Salze). Vor allem ihretwegen zieht es einem beim Genuss dieses Kuchens den Mund zusammen, so dass man ihn mit Zucker entschärfen muss. Oxalsäure und Oxalat sind in der Tat giftig.

Selbstverständlich ist »giftig« ein relativer Begriff; das ist alles eine Frage der Menge. Auch Kohl, Spinat, Mangoldstengel, Kartoffeln und Erbsen enthalten kleine Mengen von Oxalsäure, und der höhere Oxalsäuregehalt der Rhabarberstengel gilt ebenfalls als harmlos. Selbst bei Rhabarberblättern mit ihrer weit höheren Konzentration an Oxalsäure müsste man schon etwa 10 Pfund verputzen, um die sogenannte LD50 zu erreichen – die letale (tödliche) Dosis für 50 Prozent der betroffenen Menschen.

Essen Sie also ruhig weiterhin Rhabarberstengel. Und vielen Dank auch! Je mehr Sie verzehren, desto weniger bleibt für mich übrig. Ich hasse das Zeug.

Rhabarberkompott

Rhabarber ist keine Obstsorte, auch wenn manche Leute ihn so sehen, weil sie ihn für eine Art Obstkuchen verwenden. Er kommt früh im Jahr auf den Markt und wird für Kuchen und andere Desserts oft »halb und halb« mit Erdbeeren gemischt. Hier verarbeiten wir ihn zu einer Sauce, deren Säure einen guten Hintergrund für süße Nachtische wie Käsekuchen (S. 70) bildet. Beim Einkauf möglichst rote Stengel auswählen.

1 Pfund Rhabarber (ca. 6 Stengel von je 30 Zentimeter Länge)
250 Gramm Zucker
60 Milliliter Wasser

1. Rhabarber in Stücke von ca. 1 Zentimeter Länge schneiden.
2. Rhabarber, Zucker und Wasser in einem mittleren Kochtopf

bei mittlerer Hitze zugedeckt aufkochen und etwa 20 Minuten kochen lassen – er muss weich und saftig sein. Die Mischung zieht dabei viel Wasser.

3. Ungefähr 0,25 Liter der Mischung in einen Mixer geben, pürieren und in ein Marmeladeglas füllen. Mit dem Rest ebenso verfahren, dabei immer die gleiche Menge nehmen. Ist alles püriert, das Glas bis zur Verwendung im Kühlschrank aufbewahren. Das Kompott hält sich etwa eine Woche.

Ergibt ca. 0,5 Liter.

❖ ❖ ❖ ❖ ❖ ❖

Popeyes grüner Bluff

Ich lese häufig, dass bestimmte Obst- oder Gemüsesorten gewisse Mineralien enthalten – Eisen, Kalium usw. Viele dieser Nahrungspflanzen können fast überall angebaut werden, weshalb alle Böden (selbst der bei mir hinter dem Haus) zumindest Spuren dieser Elemente enthalten sollten. Stimmt das wirklich? Was würde geschehen, wenn ich Spinat (»sehr eisenhaltig«) in Erde pflanzen würde, die keinerlei Eisen zu bieten hat? Würde der Spinat nicht gedeihen? Oder würde er wachsen, aber im Gegensatz zu dem, was die Ernährungstabellen behaupten, zu wenig Eisen enthalten?

Wenn Sie als erstes eine Nährwerttabelle heranziehen, werden Sie – vielleicht zu Ihrer Überraschung – feststellen, dass Spinat keine ungewöhnliche Menge Eisen enthält: Es ist weniger als in den meisten Frühstücksflocken, etwa ein Viertel der Menge in einer rohen Venusmuschel und etwa die gleiche Menge wie in einer Büchse mit Schweinefleisch und Bohnen (die Dose nicht mitgerechnet).

Hier ein kleiner Rückblick auf den Anfang der Verbindung von Spinat und Eisen: Gegen Ende des 19. Jahrhunderts fanden deutsche Wissenschaftler heraus, dass Spinat vergleichbar so viel Eisen enthält wie Fleisch, nämlich ca. 3 Milligramm pro 100 Gramm, was 30 Teilen auf eine Million entspricht. In dem Bericht über diese Ergebnisse setzte jedoch irgendwer das Komma an der falschen Stelle, was den Eisengehalt auf das Zehnfache erhöhte. Etwa 40 Jahre später korrigierte man den Irrtum, aber da hatte Popeye sich schon für Spinat als Kraftnahrung entschieden. Eisen, das ist schließlich stark, oder? Wenn das Bluto (der Gegenspieler des Seemanns) wüsste, dass Popeyes Spinatdosen nichts als ein Bluff waren!

Die eisenharte Ironie (das Wortspiel ist beabsichtigt) besteht nun darin, dass unser Körper das im Spinat enthaltene Eisen gar nicht besonders gut aufnimmt, weil das Gemüse auch eine geringe Menge (1 Prozent) Oxalsäure enthält, die das Eisen in Form des unlöslichen Eisenoxalats bindet. Für unseren Stoffwechsel ist demnach nur ein Bruchteil des bescheidenen Eisengehalts im Spinat verfügbar.

Und was wäre nun, wenn Sie Spinat in einem Garten anbauen würden, dessen Erde nicht genug Eisen enthält? Tatsächlich ist das sehr unwahrscheinlich – Pflanzen benötigen nur Spuren von Eisen, das andererseits mit 5 Prozent Anteil an der Erdkruste ein recht häufiges Element ist. Hypothetisch betrachtet würde Spinat ohne jede Spur von Eisen im Boden dennoch wachsen, aber Anzeichen von Mangelernährung entwickeln – wie Sie, wenn Ihnen ein Vitamin fehlt. Die Spinatblätter wären kränklich-gelb statt grün, weil Pflanzen bei der Synthese von Chlorophyll Eisen verwenden.

Die Extraportion Küchenwissenschaft: Was Pflanzen als Frühstück zu sich nehmen

In der Regel bestehen Pflanzen fast vollständig aus Verbindungen von Kohlenstoff, Wasserstoff und Sauerstoff – der Chemiker nennt diese Verbindungen »organisch«, ohne sich damit auf das gleichlautende Wort zu beziehen, das den mit Hilfe ausgewogener Chakren und »ohne schlimmes Zeug« hergestellten Nahrungsmitteln die höheren Weihen verleiht. Mineralien sind jene 17 anorganischen Elemente, die man als essentielle Pflanzennährstoffe bezeichnet. Sie müssen alle in landwirtschaftlich genutzten Böden vorliegen, entweder von Natur aus oder mittels Düngergaben.

Sechs dieser 17 Elemente sind sogenannte *Makronährstoffe* – Kalium, Stickstoff, Phosphor, Schwefel, Magnesium und Kalzium –, von denen die Pflanzen relativ große Mengen benötigen. Fehlt auch nur eines, so wachsen die Pflanzen nicht richtig oder gar nicht. Die übrigen elf essentiellen Elemente – Eisen, Mangan, Zink, Kupfer, Molybdän, Kobalt, Nickel, Natrium, Bor, Chlor und Silizium – heißen *Mikronährstoffe*, weil die Pflanzen nur Spuren davon brauchen. Diese Elemente kommen auf der Erde eher unregelmäßig vor, was neben anderen Gründen bei ansonsten gleichem Saatgut möglicherweise zu abweichenden Ernteergebnissen führt.

Nichtsdestoweniger kann der Verbraucher, wenn er auf der Liste der Inhaltsstoffe einer Packung Müsli »reduziertes Eisen« liest, mit winzigen Teilchen metallischen Eisens rechnen. (*Reduziert* ist chemisch das Gegenteil von *oxidiert*.) Deswegen muss sich nach dem Frühstück jedoch niemand von Magneten fernhalten – die fein verteilten Partikel lösen sich in der Salzsäure des Magens sofort auf.

Der Tränenfaktor

Ich habe schon so viele Tipps darüber gelesen, wie man Zwiebeln schneidet, ohne Tränen zu vergießen, aber nichts scheint zu funktionieren. Gibt es denn einen brauchbaren Trick? Die Zwiebelsorten, die angeblich »keine Tränen« auslösen, kann ich nämlich nicht immer kaufen.

Was *mir* die Tränen in die Augen treibt, sind all die Fehlinformationen rund um die Zwiebel, vor allem über die Ursache der Augenreizung und den Unterschied zwischen süßen und gewöhnlichen Zwiebeln.

Die zu Tränen rührende chemische Verbindung (der *Lacrimator*) in Zwiebeln ist nicht, wie man allzuoft lesen kann, die Brenztraubensäure (auch Acetylameisensäure genannt). Ebensowenig kommt dieser Stoff »vom Schwefel im Boden«, wie ebenfalls häufig behauptet wird, da die Brenztraubensäure keinen Schwefel enthält. Auch besteht der Lacrimator nicht aus schwefliger Säure oder Schwefelsäure oder einer der anderen oft gescholtenen chemischen Verbindungen. Tatsächlich liegt hier überhaupt keine Säure vor. Vielmehr handelt es sich um eine schwefelhaltige Verbindung namens Thiopropionaldehyd-S-Oxid, das ich von nun an als Verbindung T (für Tränengas) bezeichnen werde.

Es ist sicher nicht von lebensentscheidender Bedeutung, das zu wissen, aber es war schon lange überfällig, die ganze Geschichte einmal richtigzustellen.

Es wäre schön, wenn man (wie das viele Leute offenkundig tun) davon ausgehen könnte, dass Zwiebeln eine einzige Verbindung enthalten, die sowohl die Augen reizt als auch die aromatische Schärfe liefert – jene heiße, scharfe und stechende Empfindung im Mund. Doch die beiden Effekte sind weitgehend auf zwei verschiedene

Verbindungen zurückzuführen. Verbindung T ist nicht in erster Linie für die Schärfe der Zwiebel verantwortlich, wie das gewöhnlich in der populären Ernährungsliteratur behauptet wird. Und die schärfsten Zwiebeln sind nicht zwangsläufig auch die schlimmsten Tränendrücker. Hier folgt eine stark vereinfachte Darstellung der komplexen chemischen Vorgänge beim Zwiebelschneiden:

In einer unversehrten Zwiebel gibt es weder die Tränengasverbindung T noch die scharfen Verbindungen als solche. Sie bilden sich, sobald die Zellen durch Schneiden oder Kauen verletzt werden. Das beides setzt das Enzym Alliinase (A) und eine Gruppe von Verbindungen mit der Bezeichnung Alkylcysteinsulfoxide (S) frei, die sich bis dahin getrennt voneinander in verschiedenen Teilen der Zelle befunden hatten. Diese reagieren miteinander und bilden Tränengas: $A + S \rightarrow T$.

Eine weitere Folge durch Alliinase aktivierter Reaktionen erzeugt eine Mischung aus Ammoniak, Brenztraubensäure und unbeständigen Allylsulfensäuren. Diese reagieren weiter und bilden einige Geschmacks- und Schärfeverbindungen, vor allem Allyldisulfide.

Die Menge der in den letzten beiden Reaktionen entstandenen Brenztraubensäure wird gewöhnlich als Indikator für Schärfe herangezogen – allerdings nur, weil sie stabil und leicht zu messen ist. *Die Säure als solche ist nicht für die Schärfe der Zwiebel verantwortlich.*

Jetzt kommen wir zu einigen der »bescheuerten Zwiebeltricks«, wie wer mit »Schnauze« wohl sagen würde. Es sind Maßnahmen, von denen oft behauptet wird, sie könnten Tränen beim Zwiebelschneiden verhindern.

– Nicht von der Wurzelseite, sondern von oben her schneiden (jede Zwiebel mit einem einigermaßen nennenswerten IQ merkt sich die richtige Abfolge und benimmt sich entsprechend).

- Während des Schneidens kaltes Wasser ins Spülbecken laufen lassen (wenn die Zwiebeldämpfe das Wasser sehen, eilen sie hurtig dorthin, auch wenn es sich auf der anderen Seite der Küche befindet).
- Ein hölzernes Streichholz zwischen die Zähne klemmen (die gereizten Augen sind einfach nicht mehr zu spüren, besonders dann, wenn man auf den Streichholzkopf beißt).
- Ein Stück Brot im Mund halten (und heftig darauf herumkauen, damit die Zwiebel überhaupt weiß, wo es ist).
- Kontaktlinsen einsetzen (um die Hornhaut zu schützen).
- Kontaktlinsen herausnehmen (weil die reizenden Dämpfe hinter sie geraten können, wo sie von den Tränen nicht herausgespült werden).
- Zwiebeln unter Wasser schneiden oder hacken (dazu entweder das Spülbecken füllen und unter Wasser schneiden oder den Taucheranzug anlegen und in den Swimmingpool umziehen – diese Techniken sollten funktionieren, wenn man von dem kleinen Problem absieht, dass die Zwiebelstückchen davontreiben, ehe man sie einsammeln kann).

Jetzt aufgepasst, Leute, hier kommt das praktischste und wirkungsvollste Verfahren (Kapellmeister, bitte einen Tusch). Man kühlt die Zwiebeln vor dem Schneiden für einige Stunden im Kühlschrank. Das verlangsamt die chemische Reaktion, bei der das Tränengas entsteht, und verringert dessen Dampfdruck (die Neigung des Dampfes, sich auszubreiten).

»Georgia on my mind« oder Zwiebeln = Blues

Warum sind Vidalia-Zwiebeln so viel süßer als andere Zwiebeln?

Wegen des *Terroir.*

Erlauben Sie mir, das zu erklären. Nicht nur die von Vidalia aus Georgia sind so mild. Es gibt mehrere Marken milder Zwiebeln, die in anderen Teilen der USA angebaut werden. Man beachte, dass ich sie nicht süß, sondern »mild« genannt habe. Sie enthalten nämlich nicht unbedingt mehr Zucker als andere Zwiebeln, sondern nur weniger von den scharf schmeckenden und tränentreibenden Verbindungen. Man hat das darauf zurückgeführt, dass in den sandigen Lehmböden (von Vidalia) kein Schwefel vorhanden ist. Weil sowohl die für die Schärfe als auch die für den Tränenfluss verantwortlichen Verbindungen Schwefel enthalten (siehe S. 112), produzieren Pflanzen, denen der Schwefel fehlt, vermutlich weniger davon.

Unabhängig von Boden, Wasser und Anbaubedingungen ist jede Pflanze genau jene Spezies und Varietät, die sie ist, weil die Gene in ihren Samen dafür sorgen, dass sie exakt die ihr entsprechenden Proteine, Enzyme und Hormone herstellt. Nichts, was der Landwirt unternehmen kann, wird daran etwas ändern.

Doch das ist nur die eine Seite. Die Eigenschaften eines Organismus werden bekanntlich sowohl durch das Erbgut als auch durch die Umgebung geformt. Eine Vielfalt von Umweltfaktoren wie zum Beispiel die Konzentration verschiedener Nährstoffe im Boden, dessen Struktur und Wasserdurchlässigkeit, seine Mikroflora und -fauna, die Anteile von Sand, Stein und Lehm, dazu Hangneigung, Temperatur, Regenmenge, Wind und Sonne – also das gesamte Mikromilieu einer Pflanze einschließlich der Mondphase zum Pflanztermin – können zu geringfügigen Unterschieden bei erntereifen Früchten oder Gemüsen führen. (Das mit der Mondphase ist kein Scherz. Winzer, die sich der sogenannten biodynamischen Weinerzeugung verschrieben haben, warten angeblich bis Neumond, ehe sie den Wein vom Bodensatz abziehen, denn da der Mond für die Flutberge im Ozean verantwortlich ist, zieht er offensichtlich auch die Sedimente im Wein in die Höhe und verhindert, dass sie sich absetzen. Was könnte logischer sein?)

Französische Winzer haben alle diese Variablen und Unwägbarkeiten (gewöhnlich aber unter Ausschluss der Mondphasen), zusammen mit einer gesunden Mischung aus gallischer Lässigkeit und einem Hauch Mystizismus, in dem Begriff des *Terroir* zusammengefasst. Dieses Modewort wendet man mittlerweile auf praktisch alle Früchte und Gemüsesorten an. Dabei hat das ominöse Terroir nichts Mysteriöses an sich, sondern verweist zunächst buchstäblich auf eine landwirtschaftliche Region (beim deutschen Wein heißt es entsprechend »Lage«). Letztlich bezeichnet es die Summe sämtlicher Besonderheiten der speziellen Wachstumsbedingungen eines Gebietes. Und jeder, der Frankreich bereist hat, weiß, dass auf der anderen Seite eines beliebigen Hügels ein völlig anderes Mikroklima herrschen kann.

Nun aber zurück nach Vidalia in Georgia, USA, wo die Vidalia-Zwiebel eine geschützte Handelsmarke ist. Ein Gesetz des Bundesstaates Georgia legt fest, welche Eigenschaften die Zwiebeln aufweisen müssen, damit sie die eifersüchtig gehütete Herkunftsbezeichnung tragen dürfen. Eine wilde Vermarktungskampagne fordert uns auf, »sie wie einen Apfel zu essen« (wobei die Frage erlaubt sei, warum wir das überhaupt wollen sollten), was zweifellos dazu beiträgt, die Zwiebel gewissermaßen zu vergolden. Und niemand kann leugnen, dass Wirtschaft und Politik von Georgia einen entscheidenden Teil des Renommees dieser Zwiebel ausmachen (welcher Pfiffikus hat hier »Weinkönigin« gerufen?).

Zum Thema »Meine Zwiebel ist vidaler als deine Zwiebel« hat es jedenfalls schon eine ganze Reihe von Prozessen gegeben.

Bitteres Grün

Warum gibt es immer wieder mal eine bittere Gurke? Hat die für den bitteren Geschmack verantwortliche chemische Verbindung irgendwelche Auswirkungen auf die Gesundheit? Kann sie gefährlich sein?

Gurken werden seit vielen tausend Jahren kultiviert, und wie bei vielen anderen Nahrungspflanzen hat man sie durch Kreuzen veredelt, um das Bessere hervorzuheben und das Bittere loszuwerden.

Ihren Geschmack verdankt die Gurke zum Teil einer leicht bitteren Verbindung namens Cucurbitacin. Wenn die Frucht an der Pflanze jedoch eine schwere Zeit durchgemacht hat, etwa eine längere trockene und heiße Periode, einen Kampf mit Insekten oder eine Krankheit, dann wird im Fruchtfleisch wie in der Schale zur Abwehr eine größere Menge mehrerer Cucurbitacine aufgebaut. Mit dem bitteren Geschmack sagt die Natur: »Verzehr mich nicht, oder es wird dir leid tun.« So sind beispielsweise Alkaloide, eine Klasse zumeist giftiger chemischer Verbindungen in Pflanzen, alle bitter. Die Menge an Cucurbitacin, die man in *einer* Gurke vorfindet, bringt einen jedoch sicherlich nicht um. Wenn Ihnen eine bittere

Gurke unterkommt, sollten Sie das einfach als Künstlerpech ansehen und sich einigen anderen zuwenden, die vielleicht eine weniger stressige Jugendzeit verlebt haben.

Die nur selten bitteren Gurken unserer Tage werden häufig in Scheiben geschnitten und gesalzen. Damit sollen sie nicht entbittert, sondern wieder knackig gemacht werden. Streuen Sie Salz auf geschnittene Gurken in einer Schüssel, bedecken alles mit einer Schicht aus Eiswürfeln und stellen alles für etwa eine Stunde in den Kühlschrank. Das Salz zieht Wasser aus den Zellzwischenräumen, was die Struktur der Scheiben festigt. Vor dem Verzehr sollten Sie überschüssiges Salz abwaschen.

Legt man die Gurkenscheiben dagegen in Salzwasser, bewirkt man das Gegenteil: Sie saugen Wasser auf und werden weicher. Durch die Osmose wird Wasser aus einer weniger salzigen Umgebung in eine Umgebung mit höherer Salzkonzentration gezogen. (Eine detailliertere Darstellung der Osmose findet sich auf S. 174.)

Die Schale der Gurke ist nicht völlig dicht für Wasserdampf, weshalb die Frucht allmählich austrocknet und schrumpft, sofern sie nicht durch einen die Feuchtigkeit bewahrenden Überzug geschützt ist. In der EU sind zu diesem Zweck nur Folien zugelassen.

Verschüttete Milch

Woran liegt es, dass Sojamilch überkocht? Eines meiner Rezepte verlangt, die Sojamilch zu kochen. Mir gelingt es inzwischen, sie simmernd kochen zu lassen, ohne dass sie überläuft. Welche chemischen Abläufe stecken dahinter?

Ich habe mich schon oft gefragt, wie sie diese kleinen Bohnen melken, Sie nicht? (Für die Anfänger der Kunst: Sojamilch stellt man her, indem man Sojabohnen einweicht, kocht, zerkleinert und am Ende die Flüssigkeit abpresst. Weil die weiß ist, nennt man sie »Milch«, aber mit Kuhmilch ist sie so verwandt wie Kalkmilch.)

Sojamilch stellt eine verführerische Alternative zur Kuhmilch dar, weil sie mehr Protein und weniger Fett (sowie Kalzium) enthält und dazu frei von Cholesterin und Laktose (Milchzucker) ist, die von Millionen Laktose-intoleranten Menschen nicht vertragen wird. Angereichert mit Kalzium und Vitaminen kann sie als Säuglingsnahrung für die schätzungsweise sieben Prozent der Babys dienen, die Kuhmilch nicht verdauen können.

Dennoch ist Sojamilch bei weitem kein vollwertiger Ersatz für richtige Milch, weder in Hinblick auf den Geschmack noch bei vielen Anwendungen in der Küche. Ein Grund ist, dass beim Zermahlen der Sojabohnen das Enzym Lipoxygenase freigesetzt wird. Es katalysiert die Oxidation der ungesättigten Fettsäuren in den Sojabohnen zu unangenehm schmeckenden Verbindungen. Während die Verbraucher in Asien sich daran nicht zu stören scheinen, muss das Enzym für unsere westlichen Gaumen deaktiviert werden. Dazu erhitzt man die Sojamilch für 15–20 Minuten auf eine Temperatur knapp unter dem Siedepunkt.

Was uns zum Herd zurückbringt.

Pflanzen enthalten verschiedene Glykoside. Diese mit dem Zucker verwandten Verbindungen erfüllen eine Vielzahl von Funktionen. Einige der in Sojabohnen enthaltenen Glykoside sind Saponine (vom lateinischen *sapo*, Seife), die beim Kochen aufschäumen wie Seifenlösung. Sie sind die Ursache für Ihr Problem mit dem Überkochen. Hitze zerstört die Saponine, weshalb gelindes Erhitzen die Neigung zum Überkochen allmählich verschwinden lässt. Aus diesem Grund können Sie sich mit dem Simmern von Sojamilch behelfen, nicht aber mit Kochen, wenn Sie sie nicht zuerst simmern lassen.

Ein fast indianischer Nachtisch

Diesen Nachtisch namens Indian Pudding *kann man sich als eine Art weicher Polenta mit einem Geschmack wie Pfefferkuchen vorstellen. Die Kolonisten im Neuengland des 18. Jahrhunderts nannten den Mais der Neuen Welt »Indian corn« (Indianerkorn), und aus einem Nachtisch auf der Basis von Maismehl wurde schließlich der Indian Pudding. Selbstverständlich kannten die Ureinwohner Amerikas ebenso wie die Siedler keine Sojabohnen, doch die Milch in den Rezepten für Variationen dieses Nachtischs kann durch Sojamilch vollwertig ersetzt werden.*

Wenn die Eiscreme geschmolzen und in den Pudding eingerührt ist, schmeckt er ebenso gut oder vielleicht noch besser als der mit Milch oder leichter Sahne, die in den meisten Rezepten verlangt werden. Aber auch mit Kuhmilch und Eiscreme aus Kuhmilch ist das Ergebnis köstlich. Übriggebliebener Pudding wird über Nacht fest und schmeckt kalt oder warm wunderbar. Probieren Sie ihn einmal zum Frühstück.

1 Liter Sojamilch mit Vanillearoma
40 Gramm Maismehl
15 Gramm ungesalzene Butter
100 Gramm dunkle Zuckermelasse
1 Teelöffel gemahlener Zimt
½ Teelöffel Ingwerpulver
½ Teelöffel Salz
0,125 Liter Soja-Vanille-Eiscreme, geschmolzen
Soja-Vanille-Eiscreme zum Garnieren

1. Ein Blech in die untere Schiene des Backrohrs schieben. Herd auf 150 °C vorheizen. 0,25 Liter Sojamilch in einer kleinen Schüssel mit dem Maismehl vermengen. Stehen lassen.

2. 0,5 Liter Sojamilch bei mäßiger Hitze in einem mittelgroßen Kochtopf erhitzen, bis am Topfrand kleine Blasen erscheinen. Die Maismehlmischung nach und nach in die heiße Sojamilch einrühren. Temperatur zurückdrehen und unter Rühren 10 Minuten kochen. Die Mischung bleibt dünnflüssig.
3. Die restliche Sojamilch sowie Butter, Melasse, Zimt, Ingwer und Salz zugeben und weiterrühren, bis die Butter geschmolzen ist. Die Mischung ist weiterhin dünnflüssig.
4. Den Pudding in eine ungefettete Kasserolle umfüllen, unbedeckt 2 Stunden im Rohr backen, bis auf der Oberfläche ein leicht dunkler Film sichtbar ist.
5. Aus dem Backrohr nehmen, geschmolzene Eiscreme sorgfältig einarbeiten, bis der Pudding glatt ist. Noch einmal unbedeckt für 30 Minuten backen.
6. 2 Stunden abkühlen lassen. Der Pudding wird fest und bildet eine dünne Haut. Kurz vor dem Servieren diese Haut unterrühren, dann den Nachtisch mit dem Löffel in Dessertgeschirr umfüllen und lauwarm mit einem Schlag Soja-Vanille-Eiscreme garnieren.

Ergibt 8 Portionen oder mehr.

Hymne auf den Tofu

Im Supermarkt bei mir um die Ecke gibt es gut ein Dutzend verschiedene Arten von Tofu. Wie ich weiß, wird Tofu aus Sojabohnen gewonnen, aber wie machen die das, so viele Arten herzustellen?

Dazu lassen sie zunächst Sojamilch gerinnen, und den »Quark« behandeln sie dann mit unterschiedlichen Verfahren.

Verschiedene Säuren, Enzyme, Bakterien und Salze sind imstande, die Proteine der Sojamilch gerinnen zu lassen – dazu dröseln sie die langen, verdrehten Moleküle auf und ermöglichen es ihnen, sich (ähnlich wie Leitersprossen) neu miteinander zu verbinden. Dabei entsteht ein eng verknüpftes, stabiles Netz, das sich von der Flüssigkeit absetzt. Wie bei geronnener Kuhmilch bilden die Proteine eine Art Quark, aus dem Tofu hergestellt wird.

Richtige Milch lässt man gewöhnlich mit Hilfe von Lab gerinnen. Dieses Ferment stammt aus einer Membran, die den vierten Magen (den Labmagen) von noch nicht abgestillten Kälbern auskleidet. Der Rest des Tieres endet dann zweifellos als »Fleisch vom Milchkalb«. Anschließend wird der Quark mit Schimmelpilzen oder Bakterien fermentiert, worauf er altern und zu Käse reifen darf.

Sojamilch wird in der Regel eher durch Säuren oder Salze als durch Labferment zum Gerinnen gebracht. In Japan hat man traditionell *nigari* verwendet, den bitteren und salzigen, natriumfreien Chloridrückstand (vor allem Magnesiumchlorid), der übrig bleibt, wenn Meerwasser zur Gewinnung von Meersalz verdampft wird. Heute nimmt man meist Kalziumsulfat. Den Quark presst man dann zu den Würfeln namens *Tofu*.

Puristen beharren darauf, Tofu sei kein »Bohnenquark«, wie er in England oft genannt wird. Auf Japanisch heißt der Quark selbst *oburo*, was noch kein Tofu ist, solange nicht die Molke (die bei der Gerinnung zurückbleibende Flüssigkeit) abgepresst ist.

Mit unterschiedlichen Pressdrücken und Pressungszeiten erhält man Tofukuchen verschiedener Konsistenz – von weich über fest bis sehr fest. Kleine Würfel von weichem Tofu lassen sich in Salate bröseln, während die festeren, stabileren Formen sogar fritiert werden können. Für mich ist Tofu sozusagen die Modelliermasse der Kochkunst: Man kann ihn zu Brei stampfen, mischen, formen oder zu Figuren gestalten, die zu fast jedem Gericht passen, von Salatdressings und Saucen bis hin zu Kurzgebratenem, Wok-Gerichten und Fritiertem. Und er besitzt die fast magische Eigenschaft, die Aromen alles dessen in sich aufzunehmen, was mit ihm zusammen gekocht wird.

Eine glatte, mayonnaiseähnliche Tofuvariante wird eher wie Joghurt als wie Käse hergestellt. Anstatt die Sojamilch gerinnen zu lassen und die Molke abzugießen, mischen die Hersteller dieses sogenannten »glatten Tofu« die Verbindung Glukono-Delta-Lakton (GDL) in die Milch. Das GDL erhält man durch das Einwirken eines Enzyms (Glukoseoxidase) auf Glukose. Anschließend füllen sie die Mischung in die Handelsverpackung und erhitzen sie für etwa eine Stunde sachte auf 79–91 °C. In dieser Zeit wandelt sich das GDL spontan in Glukonsäure um (es wird *hydrolysiert*), welche die Proteine zu einem homogenen Gel eindickt, ohne dass die Molke sich abtrennt. Das Ergebnis kann man wie Joghurt oder Mayonnaise mit dem Löffel essen.

Grundsätzlich sollte Tofu gekühlt gelagert und innerhalb einer Woche verzehrt werden. Wird er in Wasser aufbewahrt, ist das Wasser möglichst täglich zu wechseln. Man kann ihn sogar einfrieren, aber nach dem Auftauen ist er etwas zäher, weil die Proteine durch Einfrieren enger zusammenrücken und Molke herausdrücken. Die Konsistenz aufgetauten Tofus ähnelt der Konsistenz eines Schwamms. Das steigert seine Fähigkeit, aromatische Flüssigkeiten aufzusaugen, wenn man ihn zusammen mit anderen Nahrungsmitteln kocht.

Wieso Miso?

Die Miso-Suppe, die ich in japanischen Restaurants bekomme, schmeckt mir sehr gut, aber ich weiß nicht, was Miso ist. Kann ich das im Handel kaufen, um zu Hause einiges damit auszuprobieren?

Selbstverständlich. Miso, eine milchsauer vergorene Paste aus Sojabohnen, gehört zu den wandlungsfähigsten Produkten, die sich in Japan und Korea finden lassen. Man kann es entweder pur zur Verwendung in der eigenen Küche oder als Bestandteil fertiger Suppen, Salatdressings und Saucen kaufen.

Wie Sojamilch und Tofu wird Miso aus eingeweichten, gedämpften und gemahlenen oder gehackten Sojabohnen gewonnen. Zu den stark gesalzenen Sojabohnen wird ein auf Lateinisch als *Aspergillus oryzae*, auf Japanisch als *Koji* bekannter Schimmelpilz gegeben – entweder pur oder gemischt mit Reis, Gerste oder Kichererbsen. Traditionellerweise lässt man die Gärung zwei oder drei Jahre lang andauern, bis die gewünschte Intensität von Geschmack und Farbe erreicht ist. Heute kann man den Prozess mit Wärme und anderen Methoden beschleunigen. Das Salz verhindert, dass die Mischung durch andere, weniger freundliche Mikroorganismen verdorben wird, während *Aspergillus* sich von Salz nicht stören lässt und seiner Aufgabe nachkommt.

Miso gibt es in Dutzenden, wenn nicht Hunderten verschiedener Arten. Ihr Geschmack reicht von salzig über süß bis zu süß-salzig, die Farben gehen von elfenbeinweiß über kaffeebraun bis braunschwarz, und die Konsistenz kann von glatt und cremig bis klumpig reichen. Amerikanische Küchenchefs experimentieren in großem Maßstab damit, und das können auch Sie. Probieren Sie doch mal *Shiro*, ein leichtes Miso, oder eine dunklere, herzhaftere Variante namens *Aka*.

Wer Miso erst einmal für sich entdeckt hat, wird es bald nicht mehr missen wollen. Wegen seines intensiven Geschmacks muss es mit anderen Zutaten kombiniert und ausbalanciert werden. Rühren Sie es in eine Vinaigrette und servieren Sie diese zu Spargel, Artischocken oder einem zerpflückten Gartensalat. Auch die Miso-Suppe ist zu empfehlen: Rühren Sie einen oder zwei Esslöffel davon in Gemüsebrühe und geben Sie beispielsweise Reisnudeln dazu.

Mit Miso marinierter Kabeljau

In den USA ist Miso sehr oft als dicke Paste erhältlich, die wie hartgewordene Erdnussbutter aussieht und in verschiedenen Farben von beige bis dunkelbraun verkauft wird. Das salzige, sehr kräftig schmeckende Würzmittel verbessert das Aroma von Suppen und Marinaden.

Weil dieses Miso so dickflüssig ist, muss es stets mit ein wenig Flüssigkeit verdünnt werden, ehe man damit würzt. Man findet es in Spezialabteilungen von Supermärkten und in Spezialgeschäften für asiatische Lebensmittel.

Marinade:
80 Gramm weißes oder gelbes Miso
70 Gramm Zucker
60 Milliliter Mirin (süßer japanischer Reiswein zum Kochen)
60 Milliliter Sake
4 Kabeljau- oder Rotbarschfilets à 180 Gramm

Gemüsegarnitur:
1 Esslöffel Erdnussöl
½ Teelöffel Sesamöl
Jeweils 200 Gramm Karotten, Fenchel und rote Paprika, in der Julienne geraffelt

Flüssigkeit zum Pochieren:
0,25 Liter Wasser
40 Milliliter Mirin
30 Milliliter Sake

1. Marinade zubereiten: Miso, Zucker, Mirin und Sake in einer kleinen Schüssel glatt rühren. Die Mischung in einen ausreichend großen, verschließbaren Kunststoffbeutel füllen, die Fischfilets dazugeben und in der Marinade wenden. Den verschlossenen Beutel mindestens 2–4 Stunden (oder über Nacht) im Kühlschrank aufbewahren.
2. Gemüsegarnitur zubereiten: Erdnussöl und Sesamöl in einer großen Pfanne bei schwacher Hitze heiß werden lassen. Geraffelte Karotten, Fenchel und rote Gemüsepaprika zugeben und für etwa 5 Minuten garen – die Beilagen sollen nur weich und nicht braun werden. Beiseite stellen.
3. Fisch zusammen mit der Marinade auf Raumtemperatur bringen. Grill vorheizen.
4. Fischfilets aus der Marinade nehmen und einschließlich anhaftender Marinadereste in eine ausreichend große Auflaufform legen – die Filets sollten nicht zu eng zusammenliegen. Die restliche Marinade wegschütten.
5. Sud zum Pochieren vorbereiten: Die angegebene Wassermenge in ein mikrowellenfestes Gefäß füllen, Mirin und Sake einrühren. 1 Minute in der Mikrowelle erhitzen. Die Flüssigkeit etwa 1 Zentimeter hoch in die Auflaufform gießen. Dadurch wird der Fisch ein wenig gedünstet, während er an der Oberseite unter dem Grill leicht angebräunt wird.
6. Alles 5–6 Minuten grillen – die Filets sollten in der Mitte gerade nicht mehr glasig sein. Da Fisch leicht trocken wird, schmeckt er am besten, wenn er innen nicht ganz durch und noch saftig ist.
7. Filets in vorgewärmten flachen Schalen anrichten. Kochsud (etwa 60 Milliliter pro Portion) über den Fisch geben und das gedünstete Gemüse um ihn herum arrangieren.

Ergibt 4 Portionen.

Hülsenfrüchte? Lass fahren dahin

Im Biologieunterricht habe ich gelernt, dass Hülsenfrüchte Pflanzen wie Luzerne und Bohnen sind, die das Stickstoffgas aus der Luft im Boden »binden« und so für die Pflanze verwertbar machen. Aus Erfahrung weiß ich aber auch, dass Hülsenfrüchte, etwa Bohnen, für eine andere Art von Gas verantwortlich sind: Damit müssen wir rechnen, wenn wir sie verzehrt haben. Gibt es einen »Trick«, mit dem diese unerfreulichen Folgen zu vermeiden wären?

Tja, eine Möglichkeit wäre vielleicht, weniger Luzerne zu mampfen. Es wäre aber zu viel verlangt, all die anderen Hülsenfrüchte, die Erbsen, Erdnüsse, Linsen und die vielen Dutzend Arten von Bohnen aufzugeben. Auch hier müssen wir, wie so oft im Leben, den Nutzen gegen die Risiken abwägen.

Leguminosen (Hülsenfrüchtler) lassen ihre Samen in – na was wohl? – Hülsen heranreifen. Als Nahrungsmittel sind Legumen (so heißen die Samen) sehr eiweißreich und enthalten viele essentielle Aminosäuren (wenn auch nicht alle). Das Problem besteht darin, dass sie auch bestimmte komplexe Kohlenhydrate (Raffinose-Oligosaccharide) enthalten, für deren Verdauung dem Menschen leider ein Enzym fehlt. Ich sage »leider«, weil diese Kohlenhydrate Magen und Dünndarm passieren und im unteren Darmbereich landen. Dort ernähren sich Bakterien von ihnen und erzeugen dabei verschiedene Gase – geruchlos sind Kohlendioxid, Wasserstoff und Methan, gewürzt mit geruchsintensivem Schwefelwasserstoff und anderen schwefelhaltigen Verbindungen, die als Mercaptane bezeichnet werden. Da diese Gase sich bereits in unseren unteren Körperregionen befinden, verlassen sie den Körper durch den nächstgelegenen Ausgang.

Nun hat sich (erneut: leider) keine von mehreren Empfehlungen, diese Art des Gas-Ablassens umzuleiten, als hinlänglich zuverlässig erwiesen – ob man die Bohnen nun einweicht, vor dem Kochen mehrmals wässert oder sie zusammen mit einem der vielen, das Gas angeblich reduzierenden Kräuter wie etwa dem Gänsefußgewächs *Chenopodium aphrodiosides* kocht. Manche sagen auch, man solle (wie in Ländern, in denen die Leute sich vorwiegend von Bohnen ernähren) Hülsenfrüchte regelmäßig zu sich nehmen – entsprechend weniger werde man seinen gesellschaftlichen Ruf in Gefahr bringen.

Da sowohl Bohnen wie Menschen sehr unterschiedlich sind, wäre es schwierig, die wissenschaftlichen Untersuchungen durchzuführen, mit denen man die Wirksamkeit solcher Strategien überprüfen könnte. Dazu müsste man die Bohnenaufnahme sehr vieler Menschen unter verschiedenen Bedingungen kontrollieren und das Volumen der Gase messen, die sie absondern. Ich bin schon mal einer von den Wissenschaftlern, die sich nicht freiwillig für dieses Experiment melden. Andererseits glauben die Leute (und das gilt für viele volkstümliche Bräuche ohne wissenschaftliche Grundlage) ohnehin, was sie glauben möchten. Und wer wollte ihnen das verbieten?

Aber halt – es gibt eine Möglichkeit, die chemische Waffe einer Masseneruption abzuwehren: Versuchen Sie es mit einem der im Handel erhältlichen Produkte, die das fehlende Verdauungsenzym namens Alpha-Galaktosidase enthalten. Bei manchen Menschen wirkt es anscheinend auch, wenn sie Kohletabletten einnehmen. Die Aktivkohle adsorbiert die Gase im Darm. (Ja, es geht hier um *adsorbieren* mit *d*, nicht um *absorbieren* mit *b*. Die Gasmoleküle diffundieren in die ausgedehnten inneren Oberflächen der überaus porösen Holzkohlepartikel und bleiben dort hängen. Diese Adhäsion, Anlagerung, nennt man Adsorption.) Sowohl die Enzymprodukte als auch die Kohletabletten sind rezeptfrei erhältlich. Für Notfälle – wenn man beispielsweise Bohnenburritos zum Frühstück hatte und anschließend unter Menschen geht – sind sie durchaus einen Versuch wert.

Weiche!

Ich habe es von meiner Mutter, die hatte es von meiner Großmutter: Kichererbsen immer in Wasser mit einer Prise Backnatron einweichen. Mütter sagen uns natürlich nie, warum sie etwas tun. Also warum?

Tun Sie immer, was Ihre Mutter sagt. Als ich ein Kind war, erzählte mir meine Mutter (das stimmt wirklich!), ich würde mir die Augen verderben, wenn ich im Kino die Gummistiefel anbehielte. Einmal habe ich vergessen, sie auszuziehen, und heute muss ich eine Brille tragen.

Aber im Ernst, die Aussage Ihrer Mutter ist um einiges vernünftiger. Kichererbsen kommen in der Regel getrocknet in den Handel – es sind harte Bohnen mit zäher Hülle und dafür berüchtigt, nur sehr schwer weich zu werden. In vielen Ländern Südasiens, des Mittleren Ostens und des Mittelmeerraumes war es lange Zeit üblich, getrocknete Kichererbsen vor dem Kochen zumindest über Nacht einzuweichen. Außerdem hatte man herausgefunden, dass sie mit ein wenig Natron schneller Wasser aufnahmen, was die Einweich- und Kochzeit verkürzte.

Heute wissen wir, dass Alkalien wie Natriumbikarbonat die faserigen Zelluloseschalen angreifen und sie wasserdurchlässiger machen. In anderen Kulturen verwendet man verschiedene alkalische Substanzen (Natronlauge, Kaliumkarbonat, Kalkwasser), um die Zellulosehüllen der Maiskörner zu entfernen und Lebensmittel wie Maisgrieß und *masa harina*, den Teig für Tortillas, herzustellen. Weiter wissen wir, dass eine Prise Backnatron besonders hilfreich ist, wenn Bohnen in hartem Wasser eingeweicht oder gekocht werden sollen, denn Bikarbonat neutralisiert im Wasser gelöstes Kalzium und Magnesium. Diese würden sonst in und zwischen den Zellwänden der Bohnen harte, unlösliche Verbindungen bilden, die die Wasseraufnahme der Bohnen erschweren. Zu viel Backnatron weicht die Bohnen dagegen zu sehr auf und verdirbt ihre Konsistenz, ganz zu schweigen vom schalen, salzigen Geschmack.

Aber ist es denn wirklich notwendig, getrocknete Kichererbsen oder andere Hülsenfrüchte vor dem Kochen in Wasser einzuweichen? Mit dem Trocknen, das eindeutig schon viele Jahrhunderte vor der Konservendose üblich war, sollen Bohnen und andere Hülsenfrüchte ganz einfach haltbar gemacht werden. Weil es das Abpacken erleichtert und eine lange Lagerfähigkeit garantiert, wird noch immer so verfahren. (Heutzutage kann man jedoch viele Bohnensorten schon gekocht und weich – in Dosen – kaufen.) Also: Einweichen oder nicht einweichen?

Ursprünglich hat man dieses Verfahren zweifellos benutzt, weil es die Kochzeit verkürzte und damit wertvollen Brennstoff sparte. Heute muss kaum jemand von uns fürs Kochen Holz hacken, und die durch Einweichen eingesparte kleine Menge Gas oder Strom spielt in unserer Überflussgesellschaft kaum eine Rolle. Soweit mit dem Einweichen getrockneter Hülsenfrüchte letztlich dasselbe erreicht werden soll wie durch das Kochen – sie müssen aufweichen und zerkaut werden können –, läuft die Frage darauf hinaus, wie man diese lästige Arbeit zwischen einer vorbereitenden Wässerung und dem Köcheln in heißem Wasser aufteilen will. Zu beachten sind hier die drei Faktoren Größe, Temperatur und Zeit.

- *Größe:* Die winzigen Linsen und kleinen Erbsen, vor allem die halbiert getrockneten, haben im Vergleich zu ihrem Gewicht oder Volumen eine große Oberfläche, was dem Wasser reichlich Wege ins Innere bietet. Da sie beim Kochen schnell Wasser aufnehmen, gibt es kaum einen Grund, ihnen einen Frühstart in kaltem Wasser zu gönnen. Dagegen ist dieses Verhältnis bei Kichererbsen, deren Format eher an eine Bowlingkugel herankommt, um einiges kleiner, und um in deren Zentrum vorzudringen, muss das Wasser einen weiteren Weg zurücklegen. Bei solchen lang zu kochenden Samen dürfte die Kochzeit durch vorheriges Einweichen schon auf eine endliche Zahl von Stunden reduziert werden.
- *Temperatur:* Bei höherer Temperatur diffundiert Wasser schneller in getrocknete Samen. Deshalb bringt es mehr, sie eine Stunde bei Siedetemperatur zu köcheln, als sie eine Stunde in kaltem Wasser einzuweichen. Nach meiner Schätzung wird beim Köcheln in einer Stunde so viel Wasser aufgenommen wie bei kaltem Einweichen in drei Stunden. Würde man fünf Stunden brauchen, um getrockneten Kichererbsen durch Kochen zu zahnfreundlicher Konsistenz zu verhelfen, dann könnte man diese Zeit auf vier Stunden verkürzen, wenn man sie vorher drei Stunden kalt einweicht.
- *Zeit:* Zu beachten ist, wie viel Zeit zur Verfügung steht, aber auch, *welche Art* von Zeit – überwacht (Köcheln) oder unbeaufsichtigt (Einweichen). Man ist versucht, sehr viel durch Einweichen zu erledigen, weil

man das im Schlaf ablaufen lassen kann, doch es ist vielleicht auch nachteilig, zu viel von der Kochzeit abzuknapsen, weil das den Geschmack des Gerichts beeinträchtigen könnte. Beim Kochen sollen die weicher gewordenen Bohnen ausreichend Zeit bekommen, Aromen von allen sie begleitenden Zutaten im Topf aufzunehmen oder an sie abzugeben.

4. KAPITEL

Die Früchte des Obstlandes

In seinen Werken hat William Shakespeare die Wörter *Frucht* oder *Früchte* 122mal verwendet. Die englische King-James-Bibel nennt die beiden Wörter 361mal. Und auf den flüchtigen Seiten des Internets erhält der Surfer heute etwa 20 Millionen Nennungen (in Deutschland allein rund 9 Millionen) angezeigt. Bildlich gesprochen sehen wir alles, was positive oder nützliche Ergebnisse liefert, als »fruchtbar« an, wenn es nicht sogar »Früchte trägt«.

Was fasziniert uns an Früchten so sehr? Abgeleitet ist das Wort vom lateinischen *fructus*, was u. a. Vergnügen bedeutet und damit erkennbar auf die Süße einer reifen Frucht anspielt. Bis ins nachbiblische Zeitalter kannte man außerhalb Asiens und einiger Inseln im Pazifik, wo das Zuckerrohr herstammt, neben dem Honig keine andere Quelle für Süßes.

Vielleicht gibt es ja noch einen tieferen Grund für die Anziehungskraft der Früchte. Botanisch definiert man die Frucht als die reife Samenanlage im Fruchtknoten einer Blütenpflanze. Sie dient dazu, die Samen der Pflanze zu umschließen, zu nähren und schließlich zu verbreiten. Damit stellt die Frucht das höchste Ziel der Pflanzenexistenz dar und ist ein greifbarer Ausdruck ihres Bemühens, sich fortzupflanzen. Die Frucht ist also ein Symbol für Leben, Hoffnung und das Streben nach Dauer.

Aber was ist nun tatsächlich eine Frucht? Diese Frage lässt sich nicht so einfach beantworten, wie man vielleicht meinen könnte. Es ist eine echte Herausforderung, die konstituierenden Bestandteile der 270 000 bekannten Pflanzenarten in einer kleinen Zahl von Kategorien zusammenzufassen, und man kommt wie bei den meisten wissenschaftlichen Aufgaben nie an ein Ende. Die Botaniker mit ihrer Neigung, Dinge nach subtilen Unterschieden der Formen und Funktionen einzuordnen, teilen Früchte zumeist in drei Grundtypen ein, je nachdem, wie der Fruchtknoten sich zum Fruchtkörper entwickelt: *Einzelfrüchte*, *Sammelfrüchte* und *Fruchtstände*. Es gibt jedoch auch noch andere Ordnungskriterien. Fragt man zwei Botaniker, kann man gut und gerne drei verschiedene Klassifikationsschemata zu hören bekommen.

Wir halten daran fest, Früchte in die drei Kategorien Einzelfrüchte, Sammelfrüchte und Fruchtstände einzuordnen. Und der Leser sollte sich nicht wundern, wenn er dabei auf Früchte stößt, die er nie als solche angesehen hätte, und sogar auf einige, deren Klassifikation als Frucht mancher als Kopfnuss empfinden dürfte. A propos: Alle Nüsse sind Früchte, auch die Erdnüsse, obwohl die wiederum gar keine Nüsse sind …

– Eine *Einzelfrucht* entwickelt sich aus einer einzigen Samenanlage einer einzelnen Blüte und kann entweder fleischig oder trocken sein.

Zu den *fleischigen Einzelfrüchten* zählen die sogenannten Beeren und die Steinfrüchte. Beeren sind u. a. Avocado, Paprika, Blaubeere, Weintraube, Grapefruit, Orange, sogar Tomate und Banane. (Ja, wirklich, für den Botaniker sind Bananen Beeren. Will noch jemand Bananenkuchen?) Bei den Steinfrüchten ist die innere Schicht (*Endokarp*) der Fruchtknotenwand (*Perikarp*) zu einer »steinharten« Schale geworden. Hierzu gehören beispielsweise

Aprikose, Kirsche, Kokosnuss, Olive, Pfirsich, Pflaume und sogar die Kakaoschote, aus deren Kern Schokolade hergestellt wird.

Bei den *trockenen Einzelfrüchten* finden wir Hülsenfrüchte (Bohnen, Erbsen, Erdnüsse), Nüsse (Eichel, Haselnuss, Walnuss) und Körnerfrüchte (Mais, Reis, Weizen). Ja, auch Getreide zählt zu den Früchten. Weil es eine so zentrale Rolle für die menschliche Ernährung spielt, widme ich ihm das ganze 5. Kapitel.

– Eine *Sammelfrucht* wie die Brombeere oder die Himbeere entwickelt sich aus einer Einzelblüte mit vielen Fruchtknoten, die zu einer kompakten, an eine gedrungene Weintraube erinnernden Masse kleiner Kerne werden. Botanisch gesehen sind Brombeere und Himbeere keine Beeren (wie etwa die Banane – ätsch!).

– Ein *Fruchtstand* wie bei der Ananas entwickelt sich aus den Fruchtknoten vieler Blüten, die in einem Blütenstand vereint sind.

Doch wo, ach wo, ist mein und sicher auch Ihr Liebling, die Erdbeere? Und wohin gehört der Apfel, der uns, einmal pro Tag verzehrt, den »Doktor vom Leib hält«? Mittlerweile dürften Sie wohl gelassen akzeptieren, dass Erdbeeren keine Beeren sind. Zusammen mit den sogenannten Apfelfrüchten (Äpfeln und Birnen) bilden sie eine Sonderkategorie, bei der der Fruchtkörper sich aus anderen Pflanzenteilen als dem Fruchtknoten bildet. Zum Glück habe ich nicht vor, die entsprechenden botanischen Strukturen zu erläutern.

Genug der Botanik! Zurück zur Gastronomie!

Ist dieses Hormon dufte? Oder verduftet es nur leicht?

Auf der Seite mit den Ernährungsratschlägen meiner Zeitung werde ich oft auf neue und jeweils massenhaft angebotene Agrarprodukte hingewiesen. Ich kaufe solche Sachen, weiß aber häufig nicht, was ich damit anstellen soll, wenn ich sie nach Hause gebracht habe. Wie kann ich feststellen, welche Früchte reif sind und vielleicht schnell verderben und welche noch besser werden, wenn ich sie vor dem Verzehr einige Zeit liegen lasse?

Das ist gar nicht so einfach. Die in reifenden Früchten ablaufenden chemischen Vorgänge sind ziemlich komplex, wobei verschiedene Früchte sich vor allem in der zeitlichen Abfolge dieser Reaktionen unterscheiden.

Bei jeder Fruchtsorte kommt eine Zeit, in der die Reifungsvorgänge ihren Höhepunkt erreichen, ehe der Alterungsprozess beginnt, der sie letztlich zerfallen lässt. Das ist der Staub-zu-Staub-Plan der Natur, und auch für Sie und mich wird eines Tages das Glöcklein läuten.

Sie möchten nun gerne erfahren, wann der Höhepunkt der Reifung stattfindet. Zu dieser Zeit hat die Frucht eine schöne Farbe (Grün hat sich in Orangegelb oder Blaurot verwandelt), eine weiche Konsistenz und den besten Geschmack, weil die Säuren abgebaut sind, die Zuckerkonzentration (außer bei Zitronen und Limetten) zugenommen hat und vielfältige aromatische Substanzen entstanden sind.

Dieser Augenblick maximaler Reife ist jedoch ähnlich schwer zu treffen wie der richtige Zeitpunkt an der Börse. Denn Sie wählen die Frucht beim Händler ja erst aus, wenn die Ernte schon eine Weile zurückliegt, und so können Sie nicht wissen, wie reif die Frucht da bereits gewesen oder was seither mit ihr geschehen ist.

Da Avocados erst zu reifen beginnen, wenn man sie

gepflückt hat, müssen Sie sich nicht davor fürchten, sie steinhart zu kaufen. Die Qualität der meisten anderen Früchte ist jedoch am höchsten, wenn sie an der Pflanze voll ausgereift sind und fast schon abfallen. Dem Plan der Natur zufolge sollen die Tiere dazu verleitet werden, sie jetzt zu fressen und dann die unverdaulichen Samen zu verbreiten.

Viele Früchte wie etwa die im Handel angebotenen Tomaten, Erdbeeren und speziell Bananen erntet man absichtlich in unreifem Zustand, damit sie die Strapazen des Transports besser überstehen. Andere (Pfirsiche, Pflaumen, Melonen) können wegen ihres festen Fruchtfleisches, das allmählich weicher wird, fast reif geerntet, verschickt und verkauft werden.

Als nützlichstes Unterscheidungsmerkmal lässt sich die Tatsache nutzen, dass manche Früchte nach dem Pflücken weiter reifen können, während das bei anderen nicht möglich ist. Falls sie nicht weiter reifen, können Sie ohnehin nichts ändern, wenn Sie damit zu Hause ankommen: Sie müssen die Früchte in perfektem Reifezustand kaufen (viel Glück, wenn Sie keinen Bauernmarkt in der Nähe haben) und kühlen, damit sie so bleiben, weil die Alterung bei niedriger Temperatur langsamer abläuft.

Ganz anders verhalten sich Früchte, die nach dem Pflücken weiterhin reifen. Wurden sie in unreifem Zustand gekauft, können Sie zu Hause dafür sorgen, dass sie dabei rascher vorankommen: Sie setzen sie einem gasförmigen Pflanzenhormon namens Ethylen (Äthylen, $H_2C = CH_2$) aus, das die Reifung beschleunigt. Gewöhnlich stellen wir uns Hormone nicht gasförmig vor, aber Ethylen fällt darunter, weil es wie andere Hormone in Konzentrationen von weniger als eins zu einer Million wirksam ist.

Wo kriegen Sie das Ethylen her? Das liefern die Früchte selbst. Bei vielen Früchten kommt es, wenn sie sich dem optimalen Reifegrad annähern, zu einem hormonellen Schub von Ethylengas, ehe der Alterungsprozess einsetzt. Diese Art Früchte heißen *klimakterisch*, weil die Produktion des Ethylens einen Gipfel erreicht und dann absinkt. (Wer hier eine Parallele zur Verringerung der weiblichen Hormone in der sogenannten Menopause, dem Klimakterium, zu entdecken glaubt, liegt genau richtig.)

Wenn eine klimakterische Frucht noch nicht reif ist, lässt sie sich durch eine andere ethylenproduzierende Frucht zur Reife bringen – das funktioniert sogar mit dem eigenen Ethylen (sofern man es nicht entweichen lässt), welches sie dazu anregt, noch mehr davon herzustellen. Chemiker nennen eine sich selbst anregende Reaktion *autokatalytisch*.

Die sogenannten *nichtklimakterischen* Früchte – bei ihnen lässt sich während des Reifungsvorgangs keine Zu- und Abnahme der Ethylenproduktion feststellen – werden weniger beeinflusst, wenn man sie dem Gas aussetzt. Man muss also nur wissen, welche Früchte klimakterisch sind. Diese können Sie mit Ethylen begasen und damit ihre Reifung beschleunigen. Das Ethylen erhalten sie von klimakterischen Früchten, die sich noch im Stadium der Ethylenproduktion befinden.

Und so geht's: Zunächst sehen Sie auf der Tabelle 1 (S. 140) nach, zu welcher Kategorie Ihre Frucht gehört. Steht sie auf der Liste der nichtklimakterischen Früchte, wird sie vielleicht ein wenig weicher werden und die grüne Farbe verlieren, ohne jedoch nennenswert zu reifen, ehe es mit ihr bergab geht. Um den aktuellen Reifegrad zu bewahren, muss man sie kühlen.

Steht Ihre Frucht dagegen auf der anderen Liste, kann

sie bei Zimmertemperatur gelagert werden, weil sie bei Kühlung langsamer reifen würde. Wenn Sie die Angelegenheit dann beschleunigen wollen, packen Sie ein paar von den Früchten (nicht zu eng) in eine mit einigen Löchern versehene Papiertüte. Damit wird ein Teil des von den Früchten abgegebenen Ethylens zurückgehalten, was die Früchte schneller reifen lässt. Ethylen ist etwas leichter als Luft, weshalb es durch die Löcher im Papier teilweise abzieht. Das ist gut so, weil ein Teil Ethylen in einer Million Teilen (*parts per million* oder ppm) Luft völlig ausreicht. Keine Plastiktüte verwenden, weil die Ethylenkonzentration darin anstiege und die Frucht damit schnell von reif auf verdorben bringen würde.

Falls Sie es wirklich eilig haben, legen Sie zu Ihrer klimakterischen Frucht einen Ethylenproduzenten der Spitzenklasse – Apfel, Banane oder Passionsfrucht (Weltmeister!) – in die Tüte. Den Inhalt sollten Sie dann etwa alle zehn bis zwölf Stunden kontrollieren, damit Sie nicht von verrottetem Obst überrascht werden.

Aber wie schaffen es dann die Apfelbauern, ihre vielen tausend Kisten mit den im September geernteten Äpfeln vor Überreife zu bewahren, ehe die im Januar oder später auf den Markt kommen? Nun, zum einen kühlen sie die Äpfel auf eine Temperatur zwischen −0,6 und 2 °C, um den Reifungsprozess zu verlangsamen. (Zu Hause machen Sie es ebenso, um die Äpfel im höchsten Reifezustand zu halten.) Außerdem, und das ist wichtiger, kontrollieren sie die Menge des Sauerstoffs und des Kohlendioxids in den Kühlräumen. Denn die Äpfel geben nicht nur Ethylen ab, sondern »atmen« Sauerstoff ein und Kohlendioxid aus. Diese »Atmung« geht bei allen Obst- und Gemüsearten weiter, nachdem sie geerntet worden sind. Man kann sie durch niedrige Temperaturen hemmen, aber auch den Sauerstoffgehalt der Luft im Lagerraum senken und den Kohlendioxidanteil steigern (was, wie Sie schnell bemerken dürften, auch beim Menschen die Atmung ersticken würde). In der Apfelbranche nennt man das »Lagerung in kontrollierter Atmosphäre«.

Tabelle 1:
Früchte, die nach der Ernte nicht weiter reifen, und solche, die das tun

Nach dem Pflücken nicht weiter reifend (»nichtklimakterisch«)	Nach dem Pflücken weiter reifend (»klimakterisch«)
Granatäpfel Gurken Kirschen Trauben Wassermelonen weiche Beeren (Brombeeren, Himbeeren, Erdbeeren) Zitrusfrüchte (Orangen, Zitronen, Limetten, Grapefruits)	Ananas Äpfel Aprikosen* Avocados* Bananen Blaubeeren* Feigen* Guaven Honigmelonen* Kiwifrüchte Kochbananen Mangos Nektarinen* Papayas Passionsfrüchte Persimonen (Dattelpflaumen, *Diospyros virginiana*) Pfirsiche* Pflaumen* Quitten Tomaten * Farbe und Konsistenz werden besser, Süße bleibt gleich

Pochierte italienische Pflaumen

Roh sind diese Pflaumen dunkelviolett und schmecken nichtssagend mit einem bloßen Hauch von Süße, was sich nicht wesentlich bessert, wenn man sie bei Zimmertemperatur stehen lässt. Werden sie jedoch in Zuckersirup pochiert, legen sie an Farbe und Aroma zu und werden dunkelrot und zuckersüß. Gegen Ende des Sommers bis in den frühen Herbst hinein sind sie auf dem Markt. Pochierte Pflaumen sind köstlich und dekorativ, ob man sie nun pur oder mit Vanilleeis serviert.

1 Pfund italienische Pflaumen
250 Gramm Zucker
250 Milliliter Wasser
1 kleine Zimtstange von etwa 5 Zentimeter Länge
1 Teelöffel Vanilleextrakt

1. Pflaumen waschen und halbieren, nicht schälen. Kerne entfernen.
2. Zucker, Wasser und Zimtstange in einem großen Kochtopf bei mittlerer Hitze zusammen aufwallen lassen. Etwa 5 Minuten kochen lassen, dabei oft umrühren, bis der Zucker aufgelöst ist und sich ein dünner Sirup bildet.
3. Die halbierten Pflaumen dazugeben, Hitze auf die kleinste Stufe reduzieren und sanft pochieren, dabei immer wieder mit dem Löffel Sirup auf die Früchte träufeln. Insgesamt 3–4 Minuten köcheln und die Hälften dabei einmal wenden, bis sie weich sind. Vanilleextrakt einrühren.
4. Warm oder kalt mit dem Sirup servieren.

Ergibt ungefähr 8 Portionen.

Matschig, aber süß

Weshalb schmecken die braunen, angestoßenen Teile von Früchten oft süßer als der Rest?

Stellen Sie sich einmal vor, Sie würden all die Fläschchen mit Chemikalien in einem Labor mit einem Baseballschläger zertrümmern: Sie wären wohl nicht überrascht von den ungewöhnlichen Reaktionen, die sich ergeben, weil die Inhalte auf dem Fußboden zusammenfließen, oder?

Nun, Pflanzen bestehen aus bemerkenswert dicht gepackten und hervorragend organisierten »Fläschchen mit Chemikalien«, die wir Zellen nennen. Wird eine Frucht äußerlich beschädigt, brechen die Zellwände auf, und die ursprünglich voneinander getrennten Chemikalien aus verschiedenen Teilen einer Zelle laufen aus und vermischen sich.

So führen beispielsweise Druckstellen oder Schnitte bei Äpfeln, Birnen oder Avocados dazu, dass das verletzte Fruchtfleisch bald braun wird. Dafür sorgen oxidierende Enzyme (Polyphenoloxidasen), die freigesetzt werden, wenn die Zellwände zerstört sind. Diese Enzyme wirken auf die Phenole der Früchte ein – eine große Gruppe von oxidationshemmenden Verbindungen, die für Aroma, Farbe und viele andere Eigenschaften unserer Nahrungspflanzen verantwortlich sind. Die Wirkung der Enzyme lässt sie eine Reihe chemischer Reaktionen durchlaufen, an deren Ende vielfältige große, oft braun gefärbte Moleküle (Polymere) entstehen.

Diese zur Unterscheidung gegenüber Karamellisierung und Maillard-Bräunung (siehe S. 264) als *enzymatisch* bezeichnete Bräunung lässt sich stark verringern, wenn man die Enzyme durch Wärme (also durch rasches

Kochen solcher Äpfel) oder mittels Säure deaktiviert. Als die stärkste Säure (saurer als Essig) in unserer Küche ist Zitronensaft wohl immer verfügbar.

Anstatt das oxidationsfördernde Enzym zu zerstören, können wir auch Sauerstoff von den Zellen fernhalten, indem wir die Schnittfläche der Frucht beispielsweise mit Plastikfolie abdecken. Möglich wäre auch, sie mit einer der vielen oxidationshemmenden chemischen Verbindungen zu behandeln – mit Schwefeldioxid, Ascorbinsäure (Vitamin C) oder Zitronensäure in Form von (schon wieder) Zitronensaft.

In manchen Früchten entstehen bei den enzymatisch angetriebenen Reaktionen süße Zuckerverbindungen. In anderen (auch die Äpfel gehören dazu) bilden sich dagegen Säuren oder bittere Aromen.

Man sollte also darauf verzichten, Obst zu misshandeln, damit es süßer wird. Unbeschädigte Früchte sehen immer am besten aus, und sie schmecken auch am besten.

Bananenkraftwerk

Hat eine süßer schmeckende Banane mehr Kalorien als eine mit fadem Geschmack? Bananen werden mit zunehmender Reife eindeutig süßer, aber können sie einfach durch Herumliegen mehr Kalorien zustande bringen, oder würde das auf Energieerzeugung hinauslaufen?

Sie haben die Frage selbst beantwortet – damit würde die Banane Kalorien erzeugen, und Kalorien sind definitionsgemäß Energie. Nun kann Energie nur aus anderen Energieformen (Wärme, mechanische, elektrische Energie) hervorgehen oder – über $E = mc^2$ – aus Materie.

Wäre eine Banane imstande, Materie in Energie umzuwandeln, wie das bei der Spaltung von Uran der Fall ist, dann könnte man aus ihnen atomare »B-Bomben« bauen.

Ich glaube aber zu wissen, was Sie meinen. Mehr Zucker gleich mehr Kalorien, oder? Doch wo kommt der Zucker her? Wenn die Frucht reift, wird Stärke zu Zuckern abgebaut, und sowohl Stärke als auch alle Zucker – tatsächlich sind es alle essbaren Kohlenhydrate – liefern unserem Stoffwechsel jeweils 4 Kalorien Energie pro Gramm. Kalorie bleibt Kalorie, ob die Zuckermoleküle nun in Stärkemolekülen gebunden oder frei wie ein Vogel sind.

Ein Kraftwerk können Sie mit reifenden Bananen also nicht betreiben, es sei denn, Sie setzen eine gewaltige Menge davon in Brand – was nicht gerade einfach ist, weil das Fruchtfleisch zu 75 Prozent aus Wasser besteht. Selbst getrocknet würden sie beim Verbrennen nur 400 Kalorien pro Pfund der ursprünglichen Bananen liefern. Das muss man mit einem Pfund Kohle vergleichen, das 3000 Kalorien freisetzt, oder mit einem Pfund Uran, aus dem sich 21 Millionen Kalorien gewinnen lassen.

Noch 'ne Banane

In einem Laden mit südamerikanischen Spezialitäten habe ich ein paar große grüne Bananen gekauft und auf dem Fensterbrett der Küche nachreifen lassen. Als sie schließlich gelb waren, wollte ich eine davon essen, aber die war zäh und schmeckte wie Kreide. Was war das für eine Bananensorte?

Das waren keine Bananen, sondern sogenannte Pisangfeigen oder Mehlbananen, mit der Banane eng verwandte tropische Früchte der Gattung *Musa*, die jedoch im reifen Zustand viel mehr Stärke und weit weniger Zucker enthalten. Man kennt sie auch als Kochbananen, ein deutlicher Wink, dass sie besser nicht roh gegessen werden sollten.

In Afrika und besonders in Lateinamerika, wo sie die spanische Bezeichnung *Plátanos* tragen, sind Kochbananen ein Hauptnahrungsmittel. In Puerto Rico macht man aus den Plátanos zum Beispiel eine Vielfalt knuspriger Appetithäppchen, darunter die *Tostones* (runde Scheiben grüner Kochbananen, die plattgedrückt, gebraten und mit Knoblauchsalz gewürzt werden) und die *Arañitas*, spanisch »kleine Spinnen« (gebratene, ausgefranste Pfannkuchen aus den zerstampften Früchten). Weiche, reife Kochbananen bäckt man mit Butter, braunem Zucker und Zimt – eine karibische Variante der »Likörbananen« des nachstehenden Rezepts.

Ach übrigens, der alte Trick mit dem Nachreifen auf der Fensterbank ist nicht ganz »ausgereift«. Dieser Platz galt früher mal als ein zuverlässig sonnenbeschienener Ort, doch geerntete Früchte brauchen zum Reifen keine Sonne.

Likörbananen

Sobald Bananen aussehen wie Chiquitas schlimmster Albtraum und man keine Zeit hat, Bananenbrot daraus zu machen, gibt es eine einfache Lösung: sautierte Bananen, ein schlichtes, aber weithin unbekanntes Dessert.

30 Gramm Butter, ungesalzen
60 Milliliter Honig
1 Prise frisch geriebene Muskatnuss
1 Prise gemahlener Ingwer
3 Zentiliter Bananenlikör, dazu frisch gepressten Zitronensaft zum Abschmecken
4 feste, reife Bananen, geschält und der Länge nach geviertelt
Vanille- oder Walnusseis zum Garnieren
60 Milliliter brauner Rum

1. Butter in einer großen Bratpfanne bei kleiner Hitze verflüssigen. Honig, Muskat und Ingwer einrühren, bis der Honig flüssig ist und eine homogene Mischung entstanden ist. Bananenlikör zugeben, aufkochen und 2 Minuten schwach kochen lassen. (Bis hierher kann man das Rezept im Vorhinein vorbereiten. Aufwärmen, bevor es weitergeht.)
2. Ist die Sauce zu süß, ein paar Tropfen Zitronensaft einrühren.
3. Die Bananenstücke in die Sauce geben und etwa 3 Minuten kochen lassen, dabei wenden und begießen, bis sie beginnen, weich zu werden. Nicht zu lange garen.
4. In der Zwischenzeit die Eiscreme auf 4 Dessertschüsseln oder tiefe Teller verteilen.
5. Den Rum in ein mikrowellenfestes Gefäß (etwa einen gläsernen Messbecher) gießen und 30 Sekunden auf höchster Stufe erhitzen, über die Bananen gießen, einen Schritt zurücktreten und die Alkoholdämpfe mit dem Streichholz anzünden.
6. Sobald die Flammen erloschen sind, Bananen aus der Pfanne heben und um die Eiscreme herum anrichten. Die warme Sauce großzügig über die Eiscreme löffeln und sofort servieren.

Ergibt 4 Portionen.

Alles Öl, Leute!

Können Sie etwas über die chemische Ähnlichkeit zwischen Speiseölen (aus Oliven oder Sonnenblumen usw.) und nicht essbaren, als Schmiermittel verwendeten Ölen sagen? Gibt es eine chemische Eigenschaft, die eine Substanz zu »Öl« macht?

Nur die Tatsache, dass es sich um Flüssigkeiten handelt, deren Moleküle nicht aneinander haften, weshalb die Moleküle sich leicht gegeneinander verschieben können. Das macht sie so schlüpfrig. Chemisch gesehen sind die beiden Ölarten jedoch ziemlich unterschiedlich.

Petroleum (»Steinöl«, Erdöl) ist ein Mischmasch aus vielen hundert Kohlenwasserstoffen – Verbindungen, die nur Kohlenstoff und Wasserstoff enthalten –, das mittels Destillation getrennt und zerlegt (das nennt man »cracken«) und zu Hunderten von Produkten, vom Benzin bis zur Vaseline, raffiniert werden kann. Hinzu kommen noch viele tausend synthetische petrochemische Verbindungen, die der Chemiker erschaffen kann, sobald er über das Ausgangsmaterial verfügt.

In Lebewesen spielen diese Kohlenwasserstoffe nur eine untergeordnete Rolle. Eigentlich handelt es sich beim Erdöl ja um die Überreste einst lebender Pflanzen und Tiere, aus denen alles Leben herausgepresst worden ist. Deshalb sind die aus Erdöl abgeleiteten Ölsorten, soweit es um unseren Nahrungsstoffwechsel geht, neutral: Sie sind unverdaulich. So wandert zum Beispiel eine Dosis Mineralöl (ein hochgereinigtes Erdölprodukt) unverändert durch den Körper, wobei es auf seinem Weg den gesamten Darmtrakt schmiert und wie ein Abführmittel wirkt.

Zwar enthalten die Speiseöle, die wir aus Pflanzen gewinnen, tatsächlich kleine Mengen Kohlenwasserstoffe, aber das sind vorwiegend Triglyceride. Deren Moleküle ähneln denen der Kohlenwasserstoffe weitgehend, doch zusätzlich zu den langen Ketten aus Kohlenstoff und Wasserstoff befinden sich hier an einem Ende noch sechs Sauerstoffatome. Und wenn man die Bestandteile oder die Struktur eines Moleküls auch nur geringfügig abwandelt, so kann das dessen chemische und physiologische Eigenschaften erheblich verändern.

Zusammen mit Proteinen und Kohlenhydraten bilden die Triglyceride in Form flüssiger oder fester Fette das lebenswichtige Triumvirat der Nahrungsbestandteile. In unserem Körper werden die Triglyceride zur Energiegewinnung zerlegt, aber auch in solche Dinge umgeformt, die man – an unserem Körper – ungebührlicherweise als Speckröllchen oder Rettungsringe bezeichnet.

Die allein in den USA jährlich verbrauchten 6,5 Milliarden Liter Salat- und Fritieröl (das entspricht 33 Millionen Barrel Erdöl) müssen zunächst aufwendig verarbeitet werden, bis sie hinreichend rein und für unseren wählerischen Gaumen annehmbar sind. Einige der typischen kosmetischen Behandlungen, die Pflanzenöl erdulden muss, ehe es mit der Aufschrift »Reine Natur« oder »100 % rein« im Supermarktregal steht, möchte ich vorstellen:

- Zunächst dürfte der größte Teil des Öls mit Maschinen (den sogenannten Expellern) aus den Pflanzensamen gepresst werden. Diese Geräte können zum Beispiel an einem Tag 30 Tonnen Sonnenblumenkerne verarbeiten. Die Maschinen sind als Schraubpressen ausgelegt, die mittels Reibung und Druck das Öl aus den Kernen pressen. Die innere Reibung kann die Masse aus Öl und Trester auf Temperaturen zwischen 60 und 99 °C aufheizen, doch man verwendet auch wassergekühlte Expeller, um die »kaltgepressten« Öle zu gewinnen, die von den Fans »naturbelassener« Nahrung und von Rohköstlern bevorzugt werden.
- Häufiger noch wird das Öl aus den gemahlenen Samen extrahiert und dazu mittels Hexan (einem flüchtigen flüssigen Kohlenwasserstoff) gelöst. Das Hexan lässt man anschließend bei 100 °C verdampfen, und weil es

schon bei 69 °C siedet, sollte im fertigen Öl keine Spur mehr davon vorhanden sein, obwohl man oft noch Spuren in der Größenordnung von 25 ppm nachweisen kann. Deshalb brüsten sich Naturkostläden damit, »kaltgepresste« oder »expellergepresste« Öle zu verkaufen, die nie mit Hexan in Berührung gekommen sind. Sie sind jedoch teurer, weil nur begrenzt verfügbar: Mit Hilfe der Hexanextraktion holt man allerdings sehr viel mehr Öl aus den Samen als mit der Presse.

- Anschließend wird das gepresste oder extrahierte rohe Öl vielleicht noch von Harzstoffen befreit. Dazu gibt man eine kleine Menge Wasser und / oder Zitronensäure zu, um bestimmte harzige Verbindungen, die sogenannten Phosphatide, auszufällen.
- Nun wird das Öl mit einem alkalischen Medium (in der Regel Natriumhydroxid oder Kalilauge) behandelt, was alle noch verbliebenen Phosphatide, Proteine und Schleimstoffe abtrennt. Außerdem (und das ist wichtiger) werden damit alle freien Fettsäuren neutralisiert, denn die würden unangenehm schmecken. Bei der Reaktion der Laugen mit den Fettsäuren entsteht Seife (ja, Seife), die anschließend mit heißem Wasser ausgewaschen wird.
- Sollte das Öl eine unerwünschte Farbe zeigen, bleicht man es – nicht mit Chlorbleiche, sondern mit feinst verteilten Tonpartikeln oder Aktivkohle, welche die Moleküle der Verunreinigungen adsorbieren.
- Sollten noch unangenehme Gerüche vorhanden sein, deodoriert man das Öl durch Dampfdestillation unter Vakuum. Dieses Vakuum (eigentlich nur erniedrigter Luftdruck) vermindert den Siedepunkt des Wassers und damit die Dampftemperatur, sodass das Öl keiner schädlich hohen Temperatur ausgesetzt ist. Bei diesem Prozess werden auch alle noch übrigen Pestizide und

anderen Chemikalien entfernt, die man vielleicht auf die ölhaltigen Pflanzen ausgebracht hatte.

- Zum Schluss kann ein Öl dann noch »fraktioniert«, »entwachst« oder »winterfest« gemacht werden. Dazu kühlt man es ab und filtriert alle festgewordenen Anteile heraus, damit das Öl an kalten Lagerorten nicht trüb wird. Hier sei noch angemerkt, dass man teures Olivenöl des Typs »extra vergine«, damit es nicht so schnell ranzig wird, im Kühlschrank lagern kann. Auch wenn so mancher Experte mir widersprechen wird, wird das Öl dadurch nicht beeinträchtigt – die auftretende Trübung verschwindet, wenn die festgewordenen Ölbestandteile bei Raumtemperatur wieder flüssig werden.

Sind all diese Verarbeitungsschritte für uns schädlich? Man kann sie als Verarbeitung oder als Reinigung bezeichnen. Heute gilt »Verarbeitung« in manchen Kreisen als übler Vorgang – dort sieht man alle Eingriffe des Menschen oder der Technik zwischen Natur und Nahrung als unnatürlich und wahrscheinlich als schädlich an. Aber was das Öl aus Samen von Sonnenblumen, Lein, Raps und Erdnüssen angeht, so enthält deren gepresstes oder extrahiertes rohes Öl viele Verunreinigungen, die Geschmack, Farbe und Kocheigenschaften beeinträchtigen, wenn man sie nicht entfernt. Das können sein: Bruchstücke der Samen, Pestizidrückstände, Spurenmetalle, Phosphor, Wachs, freie Fettsäuren, Chlorophyll, Karotinoide und andere Pigmente oder Geruchsträger. Würde man die Pflanzenöle nicht mit Hilfe von Maschinen und Chemie reinigen, dann bezweifle ich, dass wir sie für genießbar oder in den meisten Fällen auch nur für essbar halten würden.

Kurz, »raffiniert« bedeutet hier »gereinigt«. Was soll daran schlecht sein? Olivenöl allerdings ist ein Sonderfall.

Da es aus der fleischigen Fruchthülle und nicht aus den Samenkernen stammt, handelt es sich um reinen Pflanzensaft, der so genossen werden kann, wie er aus der Presse kommt. Tatsächlich füllt man einige der besten Olivenöle der Sorte »extra vergine« in Flaschen, ohne sie auch nur gefiltert zu haben.

Beignets soufflés (aufgeblasene Krapfen)

Praktisch jedes Speiseöl ist dazu geeignet, etwas schwimmend herauszubacken (zu »fritieren«). Mit dieser Methode kann man die äußere Oberfläche der Speisen knusprig und braun werden lassen, während sie innen feucht oder saftig bleiben.

Das folgende in heißem Fett auszubackende Dessert ist vor allem für jene gedacht, die keine Angst vor dem Fritieren haben, während sie sich vor Hefeteig fürchten. Brandteig gehört zu den einfachsten und risikolosesten Teigsorten im Repertoire der Patissiers. In unserem Fall gibt man diesen weichen Teig in heißes Fett, wo er aufgeht, sich aufbläst und bräunt.

Zum Anrichten gießt man ein wenig Fruchtsirup (frisch zubereitet oder aus der Flasche) auf Dessertplatten und legt jeweils drei mit Zucker bestreute Krapfen darauf.

0,125 Liter Wasser
60 Gramm ungesalzene Butter (auf Zimmertemperatur)
1 Prise Salz
70 Gramm Universalmehl
2 große Eier (auf Zimmertemperatur)
2 Milliliter Orangenöl oder 10 Milliliter brauner Rum (nach Geschmack)
Neutrales Pflanzenöl zum Ausbacken
Puderzucker zum Überstäuben

1. Wasser, Butter und Salz in einem mittleren Kochtopf aufkochen lassen. Von der Flamme nehmen, Mehl auf einmal dazugeben. Kräftig rühren, bis die Mischung sich von der Topfwand

löst und einen Kloß am Kochlöffel bildet. (Kommt der Kloß nicht fast augenblicklich zustande, Topf erneut auf kleiner Flamme erwärmen und einige Sekunden heftig schlagen.) Teig ein wenig abkühlen lassen.
2. Zunächst ein Ei unter heftigem Rühren einarbeiten, bis die Paste glatt und glänzend ist, dann das zweite Ei zugeben und unterrühren. Die Aromazutaten einrühren.
3. Pflanzenöl (etwa 4 Zentimeter hoch) in einen Wok, eine schwere Bratpfanne oder eine Friteuse gießen. Öl auf 185 °C erhitzen. Es empfiehlt sich, zunächst mit nur einem Krapfen die optimale Garzeit herauszufinden, also erst einen Esslöffel Teig ins Fett geben und fritieren, ehe der Rest ausgebacken wird.
4. Immer mehrere Krapfen auf einmal fritieren, ohne jedoch zuviel gleichzeitig garen zu lassen. Bei Bedarf umdrehen, bis sie rundum braun und innen gar sind – pro Seite etwa 2 Minuten. Auf Papierküchentüchern abtropfen lassen.
5. Heiß und mit Puderzucker überstäubt servieren.

Ergibt etwa 20 golfballgroße Krapfen.

Variante: *Im Rohr gebackene gefüllte Krapfen*

Wer das Ausbacken in Fett fürchtet, kann die Krapfen aus demselben Teig auch im Rohr backen.
Backrohr auf 190 °C vorheizen. Mit dem Löffel Teigklößchen abstechen und auf ein ungefettetes Backblech legen (im Abstand von ca. 4 Zentimeter). 30 Minuten backen, bis das Gebäck goldbraun ist. Auf Handwärme abkühlen lassen, Deckel vorsichtig abschneiden und den ungebackenen Teig aus der Mitte entfernen. Auf einem Drahtrost weiter abkühlen lassen. Zum Anrichten mit Eiscreme, gesüßter Schlagsahne oder Vanillepudding füllen. Deckel wieder aufsetzen und vor dem Servieren mit Puderzucker bestreuen.

Ergibt etwa 14 Teile von 4 Zentimeter Durchmesser.

Transfette: Für den Leser transparent gemacht

Transfette finde ich sehr verwirrend. Wie ich kürzlich gelesen habe, gelten hydrierte, teilweise hydrierte und fraktionierte Fette als Transfette. Später kaufte ich in meinem Bioladen einen Becher Margarine, auf dem damit geworben wird, dass sie keine Transfette enthält. Bei genauerem Hinsehen musste ich aber feststellen, dass einer der Bestandteile fraktioniertes Öl ist. Hier nun meine Fragen: Gelten fraktionierte Öle als Transfette? Wie unterscheidet sich fraktioniertes von hydriertem Öl? Und wie wirkt sich »teilweise« auf die Mischung aus?

Um die Transfettsäuren oder »Transfette« scheint es eine Menge Verwirrung zu geben. Dazu ist zunächst zu sagen, dass Ihr Maß an Verwirrung mit das durchdachteste ist, was ich je gesehen habe. (Ich hoffe, Sie verstehen das als Kompliment.)

Heutzutage kann man kaum eine Straße hinuntergehen, ohne die Frage zu hören: »Was zum Teufel sind eigentlich Transfettsäuren?« Deswegen bin ich hier.

Da ich nur ein Doktor der Naturwissenschaft (in Chemie) bin und kein Dr. med. (»kein *richtiger* Doktor«, wie eine meiner Tanten bei jeder Gelegenheit betonte), will ich mir hier keinen Bruch heben und auch noch auf die gesundheitlichen Folgen eingehen, die bei der Einverleibung von Transfettsäuren drohen. Soviel sei gesagt: Transfettsäuren scheinen den Gesamtcholesterinspiegel sowie den Anteil des »schlechten« LDL-Cholesterins zu erhöhen, dafür aber den Anteil des »guten« HDL-Cholesterins zu senken und zu Fettleibigkeit und Diabetes beizutragen.

Abgesehen von kleinen Mengen in bestimmten Pflanzen wie Granatapfel, Kohl und Erbse und von 3–5 Prozent der Fette in Fleisch und Milch von Wiederkäuern

(Rinder, Schafe und Ziegen) kommen Transfettsäuren (im folgenden als TFS abgekürzt) in der Natur nicht vor. In größeren Mengen werden sie bei der künstlichen Hydrierung von Pflanzenölen hergestellt. Diese Öle werden dadurch fester, und hauptsächlich wird auf diese Weise flüssiges Sojaöl in essbare und streichbare Margarine verwandelt. Tatsächlich sind TFS in allen Nahrungsmitteln zu finden, bei denen die Liste der Inhaltsstoffe »teilweise hydriertes Pflanzenöl« verzeichnet. Und Sie dürfen davon ausgehen, dass in Ihrem Supermarkt auf den Regalen mit den fertigen Snacks alles mit TFS vollgepackt ist.

Um die TFS zu verstehen, muss man ein wenig Chemie verdauen. Ein paar dieser Erläuterungen finden sich hier in der Rubrik »Die Extraportion Küchenwissenschaft« mit dem Thema »Geknickte Moleküle« auf der nächsten Seite. Der Leser kann es damit halten, wie er will, sie lesen oder nicht lesen – es bleibt ihm überlassen.

Wie können wir nun – unabhängig von der gesetzlich vorgeschriebenen Kennzeichnung auf dem Etikett – feststellen, wo überall diese TFS sich verbergen? Wir werden das nicht gern hören, aber teilweise hydrierte Fette mit ihrer Ladung von TFS lauern in fast allem, was wir meistens so essen: in Margarine, fertig abgepackten Kuchen und Plätzchen, Kartoffelchips, Keksen, Popcorn, milchfreien Kaffeeweißern, Fertigsaucen, Backmischungen, gefrorenen Pommes frites und Pizzas, Fischstäbchen und so gut wie allen industriell gefertigten fritierten Nahrungsmitteln.

Doch es gibt einen Hoffnungsschimmer. Die Menge der bei der Hydrierung von Ölen anfallenden TFS hängt ab von der Temperatur, dem Gasdruck des Wasserstoffs, der Prozessdauer und vielen anderen Faktoren. Wegen der Auflagen der Gesundheitsbehörden in den USA haben die Hersteller fertig zubereiteter und abgepackter

Nahrungsmittel eiligst nach Verfahren gesucht, mit denen sie die gewünschten physikalischen Eigenschaften ihrer Fette mit einer minimalen Produktion von TFS erreichen können. Sie wollen die Erlaubnis, ihre Etiketten mit dem begehrten Hinweis »Enthält keine Transfettsäuren« zu schmücken. Dazu ist anzumerken, dass trotz dieser Aufschrift weiterhin bis zu 0,5 Gramm TFS pro Portion enthalten sein dürfen. Darauf zu bestehen, dass in Nahrungsmitteln kein einziges Molekül einer TFS nachzuweisen ist, wäre einfach unrealistisch und nicht durchzusetzen. Für »keine« muss es mithin eine Definition geben, die eine Obergrenze festlegt.*

Die Extraportion Küchenwissenschaft: Geknickte Moleküle

Zur Erinnerung: Jedes Fettmolekül besteht aus drei Fettsäuremolekülen, die an ein Glycerinmolekül gebunden sind (daher der Name *Triglycerid*). Die drei Fettsäuremoleküle können als gesättigte, einfach oder mehrfach ungesättigte in jeder möglichen Kombination vorliegen. Soweit Fette sich auf die Gesundheit auswirken, liegt das ausschließlich an den Fettsäuren (im folgenden als FS abgekürzt).

Gesättigte FS sind Ketten von Kohlenstoffatomen, an die innerhalb der Kette jeweils zwei Wasserstoffatome gebunden sind, was die folgende Formel wiedergibt: $-CH_2-CH_2-CH_2-CH_2-$ usw. Bei ungesättigten FS aber besitzen an manchen Stellen zwei benachbarte C-Atome

* In der EU existiert zwar eine Untersuchung zur potenziellen Schädlichkeit von Transfettsäuren in der Nahrung (August 2004), aber keine Kennzeichnungspflicht und keine Angabe über eine zulässige Tageshöchstmenge. – Anm. d. Ü.

nur jeweils ein H-Atom, was diese Stelle der Kette so aussehen lässt: -CH_2-CH=CH-CH_2– usw. Die beiden mittleren C-Atome haben für ihre Bindung zweimal so viel von der verfügbaren Energie verschwendet, was nichts mehr für das jeweils zweite H-Atom übriglässt. Diese sogenannte Doppelbindung wird durch das Symbol = wiedergegeben. Einfach ungesättigt ist ein FS-Molekül, wenn eine solche Doppelbindung vorliegt, zwei oder mehr davon ergeben eine mehrfach ungesättigte FS.

Jede Doppelbindung verursacht in der ansonsten gestreckt verlaufenden FS einen Knick, und geknickte Moleküle können sich nicht so dicht aneinander lagern wie gestreckte, weshalb ungesättigte Fette tendenziell eher flüssig als fest sind.

Bedeutender als die physikalische Eigenschaft der Fette ist jedoch, dass für die meisten biologischen Vorgänge die exakte Gestalt eines Moleküls äußerst wichtig sein kann. Für unseren Stoffwechsel sind die geknickten, ungesättigten FS vor allem wegen ihrer Form gesünder als die geraden, gesättigten.

Nun möchten die Nahrungsmittelhersteller ungesättigte, flüssige Fette gern in halbfeste, verbraucherfreundliche Fette umwandeln. Deshalb zwingen sie bei hohem Gasdruck (10 Atmosphären) und hoher Temperatur (220 °C) zwei zusätzliche H-Atome in die Doppelbindungen, d. h. sie *hydrieren* die ungesättigten FS zu gesättigten FS. Damit das Produkt dabei nicht hart und ungenießbar wie Kerzenwachs wird, dürfen jedoch nicht alle Doppelbindungen hydriert werden. Deshalb hydriert man flüssige Pflanzenöle nur teilweise – nur ein Teil der Doppelbindungen wird mit H-Atomen aufgefüllt. Weil das Verfahren zudem nicht sehr effizient ist, wäre eine vollständige Hydrierung ohnehin nur schwer zu erreichen.

Hier kommen nun die TFS ins Spiel. Während der

Hydrierung kippen einige der Doppelbindungen an andere Stellen der Kette und verhindern so, dass zwei weitere H-Atome angelagert werden (die Doppelbindung *verlagert sich*). Dabei kann eines der ursprünglich schon vorhandenen beiden H-Atome, die zunächst auf derselben Seite der Doppelbindung standen – in der *cis*-Konfiguration –, auf die gegenüberliegende Seite – in die *trans*-Konfiguration – umklappen. Weil die *trans*-Form stabiler ist, kann dieses Umklappen des H-Atoms sogar stattfinden, wenn keine Doppelbindung verlagert wird.

Aber was soll schon sein, wenn die H-Atome von *cis* nach *trans* umspringen? Nun, die beiden daraus resultierenden unterschiedlichen Moleküle (sogenannte *Isomere*) besitzen die gleiche Zahl der jeweiligen Atome, sind aber verschieden geformt. Die *cis*-Moleküle behalten den Knick der normalen ungesättigten FS bei, während die neu gebildeten *trans*-Moleküle relativ gestreckt sind und einer gesättigten FS ähneln.

Und hier liegt das Problem. Wie wir wissen, sind gesättigte FS cholesterintreibende Schurken, und das sind die ähnlich geformten TFS auch. Da bei der physiologischen Wirkung von Molekülen meist die Form eine entscheidende Rolle spielt, geht der Körper mit ihnen um wie mit einer gesättigten FS – mit allen negativen Folgen für die Gesundheit.

Wenn gute Fette schlecht werden

In letzter Zeit habe ich einiges darüber gehört und gelesen, wie schnell die meisten Pflanzenöle ranzig werden und welche nachteiligen Folgen das haben kann. Soweit ich das verstanden habe, wird Öl ranzig oder oxidiert, wenn es hohen Temperaturen oder

Licht ausgesetzt ist. Dabei entstehen angeblich freie Radikale, die im Körper erhebliche Schäden anrichten. Wie kann ich oxidierte Speiseöle erkennen und meiden?

Ranzig ist ein vom lateinischen *rancidus* (übelriechend, stinkend) abgeleiteter Sammelbegriff, der keine spezifisch chemische Bedeutung besitzt. Zumeist verwendet man ihn für Fette, die hinüber sind. Wir können einiges unternehmen, um das Ranzigwerden von Fetten zu vermeiden. Zunächst sollten wir aber die Begriffe aus Ihrer Frage klären, weil Oxidation nur einer der Wege ist, auf denen Fett verdirbt.

Ranzig werden Fette und Öle, wenn sie mit Sauerstoff (Oxidation) oder mit Wasser (Hydrolyse) reagieren. Außerdem können sie sich bei hoher Temperatur wie etwa beim Fritieren chemisch übel verändern. Im Folgenden bringen wir eine stark eingedampfte Version von »Fett – durchgeknallt«. (Das vollständige und unzensierte Video erhalten Sie, vermute ich mal, gegen Beilage eines Rückportos von der Chemischen Fakultät der nächsten Uni.)

– *Ranzigwerden durch Oxidation:* Geschieht vor allem bei Fetten, die ungesättigte Fettsäuren enthalten. Hitze, Licht, Spurenmetalle oder bestimmte Enzyme tragen dazu bei, dass ungesättigte Fettsäuren mit dem Luftsauerstoff reagieren. Dabei entstehen sehr reaktionsfreudige Peroxide und freie Radikale, welche im Körper, wie Sie schreiben, erhebliche Schäden anrichten können (siehe »Diese zerstörerischen Radikale«, S. 161).

  Man kann darüber streiten, ob die freien Radikale ranzigen Öls, das man verzehrt, im Körper lange genug erhalten bleiben, um Schaden stiften zu können. Unter den stabilen Endprodukten der durch freie Radikale angetriebenen Reaktionen finden sich jedoch viele übelriechende Verbindungen wie Aldehyde und Ketone, weshalb es allemal unerfreulich ist, ranziges Fett zu essen.

Viele Pflanzenöle enthalten natürliche Antioxidantien – sie vernichten freie Radikale –, die sogenannten *Tocopherole*, ohne die sie nicht so lange frisch blieben, wie wir das kennen. Tierische Fette, die vor allem gesättigte Fettsäuren enthalten, sind dagegen nicht so anfällig für oxidatives Ranzigwerden. Deshalb kann man beispielsweise Schweinespeck fast ewig aufbewahren, ohne dass er ranzig wird.

Demnach sollten Sie Pflanzenöl, wenn es nicht durch Oxidation ranzig werden soll, vor Sauerstoff, Wärme und Licht schützen – diese Faktoren setzen die Reaktionen der freien Radikale in Gang. Bewahren Sie die Flasche dicht verschlossen an einem kühlen dunklen Ort auf. Sogar der Kühlschrank ist zu empfehlen, wenn Sie das Öl nicht zu oft verwenden.

– *Ranzigwerden durch Hydrolyse:* Ursache ist hier – Überraschung! – die Hydrolyse, bei der ein (gesättigtes oder ungesättigtes) Fett mit Wasser reagiert. Die Reaktion wird durch Wärme oder Enzyme mit der Bezeichnung Lipasen befördert.

Wenn Wasser mit einem Fett reagiert, spaltet das Fettmolekül sich in seinen Glycerinanteil und seine Fettsäuren auf. Leider riechen die freigesetzten Fettsäuren generell ziemlich übel, vor allem die leichtgewichtigen (die mit relativ kleinen Molekülen), die in der Luft bis zu unserer Nase schweben. Die hervorstechend übelriechende Fettsäure in ranziger Butter ist Buttersäure, die sich auch in ungewaschenen Achselhöhlen zu Hause fühlt.

Butter ist überhaupt das ideale Opfer für die beiden schon genannten Wege zum ranzigen Zustand: Sie oxidiert leicht, weil 32 Prozent ihrer Fettsäuren ungesättigt sind, und die Hydrolyse wird begünstigt, weil sie um die 18 Prozent Wasser enthält, das in Form kleiner Tröpfchen über die gesamte Struktur des Fetts verteilt ist. Wer ranzige Butter verhindern will, muss sie also sowohl vor Sauerstoff als auch vor Wärme schützen – Wärme beschleunigt beide Prozesse. Daraus ergibt sich, dass man sie sowohl luftdicht verpacken als auch kühl lagern sollte.

– *Ranzigwerden durch Fritieren:* Taucht man ein Stück Nahrung in sehr heißes Fett, so kann das Wasser auf seiner Oberfläche – und alle Nahrungsmittel enthalten Wasser – mit dem Fett reagieren und es hydrolysieren, was die Fettsäuren freisetzt. In gebrauchtem (und manchmal wiederverwendetem) Fett reichern sich die freien Fettsäuren an. Sie beeinträchtigen den Geschmack des Fetts und aller Speisen, die darin fritiert werden.

Aber das ist noch nicht das Schlimmste. Nachdem die Fettsäuren von einem Fettmolekül abgetrennt sind, bleibt der Glycerinanteil des Moleküls übrig. Dieses Glycerin zerfällt bei weiterem Erhitzen in ein sehr ätzendes Gas, das *Acrolein*. Etwa zur gleichen Zeit zersetzen sich die Fettsäuren und produzieren Rauch. Je länger das Fett der Hitze ausgesetzt wird, desto mehr Fettsäuren werden frei, und so raucht es wahrscheinlich bereits bei immer niedrigeren Temperaturen. Außerdem kommt es bei lange verwendetem Fritierfett zu einer Polymerisation: Die freien Fettsäuren verbinden sich zu langen Molekülen, die das Öl dunkler und zäher machen, bis es fast wie Sirup wird.

Die fettige, pardon, fertige Moral aus der Frittengeschichte: Wer die Entstehung der übelriechenden Fettsäuren, des lungenverklebenden Rauchs, des Tränen in die Augen treibenden Acroleins und anderer vielleicht krebserzeugender Substanzen gering halten will, sollte sein Fritierfett nur einmal oder höchstens zweimal verwenden. Ich persönlich gieße es nach Gebrauch in eine Konservendose, friere es ein und entsorge es mit dem Hausmüll.*

Die Extraportion Küchenwissenschaft:
Diese zerstörerischen Radikale

Elektronen haben nicht viel anders als Menschen einen starken Drang, sich paarweise zusammenzutun. Ein freies Radikal ist ein Atom oder eine Gruppe von Atomen mit einem oder mehreren ungepaarten Elektronen – d. h. einem oder mehreren Elektronen fehlt jeweils ein Partner. (Die etymologische Ableitung des Begriffs »freie Radikale« im chemischen Sinn ist verwickelt und nicht gerade hilfreich.)

Bei der geringsten Gelegenheit wird ein freies Radikal ein Elektron von einem Molekül mit glücklich gepaarten Elektronen klauen – fast wie ein räuberischer Single, der in eine Ehe einbricht. Das plötzlich als Single dastehende zweite Molekül ist nun selbst ein freies Radikal, dem ein Elektron fehlt. Es klaut seinerseits ein Elektron vom nächstbesten Molekül und so fort durch eine lange Reihe von vielen hundert oder tausend Partnertausch-Reaktionen, welche die Struktur der Moleküle verändern und so die normale Zellchemie im Körper unterbrechen können.

* In Deutschland sollte man sich besser bei der Gemeindeverwaltung informieren, wie Altfett zu entsorgen ist. – Anm. d. Ü.

Kettenreaktionen freier Radikale werden durch sogenannte Antioxidantien eingedämmt. Das sind Moleküle, die den paarungshungrigen freien Radikalen Elektronen anbieten und damit deren »eheliche Begierden« stillen (das Antioxidans kann dadurch selbst zu einem elektronlosen freien Radikal werden, ist aber nicht so zerstörerisch oder »radikal« wie das, welches jetzt ruhiggestellt ist).

Zu den elektronenliefernden Antioxidantien gehören die Nahrungsmittelzusätze BHA (butyliertes Hydroxyanisol) und BHT (butyliertes Hydroxytoluen) sowie die Vitamine A, C und E.

Reicht leicht? Nicht mal vielleicht

Kürzlich habe ich im Supermarkt eine Flasche Olivenöl gesehen, auf deren Etikett das Produkt als »leicht« bezeichnet wurde. Gibt es neben unterschiedlichem Kaloriengehalt noch andere verschiedene Eigenschaften?

»Leichtes« Olivenöl enthält keineswegs weniger Kalorien als andere Olivenöle oder Speiseöle überhaupt. Soweit es um Kalorien geht, ist Öl gleich Öl, alle Öle sind Fette, und alle Fette liefern etwa 9 Kalorien Energie pro Gramm.

Lebensmittelhersteller werfen mit dem Wort *leicht* (oder dem modischen *lite**) um sich und wollen damit ausdrücken, wonach ihnen gerade der Sinn steht, was praktisch auch »gar nichts« bedeuten kann. Beim Oli-

* Nicht nur Robert Wolke hält phonetisch inspirierte Schreibweisen für Humbug. – Anm. d. Ü.

venöl brauchen Sie dagegen nur einen Blick auf die Flasche zu werfen, dann wissen Sie, dass »leicht« in diesem Zusammenhang die helle Farbe und fast sicher auch das Aroma betrifft.

In der Küche verwenden wir Pflanzenöl vor allem zum Sautieren, zum Braten und für das Salatdressing. Diese Funktionen werden vorwiegend durch die physikalischen und nicht durch die chemischen Eigenschaften abgedeckt. Beim Braten dient Öl beispielsweise nur als reaktionsträge Flüssigkeit, mit der wir Speisen bei sehr viel höherer Temperatur viel rascher garen können als mit kochendem Wasser. Bei Salaten trägt Öl dazu bei, dass das Dressing an den Blättern haftet; zudem »verdünnt« es den Essig, nimmt andere Aromen wie die von Knoblauch und Kräutern auf und vermittelt ein glattes, fließendes Mundgefühl. All das ist, wie gesagt, vor allem physikalisch bedingt, und jedes relativ geschmacklose Öl wie Raps- oder Maiskeimöl kann diese Funktionen erfüllen. Vielleicht bevorzugen viele Verbraucher deshalb relativ geschmack- und farblose Ölsorten, und die Hersteller von Olivenöl kommen dem entgegen. Sie entfärben und »deodorieren« das Öl (oft ist es eine ursprünglich minderwertige Sorte) mit den schon geschilderten Methoden (siehe S. 146).

Bei natürlichen Olivenölen ist das wirklich eine Schande, weil sie mit Farben von Gelb zu Graugrün über eine bemerkenswerte Vielfalt reicher Geschmacksnuancen und Aromen verfügen, die von Köchen für die verschiedensten kulinarischen Zwecke gepriesen werden. Anders als die meisten anderen Öle für die Küche überträgt Olivenöl seinen Eigengeschmack auf alle Speisen, die man darin gart oder damit verfeinert. Es ist selbst eine aromatische Zutat, nicht nur ein Medium für andere Geschmacksnuancen. Deshalb ist die mediterrane Küche, die fast ausschließlich Olivenöl verwendet, so reich im Geschmack. (Knoblauch spielt da selbstverständlich auch mit.)

Angesichts der großen Bandbreite von Olivenölen sind keine genauen Analysen der Fettsäurezusammensetzung möglich, selbst wenn in manchen Veröffentlichungen exakte Zahlen stehen. Der Gehalt an Oleinsäure beispielsweise kann zwischen 55 und 83 Prozent pendeln. Dennoch sind in Tabelle 2 (nächste Seite) einige Durchschnittswerte aufgelistet, die man aber nicht überbewerten sollte. Ein paar nur in sehr kleinen Mengen vorliegende Fettsäuren (ungefähr ein Dutzend) wurden nicht berücksichtigt.

Werden Oliven für die Pressung zermahlen, dann setzen sie Enzyme (*Lipoxygenasen*) frei, die einige der mehrfach ungesättigten Fettsäuren zu einer breiten Palette flüchtiger aromatischer Verbindungen oxidieren, darunter Aldehyde, Ester und Alkohole. Allein in den Aromabestandteilen der Oliven hat man mehr als hundert flüchtige Verbindungen festgestellt, und Chemiker wissen in allen Einzelheiten, wie die meisten von ihnen gebildet werden.

Über den Säuregrad verschiedener Olivenöle – der Prozentsatz der freien, von Fettmolekülen abgetrennten Oleinsäuremoleküle – ist viel diskutiert worden. Der Säuregrad ist einfach zu messen, und die Qualitätskontrolleure haben diesen Wert, zusammen mit mehreren anderen Eigenschaften, lange als Qualitätsmaßstab herangezogen. Dabei hat man unterstellt, mit höherem Säuregehalt werde der Geschmack herber und die Qualität niedriger. So hat die EU im Herbst 2003 den maximal zulässigen Säuregehalt der in der Gemeinschaft produzierten Olivenöle *extra vergine* von 1 auf 0,8 % reduziert. Dessen ungeachtet hat man kürzlich nachgewiesen, dass

Säuregrad und Qualität nicht zwangsläufig direkt zusammenhängen.

Tabelle 2:
Durchschnittliche Fettsäurezusammensetzung verschiedener Olivenöle

Name	Sättigungsgrad*	%
Oleinsäure	einfach ungesättigt (18:1)	75,5
Palmitinsäure	gesättigt (16:0)	11,5
Linolsäure	mehrfach ungesättigt (18:2)	7,5
Stearinsäure	gesättigt (18:0)	2,5
Palmitoleinsäure	einfach ungesättigt (16:1)	1,5
Gamma-Linolsäure	mehrfach ungesättigt (18:3)	1
Eikosansäure	gesättigt (20:0)	0,5

* Siehe »Die Extraportion Küchenwissenschaft: Fettsäureketten« (S. 167)

Nach den Vorschriften der EU und des International Olive Oil Council wird Olivenöl in die folgenden Merkmalsklassen eingeteilt (nach abnehmender Qualität geordnet):

- *Olivenöl mit der Bezeichnung extra vergine* ist Öl der Qualitätsstufe *vergine* (siehe nächstfolgende Stufe), dessen Zusammensetzung und Aroma außerdem strenge Kriterien erfüllt – es ist die höchste Qualität. Dieses Öl wird aus den besten Oliven gewonnen, die nach der Ernte schnellstmöglich zerkleinert (das Aroma verdirbt rasch) und ohne Einsatz von Hitze oder Dampf verarbeitet worden sind. Es hat den idealen Geschmack und das ideale Aroma der jeweiligen Olivensorte. Es muss weniger als 0,8 % freie Fettsäuren enthalten. Öl der Stufe *extra vergine* wird oft auch als »kaltgepresst« bezeichnet, doch diesen Begriff schafft man allmählich ab, weil die Pressen sehr wenig Wärme erzeugen und ohnehin nicht gekühlt werden müssen.

- *Olivenöl mit der Bezeichnung vergine* muss zu 100 % aus den Oliven einer oder mehrerer Sorten bestehen. Hergestellt werden darf es allein durch Pressen, Waschen, Dekantieren, Zentrifugieren und Filtrieren oder bestimmte andere Verfahren, die seine natürliche Beschaffenheit nicht verändern. Es dürfen keine Additive, Farbstoffe, Aromastoffe oder irgendwelche anderen fremden Substanzen zugesetzt werden.
- *Reines Olivenöl (100 % Olivenöl)* heißt ein Öl der Stufe *vergine*, das mit raffiniertem Olivenöl verschnitten worden ist: Dabei handelt es sich um Öl, das man mit Dampf behandelt hat, um Säuren und unangenehme Aromen zu entfernen. Es enthält jedoch nur Bestandteile, die aus Oliven gewonnen worden sind.
- *Leichtes oder extraleichtes Olivenöl* (in der EU nicht im Handel) ist eine Mischung aus Vergine-Öl und stark raffinierten Ölen, bei denen man Farbstoffe, unangenehme Aromen und (leider auch) »angenehme Aromen« weitgehend entfernt hat.

Was uns zu Ihrer Frage zurückbringt (Sie wissen noch, was Sie gefragt haben?). Wenn das Olivenöl schließlich gefiltert, gereinigt, entfärbt und praktisch von allen Olivenbestandteilen befreit und zu *leichtem* Olivenöl geworden ist, sind die meisten der geschmacksbildenden aromatischen und gesunden Verbindungen verschwunden. Seien Sie also kein Spielverderber und experimentieren Sie, anstatt ein seiner »Olivenheit« beraubtes Öl zu verwenden, lieber mit der breiten Palette der im Handel erhältlichen Olivenöle, bis Sie eines oder zwei gefunden haben, die Ihnen zusagen. Für die Auswahl gibt es nur das eine und einzige Kriterium: Es sollte Ihnen schmecken.

Olivenöl hält man am besten immer in Griffweite, wenn auch nicht zu nahe am Herd. Alle Speiseöle und speziell Olivenöl leiden durch Hitze, weil ihre ungesättigten Fettsäuren leichter oxidiert werden als die gesättigten Fettsäuren manch anderer Pflanzenöle.

Auch Licht ist, wie Hitze, ein Feind von Olivenöl und anderen Pflanzenölen. Aus diesem Grund sind die meisten Olivenölflaschen grün oder braun. Jeder hat schon gelesen, Öl müsse »an einem kühlen und dunklen Ort« aufbewahrt werden, aber es ist nicht nötig, hier zu übertreiben. »Kühl und dunkel« heißt nicht im Inneren eines Kühlschranks, dessen Tür nie mehr geöffnet wird, weil sonst die Innenbeleuchtung anginge.

»Kühl« ist ein relativer Begriff, den man am besten als »nicht warm« versteht. Entsprechend heißt »dunkel« nicht pechschwarz. Es sind die energiereichen ultravioletten Anteile des Sonnenlichts, die den Schaden anrichten, deshalb soll das Öl auf jeden Fall vor direkter Sonneneinstrahlung geschützt werden. Wegen des Lampenlichts muss man sich keine Sorgen machen – wenn Ihre Küche nicht ausgeleuchtet ist wie ein Operationssaal, enthält es nicht genug ultraviolette Strahlung.

Die Extraportion Küchenwissenschaft: Fettsäureketten

Die Zahlen in Klammern in der mittleren Spalte von Tabelle 2 (S. 165) geben die Molekularstruktur der Fettsäuren in Kurzfassung wieder. Die erste Zahl (16, 18, 20) steht für die Zahl der Kohlenstoffatome in der Kette des Moleküls. Die Zahl nach dem Doppelpunkt entspricht der Anzahl der Doppelbindungen im Molekül – 0 bezeichnet ein gesättigtes, 1 ein einfach ungesättigtes und 2 oder mehr ein mehrfach ungesättigtes Molekül.

So würde das einfach ungesättigte Fettsäuremolekül der Oleinsäure (18:1) ausgestreckt beispielsweise so aussehen (O steht für ein Sauerstoffatom):

$$
\begin{array}{l}
CH_3-CH_2-CH_2-CH_2-CH_2-CH_2-CH_2-CH_2-\\
CH=CH-CH_2-CH_2-CH_2-CH_2-CH_2-CH_2-\\
CH_2-\underset{\underset{\displaystyle O}{\|}}{C}-OH
\end{array}
$$

Wie Tabelle 2 zeigt, sind fast 80 % der Fettsäuren in Olivenöl einfach ungesättigt und fast 10 % mehrfach ungesättigt. Die gesundheitsfördernde Wirkung des Olivenöls hat man auf diesen hohen Anteil an ungesättigten Fetten zurückgeführt.

Hier sollte man jedoch die große Variationsbreite verschiedener Olivenöle im Auge behalten. Der Anteil gesättigter Fettsäuren kann bei ihnen zwischen 8 und 26 % liegen; bei den einfach ungesättigten sind es zwischen 53 und 87 % und bei den mehrfach ungesättigten zwischen 3 und 22 %.

Neben den Fetten enthält Olivenöl auch kleine Mengen anderer gesunder Bestandteile. Unter den Antioxidantien finden sich Polyphenole, Tocopherole einschließlich Vitamin E sowie Beta-Karotin, das im Körper zu Vitamin A wird.

Zitrus-Apostelkuchen (»Brioche«)

Die Apostelkuchengemeinde möge mir verzeihen, aber dieser Kuchenlaib wird mit Olivenöl statt mit Butter zubereitet! Mit Orangen- und Zitronenschale aromatisiert bäckt er zu einem luftigen und würzigen Kuchen.

Viele Rezepte für Apostelkuchen schreiben vor, den Teig zweimal aufgehen und über Nacht im Kühlschrank ruhen zu lassen. Unsere

Variante lässt sich mit einer Küchenmaschine schnell und leicht mischen und muss nicht über Nacht aufgehen. Der Teig kann auch konventionell in einer großen Schüssel angerührt und muss nicht geknetet werden. Wer gerade Schnitten will, bäckt den Kuchen in einer Kastenform, ansonsten nimmt man die klassische gerippte Briocheform.

15 Gramm Trockenhefe
50 Milliliter warme Vollmilch
60 Gramm Zucker
500 Gramm Universalmehl
3 große Eier (Zimmertemperatur)
Schale von 1 Orange, gerieben
Schale von 1 Zitrone, gerieben
1 Teelöffel Salz
90 Milliliter mildes Olivenöl, *extra vergine*

1. Kleine Kasten- oder Briocheform leicht mit Öl einfetten oder mit Antihaftspray für die Küche einsprühen.
2. Hefe auf den Boden einer Arbeitsschüssel der Küchenmaschine streuen und die warme Milch sowie eine Prise Zucker, 100 Gramm Mehl und ein Ei zugeben. Etwa 10mal aufquirlen, bis die Startmischung cremig ist. Mischung von den Wänden der Schüssel abstreifen.
3. Das übrige Mehl auf diese Startmischung geben, aber nicht einarbeiten. Schüssel mit dem zugehörigen Deckel abdecken. Stehen lassen, bis die Startmischung erkennbar zu schäumen beginnt und die Hefe aktiviert ist. Je nach Raumbedingungen kann das zwischen 15 Minuten und 1 Stunde dauern.
4. Die beiden verbliebenen Eier, Zucker, Salz und die geriebenen Zitrusschalen in die Arbeitsschüssel der Küchenmaschine geben. Einschalten und 10–15 Sekunden quirlen, bis der Teig sich zu einer Kugel formt. Unter fortgesetztem Rühren das Olivenöl in dünnem Strahl hinzugießen; dabei darf die Teigkugel ihre Form nicht verlieren. Der Teig nimmt das Öl bei der kreisenden Bewegung der Kugel entlang des Schüsselrandes auf und verzeiht so manchen Fehler. Am Ende ist er klebrig, feucht und cremig.
5. Den Teig mit einem Schaber in die Backform geben, die zu etwa einem Drittel gefüllt sein sollte. Traditionell wird eine Brioche mit einer kleineren Teigkugel »gekrönt«, doch bei

einem Laib dieser Größe würde das beim Zerschneiden stören. Ich lasse sie lieber weg.

6. Aufgehen lassen, bis der Teig fast die Kante der Form erreicht hat. Je nach Raumtemperatur kann das 1–2 Stunden dauern. Am Ende ist der Teig sehr luftig und locker, sein Volumen ist dreimal so groß wie zu Beginn. Etwa 15 Minuten vor diesem Zeitpunkt Backrohr auf 190 °C vorheizen.

7. Etwa 30 Minuten backen, bis die Brioche goldbraun ist.

8. Aus dem Herd nehmen, 5 Minuten auf einem Drahtrost ruhen lassen, dann auf den Rost stürzen und vor dem Aufschneiden komplett abkühlen lassen.

9. Unverändert oder getoastet mit Butter und Marmelade (beispielsweise mit der Erdbeerkonfitüre von S. 174) servieren.

Ergibt 1 Laib.

Olivgrün oder Olivschwarz?

Jahrelang habe ich geglaubt, Oliven wären je nach Erntezeitpunkt grün oder schwarz. Dann erfuhr ich von einem Freund aus Kalifornien, dass alle gleichzeitig geerntet, aber unterschiedlich weiterverarbeitet würden. Was stimmt?

Nur weil jemand in Kalifornien lebt, ist er noch lange kein Experte, außer vielleicht in surrealer Politik. Aber genau wie in der Politik sind Ihre beiden Positionen auch ein Stück weit wahr.

Oliven sind insofern außergewöhnliche Quellen für Öl, als fast jedes andere pflanzliche Öl in den jeweiligen Samenkernen zu finden ist, während es bei Oliven aus dem Fruchtfleisch gewonnen wird.

Wenn Oliven reif werden, ändert sich ihre Farbe von Hellgelb zu Grün, Violett und zuletzt zu Schwarz. Es dauert etwa 3–4 Monate, bis das Grün zu Schwarz wird.

Damit haben Sie die erste Runde gewonnen: Oliven können je nach ihrer weiteren Bestimmung – entweder zur Ölgewinnung oder zum Essen – in jedem Stadium (außer sie sind noch hellgelb) geerntet werden. (»Darf man Oliven mit den Fingern essen?« – »Nein, die Finger sollte man separat knabbern.« – Henry Morgan.) Violette Oliven liefern allgemein Öl von höherer Qualität als die vollreifen schwarzen.

Dieser Sieg könnte jedoch ebenso hohl sein wie eine entkernte Olive, weil manche »schwarzen« oder »reifen« kalifornischen Oliven im violetten Stadium geerntet und dann mit Lauge, Luft und Eisenverbindungen behandelt werden (siehe unten), wodurch man diese »schwarzreifen« Oliven erhält.

Die Oliven eines Baumes werden nicht alle gleichzeitig reif, und so erntet man immer eine Mischung verschiedener Stadien. Das größte Problem der Olivenanbauer dürfte wohl sein, den richtigen Erntezeitpunkt zu bestimmen, zu dem sie den größten Ertrag an Oliven im optimalen Reifestadium für den jeweiligen Zweck erhalten. Über die Jahre hinweg haben verschiedene Länder und Regionen ihre spezifischen Erntetraditionen entwickelt und beibehalten, was zu den unterschiedlichen Geschmackseigenschaften der Öle aus Griechenland oder Italien und sogar aus verschiedenen italienischen Anbaugebieten beiträgt.

Historisch gesehen – und damit meine ich Tausende und nicht nur Hunderte von Jahren – sind Oliven stets in Handarbeit geerntet worden. Man hat sie entweder einzeln gepflückt oder mittels einer Art Kamm (in Italien heißt dieses Gerät *pettine*) von den Zweigen abgestreift. Alternativ dazu haben Arbeiter die Früchte vielleicht einfach mit Stangen von den Ästen abgeschlagen. Auch heute noch erntet man vielerorts mit der Hand, obwohl ich in Spanien, wo weltweit das meiste Olivenöl produziert wird (eine ganze Menge Olivenöl wird aus Spanien nach Italien exportiert, dort in Flaschen abgefüllt und als »italienisches« vermarktet), schwere Erntetraktoren gesehen habe. Diese Maschinen umklammern die Baumstämme und rütteln sie wie der Teufel, so dass die reifsten und weniger festsitzenden Oliven in die um den Stamm ausgelegten Netze fallen.

Oliven, die für den Verzehr bestimmt sind, müssen alle in irgendeiner Weise verarbeitet werden – weil sie die bittere Phenolverbindung Oleuropein enthalten, kann man sie nicht einfach vom Baum naschen. Diese Verbindung muss entweder durch mikrobielle Fermentierung entfernt werden, oder man weicht die Oliven in einer stark alkalischen Lösung wie Natriumhydroxid (Natronlauge) ein.

In Kalifornien wandern die halbreifen, grünlichvioletten Oliven durch eine Reihe von Natronlaugenlösungen abnehmender Konzentration, wobei sie nach jedem Laugenbad gewässert und belüftet werden. Durch diese Behandlung, die manchmal durch Zugabe von Eisen-II-Gluconat unterstützt wird, nehmen die Oliven eine tiefschwarze Färbung an, worauf sie in Dosen abgefüllt werden.

Runde zwei geht also an Ihren Freund in Kalifornien, der sich vermutlich auf dieses Schwärzungsverfahren bezogen hat – es wird, wie so mancher kalifornische Brauch, nirgendwo sonst in der Welt angewandt. In Griechenland und der Türkei immerhin nutzt man eine ähnliche Methode, um für den Export vollreife schwärzliche in tiefschwarze Oliven zu verwandeln.

Osmose ist keine Einbahnstraße

Ich wollte Erdbeeren konservieren und habe sie zuerst allein für sich gekocht, weil ich dachte, ich könnte den Zucker auch später dazugeben. Dabei ist allerdings nur Matsch herausgekommen. Was war da falsch?

Die Osmose ist falsch gelaufen, nämlich in der verkehrten Richtung.

Wenn auf gegenüberliegenden Seiten der Zellwand einer Pflanze (beispielsweise) wässrige Lösungen mit jeweils unterschiedlichen Zuckermengen vorliegen, so wandern Wassermoleküle spontan in Richtung auf die höher konzentrierte (stärkere) Lösung durch die Zellmembran. Diese Lösung wird dadurch weniger konzentriert – also verdünnt. Das ist Osmose.

Als Sie die Erdbeeren in reinem Wasser ohne Zucker gekocht haben, gelangten Wassermoleküle in die Zellen (wo einige gelöste Zucker vorhanden sind), bis sie kein Wasser mehr aufnehmen konnten und platzten. Und zerrissene Zellen, die ihre knackige Struktur verloren haben, sind eben matschig.

Wenn Sie dagegen Früchte in Wasser mit sehr viel Zucker – es muss mehr sein als im Inneren der Zellen – kochen, so wandern Wassermoleküle aus den Zellen heraus zum Zucker in der Umgebung. Die Zellen schrumpfen wie undichte Ballons, platzen aber nicht. Damit bleiben die Zellwände weiterhin mehr oder weniger intakt und behalten ihre schmackhafte Konsistenz. Kocht man Beeren in stark zuckerhaltigem Wasser, werden sie folglich nicht so weich wie in reinem Wasser.

Selbst geschrumpfte Zellen werden durch Zucker tendenziell gestärkt, weil dieser mit den Proteinen in den Zellwänden reagiert.

In der Natur befördert die Osmose Wasser aus einer weniger konzentrierten Lösung (von Zucker oder Salz etc.) durch Zellwände oder andere Membranen in eine höher konzentrierte Lösung auf der anderen Seite, wodurch letztere verdünnt oder wässriger wird. Die Hersteller von Nahrungsmitteln möchten jedoch eine Lösung häufig anreichern, also Wasser daraus entfernen, und das ist das genaue Gegenteil von dem, was Osmose bewirkt.

Dazu kehren sie den Vorgang der Osmose um, indem sie Wasser durch eine Membran aus der verdünnten in eine konzentriertere Lösung zwingen. Diese sogenannte Umkehrosmose kann beträchtlichen Druck (bis zu 70 bar) erfordern, der dem natürlichen *osmotischen Druck* entgegenwirkt und so die natürliche Bewegungsrichtung des Wassers umkehrt. Mit der Umkehrosmose wird auch Wasser aufbereitet. In diesem Fall ist das aus dem verunreinigten Wasser »herausgepresste« reine Wasser selbstverständlich das erwünschte Produkt.

Eingemachte Erdbeeren

Die in den Sommermonaten reichlich angebotenen Früchte (auch zum Selbstpflücken) sollte man zum Einmachen nutzen. Dazu wählt man kleine, feste, aber vollreife Erdbeeren. Bei dem folgenden Verfahren wechseln sich Standzeiten und kurze Kochperioden ab, wodurch wir eine Konserve mit tiefroter Farbe und frischem Geschmack erhalten.

Bei der Zubereitung eingemachter Früchte, Marmeladen und Gelees ist das Verhältnis der drei wichtigsten Zutaten (Fruchtpektin, Zucker und Säure aus dem Zitronensaft) zueinander entscheidend. Da das Eingemachte durch die Einwirkung der Säure auf das Pektin geliert, ergeben zu wenig Pektin oder zu wenig Säure kein Gelee, und man bekommt statt dessen Sirup. Zu wenig Zucker sorgt für zähes, zu viel Zucker für dünnes Gelee. Kurz, die Zutaten sollten sorgfältig abgemessen werden.

*Mit der Umsetzung dieses Rezepts beginne ich normalerweise am späten Nachmittag und stelle es am nächsten Morgen fertig. Die angegebenen Mengen dürfen nicht verdoppelt werden, weil die dadurch verlängerte Kochzeit das Pektin der Beeren abbauen (*hydrolysieren*) und ein Gelieren verhindern würde.*

1 Kilogramm Erdbeeren
1 Kilogramm Zucker
60 Milliliter frisch gepresster Zitronensaft

1. Erdbeeren waschen und entstielen. Kleine Beeren ganz lassen, größere halbieren.
2. 1 Kilo Erdbeeren abwiegen und in einen großen Edelstahl-Kochtopf (oder einen emaillierten Topf) geben. Zucker dazugeben und mit einem Gummischaber vorsichtig unter die Erdbeeren mischen. 4 Stunden ziehen lassen, dabei gelegentlich umrühren.
3. Bei mittlerer Hitze aufkochen lassen, Zitronensaft dazugeben und 12 Minuten lebhaft kochen. Zudecken und über Nacht an einem kühlen Ort stehen lassen.
4. Die Beerenmischung am nächsten Morgen bei großer Hitze aufkochen lassen, dann auf niedrige Temperatur reduzieren. Beeren mit einem Schaumlöffel herausheben, gründlich abtropfen lassen und in sterilisierte Marmeladengläser (Volumen ca. 0,25 Liter) füllen. Die Früchte müssen gründlich abtropfen können, weil in diesem Stadium zu viel Flüssigkeit in den Gläsern ein zu dünnes Gelee ergäbe.
5. Den im Topf verbliebenen Sirup durch Kochen eindicken (etwa 107 °C zeigen die richtige Konsistenz an). Einen Suppenlöffel in den Sirup tauchen und anschließend über dem Topf waagrecht halten: Ist die Masse fertig, fließt der Sirup flächig vom Löffel ab.
6. Heißen Sirup bis ca. 1,5 Zentimeter unter dem Glasrand über die Beeren gießen. Glasrand säubern und die Gläser mit passenden selbstdichtenden Deckeln verschließen. Die verschlossenen Gläser auf dem Kopf stehend abkühlen lassen.

Ergibt ca. 6 Marmeladegläser à 0,25 Liter.

Kürbis mit Auftrieb

Zu Halloween plane ich eine Party, bei der zur Unterhaltung auch Apfelschnappen gespielt werden soll. Muss ich da eine bestimmte Sorte kaufen, oder schwimmen alle Äpfel an der Oberfläche?*

Obwohl die meisten Äpfel schwimmen dürften, können sie sich hinsichtlich ihrer Stabilität im Wasser unterscheiden. Kaufen Sie doch einfach ein paar Tage vor der Party einige Exemplare verschiedener Sorten und probieren Sie's aus. Schließlich würde es Ihren Ruf als fürsorglicher Gastgeber erheblich beeinträchtigen, wenn Sie Ihre Gäste auffordern, das Spiel mit abgesoffenen Äpfeln zu spielen.

Es gibt kein einfaches Verfahren, mit dem sich vorhersagen ließe, ob ein Gegenstand in Wasser schwimmt oder auf den Grund sinkt. Man muss es einfach ausprobieren. Ich ging zum Supermarkt und erstand zum Missfallen der Kassiererin von vielen Obst- und Gemüsesorten jeweils ein Stück. (»Was soll das?«, fragte sie immer wieder. Ich antwortete jedesmal »Steckrübe«, und sie schien zufrieden.) Zu Hause füllte ich das Spülbecken in der Küche mit Wasser und ließ ein Stück nach dem anderen ins Wasser gleiten. Die Ergebnisse hielt ich in meinem Labornotizbuch fest. Hier also zum ersten Mal in den Annalen der gastronomischen Wissenschaften die Ergebnisse meiner Forschung. Es schwimmen: Apfel, Banane, Zitrone, Zwiebel, Orange, Pastinakenwurzel, Bartlett-Birne, Granatapfel, Steckrübe (mit Müh und Not), Süßkartoffel (ebenso), Zucchini. Es versinken: Avocado (kaum),

* Das Spiel ist eine Variante des »Wurstschnappens«, bei dem die Teilnehmer versuchen, mit den Zähnen Äpfel zu schnappen, die in einem Gefäß mit Wasser schwimmen. – Anm. d. Ü.

Mango, Bosc-Birne (eine feste, grüne Sorte), Kartoffel (fast vollständig), Kirschtomate.

Fast alle meine Versuchsobjekte konnten sich nur schwer entscheiden, ob sie nun schwimmen oder sinken wollten. Das ist nachvollziehbar, da sie alle vorwiegend aus Wasser bestehen. Allgemein enthalten die essbaren Anteile meiner Objekte (das Fruchtfleisch) zwischen 73 und 95 Prozent Wasser. Daher sollten sie eher dazu tendieren, ziemlich genau in der Schwebe zu bleiben. In der Tat schwammen oder sanken (wie oben vermerkt) einige von ihnen mit Müh und Not respektive fast vollständig.

Meine Proben aus dem Supermarkt waren zufällig ausgewählte Einzelstücke. Bei Äpfeln und (wie ich herausgefunden habe) Birnen können verschiedene Sorten und Versuchsobjekte zu unterschiedlichen Resultaten führen. Dennoch sind die Aussichten, dass Sie schwimmende Äpfel für das Spiel finden, recht gut.

All das veranlasste mich, über die Rolle der Dichte beim Kochen nachzudenken. Dichte ist ein Maß dafür, wie schwer eine Substanz im Verhältnis zu ihrem Volumen ist, und wird in der Regel in Gramm pro Kubikzentimeter angegeben.

Erinnern Sie sich an Archimedes, der aus der Badewanne sprang und nackt durch die Straßen von Syrakus auf Sizilien rannte, während er »*Heureka!*« rief (das ist Griechisch und heißt *nicht*: »Wer hat mein Handtuch geklaut?«). Archimedes entdeckte das Prinzip, das bestimmt, ob ein Gegenstand in einer Flüssigkeit schwimmt oder absinkt.

Dem archimedischen Prinzip zufolge »erfährt ein in eine Flüssigkeit eingetauchter Körper einen Auftrieb, dessen Kraft gleich dem Gewicht der verdrängten Flüssigkeit ist«. So haben wir das wohl in der Schule gelernt, aber es ist etwa so erhellend wie ein Leuchtkäfer im Regenmantel. Wie viele von uns (einschließlich unserer Lehrer) haben das wirklich verstanden? Ich muss gestehen, dass mir das erst gelang, als ich mir die Angelegenheit, voll bekleidet und trocken, selbst sinnlich nachvollziehbar machte. Und das ging so:

Nehmen wir einfach an, wir würden nach Kürbissen schnappen. Wir tauchen einen Kürbis von 40 Zentimetern Durchmesser (was einem Volumen von ungefähr 33,5 Litern entspricht) vollständig in eine große Wanne mit Wasser. Dafür müssen 33,5 Liter Wasser Platz machen, und dieses Wasser wird zwangsläufig nach oben gedrückt – sonst kann es ja nirgends hin –, was den Wasserspiegel anhebt. Andererseits befindet sich in dem »Wasserkörper« ein Hohlraum vom Volumen des Kürbisses, und dorthin möchte das Wasser, seiner schwerkraftbedingten Gewohnheit folgend, zurückfließen, um ihn auszufüllen. Das kann es nur, indem es den Kürbis mit jeder ihm zur Verfügung stehenden Art von Kraft oder Gewicht aus den Hohlraum drängt. Nun wiegen 33,5 Liter Wasser bekanntlich 33,5 Kilogramm, und wenn der Kürbis mit diesem Volumen vielleicht nur etwa 25 Kilo wiegt, wird er genau durch diese zusätzliche, vom Wasser gelieferte Kraft von 10 Kilo nach oben gedrückt (das nennt der Physiker Auftrieb). Demnach schwimmt er. Sollte der Kürbis dieser Größe dagegen 35 Kilo wiegen, würde er die 33,5 Kilo Auftrieb überschreiten und sinken (tatsächlich wiegt ein Kürbis mit 40 Zentimetern Durchmesser ungefähr 20 Kilo).

Was folgt daraus? Ist die Dichte eines Objekts kleiner als die des Wassers (das, dem metrischen System sei Dank, 1000 Gramm pro 1000 Kubikzentimeter wiegt oder die Dichte 1 besitzt), so schwimmt es; ist die Dichte größer, sinkt es. Was das in der Küche bedeutet, kann der forschende Leser auch mal selbst herausfinden.

Bienen-Bacchanal

Können Sie mir die verschiedenen alkoholischen Apfelgetränke auseinanderklamüsern? Gehört habe ich von Cidre, Apfelwein, Apfelbrand und Applejack. Ist das alles dasselbe?

Sie unterscheiden sich vorwiegend in den schlauen Methoden, mit denen der Alkoholgehalt hochgepuscht wird.

Man kann Apfelsaft auf natürliche Weise vergären; dazu lässt man ihn einfach offen stehen und ermöglicht so den in der Luft schwebenden Hefezellen, hineinzufallen. Diese mikroskopischen einzelligen Pflanzen ernähren sich von den Fruchtzuckern und wandeln diese in Äthylalkohol um. Um diesen Prozess in Gang zu setzen, bedarf es nur weniger Hefezellen, da sie sich stärker vermehren, wenn sie mehr fressen. So werden daraus in ein paar Tagen gefräßige zuckerfressende Maschinchen. Sobald jedoch der gesamte Zucker vertilgt ist, hört die Fresswut auf: Die Alkoholkonzentration liegt wie beim Bier bei etwa 5 %. Das ist der Cidre.*

Ich hatte lange einen Apfelbaum, dessen Äpfel im Herbst auf meine Einfahrt fielen. Die Äpfel wurden dabei beschädigt und gaben ihre Säfte frei, die bald vergoren. Das zog Bienen an, die von dem alkoholhaltigen Saft naschten, sich vergifteten und im Delirium auf dem Boden herumtorkelten. Ich fand es recht lustig, diesem Bienen-Bacchanal zuzusehen, war aber ständig damit beschäftigt, Taxis zu rufen, die sie zum Stock zurückbringen mussten ... *(Fliege nie unter Alkohol!)*

In den Apfelweingebieten Englands, Frankreichs und Spaniens – in England der Süden, in Frankreich der Nor-

* Bei uns in Deutschland (zumindest aber in Hessen) heißt er Apfelwein. – Anm. d. Ü.

den und in Spanien die Region Asturien im Nordwesten –, wo Apfelbäume gut, Weinstöcke dagegen eher mäßig gedeihen, wird häufig Apfelwein getrunken oder anstelle von Wein zum Kochen und Marinieren verwendet. Wie der Wein können auch Apfelweine sehr unterschiedliche Geschmackseigenschaften besitzen. Man kann sie entsprechend ihrer Säure, Trockenheit und Fruchtigkeit (diese Eigenschaften ergeben sich aus den verwendeten Apfelsorten und verschiedenen Gärungsverfahren) auf verschiedene Gerichte abstimmen.

Wie »trocken« ein Apfelwein ist, hängt davon ab, in welchem Umfang die verschiedenen Zucker der Äpfel in Alkohol umgewandelt worden sind – bei den trockensten ist der gesamte Zucker abgebaut. Mit dem sehr herben asturischen *Sidra* lässt sich beispielsweise trockener Weißwein in praktisch all seinen Verwendungsmöglichkeiten ersetzen.

Moussierenden Cidre erhält man, wenn man den Apfelwein (ähnlich wie bei Schaumweinen) auf Flaschen zieht, ehe die Gärung abgeschlossen ist. Ein sehr geschätztes Beispiel für dieses Verfahren ist der französische *Cidre* (entweder moussierend oder still), dessen Alkoholgehalt auf 2–5 % begrenzt ist. Das erreicht man entweder durch Pasteurisieren oder durch Zugabe von Schwefeldioxid.

Schon sehr früh in der ganzen Veranstaltung haben Menschen herausgefunden, was es mit gärendem Apfelsaft auf sich hat, und wünschten einen höheren Alkoholgehalt, um ihre eigenen Lobreden auf den Apfel-Dionysos zu befeuern. Sie fütterten die Hefe mit mehr Zucker und ließen den Saft schließlich auch Tannine aus den Innenwänden hölzerner Fässer aufnehmen, was für ein komplexeres Geschmacksgefüge und intensiveres Aroma sorgte. Auf diese Weise konnten sie den Alkoholgehalt auf Werte zwischen 10 und 12 % steigern, was dem des Weines aus Trauben gleichkommt – man konnte nun wirklich zu Recht von *Apfelwein* sprechen.

Alles brennt (beabsichtigtes Wortspiel) darauf, noch mehr Alkohol zu erhalten? Man brennt (destilliert) den Apfelwein auf die gleiche Weise, in der manche Winzer aus Wein Branntwein machen. Das heißt, man kocht die Flüssigkeit und kühlt die heißen Dämpfe, die so wieder zur Flüssigkeit kondensieren. Weil Alkohol leichter in Dampf übergeht als Wasser, enthalten die Dämpfe und somit auch das Kondensat (der Branntwein) mehr Alkohol als die Ausgangsflüssigkeit (der Wein).

Der im gleichnamigen Département in der Normandie hergestellte französische Apfelbrand *Calvados* wird in ähnlicher Weise durch zweimalige Destillation von Apfelwein gewonnen: Im ersten Durchgang sorgt man für einen Alkoholgehalt von 28–30 %, der zweite Brand ergibt dann 72 %, die auf einen trinkbaren Lallkoholgehalt von 40–43 % »verschnitten« werden. In Frankreich heißen solche Destillate übrigens *Eau de vie* (»Lebenswasser«) – das ist alles eine Frage der Perspektive.

Die Extraportion Küchenwissenschaft:
Was isch'n eischendlisch Appledschäck (hick!)?

Im 18. Jahrhundert verfielen Kolonisten in Neuengland auf ein schlaues Verfahren, mit dem der Alkoholgehalt von Apfelwein ohne die komplizierten Einrichtungen eines Destilliergeräts gesteigert werden konnte. Im ortsüblich kalten Winter ließen sie einfach Fässer mit dem Wein draußen stehen, wo sie bald einfroren. Da Wasser bei 0 °C gefriert, Äthylalkohol dagegen erst bei –117 °C, wurde vorwiegend das Wasser zu Eis, welches oben schwamm. Die raffinierten Neuengländer schöpften das Eis ab und warfen es weg, worauf sie in der im Fass zurückgebliebenen Flüssigkeit sowohl mehr Alkohol als auch mehr Apfelaroma vorfanden. Das Ergebnis nannten sie *Applejack.*

Wenn die unermüdlichen und durstigen Siedler Glück hatten und eine Periode von Tagen mit unter –29 °C erwischten, erreichte der Applejack einen Alkoholgehalt von bis zu 27 Prozent. Damit wurde es ihnen bis zum Frühjahr dann so richtig warm ums Herz …

Cidre-Sauce

Diese Sauce passt sowohl zum Geschmack eines gebratenen Schweinesteaks wie zu warmem Ingwerkuchen. Sie lässt sich mit Apfelwein oder Apfelsaft zubereiten. Wer die »harte«, alkoholhaltige Variante wählt, sollte wissen, dass ein Teil des Alkohols in der Sauce seiner »harrt«.

0,25 Liter Apfelwein oder Apfelsaft
80 Gramm kompakter brauner Zucker
15 Gramm Butter (ungesalzen)
20 Milliliter frisch gepresster Zitronensaft
1 Prise frisch gemahlene Nelken
10 Gramm Maisstärke (kann auch andere Speisestärke sein)
20 Milliliter Wasser

1. In einem kleinen Kochtopf Apfelwein (bzw. den Saft), braunen Zucker, Butter, Zitronensaft und Nelken vermengen. Bei mittlerer Hitze unter gelegentlichem Umrühren aufkochen und etwa 3 Minuten kochen lassen, damit die Mischung ein wenig reduziert wird.
2. Maisstärke und Wasser in einer kleinen Schüssel mischen, anschließend in die heiße Apfelweinmischung einrühren. Unter ständigem Rühren 1–2 Minuten lang weiterkochen, bis die Sauce angedickt ist. Warm servieren.

Ergibt einen guten Viertelliter.

Cashew: Wohl bekomm's!

Ich kaufe im Bioladen gern rohe Cashewnüsse. Manchmal mahle ich sie zu Pulver und mache eine wohlschmeckende Milch daraus. Kürzlich kam jedoch meine Tochter von der Schule nach Hause und erklärte mir, die Cashewnüsse würden eine höchst aggressive toxische Substanz enthalten und sollten niemals roh verzehrt werden. Biologische, gesunde Nahrung giftig?

Die oft auch als Cashew-Äpfel bezeichneten fleischigen »Früchte« des tropischen Cashewbaums *Anacardium occidentale* sind etwa birnengroß und auch so geformt. Sie sind nicht bloß essbar, sondern ganz köstlich. Da sie sehr schnell verderben, findet man sie nie sehr weit vom Baum entfernt. Als ich in Venezuela lebte, wo man sie anbaut und *Merey* nennt, hatte ich das Glück, sie oft zu essen.

Die an dem »Apfel« hängende nierenförmige Nuss (botanisch die eigentliche Frucht) ist von einer doppelten Schale umhüllt. Zwischen den Schalen befindet sich ein klebriges Phenolharz, das neben anderen die aggressiven und giftigen chemischen Verbindungen Anacardinsäure und Cardol enthält. Verzehrt man das Harz, bilden sich Bläschen im Mund.

Um die Nüsse gefahrlos essen zu können, muss man selbstverständlich die Giftstoffe entfernen. Dazu röstet man die ungeschälten Nüsse in heißem Öl, was zwei Dinge bewirkt: Die Giftstoffe werden ausgetrieben, und die Schale wird so brüchig, dass sie mit Hilfe eines Holzhammers mit der Hand zu öffnen ist – dieses Verfahren lebt auch noch im 21. Jahrhundert weiter. Schalen wie aggressive chemische Stoffe sind längst verschwunden, ehe Sie die Nüsse im Laden entdecken.

Die in diesem Zustand ohne Bedenken essbaren Nüsse

werden als »rohe Cashewnüsse« verkauft, obwohl man sie bereits bei etwa 163 °C in Öl geröstet hat. Die für den Handel abgepackten Nüsse werden gewöhnlich ein zweites Mal geröstet, weil sie dadurch weicher und geschmacklich wie farblich verbessert werden. Wenn die Nüsse kein zweites Mal geröstet worden sind, bietet man sie in Bioläden oft als »rohe« Ware an.

Reine Rohkostrestaurants und andere Anhänger der Rohkost, die darauf bestehen, dass Nahrungsmittel nie über 48 °C erhitzt werden dürfen, verwenden in ihren kulinarischen Kreationen oft »rohe« Cashewkerne und »rohe« Cashewbutter. Entweder veräppeln die sich selbst, oder sie haben keine Ahnung, dass ihre Nüsse bei sehr viel höherer Temperatur geröstet worden sind, ehe sie sie überhaupt zu Gesicht bekommen.

5. KAPITEL

Golden wogendes Korn

Es mag seltsam erscheinen, dass ich mich nach zwei Kapiteln über landwirtschaftlich erzeugtes Gemüse und Obst für unsere Ernährung jetzt dem Anbau von Gras zuwende. Damit meine ich nicht das, was mancher Leser jetzt vielleicht denkt. Ebensowenig geht es um die grünen Teppiche, von denen wir rund um unsere Eigenheime Hunderte von Quadratkilometern ansäen, düngen, besprengen, maniküren und trimmen, nur um ab und zu die obersten zwei Zentimeter zu »ernten« und dann wegzuwerfen (Sisyphus, dein Name ist Rasen). Von der Vergeudung auf Golfplätzen, vor allem in den nach Wasser dürstenden Trockengebieten mancher Länder, möchte ich gar nicht erst anfangen.

Nein, mit Gras meine ich die Getreidegräser, jene Pflanzenfamilie, die mehr als jede andere uns alle ernährt. Die ganz allgemein auch als Korn bezeichneten Getreidegräser liefern uns die stärkehaltigen, essbaren Samen, die wir schätzen: Weizen, Reis, Roggen, Hafer, Gerste und Mais. Diese sechs Pflanzenarten sind nicht nur die Lebensgrundlage für einen großen Teil der Menschheit, sondern sie ernähren auch die Rinder und das Geflügel, von denen sie in Fleisch umgesetzt werden. Die Getreidearten sind die ältesten und immer noch bedeutendsten Nahrungspflanzen.

Am ältesten ist wahrscheinlich der Weizen, mit einer weltweiten Jahresproduktion von mehr als 556 Millionen

Tonnen (für 2003) immer noch ein verbreitet kultiviertes Getreide. Überflügelt wird er vom Reis mit 589 Millionen Tonnen, von denen 90 Prozent in Asien geerntet werden. Weltweit an der Spitze liegt mit 638 Millionen Tonnen jedoch der Mais. Alle anderen Getreidearten (Gerste, Roggen, Hafer und Hirse), die auch als Grobgetreide bezeichnet werden, bringen es zusammen auf weitere 242 Millionen Tonnen (Quelle: FAOSTAT, United Nations Food and Agriculture Organisation).

Für unsere Ernährung ist der Stärkegehalt das wichtigste Merkmal aller Getreidearten. Wie ihre Bausteine, die Zucker, gehört jede Art Stärke selbstverständlich zu den Kohlenhydraten. Dieses Kapitel könnte also, wenn man es eher chemisch als landwirtschaftlich sieht, ebensogut mit dem umfassenderen »Kohlenhydrate« überschrieben werden – ob diese nun aus Getreide, Hülsenfrüchten oder (beim Honig) von Insekten stammen.

In diesem Sinne möchte ich dem Kapitel einen Kasten mit einem Schnellkurs zum Thema Kohlenhydrate voranstellen. Wie alle Ergänzungen dieser Art kann auch diese sorgfältig gelesen, bloß überflogen oder einfach übersprungen werden.

Die Extraportion Küchenwissenschaft

Die Moleküle aller Kohlenhydrate (Zucker und Stärke) setzen sich aus zwei bis vielen hundert oder sogar vielen tausend Glukosemolekülen zusammen. Steigt die Zahl der Glukoseeinheiten pro Molekül von einer Handvoll auf einige Dutzend oder Hunderte, wird der ziemlich unscharfe Übergangsbereich zwischen Zuckern und Stärken durchquert.

– *Monosaccharide:* Der aus dem Griechischen abgeleitete Name steht für eine grundlegende »Zuckereinheit«, deren Molekül nicht mehr (durch Hydrolyse) in einen noch einfacheren Zucker zerlegt werden kann. Monosaccharide – am häufigsten Glukose (Blutzucker), Fruktose (Fruchtzucker) und Galaktose (Milchzucker) – sind die kleinsten Kohlenhydratmoleküle. Alle Kohlenhydrate, die wir verzehren, werden letztlich zu Glukose (die vom Blutkreislauf direkt aufgenommen werden kann) abgebaut, ehe sie uns als Energiespender dienen können.

- *Disaccharide:* Der in der Küche verwendete Zucker (die Saccharose) ist ein Disaccharid; seine Moleküle setzen sich aus je einem Molekül Glukose und Fruktose zusammen. Behandelt man Zucker mit Säure oder mit dem Enzym *Invertase*, zerfällt die Saccharose in eine Mischung der beiden Bestandteile. Diese *Invertzucker* genannte Mischung ist erstaunlicherweise süßer als die Saccharose selbst, weil die Fruktose süßer ist als die Saccharose. Hier zeigt sich ein Grundprinzip der Chemie: Eine chemische Verbindung (etwa die Saccharose) kann ganz andere Eigenschaften aufweisen als eine einfache Mischung ihrer Bestandteile. Lehrbücher demonstrieren dies mit dem obligatorischen Natriumchlorid (Kochsalz), das wir gefahrlos zu uns nehmen können, obwohl es sich aus einem in Wasser explodierenden Metall (Natrium) und einem giftigen Gas (Chlor) zusammensetzt. Weitere Disaccharide sind die nur in der Milch der Säugetiere vorkommende Laktose und die Maltose. Diese bildet sich, wenn man Getreide mälzt – so wird bei der Herstellung von Bier oder schottischem Whisky Gerste in Wasser eingeweicht, bis sie zu keimen beginnt.
- *Oligosaccharide:* Diese Kohlenhydratmoleküle aus weniger als zehn Monosacchariden (von griechisch *oligos*, wenig) zählen allgemein eher zu den Zuckern als zu

den Stärken. Die Oligosaccharide Raffinose und Stachyose (übrigens enden alle Zuckernamen auf *-ose*) mit drei bzw. vier Monosacchariden finden sich in Bohnen, sind für Menschen aber nicht verdaulich. Von ihnen ernähren sich aber Bakterien in unserem Darm, und die zeigen ihre Undankbarkeit, indem sie die gasförmigen Folgen erzeugen, die wir mit Bohnen in Verbindung bringen.

– *Polysaccharide:* Diese auch als komplexe Kohlenhydrate oder Stärken bezeichneten Mehrfachzucker bestehen aus sehr vielen (zwischen etwa 40 bis hin zu vielen tausend) Glukoseeinheiten. Wenn diese Einheiten in langen, ziemlich geraden Ketten angeordnet sind, dann sprechen wir von Amylosestärken; liegen sie in einer verzweigten, buschigen Konfiguration vor, dann werden sie Amylopektinstärken genannt. Der unterschiedliche Aufbau der Moleküle verleiht unseren stärkehaltigen Nahrungsmitteln jeweils verschiedene Eigenschaften. Die meisten pflanzlichen Stärkeverbindungen bestehen aus einem Gemisch beider Stärkearten. Als weitere Polysaccharide kennen wir die Dextrine, ziemlich lange molekulare Bruchstücke, die von größeren Polysacchariden abbrechen wie tote Äste von einem Baum, wenn die Polysaccharide sich in Wasser abbauen.

M*A*S*H = Matschkartoffeln?

Jedesmal wenn ich Kartoffelbrei zubereite, erhalte ich unterschiedliche Ergebnisse. Am schlimmsten ist es, wenn am Ende eine klebrige Pampe herauskommt. Was mache ich falsch?

Eigentlich sollte Kartoffelbrei ja kinderleicht zuzubereiten sein: Einfach kochen und stampfen, oder? Doch Kartoffeln bestehen vorwiegend aus Stärke, und viel hängt davon ab, wie die Stärke sich verhält.

Die Kartoffelknolle ist aus Pflanzenzellen aufgebaut. Innerhalb der Zellen befinden sich Tausende Stärkekörnchen, kleine runde Päckchen, in denen die Pflanze ihre mittels Photosynthese hergestellten Stärkemoleküle speichert. Diese Stärke besitzt eine gallertige Konsistenz, weshalb man sich diese Körnchen als kleine Säckchen voller Leim vorstellen kann.

Werden die Körnchen in feuchter Umgebung erhitzt, so nehmen sie Wasser auf und schwellen an, bis die Säckchen platzen und ihren klebrigen Inhalt freigeben. Die körnige Struktur geht in einen gallertigen Zustand über (siehe nachfolgendes »Nichts ist klar bei Erbsensuppe«).

Das Spiel ist jedoch noch nicht verloren. Solange die ausgeflossene gelartige Stärke innerhalb der Kartoffelzellen eingeschlossen bleibt, sind Ihre Erdäpfel noch in Ordnung, weil sie wegen ihrer Zellstruktur fest bleiben. Wenn Sie beim Stampfen jedoch die Zellen der Kartoffel öffnen, dann tritt die pappige Stärke aus und macht die ganze Chose klebrig. Es empfiehlt sich, eine klassische Kartoffelpresse oder einen Kartoffelstampfer zu verwenden, da diese Technik die wenigsten Zellen beschädigt. Küchenmaschinen sind dagegen berüchtigt für ihre pappigen Ergebnisse.

Dazu kommt noch, dass manche Kartoffelsorten sich besser für Kartoffelbrei eignen als andere. Sogenannte Salatware mit ihrer »wachsigen« Konsistenz ist hier weniger geeignet; am besten sind die mehligen oder mehlig-festkochenden Sorten.

Nichts ist klar bei Erbsensuppe

Reste meiner Erbsensuppe aus trockenen, gespaltenen Erbsen werden im Kühlschrank immer hart wie Zement. Wenn ich sie aufwärmen will, muss ich viel Wasser zugeben und sie durch kräftiges Schlagen gefügig machen, damit sie wieder mit dem Löffel gegessen werden kann. Woran kann das liegen?

Ehe ich Ihre Frage beantworte: Haben Sie sich je gefragt, warum diese Erbsensuppe aus gespaltenen und nicht aus ganzen Erbsen zubereitet wird? Ich habe das getan. Denn schließlich kommt immer eine sämige Suppe heraus – wen interessiert es also, ob anfangs intakte Kugeln vorlagen oder ob sie, wie man annehmen muss, in der Fabrik von einem Stamm machetenschwingender winziger Elfen sorgfältig in zwei Hälften zerhackt worden sind?

In Wahrheit ist die gespaltene Erbse eine spezielle Erbsensorte namens Felderbse. Sie stammt ursprünglich aus dem Südwesten Asiens und gehört zu den ältesten von Menschen kultivierten Feldfrüchten. Eigentümlich ist die schwache mittlere Schicht, die sich aufspaltet, wenn man die Erbsen trocknet.

Alle Erbsen gehören zur Gattung *Pisum sativum*. Dabei ist die Felderbse von der gewöhnlichen Saaterbse zu unterscheiden, die auch als grüne oder englische Erbse bekannt ist und gewöhnlich frisch und in der Schote auf den Markt kommt. Ausgepult werden diese Erbsen von Hand, oder sie werden, falls sie jung und frisch sind, im Ganzen mit Schote und allem verzehrt. In Frankreich mögen sie besonders die winzigen jungen Erbsen, die sie phantasievoll *petits pois* nennen – »kleine Erbsen«.

Ihr Phänomen einer ausgehärteten Suppe ist nicht allein auf Erbsen beschränkt: Der hohe Stärkegehalt der Erbsen ist daran schuld, und deshalb passiert genau das auch mit jeder anderen stärkehaltigen Suppe oder Sauce, beispielsweise bei einer mit Maisstärke oder Mehl angedickten Bratensauce, die später im Kühlschrank aufbewahrt wurde. Auch diese Speisen werden, nachdem man sie gekühlt hat, unnachgiebig fest und geleeartig. Das geht so:

Unter einem schwachen Mikroskop sieht Stärke aus wie eine Sammlung durchsichtiger runder oder eiförmiger Kapseln unterschiedlicher Größe (der sogenannten Körnchen). Jedes Stärkekörnchen enthält Millionen unsichtbar winziger Stärkemoleküle, die in einem relativ strukturierten Muster angeordnet sind.

Wenn wir ein stärkehaltiges Nahrungsmittel in Wasser erwärmen, verteilen die Stärkekörnchen sich in der Flüssigkeit, wo sie allmählich Wasser aufnehmen und anschwellen. Die aufgeblähten Körnchen reiben sich dann aneinander wie zu viele überfütterte Fische in einem zu kleinen Teich, und die ganze Mischung wird viskoser (dickflüssiger). Einige der Körnchen platzen vielleicht sogar auf und entladen ihren Inhalt, was die Suppe oder Sauce noch dicker und zu einer Art Paste werden lässt. Den ganzen Vorgang bezeichnet man gewöhnlich als Gelatinisierung.

Ein Gericht, das gelatinisierte Stärke enthält, ist ganz in Ordnung, sofern man es heiß verzehrt. Die glatte, geschmeidige Konsistenz einer richtig zubereiteten weißen, mit Mehl oder Stärke angedickten Sauce gehört beispielsweise zu den großen gastronomischen Freuden.

Werden die stärkehaltigen Reste dagegen im Kühlschrank abgekühlt, so laufen nacheinander zwei Vorgänge ab: zunächst das *Gelieren* (nicht Gelatinisieren) und dann die *Rückbildung*. (Hier ist zu beachten, dass die Gelatinisierung – die Mischung wird wie Gelatine – nach dem Erwärmen stattfand, während das Gelieren – es bildet sich ein Gel – eine Folge des Abkühlens ist.)

Bei dem im ersten Stadium der Abkühlung stattfindenden Gelieren werden die Stärkemoleküle innerhalb der Körnchen wegen der abnehmenden Temperatur langsamer (alle molekularen Bewegungen verlangsamen sich bei niedrigerer Temperatur). Nun können die Stärkemoleküle anfangen, sich ineinander zu verhaken und aneinander zu binden. So entsteht eine netzähnliche Struktur, die viel Wasser bindet. Diese Art von Struktur, eine halbfeste Masse mit einer großen Menge eingeschlossener Flüssigkeit, nennt man ein *Gel*. Wenn dieses Gel sich noch mehr abkühlt und weitere, das Netz verstärkende Bindungen zwischen Stärkemolekülen entstehen, kann sogar einiges von dem zuvor eingefangenen Wasser herausgepresst werden (dieser Vorgang heißt *Synerese*). Die Suppe oder Sauce »weint«, und auf der Oberfläche lassen sich kleine Wasseransammlungen erkennen.

Nachdem alles mehrere Stunden abgekühlt wurde und gealtert ist, sind die Stärkemoleküle so fest aneinander gebunden, dass sie sich in Wasser nicht mehr auflösen lassen. Gibt man Wasser hinzu, um alles ein wenig zu verdünnen, so dringt es nicht mehr in die feste, gummiartige Masse ein. Diese kehrt nicht mehr zu ihrer früheren Konsistenz zurück, weil die Stärkemoleküle in ihrer verknoteten Gelform nicht voneinander zu trennen sind. So ist zwischen ihnen kein Platz für das Wasser, und sie können auch nicht frei ins Wasser hineinschwimmen. Kurz, die Stärke hat sich *zurückgebildet* – sie ist wieder zu einer unlöslichen Form geworden. Man kann dann zwar versuchen, sie wieder gefügig zu machen, indem man Wasser dazugibt und beim Erwärmen alles kräftig durchrührt, aber sie wird möglicherweise nie wieder so glatt wie unmittelbar nach dem Kochen.

Mikado oder was?

Ich weiß, chinesischer Reis ist nicht so körnig locker, wie wir das mögen, sondern eher klebrig, damit er mit Essstäbchen zum Mund geführt werden kann (was mir allerdings nicht gelingt). Handelt es sich um eine spezielle Reissorte, oder muss man ihn auf eine besondere Art kochen?

Es liegt am Reis. Heute kennen wir Zehntausende von Reissorten, aber wir wollen uns hier nicht verrückt machen, weshalb wir sie in drei Kategorien unterteilen: Kurzkorn (weniger als 5 Millimeter lang), Mittelkorn (5–6 Millimeter) und Langkorn (6–7 Millimeter).

In den letzten Jahren sind in den USA einige spezielle Reissorten in Mode gekommen. Eine davon ist der traditionelle italienische Arborio-Reis (auch Avorio genannt) mittlerer Korngröße, der besonders absorptionsfähig ist. Er enthält viel Amylopektin, eine Stärkeart (siehe S. 187), deren verzweigte Moleküle Wasser ziemlich gut aufnehmen und binden können. Der Arborio absorbiert leicht das Dreifache seines eigenen Volumens an Brühe oder Sud und eignet sich deshalb perfekt für Risotto. Für Paella muss der Reis nicht so klebrig sein, und so verwendet man hier vorzugsweise die mittelkurzen, weniger Amylopektin enthaltenden Sorten namens Valencia oder Bomba.

Andere exotische Reissorten, welche die Phantasie der Amerikaner angeregt haben, sind Jasmin- und Basmatireis aus Thailand bzw. Indien. Jasminreis ist eine langkörnige weiße Sorte mit köstlichem Duft. Auch die Sorte Basmati mit ihrem nussigen Geschmack ist sehr aromatisch (das Hindi-Wort *basmati* bedeutet wohlriechend). Nachdem Reisproduzenten in den USA nah verwandte Sorten kultivieren, ist die Bezeichnung *Jasmin* oder *Bas-*

mati kein verlässlicher Hinweis mehr, dass die Ware aus den ursprünglichen Herkunftsländern stammt. (Eine texanische Firma namens Rice Tec wollte sich 1997 sogar den Namen Basmati schützen lassen, doch die meisten ihrer Ansprüche wurden zurückgewiesen, nachdem die indische Regierung dagegen protestiert hatte.)

Der aus China und Japan stammende Reis zeichnet sich durch kurzes Korn und einen hohen Anteil der verzweigten Amylopektin-Stärke aus, die ihn beim Kochen klebrig werden lässt. Dagegen enthält der amerikanische Langkornreis mehr von den unverzweigten Kettenmolekülen der Amylosestärken, die weniger Wasser aufnehmen. In gekochtem Zustand besteht er aus lockeren, separaten Körnchen.

Nun zu Ihrer unzureichenden (das dürfen Sie auch ganz wörtlich verstehen) Fingerfertigkeit: Während die Menschen in Ostasien ihren klebrigen Reis geradezu unfassbar geschickt mit den Stäbchen zum Mund führen, sind wir aus dem Westen oft völlig perplex, wenn wir uns der Gabel beraubt sehen. Für die meisten von uns sind Essstäbchen die *eigentliche* chinesische Folter.

Ich persönlich bin einer von jenen unausstehlichen westlichen Snobs, die beim Chinesen oder Japaner immer Essstäbchen verwenden und behaupten, damit schmecke das Essen besser. Noch unausstehlicher – ich bringe meine eigenen Stäbchen aus Elfenbein mit. Dabei liegt das ganz einfach daran, dass ich zufällig manuell so geschickt bin: Ich kann mit Essstäbchen umgehen und will das auch zeigen.

Für alle anderen ist nun Hilfe zur Hand (wo denn sonst?). Vergessen Sie die auf die Tischsets gedruckten Anleitungen zum Thema, wie Sie die Essstäbchen halten müssen. Sie sind so hilfreich, dass sie genausogut in chinesischer Schrift dastehen könnten. Es gibt nämlich eine wahrhaft simple Methode, chinesische und japanische Gerichte ganz gelassen zu sich zu nehmen.

Das Geheimnis hinter dem gepflegten *savoir faire* (»gewusst wie«) bei Essstäbchen liegt in einem einfachen Gummiring. Mit diesem lassen sich diese teuflischen Hölzchen in ein Werkzeug verwandeln, das sogar von Leuten mit zehn linken Daumen effektvoll benutzt werden kann.

Liebend gern würde ich behaupten, *ich* hätte dieses Geheimnis entdeckt, als ich vor einigen Jahren im Fernen Osten unterwegs war, doch das war nicht der Fall. Auf jener Reise konnte ich amüsiert zusehen, wie meine amerikanischen Landsleute in dem Bemühen, ungefähr jedes fünfte Krümelchen der Speisen halbwegs in die Nähe ihrer Mundöffnung zu bugsieren, mehr Manöver ausprobierten, als Sun Tzu in seinem Klassiker »Die Kunst des Krieges« schildert. Vielmehr musste ich warten, bis mir von einem Kellner in einem japanischen Steakhaus hier in den USA gezeigt wurde, wie das mit den Essstäbchen geht. (Siehe dazu den folgenden Text.)

☞ *Wie man Essstäbchen verwendet, auch wenn man kein Asiate ist*

Die Hülle der Stäbchen am einen Ende öffnen und das Essgerät entnehmen. Die Verpackung glatt streichen und zu einer kleinen Rolle aufwickeln. Die Stäbchen parallel zueinander in der Hand halten und die Rolle etwa 3 Zentimeter vom oberen Ende über Kreuz zwischen ihnen einklemmen. Die Konstruktion weiter in dieser Stellung festhalten und einen Gummiring um die oberen Enden und die Rolle schlingen. Den letzten freien Abschnitt des Gummis ein- oder zweimal um die Papierrolle schlingen, damit diese nicht abrutschen kann. Jetzt loslassen. Ein Wunder: Schon haben Sie eine federbestückte Pinzette, die Sie praktisch wie einen Bleistift halten können. Wollen Sie sich eines der begehrten Bröckchen schnappen, drücken Sie die Stäbchen einfach mit Daumen und Zeigefinger zusammen. Sobald das Futter in Reichweite des Mundes gelangt, lösen Sie den Druck ein wenig, worauf die Stäbchen auseinandergehen und bereit sind für die nächste Tour zum Teller.

Nehmen Sie doch einen Gummiring mit, wenn Sie das nächste Mal zum Chinesen oder Japaner gehen. Diesen Snob (mich?) am Nachbartisch werden Sie damit gehörig beeindrucken.

Kennt Uncle Ben sich bei Reis aus?

In einem Rezept steht, ich soll sogenannten Parboiled-Reis in die Kasserolle geben. Wie macht man diese Art Reis?

Parboilen Sie ihn.

Falls Sie das halbgar finden, hier eine seriösere Definition: Bei diesem Verfahren (das mit dem deutschen Wort vorkochen nicht ganz zutreffend wiedergegeben ist) wird ein Nahrungsmittel nur teilweise und nicht vollständig gegart. Das englische Wort ist seltsamerweise vom lateinischen *perbullire* abgeleitet, was gründlich kochen bedeutet. Im Englischen wurde das *per* zu *par* und deshalb mit *part* oder *partial* (= teilweise) durcheinandergebracht. So hat sich »gründlich kochen« ins Gegenteil verwandelt, nämlich in »teilweise kochen«.

Wenn Sie in einer Kasserolle zusammen mit dem Reis auch schneller garende Zutaten kochen, schreibt ein Rezept vielleicht vor, den Reis zuerst halb zu garen, damit alle Bestandteile gleichzeitig fertig werden. Hierzu nun etwas Detailwissen:

Jedes Reiskorn ist zunächst von einer nicht essbaren schützenden Hülle oder Spelze umgeben, die in der Mühle entfernt wird. Unter der Spelze liegt noch eine dünne Kleieschicht, die man für braunen Reis dort belässt oder für weißen Reis durch das »Polieren« entfernt. Die Kleie gibt dem braunen Reis die spezifisch dunkle Farbe und den nussigen Geschmack. Brauner Reis ist bissfester und muss länger kochen.

Ehe man die Spelzen entfernt, behandelt man den Reis oft mit Hochdruckdampf – dieses Verfahren bezeichnen die Reismüller als »parboiling«. Der Dampf weicht die Spelzen auf, und außerdem treibt er auch Nährstoffe aus der Kleie in die stärkehaltigen weißen Körner (das Endosperm). Damit ist der Reis jedoch nicht vorgegart im küchentechnischen Sinn, sondern immer noch »roh«; er kann vielleicht sogar eine längere Kochzeit benötigen als Reis, der nicht so behandelt worden ist.

Bei sogenanntem *Sofortreis* handelt es sich übrigens um vollständig gar gekochten und anschließend getrockneten Reis – für Leute, die es *wirklich* eilig haben.

Wer weiß, wer Weißmehl will?

Was ist der Unterschied zwischen gebleichtem und ungebleichtem Mehl? Und warum ist ungebleichtes Mehl teurer als gebleichtes? Die knöpfen mir extra Geld ab, weil sie sich das Bleichen sparen?

Von Natur aus ist Weizenmehl leicht gelblich, weil es die als Karotinoide bekannten Pigmente enthält. Diese natürlichen gelben und orangefarbenen Verbindungen (das für das berühmte Gelborange der Karotten verantwortliche Karotin ist die Mutter von allen) finden sich in vielen Früchten, Gemüsesorten und Körnern. Die meisten Menschen tolerieren Verfärbungen jedoch nicht so leicht wie Sie und mögen kein gelbes Mehl. Als wichtigste Ausnahme kann das zur Nudelherstellung verwendete Hartweizenmehl der Sorte Semolina gelten. Obwohl es sogar noch mehr Karotinoide enthält als andere Weizenmehle, wird es gewöhnlich nicht gebleicht. Die leicht gelblichen Nudeln mit ihrer Andeutung eines hohen Eianteils wirken vermutlich appetitlicher als totenblasse Ware.

Allerdings bleicht Mehl ganz von selbst, wenn man ihm eine Chance dafür bietet. Denn sobald es mit Luft in Kontakt kommt, werden die Pigmente oxidiert und in farblose Verbindungen umgewandelt. Dieser Alterungsprozess erfordert jedoch Lagerzeit, und Zeit ist Geld. Deshalb ist »ungebleichtes« – also nicht auf natürliche Weise bei der Lagerung gebleichtes Mehl – teurer.

Der Müller kann das Altern simulieren, indem er Oxidationsmittel wie zum Beispiel Kaliumbromat (das Mehl wird dann als *bromiert* bezeichnet), Chlordioxid oder Benzoylperoxid hinzufügt. Mehl zu bleichen ist nicht bloße Kosmetik. Das durch natürliche Alterung oder mit Hilfe von Oxidationsmitteln *gereifte* Mehl ergibt einen Teig, aus dem feinkörnigeres und lockereres Brot wird und der nach Angaben von Bäckern beim Kneten elastischer reagiert. Der Grund: Oxidation entfernt nicht nur die gelbe Farbe aus dem Mehl, sondern auch bestimmte schwefelhaltige Verbindungen (*Thiole*), welche die Bildung von Gluten beeinflussen. Im Teig fängt dieses klebrige, elastische Protein Gasbläschen auf und vermittelt dem Brot seine lockere Konsistenz.

Das in einer Konzentration von 50–75 ppm (*parts per million* = Teile pro Million) zugefügte Kaliumbromat wandelt sich bei der Reaktion mit den Karotinoiden und Thiolen im Mehl in das völlig harmlose Salz Kaliumbromid um. In den mehr als 80 Jahren, in denen die Bäcker bisher Kaliumbromat eingesetzt haben, konnte bis in jüngste Zeit nie jemand Reste von Kaliumbromat in Backwaren nachweisen. Heute verfügen die Chemiker hingegen über so empfindliche Analysemethoden – das geht in manchen Fällen hinunter bis auf Milliardstel eines Gramms –, dass in dem mit Kaliumbromat hergestellten Gebäck noch extrem niedrige Restmengen des Bromats nachzuweisen sind. (Die empfindlichen Analysegeräte von heute können fast jede chemische Verbindung in fast allem aufspüren, was die Öffentlichkeit oft nicht angemessen versteht. Heißt es, ein bestimmtes Nahrungsmittel »enthält das giftige XYZ«, so erzeugt das häufig Angst. In ausreichend großer Menge ist jedoch *alles* giftig, und wenn die Menge hinreichend klein wird, ist alles harmlos.)

Weil *hohe* Bromatanteile bei Ratten nachweislich Krebs hervorrufen, sind viele Verbraucher besorgt, und die amerikanische Backwarenindustrie hat in Abstimmung mit der FDA freiwillig darauf verzichtet, es weiter zu verwenden. In Kanada, England und der übrigen EU ist der Einsatz der Chemikalie völlig verboten.

Vermischt euch und gehet auf!

In einem Rezept wird selbst aufgehendes Mehl verlangt, aber in meiner Gegend ist das einfach nicht aufzutreiben. Kann ich das auch selbst herstellen?

Na klar. Dem sogenannten selbst aufgehenden Mehl ist bereits Backpulver und Salz beigemischt. Die meisten Supermärkte führen so etwas als fertige Backmischungen. Wer es selbst zubereiten will, gibt ungefähr 7,5 Gramm (½ Packung) Backpulver und ½ Teelöffel Salz auf 250 Gramm Mehl und vermengt alles gründlich mit einem Schneebesen.

Buche, Buchstabe, Buchweizen?

Was ist Buchweizen für eine Weizensorte? Könnte ich mit Buchweizenmehl Brot backen?

Nein, und das aus zwei Gründen: Buchweizen ist gar kein Weizen, und selbst wenn er es wäre, ließe sich aus dem Mehl kein Brot herstellen.

Bei Buchweizenschrot handelt es sich um die Samen einer Pflanze namens Schwarzes Welschkorn (*Fagopyrum esculentum*), die weder mit Weizen noch mit einer anderen Pflanze der Getreidegräser verwandt ist.

Der aus dem Deutschen und Holländischen stammende Name Buchweizen bezieht sich auf die essbaren Samen der Pflanze, die den Samen der Buche (den Bucheckern) ähneln. Diese Samen lassen sich schroten oder zu Mehl vermahlen, das man zur Herstellung von Buchweizenpfannkuchen unter das Weizenmehl mischt. Weil Buchweizenmehl aber in Verbindung mit Wasser kaum Gluten bildet (jenes elastische Protein, das Gasblasen bindet und das Brot damit locker und weich macht), ist es als Grundlage für Brot ungeeignet. Das mit Wasser angerührte Buchweizenmehl ist gerade noch klebrig genug, dass die Japaner es zu Soba-Nudeln verarbeiten können.

Nicht in die Matratze beißen!

Verschwinden die positiven Wirkungen der Ballaststoffe und Fasern der Früchte, wenn ich Obst mit Milch, Joghurt oder womit auch immer im Mixer zu einer glatten Creme verarbeite?

Nein. Die Faserstoffe bleiben wirksam, egal, wie gründlich man sie auch püriert.

Im Zusammenhang mit unserer Ernährung ist der Ausdruck »Faser« irreführend, weil er Bilder heraufbeschwört, wie jemand die Hülle einer Kokosnuss oder die Füllung einer Matratze verspeist. Die *Faserstoffe der Nahrung* haben jedoch nichts mit einer physikalischen Textur zu tun. Es ist ein Sammelbegriff für alle Bestandteile pflanzlicher Nahrung, die der Mensch nicht verdauen kann, weil ihm die entsprechenden Enzyme fehlen. Diese Stoffe liefern uns keine Energie und passieren unseren Darmtrakt unverändert (das ist auch ihre wichtigste Eigenschaft). Deshalb bezeichnen wir sie auch als Ballaststoffe. Obwohl sie keinen Nährwert besitzen und chemisch keine Rolle spielen, sind sie unersetzlich, weil sie alles, was wir essen, durch jene Verarbeitungsanlage befördern, die wir Verdauungstrakt nennen.

Die in Obst, Gemüse und Getreide, nicht aber in tierischen Produkten vorkommenden Faserstoffe vermindern, wie man herausgefunden hat, das Risiko für bestimmte Erkrankungen wie Darmkrebs, auch wenn dieser Befund in Frage gestellt worden ist. Dessenungeachtet sind Fasern einer der Hauptgründe, weshalb es für unsere Gesundheit so wichtig ist, Obst und Gemüse zu verzehren.

Es gibt wasserlösliche und wasserunlösliche Faserstoffe, und Ernährungswissenschaftler empfehlen, von beiden große Mengen zu essen. Löslich sind vor allem Pektine und Harze in Früchten – sie lassen Gelee gelieren. Kochapfel, Holzapfel, saure Zwetschge, Concordtraube, Quitte, Stachelbeere, Rote Johannisbeere und Preiselbeere enthalten besonders viel Pektin. Die häufigsten unlöslichen Faserstoffe sind Zellulose und Lignin. Diese Substanz hält die Zellulosefasern zusammen, aus denen das Gerüst der Zellwände von Pflanzen aufgebaut ist. Es gibt Termiten, die – anders als der Mensch – Zellulose und Lignin verdauen und die gespeicherte Energie verwerten können. Dafür spielen Termiten aber erbärmlich schlecht Scrabble.

Stärke in den Knochen oder Grütze im Kopf?

Könnten Sie mir mal all die Maisprodukte unserer Supermärkte erläutern? Da wird Maismehl als gelb oder weiß gekennzeichnet, als grob oder fein, als steingemahlen oder stahlgeschrotet, ganz zu schweigen von Maisstärke oder Maisgrütze. Was soll ich denn nun für Maisbrot, Muffins und Polenta verwenden – oder spielt das keine Rolle?

Doch, das spielt eine Rolle, aber dabei geht es vor allem um die Konsistenz, nicht um die Substanz selbst.

All diese Produkte werden aus jenem unglaublich vielseitigen und international geschätzten Getreide aus der Neuen Welt hergestellt, das man in den USA als *Corn* und fast überall sonst als Mais (abgeleitet von dem Wort *mahiz* der karibischen Taíno-Indianer) kennt.

Das Samenkorn der Maispflanze setzt sich im wesentlichen aus drei Teilen zusammen. Die harte äußere Hülle (das *Perikarp*) besteht vorwiegend aus unverdaulicher Zellulose. Ein Stärkevorrat (das *Endosperm*) ernährt den

Samen, wenn er keimt. Der Embryo (der *Keim*), der das Leben fortführt, befindet sich in der Mitte des Samenkorns und wird zu einer neuen Pflanze, sobald die Bedingungen für die Keimung günstig sind. In Form von Öl enthält er den hauptsächlichen Energievorrat des Samens.

Maiskörner können mit Dutzenden von Verfahren zu einer erstaunlichen Vielfalt von Produkten verarbeitet werden. Ein wichtiges Unterscheidungsmerkmal beruht darauf, welche Anteile des Korns dabei erhalten bleiben. Das stärkehaltige Endosperm wird immer verwendet, doch die äußere Hülle und / oder der Keim können entfernt oder auch mitverarbeitet werden.

Für das heute hergestellte Maismehl zerquetscht man die getrockneten Maiskörner zunächst zwischen riesigen Stahlwalzen, wobei ein scharfkantigeres Schrot entsteht als bei dem klassischen Verfahren mit Mühlsteinen. Dieses sogenannte stahlgeschrotete Produkt enthält nur das stärkehaltige Endosperm mit sehr geringen Anteilen von Hülle oder Keim. Deshalb ist es sehr lange lagerfähig, wenn es in einem kühlen, luftdicht abgeschlossenen Behälter aufbewahrt wird.

Nachdem Hülle und Keim der Kerne entweder mechanisch oder chemisch mittels Kalkmilch (siehe »Die Extraportion Küchenwissenschaft« auf S. 206) bzw. Lauge abgetrennt sind, kann das Endosperm gewaschen und getrocknet werden. Im nächsten Schritt mahlt oder quetscht man dieses Zwischenprodukt zu jenem Maisgrieß, der auf praktisch jedem Frühstückstisch in den Südstaaten der USA zu finden ist.

Zu Ihrer Frage: Welches Produkt nimmt man für welches Gericht? Im Süden der USA bestehen sie darauf, das traditionelle Maisbrot aus steingemahlenem weißem Maismehl zu backen, welches je nach persönlicher Vorliebe grob oder mittelfein sein sollte. Die Yankees sind nicht so pingelig und gehen sogar so weit, Maismehl mit Weizenmehl und Zucker zu kombinieren, damit das Brot wirklich einem Brot ähnelt – Maismehl enthält nämlich nichts von jenem Gluten, das dem Brot seine elastische Konsistenz gibt. Polenta bereitet man gewöhnlich aus gelbem, grob- oder feingemahlenem Maismehl zu, wcil Maismchl durch Kochen ohnehin zu einer weichen, homogenen Masse wird. Und muss ich wirklich noch darauf hinweisen, dass gelbes Maismehl aus gelben Maiskörnern und weißes aus weißen hergestellt wird –?

Zweimal Polenta

So mancher Hobbykoch lässt sich lieber nicht darauf ein, Polenta zuzubereiten, weil das italienische Verfahren (man gibt Maismehl direkt ins kochende Wasser und rührt es bei niedriger Hitze kontinuierlich ein) dem Koch zu viel Aufmerksamkeit abverlangt. Italienische Großmütter sind vielleicht entsetzt, aber es gibt noch andere Möglichkeiten, Polenta zu kochen, und die sind einfacher für den Koch. Man kann sie im Einsatz eines Dampftopfs oder im Backrohr zubereiten. Die fertige Polenta ist dick, glatt und völlig frei von Grießkörnchen.

Polenta im Einsatz des Dampftopfs
1 Liter Wasser
1 Teelöffel Salz
150 Gramm gelbes Maismehl, grob oder fein
Butter nach Belieben

1. 2/3 des Wassers im oberen Einsatz eines Dampftopfs direkt auf dem Herd zum Kochen bringen. Salz zugeben.
2. Das Maismehl in einer mittelgroßen Schüssel mit dem übrigen Wasser vermengen. Die Mischung in das kochende Wasser gießen und gut einrühren. Flamme auf mittlere Hitze reduzieren und unter ständigem Rühren aufkochen lassen.
3. Die Maismehlmischung über kochendem Wasser im unteren

Teil des Dampftopfs in den Topf einhängen. Zudecken und (ohne Dampfdruck) etwa 45 Minuten garen, dabei gelegentlich umrühren. Die Polenta sollte glatt und dick sein. Nach Geschmack Butter einrühren.

Ergibt 4 Portionen.

Gebackene Polenta
30 Milliliter Olivenöl
300 Gramm gelbes Maismehl
1,5 Liter Wasser
1½ Teelöffel Salz

1. Backrohr auf 200 °C vorheizen. Einen Bräter, etwa 20 × 30 Zentimeter, einfetten.
2. Olivenöl, Maismehl, Wasser und Salz in einer großen Schüssel vermengen.
3. Die Mischung in den Bräter geben und diesen vorsichtig (das schwappt gern über) ins Bratrohr schieben.
4. Unbedeckt 45 Minuten garen. Dann die Polenta mit einer Gabel oder einem Kochlöffel umrühren, bis sie glatt und homogen ist. Noch einmal 5 Minuten weitergaren, bis sie leicht aufgegangen ist.

Ergibt 8 Portionen.

Variationen zum Thema

Polenta mit Gorgonzola: Weiche, frisch gekochte Polenta in eine vorgewärmte Servierschüssel füllen und in der Mitte eine Vertiefung bilden. In diese ungefähr 50 Gramm ungesalzene Butter und 100 Gramm zerkrümelten Gorgonzola geben (die Mengen sollten sich an der Polenta orientieren). Zu jeder Portion kommt ein Anteil der Butter und des Käses auf den Teller.

Gegrillte Polentascheiben: Weiche, frisch gekochte Polenta auf ein gefettetes Backblech schichten und auf etwa 1 Zentimeter Dicke ausstreichen. Abkühlen lassen. Aus dem Blech auf eine Arbeitsplatte stürzen und in quadratische oder rechteckige Stücke schneiden. Die Polentascheiben auf ein gefettetes Backblech legen, mit geschmolzener Butter bepinseln und grillen (dabei einmal umdrehen), bis sie auf beiden Seiten braun und knusprig sind.

Übriggebliebene Polenta: Weiche, frisch gekochte Polenta in eine gefettete Kastenform geben. Oberfläche mit einem Holzlöffel glätten, mit Küchenfolie abdecken, im Kühlschrank aufbewahren. Kalte Polenta schmeckt hervorragend zum Frühstück. In Scheiben schneiden, in Butter oder Schinkenfett braten und mit Ahornsirup beträufeln.

Die Extraportion Küchenwissenschaft: Kalk im Kalklicht*

Kalkstein, Muschelschalen, Korallen, Kreide, Marmor, Eierschalen, Perlen, Stalaktiten und Stalagmiten bestehen vor allem aus einer bemerkenswert wandlungsfähigen und reichlich vorhandenen chemischen Verbindung namens Kalziumkarbonat ($CaCO_3$). Ihr Anteil an der Erdkruste, der obersten, an die 30 Kilometer dicken Schicht, beträgt 7 Prozent. Erhitzt man Kalziumkarbonat auf 825–900 °C, so zerfällt es in gasförmiges Kohlendioxid und Kalziumoxid (CaO, auch gebrannter Kalk oder Ätzkalk genannt). Diesen gebrannten Kalk hat man viele Jahrhunderte hindurch dazu verwendet, Mörtel, Glas und andere nützliche Materialien herzustellen.

In Verbindung mit Wasser bildet Ätzkalk Kalziumhydroxid $Ca(OH)_2$, auch als Kalkmilch bekannt. Sie ist ziemlich alkalisch, wenn auch schwächer als Natronlauge.

* Kalklicht ist die wörtliche Übersetzung von engl. »limelight«. Es handelt sich um das Licht des »Drummondschen Brenners«, bei dem ein Kalkzylinder, der sich langsam in einer Knallgasflamme dreht, stark zu glühen beginnt und blendend weißes Licht abstrahlt. – Anm. d. Ü.

Die Azteken verwendeten ein noch einfacher zu gewinnendes alkalisches Material, um ihren Mais zu behandeln, nämlich Holzasche. Alle pflanzlichen Materialien einschließlich Holz enthalten Kalium, und wenn sie verbrennen, enthält die Asche viel von der alkalischen Verbindung Kaliumkarbonat.*

Die Azteken hatten von alledem keine Ahnung, weil mein Kurs »Chemie 101« erst 500 Jahre später auf den Stundenplan kam. Wir können also nur raten, warum sie damit anfingen, ihren Mais in Wasser zu kochen, das Holzasche enthielt.

Hello, Sugar!

Ich finde es verwunderlich, dass so viele industriell gefertigte Nahrungsmittel Zucker auf der Liste der Inhaltsstoffe anführen. Glauben die Hersteller vielleicht, nur so ließe sich dafür sorgen, dass etwas gut schmeckt?

Zucker mag praktisch jeder, und diese Tatsache hat viel damit zu tun, dass er in so vielen industriell hergestellten Lebensmitteln zu finden ist. Beispielsweise dürften Sie überrascht sein, welch hohen Zuckeranteil manche Müslimischungen haben. In der EU kann niemand auf einen Blick feststellen, wie viel Zucker in einem bestimmten Müsli (oder in anderer industriell hergestellter Nahrung) enthalten ist: Auf dem Etikett müssen vorhandene In-

* Diese im Mittelalter für viele Zwecke nützliche Asche wurde einst »Pottasche« genannt, weil sie im luftdicht verschlossenen »Pott« transportiert werden musste. Diese Bezeichnung lebt in dem englischen Wort »potassium« für Kalium weiter. – Anm. d. Ü.

haltsstoffe zwar aufgeführt werden, doch wie hoch der Anteil einer bestimmten Zutat ist, lässt sich in der Regel nur indirekt aus der Reihenfolge der Nennung ableiten – an erster Stelle steht die Substanz mit dem höchsten Anteil, die anderen folgen in absteigender Reihe.

Dabei ist noch zu beachten, dass »Zucker« hier nicht nur für die Saccharose aus Rüben oder Zuckerrohr steht, sondern auch für die von Natur aus in Nahrungsmitteln vorhandenen Zucker wie Milchzucker (Laktose), Fruchtzucker (Fruktose) aus Obst sowie Glukose und Maltose.

Hinzu kommen die Zuckeralkohole (Polyole), die chemisch gesehen eigentlich keine Zucker sind, obwohl sie süß schmecken. Ihre Moleküle vereinen die Eigenschaften von Zuckern und Alkoholen. Sie liefern nur die Hälfte bis maximal zwei Drittel der Kalorienmenge von Zucker, weil sie nur sehr langsam zu Glukose umgesetzt werden und durch das südliche Ende des Verdauungstraktes verschwunden sein können, ehe der Stoffwechsel sie vollständig verwertet hat. Wenn man sie in sehr großen Mengen verzehrt, kann sich das leicht abführend auswirken.

Weil die Zuckeralkohole keine Karies und auch keinen raschen Anstieg des Blutzuckerspiegels verursachen, verwendet man sie vor allem für zuckerfreie Süßigkeiten und Kaugummis. Auf dem Etikett sind sie eigens aufgeführt: Sorbitol, Xylitol, Lactitol, Mannitol oder Maltitol (sie haben die Nachsilbe *-itol* gemeinsam).

In Südamerika süßt man den Mate (einen Tee aus Blättern verschiedener Sträucher) seit Jahrhunderten mit den süßen Blättern eines heimischen Strauchs namens Stevia.* In den USA, in Kanada und in der EU will man

* Stevia gehört zu einer Gattung mehrjähriger krautiger Pflanzen, von

seine Bestandteile jedoch nicht als Lebensmittel zulassen, weil deren Unbedenklichkeit, obwohl sie mit Sicherheit »natürlich« sind, nicht nachgewiesen sei. Nun sind die Südamerikaner trotz steviagesüßter Getränke offenkundig nicht ausgestorben. Dennoch argumentieren die Gesundheitsbehörden, dass bei einer Zulassung von Stevia als Nahrungszusatz die Nordamerikaner mit ihrer suchtähnlichen Gier nach süßen Getränken gewaltige Mengen davon konsumieren würden. Und es sei nun einfach noch nicht untersucht, welche Folgen es hätte, wenn das Volk eimerweise Drinks voller Stevia in sich hineinschütten würde.

Ein anderes Süßungsmittel, das in gewissem Umfang im Mittelalter, mit Begeisterung aber schon von den alten Römern verwendet wurde, war Bleizucker. Diese süß schmeckende chemische Verbindung (unter Chemikern heißt sie Bleiacetat) ist jedoch sehr giftig. Bei den Römern war es üblich, zerquetschte Trauben und alten, sauer werdenden Wein in Kesseln einzukochen, die innen mit Blei verkleidet waren. Saurer (oxidierter) Wein enthält Essigsäure, und jeder Chemiestudent im ersten Semester weiß, dass Essigsäure plus metallisches Blei Bleiacetat ergibt. Giftig sind alle Bleiverbindungen, doch Bleiacetat gehört zu den wenigen, die in Wasser löslich sind – und in Wein. Damit war es nicht nur möglich, »umgekippten« Wein wieder süß werden zu lassen, man konnte sogar Bleizucker herstellen und damit andere Getränke und Speisen süßen. Das älteste erhaltene Kochbuch *de re coquinaria* (Über das Kochen), angeblich von dem römischen Feinschmecker Marcus Gavius Apicius

---

denen mindestens zwei die stark süße Verbindung Steviosid enthalten. Der in Südamerika verwendete Süßstoff wird meist aus der Art *Stevia rebaudiana* gewonnen. – Anm. d. Ü.

aus der Zeit des Augustus und Tiberius, enthält eine Unzahl von Rezepten, bei denen Bleizucker zu den Zutaten gehört.

Eine Bleivergiftung verläuft kumulativ und verursacht vielfältige Krankheiten, von Gicht bis Unfruchtbarkeit und Wahnsinn. Vor allem die römischen Patrizier konnten sich die bleigesüßten Weine und Speisen leisten, und demzufolge waren sie auch die häufigsten Opfer. Julius Cäsar, der es wahrlich oft genug versucht haben dürfte – er wusste die Damen wohl zu nehmen –, konnte nur zwei Kinder zeugen. Seinem Nachfolger Augustus ging es nicht viel besser: eine Tochter.

Hi, Honey!

Viele Anhänger einer gesunden Ernährung rühmen Honig als natürlichstes, gesündestes und nährstoffreichstes Süßungsmittel. Im Vergleich zu Zuckerraffinade stimmt das ja wohl. Aber wie ich weiß, sollen Kleinkinder keinen Honig essen. Das ist doch ein gewisser Widerspruch, oder?

Ich weiß nicht, was »natürlich« heißt, solange mir niemand einen guten Grund nennen kann, weshalb Zuckerrohr und Zuckerrüben irgendwie weniger natürlich sein sollen als Honig. Vielleicht, weil sie nicht von haarigen Insekten produziert werden?

Chemisch gesehen gibt es jedoch einen beträchtlichen Unterschied. Zuckerrohr und Zuckerrübe sind mit Saccharose beladen, während im Honig vor allem die Zucker Fruktose (39 %), Glukose (31 %) und Maltose (7 %) vertreten sind, die Saccharose dagegen nur zu 1,5 %. Dann bestehen noch 4 % des Honigs aus anderen Kohlenhydraten und kleinen Mengen von Mineralien, Vitaminen und Enzymen. Der Rest ist vorwiegend Wasser (17 %), was den Honig zu einer übersättigten Zuckerlösung macht. Das heißt, im Wasser ist mehr Zucker gelöst, als es üblicherweise aufnehmen kann. Aus diesem Grund begibt sich der überschüssige Zucker allmählich aus der Lösung und fällt in Kristallen aus (die Masse wird »körnig«), wenn man den Honig sehr lange lagert. Die Kristallisation wird dabei vor allem von der Glukose in Gang gesetzt.

Zu den Enzymen im Honig gehört *Invertase*, die Saccharose in eine Mischung aus Glukose und Fruktose umwandelt – den sogenannten Invertzucker (siehe S. 188).

Ein weiteres Enzym des Honigs ist Amylase, die Stärke zu kleineren Einheiten abbaut. Außerdem enthält Honig kleine Mengen aller B-Vitamine und Vitamin C, dazu die Mineralien Kalium, Kalzium, Phosphor, Natrium und Spuren von anderen.

Dass Honig als gesundheitsfördernd gilt, ist zweifellos auf diese sekundären Bestandteile plus den Gehalt an oxidationshemmenden Flavonoiden zurückzuführen. Im Verlauf der Medizingeschichte hat man dem Honig eine Vielzahl therapeutischer und antibakterieller Eigenschaften zugeschrieben. Überdies ist Honig viel interessanter als gewöhnlicher Zucker, weil er eine faszinierende Vielfalt von Aromen besitzt – sie sind davon abhängig, in welchen örtlichen Nektar-Bars die Bienen gewöhnlich verkehren.

Als anaerobe (sauerstofflose) Umgebung ist Honig aber leider ein guter Nährboden für *Clostridium botulinum*. Dieses Bakterium erzeugt das Botulinus-Toxin, ein tödliches Gift. Es kommt vor, dass Bienen bei der Futtersuche die im Boden vorkommenden Sporen von *C. botulinum* aufnehmen und in den Honig einbringen. Erwachsene Menschen mit voll ausgebildetem Immunsystem und gesunder Darmflora, von denen solche Sporen vernichtet werden, können eine beträchtliche Menge davon vertragen. Babys im Alter von weniger als einem Jahr sind dazu jedoch nicht in der Lage und erkranken möglicherweise an infantilem Botulismus. Das kommt zwar nur selten vor, aber warum sollte man es überhaupt riskieren? Es ist das Risiko einfach nicht wert, dem kleinen Honey auch noch Honig zu geben. Wie sagte doch ein Autor: Es besteht eine gute Chance, dass Ihr Baby schon süß genug ist …

6. KAPITEL

Im Silberglanz der Meere

Auf unserem Planeten kann das Leben, abgesehen von einigen kleineren Ausnahmen, nur in Luft oder in Wasser gedeihen. *Homo sapiens* ist eine der Millionen Pflanzen- und Tierarten, die sich an den Luftozean der Atmosphäre angepasst haben, und dazu kommt möglicherweise eine vergleichbare oder sogar größere Zahl noch unentdeckter Arten, deren Lebensraum die Ozeane aus Wasser sind. Ungeachtet dessen können nur wenige in der Luft lebende Spezies ohne Wasser auskommen, und nur wenige Bewohner des Wassers (von denen wir wissen) können ohne Luft leben, wobei es vor allem um den Gehalt der Luft an Sauerstoff und Kohlendioxid geht.

Diese Symmetrie endet jedoch dort, wo die menschliche Ernährung betroffen ist. Als eine in Luft lebende Spezies haben wir uns in unserer Umwelt versorgt – anfangs haben wir einfach die von der Natur angebotenen Pflanzen und Tiere gesammelt, später dann die von uns bevorzugten Pflanzen angebaut und die entsprechenden Tiere gezüchtet. In den Meeren hingegen sind wir nach wie vor nicht über das Stadium des Jägers und Sammlers hinausgelangt – wir wagen uns hinaus auf die Ozeane und sammeln ein, was wir finden. Erst in jüngster Zeit haben wir damit angefangen, einige unserer beliebtesten maritimen Tierarten in Aquakultur zu züchten.

Unter den für unsere Ernährung bevorzugten Spezies aus dem Wasser finden sich mehrere Dutzend Fischarten aus der Klasse der Wirbeltiere und eine Vielzahl wirbelloser Lebewesen wie Mollusken (Austern, Venus-, Mies- und Jakobsmuscheln sowie Tintenfische und Kraken) und Krustentiere (Hummer, Krabben, Garnelen sowie Langusten).

Das folgende Kapitel ist letztlich so etwas wie eine Fischfangexpedition, in deren Verlauf wir eine allerdings sehr kleine Auswahl unserer beliebtesten Flossenfische, Weichtiere und Krustentiere mit Haken oder Netz fischen und näher untersuchen wollen.

Wer möchte lachsrosa sein?

Als Küchenchef interessiere ich mich sehr für alles, was mit Ernährung zu tun hat, und da bin ich auf das folgende Problem gestoßen: Die Futtermittel und Farbstoffzusätze, denen die Lachse aus Fischfarmen ihre rosa Färbung verdanken, sind nach wie vor Gegenstand heftiger Debatten, und ich frage mich, ob schon einmal jemand daran gedacht hat, an deren Stelle Lykopin zu verwenden, jenen roten Pflanzenfarbstoff der Tomate, der zudem ein Antioxidationsmittel sein soll?

Ihre Frage muss ich aus zwei Gründen umschwimmen: Erstens weiß ich keine Antwort, und zweitens lasse ich mich nicht in die zwischen Lachsfarmern, Wildlachsfischern und Umweltschützern tobende Schlacht hineinziehen. Allenfalls kann ich, um ein paar Metaphern zu verquirlen, auf dem Hochseil über ein Minenfeld wandeln und nach Kräften mit Perlen werfen…

Als Verbraucher erwarten wir aufgrund jahrzehntelanger Erfahrung, dass unser Lachs in schönem Orangerosa auf den Tisch kommt. Das Muskelfleisch wildlebender

Lachse variiert vom tiefen Rot des Rotlachses (auch pazifischer Lachs genannt) bis zum Blassrosa des Königslachses. Die Farbe kommt durch die Nahrung der Fische zustande; sie fressen Krill (eine kleine Krabbenart), der ein rosafarbenes Karotinoid namens *Astaxanthin* enthält. Die Krabben sind auch der Grund für die rosa Färbung der wildlebende Flamingos (anders als bei ihren auf Rasen lebenden Artgenossen).

Lachse, die man in den Käfigen der Lachsfarmen aufzieht, kommen kaum an Krill und die Pigmente seiner Karotinoide heran, deshalb erhalten sie mit Farbstoffen versetztes, künstlich hergestelltes Futter. Dafür nimmt man entweder Astaxanthin selbst oder ein anderes behördlich zugelassenes Karotinoid namens Canthaxanthin (das auch – wie seltsam – als Mittel zur Hautbräunung bei Menschen verkauft wird). Astaxanthin ergibt ein etwas intensiveres Rot (beim Lachs) als Canthaxanthin, und Lachsfarmer können über die Auswahl der passenden Futtermischung anhand einer Farbskala mehr oder weniger selbst bestimmen, welchen Farbton ihre Lachse am Ende haben sollen.

Weitere Bedenken gegenüber der Aquakultur der Lachse beziehen sich auf andere Fragen: Ob die Populationen der Wildlachse gefährdet sind, ob ausgerissene Käfigfische sich zum Schaden der Artenvielfalt mit wildlebenden Lachsen paaren, ob Lachse in ihren überbesetzten Netzkäfigen die Umgebung mit Parasiten und Krankheiten verseuchen und ob die Käfige mit PCB (polychlorierten Biphenylen) kontaminiert sind – jenen etwa zweihundert wahrscheinlich krebserregenden synthetischen Industriechemikalien, die seit 1997 nicht mehr hergestellt werden, aber nach wie vor in der Umwelt vorkommen.

Ach ja, Ihr Vorschlag, den Lachsen Lykopin anstelle

von Astaxanthin ins Futter zu mischen, ist wahrscheinlich nicht praktisch umzusetzen, solange wir die Lachse nicht dazu bringen, Tomaten zu fressen, denn in diesen ist Lykopin das vorherrschende Pigment. Einen Versuch wäre es vielleicht wert.

Wildlachs mit Brandbläschen

Spitzenköche bereiten den Wildlachs möglichst schlicht zu. Sie warnen davor, den Fisch mit exotischen Saucen und Zutaten zu überladen. Am besten gelingt er, wenn Sie ihn nur würzen und gerade so lange garen, bis er innen anfängt, ganz undurchsichtig zu werden.

40 Milliliter Olivenöl
4 Filets vom Wildlachs mit Haut,
jedes zu 180–240 Gramm
Salz und frisch gemahlener Pfeffer

1. Backrohr auf 130 °C vorheizen.
2. Olivenöl in einer großen, ofenfesten Pfanne mit Antihaftbeschichtung erhitzen. Filets mit der Haut nach unten hineinlegen. Sobald die Haut nach ca. 1 Minute Blasen wirft, Pfanne ins Rohr schieben und 8–12 Minuten garen – der Fisch soll nicht ganz durch sein.
3. Pfanne aus dem Rohr nehmen und auf großer Flamme etwa 2 Minuten erhitzen, bis die Haut knusprig ist. Nicht ganz gar ist genau richtig. Den Lachs mit der Hautseite nach oben servieren.

Ergibt 4 Portionen.

Thunfisch getunt?

Ich esse sehr gerne Sushi, besonders die mit dem Gelbflossenthun Nigiri. Roher Thunfisch hat jedoch manchmal verschiedene Farben von rosa bis dunkelrot. Bisher habe ich mir darüber nicht viel Gedanken gemacht, aber kürzlich las ich in einer Zeitung, dass man rohen Thunfisch mit Kohlenmonoxid behandelt, damit er leuchtend rot wird, selbst wenn er nicht frisch ist. Und ich dachte immer, Kohlenmonoxid sei tödlich!

Unter den richtigen – also den falschen – Umständen stimmt das. Aber nicht im Fall des mit Monoxid behandelten Thunfischs.

Zunächst, für die Uneingeweihten: Der Gelbflossenthunfisch, den man auf der Speisekarte vielleicht als *Maguro* (japanischer Sammelbegriff für Thunfisch) entdeckt, ist nicht identisch mit der Bernsteinmakrele oder dem *Toro*, dem fettigen Bauch des Blauflossenthunfischs. Sushi mit der Bezeichnung *Nigiri* sind Filets des rohen Fischs auf einem mit Essig gewürzten Reisbett.

In den USA landen jährlich mehrere tausend Menschen wegen einer Kohlenmonoxidvergiftung in der Notaufnahme einer Klinik. Besonders giftig ist das Kohlenmonoxid, weil es von den Lungen in den Blutstrom gelangt und dort den Sauerstoff im Oxyhämoglobin des Blutes verdrängt, das dann keinen Sauerstoff mehr in die Körperzellen transportiert. Und Sauerstoffmangel führt dazu, dass vor allem Herz und Gehirn rasch versagen.

Alle technischen Einrichtungen, in denen Treibstoffe auf Kohlenstoffbasis verbrennen, beispielsweise Automotoren, gasbetriebene Schmelzöfen, kerosinbetriebene Heizgeräte und sogar der beliebte Holzkohlengrill, stoßen Kohlenmonoxid aus, weil die Treibstoffe nicht vollständig verbrennen. Der Verbrennungsvorgang ist zwangsläufig unvollkommen: Anstatt ganz bis zum Kohlendioxid CO_2 (zwei Sauerstoffatome pro Kohlenstoffatom) zu verbrennen, finden einige der Kohlenstoffatome kein zweites Sauerstoffatom und bleiben als Kohlenmonoxid CO erhalten. Solche Geräte sollten also nie in geschlossenen Räumen betrieben werden, weil das unvermeidliche CO dort eine tödliche Konzentration erreichen kann.

Etwas ganz anderes ist es, rohen, mit Kohlenmonoxidgas behandelten Thunfisch zu essen. In diesem Fall wird das Gas ja nicht eingeatmet, und genaugenommen nimmt man überhaupt nichts davon zu sich. Gase sind flüchtig, und das Kohlenmonoxid treibt sich nicht auf dem Fisch herum, nachdem es seine Aufgabe erledigt und dessen Farbe geschönt hat. Die amerikanische Behörde für Nahrungs- und Arzneimittelsicherheit (FDA) hat den mit Kohlenmonoxid behandelten Thunfisch für unbedenklich erklärt, weil im Fisch praktisch keine Reste von Kohlenmonoxid mehr vorhanden sind.

Doch warum sollte ein Verarbeitungsbetrieb etwas so Befremdliches tun und Fisch mit giftigem Gas behandeln? Nun, da muss man nur der Spur des Geldes folgen. Die rote Farbe eines frisch gefangenen Thunfischs kann in wenigen Tagen zu einem unappetitlichen Braun werden. Die Verbraucher mögen braunen Fisch nicht und sind bereit, für den »frischer aussehenden« roten mehr zu bezahlen. Daher die kosmetische Anwendung von »Rouge« auf der Basis von Kohlenmonoxid.

Das Fleisch der Thunfische enthält, wie das vieler Landtiere, Myoglobin, ein pigmentiertes Protein, das im Muskelgewebe Sauerstoff speichert. Doch das Myoglobin ändert seine Farbe, was unter anderem davon abhängt, wieviel Sauerstoff ihm zur Verfügung steht. Die dunkle, purpurrote Färbung frisch aufgeschnittenen Thunfischs verdankt sich dem *Desoxymyoglobin*, das an der Luft zunächst zu hellrotem *Oxymyoglobin* und dann zu braunem *Metmyoglobin* wird. Folglich müssen Thunfischlieferanten ihren Thun, solange der noch im roten Oxymyoglobin-Stadium ist, möglichst flott zur Sushi-Bar befördern. Kohlenmonoxid verhindert diese Farbänderungen, indem es den Sauerstoff in den Oxymyoglobinmolekülen (genau wie im Blut des Menschen) verdrängt und sie dadurch in einen sehr stabilen Komplex verwandelt – das wassermelonenrote Carboxymyoglobin.

Thunfischkosmetiker können das erforderliche Kohlenmonoxidgas selbstverständlich wie so manches andere Gas in Stahlflaschen kaufen. Doch man kann es auch billiger gewinnen – man verbrennt Holz. Wegen des schon erwähnten unvollständigen Verbrennungsvorgangs enthält Holzrauch Kohlenmonoxid. Die winzigen Partikel, die Rauch rauchig machen, können zusammen mit den teerähnlichen Verbindungen, die dem Rauch sein Aroma geben, herausgefiltert werden. Zurück bleibt eine Mischung verschiedener Gase – Kohlendioxid, Kohlenmonoxid, Stickstoff, Sauerstoff und Methan –, die man als gefilterten oder geschmacklosen Rauch bezeichnet. Statt mit reinem Kohlenmonoxid kann man die Farbe des Fisches auch damit aufhellen. Als Rechtfertigung wird angeführt, dass geschmackloser Rauch letztlich nicht schädlicher sein kann als der »volle Rauch«, mit dem man seit jeher geräucherten Fisch und anderes Fleisch herstellt. Der FDA zufolge darf Nahrung, die mit gefiltertem Rauch behandelt wurde, jedoch nicht als »geräuchert« bezeichnet werden, weil der erwartete Räuchergeschmack nicht vorhanden ist.

Die Ironie der ganzen Veranstaltung liegt darin, dass die Farbe unbehandelten Thunfischs gerade *kein* Kennzeichen für seinen gesunden Zustand ist. Die Farbänderungen im Myoglobin vollziehen sich, lange bevor der

Fisch angefangen hat zu verderben. Die Verbindung von heller Farbe mit Frische findet nur im Kopf des Verbrauchers statt.

Ist dann überhaupt etwas falsch an dem mit Kohlenmonoxid behandelten Thunfisch? Nichts, was mit einer anzunehmenden Gesundheitsgefährdung zu tun hätte. Aber es wird immer ein paar üble Geschäftemacher geben, die versuchen, verdorbenen Fisch mit aufgefrischter Farbe zu tarnen, und das hält die Behörde für einen unzulässigen Verstoß. Überdies hat sich in Untersuchungen der Fakultät für Ernährungswissenschaft der Universität von Florida gezeigt, dass der gefährliche, durch zu lange Lagerung ausgelöste Verderb in monoxidbehandeltem Fisch auch dann weitergehen kann, wenn die Farbe hell bleibt, was arglose Esser vielleicht ins Verderben lockt wie eine aufgehübschte Schöne der Nacht. Weil Thunfischlieferanten diese Möglichkeit missbrauchen könnten, haben mehrere Länder kohlenmonoxidbehandelten Fisch verboten. Im Sushi-bewussten Japan ist er seit 1997 nicht mehr zugelassen, während die EU erst seit Anfang 2004 begonnen hat, das Verbot durchzusetzen.

Als Verbraucher kann man sich wie gewöhnlich allein auf einen Händler seines Vertrauens verlassen. Rohen Fisch sollte man, wenn überhaupt, ohnehin nur in wirklich vertrauenswürdigen Sushi-Restaurants essen, und das hat nichts mit dem Kohlenmonoxid zu tun. Wenn ein bestimmtes Restaurant niemals kontaminierten oder verdorbenen Fisch anbieten würde, so wird es gewiss auch keinen kontaminierten oder verdorbenen Fisch verkaufen, der kosmetisch geschönt worden ist. Frischer Thunfisch schmeckt rein, ist von relativ fester Konsistenz und selbstverständlich geruchlos, ganz gleich, welche Farbe er hat. Im Zweifel sollten Sie also einfach die Augen schließen und sich von Gaumen und Nase leiten lassen.

Nie mehr Billigrochen

Soweit ich mich erinnern kann, habe ich immer Gerüchte gehört, wonach manche auf dem Markt angebotene Jakobsmuscheln gar keine sind, sondern angeblich aus Rochenflügeln oder anderem Fisch ausgestanzt wurden. Ist da etwas dran?

Ich kann nicht sagen, es sei nie gemacht worden, bezweifle aber, dass es sehr häufig passiert ist. Und sicherlich würde kaum jemand als Kunde bei einem Fischhändler oder Restaurantbetreiber bleiben, den man bei einem solchen Trick erwischt hat. Es gab eine Zeit, da war Rochen ein billiger Fisch, der Fischern bei der Jagd nach einer lukrativeren Beute zufällig (als »Beifang«) ins Netz geriet. Doch das ist vorbei. Rochen ist nicht mehr so billig wie einst, und das Vergehen würde sich nicht mehr auszahlen.

Der Trivialmythos darf noch aus einem besseren Grund bezweifelt werden: Durch die Mitte eines Rochenflügels zieht sich eine dünne, an Kunststoff erinnernde Knorpelschicht. Eine »Jakobsmuschel« mit einer Kunststoffschicht in der Mitte würde nicht besonders überzeugend wirken. Zwar lässt sich ein ausreichend großer Rochenflügel (der normale Rochen kann bis zu 100 Kilogramm schwer werden) in zwei Lappen filetieren, die von der Ober- bzw. Unterseite des Knorpels abgetrennt werden, und daraus ließen sich wohl überzeugend dicke »Jakobsmuscheln« stanzen. Aber es gibt einfachere Methoden, ein paar unredliche Dollars zu machen.

Die Bezeichnung Rochen schließt mehrere Familien flacher, auf dem Meeresgrund lebender Fische ein, die wie Haie statt eines Knochenskeletts ein Knorpelskelett haben. Die Familie der Echten Rochen (*Rajidae*) reicht von den am häufigsten verzehrten Glattrochen (*Raja ba-*

tis) über die Stachelrochen mit giftigem Schwanzstachel bis zu den gewaltigen Mantas, die bis zu 1500 Kilogramm erreichen können. Die Rochenkörper sind abgeplattet und laufen in gerippten »Schwingen« aus, die sich für die Fortbewegung anmutig kräuseln. Sie sind alle essbar, doch einige sind nicht unbedingt die richtige Kost für Feinschmecker.

Selbst wenn solche wie mit Plätzchenformen ausgestanzte Zylinder von Rochenflügeln als Jakobsmuscheln durchgingen, würde sich niemand täuschen lassen, der je Rochen verspeist hat. Geschmack und Farbe des Fleisches mögen ähnlich sein, doch die Konsistenz ist völlig anders. Das wohlschmeckende, langfasrige Fleisch des Rochens ähnelt eher Krabbenfleisch als Jakobsmuscheln. Jakobsmuscheln, die aussehen, als würden sie in Fasern oder Streifen zerfallen, sollten einen misstrauisch machen.

Die Extraportion Küchenwissenschaft:
Geeiste Rochen

Da bei Rochen eine sehr große Hautoberfläche mit Meerwasser in Kontakt ist, laufen sie Gefahr, dass sie per Osmose Körperflüssigkeit an das salzigere Wasser der Umgebung verlieren. Damit die Tiere gegen diese potentielle Dehydrierung gewappnet sind, enthalten ihre Körperflüssigkeiten eine hochkonzentrierte, leicht lösliche chemische Verbindung namens Harnstoff, $CO(NH_2)_2$ (die hat man zuerst im Urin entdeckt, aber sie wird synthetisch hergestellt). Harnstoff zerfällt in Kohlendioxid und Ammoniak, weshalb auch der frischeste Rochen immer ein wenig nach Ammoniak riecht, was bei anderen Fischen normalerweise ein Anzeichen für Verderb ist. Der Ammoniakmief lässt sich entfernen, wenn man den Fisch in eine Säure wie Zitronensaft oder Essig einlegt oder wenn man ihn im Kühlschrank – besser noch auf Eis – lagert, bis der gesamte Harnstoff verschwunden ist.

Eier – getrocknet und gepresst

Eine Tante hat mir aus Sizilien Bottarga mitgebracht. Das habe ich der Packungsaufschrift entnommen, doch den übrigen italienischen Text verstehe ich nicht (ich wollte nicht undankbar erscheinen und habe nicht gefragt, was ich damit anfangen soll). Es sind wohl irgendwelche Fischeier, aber das Ganze ist fast so hart wie Stein. Worum handelt es sich, und was kann ich damit machen?

Bottarga ist getrockneter, gesalzener Rogen vom Mittelmeerthunfisch (*Bottarga di tonno*) oder der Dicklippigen Meeräsche (*Bottarga di mugine*). Beide sind Spezialitäten Siziliens und Sardiniens und werden in ganz Italien als Delikatessen geschätzt.

Der Rogensack weiblicher Fische wird sofort nach dem Fang entnommen, gewaschen, gesalzen, gepresst (traditionell zwischen Holzplanken oder Marmorplatten) und in der Regel ein bis zwei Monate an der Sonne getrocknet. Am Ende ähnelt das Produkt einem dunkel bernsteinfarbenen Holzklotz, der so fest ist, dass man ihn wie Parmesan reiben kann. Salz unterstützt den Trocknungsvorgang, weil es den zerquetschten Fischeiern Wasser entzieht, die aufgrund ihrer Eiweiße und Fette miteinander verkleben.

Bottarga vom Thunfisch schmeckt scharf und salzig, während die Meeräschenvariante ein wenig milder ist. Die einfachste Verwendung ist auch die beste – sardische

Spaghetti alla bottarga. Die gekochten Spaghetti werden mit Olivenöl, gehacktem Knoblauch, Petersilie und getrockneten, zerkleinerten roten Chilischoten angemacht, und vor dem Servieren reibt man noch ein wenig Bottarga darüber. Man sollte berücksichtigen, dass Bottarga ein ziemlich salziges und fischiges Gewürz ist – eine kleine Menge davon reicht.

Säureprobe

Über Seviche, das lateinamerikanische Gericht aus Meeresfrüchten, mache ich mir schon länger Gedanken. Angeblich soll der Fisch allein durch das Marinieren in Limettensaft »gegart« werden. Ist er dann wirklich »gar«, oder ist er noch immer roh?

Sobald irgendein Autor auf dem Gebiet der Ernährung den Begriff *Ceviche* (ich ziehe die spanische Schreibweise vor) erwähnt, folgt als Gratiszugabe fast unweigerlich die Erklärung, dass Limettensaft mit Protein genau das macht, was auch Hitze mit Protein anstellt, weshalb der Fisch durch Limettensaft im Grunde »gegart« werde. Bevor ich Ihnen aber einen Minikurs in Proteinchemie auftische, hier noch ein Appetithäppchen:

Ceviche bereitet man aus kleinen Stückchen einer beliebigen Auswahl von rohen Salzwasserfischen zu, es können auch Jakobsmuscheln und andere Schalentiere oder Tintenfische bzw. Kraken sein. Das alles mariniert man im Kühlschrank mehrere Stunden lang in Limettensaft, dann wird ein wenig Öl sowie gehackte Zwiebeln und anderes Gemüse dazugegeben, und nachdem man alles gewürzt hat, serviert man diese Mischung kalt. Sofern der Fisch frisch ist – das muss er unbedingt sein –, kann man ihn gefahrlos bis zu fünf oder sechs Stunden lang marinieren, weil Limettensaft mit seinem Säuregrad (pH 2,2) stark genug ist, Bakterienwachstum hinauszuzögern.

Nun der Minikurs: Die Zitronensäure des Limettensafts verändert das Fischeiweiß durch einen Vorgang, den man als *Denaturierung* bezeichnet. Die normalerweise in sich verdrehten und gefalteten Proteinmoleküle werden zu weniger verwickelten Formen entwirrt oder aufgefaltet. Und die physikalischen und chemischen Eigenschaften von Molekülen (besonders bei Eiweißmolekülen) werden durch ihre Form bestimmt. Anders gesagt, sie haben ihre ursprüngliche Natur verloren, sind also denaturiert worden.

Und ja, auch die Hitze beim Kochen denaturiert Proteine.

Neben Säuren und Hitze können Proteine außerdem noch durch andere Umstände denaturiert werden. Hohe Konzentrationen von Salzen einschließlich des Tafelsalzes Natriumchlorid sind dazu imstande. Auch mit Luft ist es möglich – da läuft der Vorgang in den beim Sahneschlagen erzeugten Bläschen ab. Sogar Alkalien, die Gegenspieler der Säuren, sowie niedrige Temperaturen als das Gegenteil von Hitze denaturieren Proteine, wenn auch nicht so häufig. Die Analogie zum Kochen kommt allein daher, dass in der Küche Hitze das vertrauteste Verfahren zur Denaturierung von Proteinen ist.

Die verschiedenen Verfahren zur Denaturierung ergänzen und verstärken einander wechselseitig. Je stärker beispielsweise die Säure ist, der das Protein ausgesetzt wird, desto niedriger kann die Temperatur sein, bei der es durch Hitze denaturiert wird. Aus diesem Grund werden Fleisch oder Fisch, die man in einer Marinade auf der Grundlage von Zitronen- oder Limettensaft (Zitronensäure), Essig (Essigsäure) oder Wein (vor allem Wein- und Apfelsäure) badet, eine geringere Kochzeit erfordern als eine nicht marinierte Probe. Wenn Sie also sagen, die Säure habe das Fleisch teilweise »gegart«, habe ich nichts dagegen.

Nachdem die Proteinmoleküle eines Nahrungsmittels durch einen dieser denaturierenden Umstände entwirrt oder aufgefaltet sind, kann es sein, dass sie nicht in diesem Zustand verbleiben. Möglicherweise falten sie sich unter entsprechenden Bedingungen wieder in ihre ursprüngliche oder eine ähnliche Form zurück. Normalerweise geschieht das jedoch nicht, denn wenn sie sich auffalten oder gewissermaßen entkleiden, exponieren sie Bereiche, die vorher in den Falten versteckt waren, und diese Teile können mit anderen chemischen Verbindungen in der Umgebung reagieren, was die Form dann mehr oder weniger dauerhaft verändert.

Die gerade entblößten Abschnitte können aber auch Bindungen miteinander eingehen und sogenannte Querverbindungen (»crosslinks«) bilden, was die Moleküle in kompaktere Strukturen verstrickt. Das erklärt, weshalb eine Portion Fisch durch Garen oder Marinieren in Limettensaft eine festere Konsistenz annimmt. Zudem wird das Fleisch undurchsichtiger, weil Lichtstrahlen die dicht gepackten, quer vernetzten Proteinmoleküle nicht mehr durchdringen können (das passiert auch mit den Proteinen in Hühnereiweiß, dessen klare, durchsichtige Färbung beim Kochen undurchsichtig weiß wird). Und unter passenden Bedingungen verkleben angesäuerte, entfaltete Proteinmoleküle miteinander – das Protein gerinnt. Das geschieht beispielsweise, wenn Milchsäure das Kasein in der Milch denaturiert und zu Frischkäse werden lässt.

Weshalb sind nun Säuren so wichtig beim Kochen?

Zunächst ist zu sagen, dass all unsere tierischen oder pflanzlichen Nahrungsmittel von Natur aus entweder schwach sauer oder neutral (also weder sauer noch alkalisch) sind. Folglich ist die Chemie der Nahrungsmittel einschließlich der Chemie des Kochens sehr empfänglich für geringfügige Änderungen des Säuregrades. Diese (durch einen pH-Wert zwischen 0 und 7 ausgedrückte) Größe ist entscheidend für viele der chemischen Umwandlungen, die beim Kochen ablaufen.

Dagegen spielt die Alkalität (pH-Werte zwischen 7 und 14) beim Kochen praktisch keine Rolle. Alkalische Verbindungen, die in unserer Nahrung zumeist unnatürlich sind, wirken sich in der Regel schädlich auf diese aus und werden beim Kochen kaum eingesetzt. Die Natur hat hier vorgebaut und alkalischen Substanzen einen bitteren und seifigen Geschmack mitgegeben. Demgegenüber verstärken alle Säuren den sauren Geschmack, und der ist in unserem Schatz der Geschmacksrichtungen ein sehr wichtiges Element.

Aber was ist mit den Gefahren? Die Temperaturen beim Kochen töten alle Bakterien und die meisten Sporen, während Säuren das nur auf der Oberfläche der Speisen schaffen. Parasiten, die vielleicht im Fleisch lauern, können durch Gefrieren oder durch die Hitze des Kochens, nicht aber durch Säure abgetötet werden.

Noch einmal: Wer frischen, geprüften Fisch von einem vertrauenswürdigen Lieferanten bezieht, dürfte daraus unbedenklich Sushi, Sashimi und Ceviche zubereiten können. Man sollte seinen Fisch einfach nicht von einem fliegenden Händler irgendwo am Straßenrand kaufen.

Diese ach so wilden Muscheln – handgezähmt?

Ich habe im Restaurant schon oft Miesmuscheln gegessen. Ein paarmal habe ich auch versucht, sie zu Hause zu kochen, aber da waren sie sehr sandig und hatten viele Strähnen. Wie hätte ich sie säubern sollen?

Möglicherweise haben Sie statt gezüchteter oder aus Muschelfarmen stammender Muscheln »wilde« gekauft. Vermutlich hatten sie aufgewirbelten Sand abbekommen, und die »Strähnen« waren Reste der Bärte, die man bei domestizierten (gezähmten?) Muscheln entfernt, ehe sie auf den Markt kommen.

Miesmuscheln graben sich anders als Venusmuscheln nicht im Sand ein, zementieren ihre Schalen anders als Austern nicht aneinander und schwimmen nicht frei umher wie Jakobsmuscheln. Sie verankern sich mit ihrem »Bart« an halbwegs stationären Unterlagen – diese Ansammlung zäher Fäden produzieren sie in der so genannten Byssusdrüse, die ein im Meerwasser aushärtendes und superklebriges, fast an allem haftendes Protein in Form seidiger Fäden absondert. Tatsächlich haben Wissenschaftler schon versucht, das Material im Labor für eine mögliche Verwendung in der Medizin zu reproduzieren – etwa, um nach chirurgischen Eingriffen die Patienten wieder zusammenzupappen.

In Spanien züchten sie Miesmuscheln an Hanfseilen, die im Wasser hängen, in Thailand an Bambuspfählen, in Frankreich an Eichenbrettern, in Schweden und Kanada an »Langleinen« (eine Art riesiger Socken, die von einer unter Wasser gespannten Wäscheleine hängen), in Holland und Maine, USA, in seichten Meeresbecken. In solcher Umgebung nehmen Muscheln, wenn überhaupt, wenig Sand auf. Die Bärte werden, ehe man sie auf den

Markt bringt, maschinell abgezwickt, doch es kann vorkommen, dass man selbst noch ein paar abrupfen muss. Ansonsten brauchen gezüchtete Miesmuscheln allenfalls unter fließendem kaltem Wasser abgespült zu werden. All jene, deren Schale aufklafft und sich beim Anklopfen mit einem ihrer Geschwister nicht schließt, sind tot und sollten weggeworfen werden.

Die fest verankerten Muscheln sind ganz auf die Nahrung angewiesen, die durch Meeresströmungen zu ihnen gelangt. Wie Venusmuscheln und Austern ernähren sie sich, indem sie ständig Wasser aufnehmen und Planktonteilchen herausfiltern. Eine typische Miesmuschel von 5 Zentimeter Länge verarbeitet auf diese Weise 35–45 Liter täglich. Leider bleiben bei diesem Filterverfahren auch Bakterien und andere giftige Mikroorganismen hängen. Deshalb sind Muscheln aus vergifteten Gewässern so gefährlich – in ihnen können sich Bakterien anhäufen wie Schmutz in einem Staubsaugerbeutel. Gezüchtete Muscheln wachsen in sorgfältig überwachtem Wasser auf.

Weltweit sind 17 essbare Muschelarten bekannt. Am häufigsten sieht man die atlantische blaue Miesmuschel *Mytilus edulis* (eigentlich ist sie blauschwarz), die vor allem in den Küstengewässern vor Maine, USA, und vor Prince Edward Island, Kanada, kultiviert wird. Im Bundesstaat Washington züchtet man die ähnliche Art *Mytilus troesselus*. Von Mai bis Juli verwenden die Miesmuscheln jedoch ihre ganze Energie auf das Laichen. Dadurch werden sie schwach und labbrig und sind nicht mehr gut zu essen.

Zum Glück für Muschelfreunde laicht die aus dem Mittelmeer stammende und an der Westküste der USA kultivierte Art *Mytilus galloprovincialis* im Januar und im Februar, so dass sie im Sommer von guter Qualität ist. Sie schmeckt mild und ist fleischig und groß – bei Längen bis zu 18 Zentimeter kann sie auf dem Höhepunkt der Entwicklung annähernd 60 Prozent Fleischanteil besitzen.

Außerdem kommen immer häufiger die ebenfalls kultivierten Grünlippmuscheln *Perna canaliculus* aus Neuseeland und *Perna viridisis* aus Südostasien auf den Markt. Bei der Gattung *Perna* werden die Schalenhälften durch einen einzigen Muskel zusammengehalten, während es bei *Mytilus* zwei Muskeln sind.

Die Grünlippmuscheln messen 7,5–10 Zentimeter. Ihr Rand zeigt eine smaragdgrüne Färbung, doch das Fleisch ist wie gewohnt creme- oder orangefarben (cremefarben sind vor allem die männlichen Tiere, die weiblichen Muscheln sind mit größerer Wahrscheinlichkeit orange). Sie sind das ganze Jahr über erhältlich, weil sie tiefgefroren verschickt werden.

Ansonsten sind auch die normalen blauen Miesmuscheln das ganze Jahr auf dem Markt, weil Muschelbestände an verschiedenen Orten zu unterschiedlichen Zeiten laichen. Die Muschelzüchter ernten im Sommer gezielt jene, die gerade nicht laichen. Nun können Sie also Muscheln in allen Monaten essen, deren Name kein q enthält …

Miesmuscheln aus dem Wok

Viel einfacher geht es nicht. Man wirft die Muscheln in einen heißen Wok und schaufelt sie um, bis sie sich öffnen und in den eigenen Saft plumpsen, Punkt. Perfekt sind sie, wenn man sie in eine sämige Sauce wie die rauchige Knoblauchmayonnaise tunkt. Servieren sollte man sie als Vorspeise oder leichtes Abendessen, dazu reicht man knuspriges Bauernbrot, mit dem sich die aromatischen Säfte auftunken lassen.

1 Kilogramm Miesmuscheln (abgeschrubbt und Bärte entfernt)
Grobes Meersalz
Frisch gemahlener Pfeffer
1 oder 2 Zitronen, halbiert
Rauchige Knoblauchmayonnaise (siehe S. 340)

1. Großen Wok auf großer Flamme etwa 2 Minuten lang erhitzen. Ob er heiß genug ist, lässt sich mit ein paar Tropfen Wasser testen – sie müssen perlend auf der Oberfläche tanzen.
2. Alle Muscheln wegwerfen, die sich auf Anklopfen nicht schließen. Die übrigen auf einmal in den Wok geben. Mit Hilfe einer Wokschaufel oder eines langen Löffels aus Holz oder Edelstahl die Muscheln für 4–5 Minuten ständig umschaufeln, bis sie sich öffnen und ihre Säfte freigeben. Kräftig schaufeln und untermengen, damit die Muscheln alle für annähernd gleiche Zeit mit dem heißen Topfboden in Kontakt kommen. Je mehr das klappert, desto besser – der appetitanregende Krach ist Musik in den Ohren aller Liebhaber von Schalentieren.
3. Sobald alle Muscheln offen sind – was immer noch geschlossen ist, wegwerfen –, mit Salz und Pfeffer bestreuen und alles einschließlich der Säfte auf zwei große oder vier kleinere Schüsseln verteilen. In jede Schüssel kommt eine halbe Zitrone; so kann jeder nach Belieben Zitronensaft über das Gericht pressen. Die Rauchige Knoblauchmayonnaise zum Eintunken in kleinen Näpfchen servieren.

Ergibt als Vorspeise 4 Portionen oder
als Hauptgericht 2 Portionen.

Wenn's denn sein muss: Rasier mich mit einer Muschel

Sind Muscheln wie die Rasiermessermuschel (Gemeine Messerscheide) gut? Und warum heißen sie so?

Ja, die schmecken recht gut, entweder paniert und gebraten oder fritiert. Hier in den USA sind sie schwerer aufzutreiben als in vielen europäischen Ländern. Ihren Namen haben sie nicht, weil die Schalen scharf sind (obwohl das der Fall ist), sondern weil sie wie der Griff eines altmodischen Rasiermessers geformt sind – zwei lange, gebogene Schalen, die an der äußeren Biegung miteinander verbunden sind, mit offenen Enden, durch welche die Muschel sich herausstrecken und alles tun kann, was Muscheln eben so tun müssen.

Einer Überlieferung zufolge sollen amerikanische Ureinwohner sich mit den Schalen einer anderen Muschelart namens Quahog (*Mercenaria mercenaria*) rasiert haben. Die glatte, perlenartige Auskleidung (das Perlmutt) dieser Muschelschale zeigt oft schöne tiefrote Flecken und wurde zu Perlen verarbeitet, die als Wampum – Geld – im Handel mit den europäischen Siedlern dienten. (Diese Information hat nichts mit der Rasiermessermuschel zu tun. Ich stelle sie ohne zusätzliche Gebühren zur Verfügung.)

In den USA findet man Exemplare der Amerikanischen Schwertmuschel* (*Ensis directus*) mit einer Länge bis zu 25 Zentimeter. Die Pazifische Rasiermessermuschel (*Siliqua patula*) ist kürzer und gedrungener. Beide

* Offenbar im Ballastwasser von Frachtschiffen eingeschleppt, findet man diese Muschel seit den 1980er Jahren auch an europäischen Küsten. – Anm. d. Ü.

Arten verbringen ihr Leben im Sand oder im sandigen Schlamm im Bereich der Flachwasserzonen seichter Buchten. Sie stehen senkrecht mit dem Fuß nach unten, während ihr – nun ja, ihr anderes Ende (sie haben keinen Kopf) nach oben zeigt. Beide Enden ragen aus der beidseitig offenen Schale hervor, weshalb Rasiermessermuscheln nicht besonders haltbar sind und lebendfrisch gekocht werden müssen.

Wie bei allen Muscheln dient der »Fuß« nicht zum Wandern, sondern zum Graben. Dazu streckt die Muschel den Fuß und bohrt ihn in den Schlamm, dann verdickt sie das untere Ende und bemüht sich, den Fuß wieder zu verkürzen und in die Schale zurückzuziehen. So zerrt die Muschel sich abwärts (und wendet dabei Newtons Drittes Gesetz in vollendeter Weise an: Jedem Aufwärtsziehen entspricht ein Schub nach unten – Sir Isaac hat es nicht genau mit diesen Worten gesagt).

Aber versuchen Sie mal, eine zu packen und herauszupulen! Die kleinen Teufel können schneller abwärts buddeln, als unsereiner hinterherkommt, und sie können sich sehr fest verankern – möglicherweise zerstört man die zerbrechliche Schale, wenn man sie gewaltsam aus dem Schlamm ziehen will. Deshalb sind Rasiermessermuscheln beim Fischhändler nur sehr selten zu finden. Das ist eine Schande, weil sie wirklich ganz vorzüglich schmecken.

Andererseits habe ich Respekt gegenüber allen köstlich schmeckenden Arten, die sich unseren Bemühungen, sie zu dezimieren, auf pfiffige Weise entziehen.

Auge an Auge, Jakobsmuschel an Pilgermuschel …

In einem Geschäft für Meeresfrüchte hat man mir erzählt, alle Kamm-Muscheln würden aufgrund einer amtlichen Vorschrift zur Verlängerung der Haltbarkeit mit einem chemischen Bad behandelt. Es überrascht mich, dass die FDA ein Verfahren genehmigen sollte, welches die gesundheitliche Unbedenklichkeit eines Lebensmittels nicht beeinflusst, sondern lediglich die Muscheln länger frisch hält. Was steckt dahinter? Gibt es diese Vorschrift wirklich? Und könnten Sie mich vielleicht gleich noch aufklären, was es mit »trockenen«, »behandelten« und Kamm-Muscheln »vom Taucher« auf sich hat?

Vor allem sollten Sie nicht mehr in das »Geschäft für Meeresfrüchte« gehen, wo man Ihnen erzählt hat, irgendwer würde verlangen, die Muscheln in irgend etwas einzulegen. Das ist Quatsch. Doch ehe ich Ihnen erkläre, warum, wollen wir einmal sehen, was all diese Adjektive bedeuten.

Eine Jakobsmuschel ist ein weißer, wie ein Marshmallow geformter Eiweißklumpen aus dem Meer, richtig? Falsch. Da könnte man ebensogut sagen, eine Kuh sei ein Steak. In den USA steht das Wort *scallop* für mehrere Arten von Kamm-Muscheln (*Pectinidae*), bemerkenswerte Kreaturen, die wir fast nie im Ganzen sehen. Die Fischer knacken sie größtenteils schon auf See, sobald sie sie vom Meeresgrund hochgeholt haben, und werfen alles weg außer diesem großen, blassen Muskel, der auf unseren Fischmärkten landet. Das ist der Adduktor der Kamm-Muschel*, mit dem sie gewöhnlich die beiden in einem Scharnier verbundenen Muschelschalen schließt, die aussehen wie das Markenzeichen von Shell. Andere zwei-

* Im Lebensmittelhandel auch als »Nuss« bezeichnet. – Anm. d. Ü.

schalige Mollusken (Weichtiere), darunter Venus- und Herzmuscheln, Austern und die meisten Miesmuscheln, besitzen diese Adduktoren paarweise, während Kamm-Muscheln nur diesen einen Muskel haben.

Eine ganze rohe Kamm-Muschel schmeckt süßer als eine Venusmuschel und hat nicht das schweflige Aroma der Austern. Sie muss aber absolut frisch sein – nicht mehr als einen Tag außerhalb sauberer, geprüfter Gewässer. Kamm-Muscheln verderben rasch – sogar schneller als die meisten anderen Schalentiere, weil ihre Schalen nicht völlig dicht aufeinanderliegen. Die meisten anderen zweischaligen Muscheln kann man »fest zugeklappt«, noch lebendig und frisch, durch das ganze Land kutschieren. Kamm-Muscheln dagegen sterben, nachdem man sie aus dem Wasser geholt hat, recht bald, und weil sie nun mal auseinanderklaffen, sind sie eine offene Aufforderung für den Verderb durch Bakterien.

Die in den USA am häufigsten verkauften Kamm-Muscheln bezeichnet man als *sea scallops* oder als *bay scallops*. Die amerikanischen *sea scallops* (zumeist die Art *Placopecten magellanicus*) sind die größere Art – etwa 40–60 Nüsse ergeben ein Kilo. Sie sind 2,5 Zentimeter hoch oder höher und stammen aus Schalen, die einen Durchmesser von 20–28 Zentimeter erreichen können. Bei den *bay scallops* (*Argopecten irradians*) ist sowohl der Muskel (niedriger als 2,5 Zentimeter) als auch die Schale (5–7,5 Zentimeter) kleiner; für ein Kilo benötigt man 120 bis 180 Nüsse, und sie sind näher an der Küste zu finden. Die wirklich winzigen Kamm-Muscheln, die gelegentlich auf den Markt kommen (mehr als 140 Nüsse pro Kilo), gehören zu der Art *Argopecten gibbus*. Viele Fischhändler ignorieren die Feinheiten von Biologie und Geographie und verwenden die Bezeichnungen *sea* oder *bay* allein nach Größe – oder Laune.

Die sehr großen, so genannten Kamm-Muscheln vom Taucher (20 oder weniger Nüsse pro Kilo) werden angeblich von Gerätetauchern mit der Hand geerntet und nicht maschinell vom Meeresgrund gebaggert. Wegen ihrer eindrucksvollen Größe, relativen Seltenheit und des entsprechend hohen Preises sind sie nur in teuren Restaurants zu finden. Die Story mit dem Taucher sollten Sie allerdings nicht samt Haken, Leine und Blinker schlucken. Nichts kann ein Restaurant daran hindern, eine große Kamm-Muschel als Tauchermuschel zu bezeichnen, wenn man es dort so will.

In Europa behält und serviert man mit dem Adduktormuskel auch den roten Rogen der weiblichen Muscheln. Das Gericht kommt mit Sahnesauce und darüber gestreuten gebräunten Semmelbröseln auf den Tisch und heißt *Coquilles St. Jacques* (Jakobsmuscheln).

Wildlebende Kamm-Muscheln können ihre Schalen mit Hilfe des großen Adduktormuskels schlagartig zuklappen und sich mit Wasserstrahlantrieb durch das Wasser schießen, um räuberischen Fischen oder Seesternen zu entkommen (da unten herrscht das Gesetz des Dschungels). Sie können den Wasserstrahl sogar gezielt ausrichten und sich so in fast jede Richtung steuern, obwohl sie das Wasser zumeist am Ende des Scharniers ausstoßen und damit »vorwärts« schwimmen.

Sie halten das für schräg? Es wird noch schräger: Viele Kamm-Muscheln haben blaue Augen. Kein Scherz! Es sind die einzigen zweischaligen Muscheln, die überhaupt Augen besitzen, und dann noch babyblaue. Ein Blick zwischen die Schalen von Kamm-Muscheln zeigt zwei Reihen von über fünfzig winzigen Augenpunkten, die vom vorderen Rand der Muschel zurückstarren. Die Muschel kann zwar nicht unbedingt die unterste Zeile der Prüftafel beim Augenarzt lesen, aber sie kann Änderungen der Helligkeit erkennen, und damit ist sie ausreichend gewarnt, wenn es Zeit ist, sich vor einem Fremden davonzumachen, der ihre Tür verdunkelt.

Die Muskeln der Kamm-Muscheln trocknen leicht aus und verlieren Gewicht, was den Marktwert mindert. Großhändler und sogar die Besatzung eines Fischerboots auf einem langen Törn legen sie deshalb in Süßwasser oder eine Lösung von Natriumtripolyphosphat (NTP) ein, um den Wassergehalt zu stabilisieren. Weil das Muschelfleisch von Natur aus mit salzigem Meerwasser gesättigt ist, nimmt es aus der weniger salzigen Flüssigkeit per Osmose zwangsläufig Wasser auf. Durch NTP behält die Muschel mehr Wasser im Gewebe. So eingelegte Muscheln tragen im Unterschied zu nicht gewässerten »trockenen« Muscheln die Bezeichnung »nasse« oder behandelte Kamm-Muscheln.

Die mit Wasser aufgepumpten Muscheln dürften übermäßig schwer sein und sollten deshalb gerechterweise zu einem niedrigeren Kilopreis angeboten werden. Behandelte, »nasse« Muscheln zeigen statt der natürlichen Tönung zwischen elfenbein-, creme- oder rosafarbenem ein fast reines Weiß (Phosphat wirkt auch als Bleichmittel). Sie liegen in einer milchigen, klebrigen Flüssigkeit, durch die sie leicht miteinander verklumpen. Sie zu sautieren wird zum Desaster, weil sie dabei das überschüssige Wasser in die Pfanne abgeben und gedünstet statt gebräunt werden.

Welche Rolle spielen die Behörden? In den USA überwacht man den Wassergehalt von Kamm-Muscheln und daraus hergestellten Produkten. Im Meer bestehen Kamm-Muscheln zu 75–80 Prozent aus Wasser. Enthält ein Handelsprodukt mehr als 80 Prozent Wasser, so muss es mit der Aufschrift »Kamm-Muschel mit x Prozent Wasserzusatz« gekennzeichnet sein, gegebenenfalls auch mit der Aufschrift: »Mit Natriumtripolyphosphat (E451) behandelt«. Kamm-Muscheln mit einem Wassergehalt von mehr als 84 Prozent gelten nicht als verkehrsfähig. – So viel zu der Ausrede, die FDA hätte so etwas veranlasst.

Tarnen und Täuschen bei Krustentieren

Die rohen Garnelen, die ich kaufe, sind manchmal grau und manchmal rosa (fast wie gekocht). Sind die in Rosa nicht so frisch?

Nein, es sind einfach unterschiedliche Arten. Die einen sind mehr rosa, die anderen mehr grau, selbst wenn sie noch auf dem Meeresgrund herumtollen. Beim Kochen allerdings werden die Schalen aller Arten hellrosa. Diese Farbe ist stets vorhanden, aber durch andere, beim Erhitzen zerfallende Farben überdeckt.

Zumindest bei der atlantischen Garnele sind die Bewohner flacher Gewässer mehr oder weniger sandfarben, was auf dem sandigen Meeresgrund die beste Tarnung ist. In tiefem Wasser mit seinem vorwiegend bläulichen Farbton können sie sich Rosa als Farbe erlauben, weil rötliche Pigmente blaues Licht nicht sehr stark reflektieren und deshalb nicht auffallen.

Wer nicht in der Nähe eines Fanggebietes lebt, erhält im Laden fast immer Garnelen, die fangfrisch vom Schiff kommen oder gleich dort eingefroren und in diesem Zustand verschickt wurden. Zum Verkauf werden sie dann portionsweise aufgetaut und in der Auslage drapiert. Wie viele andere Meeresfrüchte verderben Garnelen nach dem Auftauen jedoch rasch. Zum Glück trägt jeder ein äußerst empfindliches Messinstrument mit sich herum:

Mit der eigenen Nase lässt sich Verdorbenes gut aufspüren. Jeder Geruch außer jenem nach frischer Meeresbrise ist ein Tipp, für das Abendessen was anderes zu nehmen. Scheuen Sie sich also nicht, auf einer Geruchsprüfung aus der Nähe zu bestehen, ehe Sie die Garnelen kaufen.

Scampi? Scampi!

In italienischen Restaurants der USA sind Shrimp scampi *(auf Italienisch würde das* Scampi scampi *heißen, zur Not auch* Scampi shrimps*) sehr beliebt, vielleicht beliebter als in Italien selbst. Die kräftig mit Knoblauch gewürzten Garnelen werden mit knusprigen, in Butter angerösteten Brot- oder Semmelbröseln bestreut.*

Brösel zum Bestreuen
15 Gramm ungesalzene Butter
40 Gramm grobe Brotbrösel, am besten *Panko*

Garnelen
50 Gramm ungesalzene Butter
15 Milliliter Olivenöl, extra vergine
500 Gramm geschälte Garnelen (Schwanzflosse und der dunkle Strang entlang des Rückens müssen entfernt sein)
4 große Knoblauchzehen, in dünne Scheibchen geschnitten
Salz
Pfeffer, frisch gemahlen
60 Milliliter trockener Weißwein
1 Bund glatte Petersilie, gehackt
30 Milliliter Zitronensaft, frisch gepresst
Zitronenschnitze zum Garnieren

1. Brotstreusel vorbereiten: Die Butter in einer kleinen Pfanne bei mittlerer Flamme erhitzen, Brotbrösel dazugeben und alles umrühren, bis sie Farbe annehmen. Pfanne sofort vom Feuer nehmen und beiseite stellen.

2. Garnelen zubereiten: Eine große Pfanne auf großer Flamme erhitzen, Butter und Olivenöl dazugeben. Sobald die Mischung Bläschen wirft, Garnelen darin unter ständigem Bewegen für 1 Minute sautieren. Knoblauch hinzufügen und nochmals 1 Minute sautieren, bis die Garnelen rosa sind und ihr Fleisch undurchsichtig ist. Der Knoblauch darf nicht braun werden. Mit Salz und Pfeffer abschmecken.

3. Flamme auf mittlere Hitze reduzieren und den Wein in die Pfanne gießen. Aufkochen, dann bei schwacher Hitze für 2 Minuten köcheln lassen. Pfanne vom Herd nehmen. Garnelen mit Petersilie und Brotbröseln bestreuen, mit Zitronensaft besprenkeln und ein paarmal schwenken.

4. Garnelen auf die vorgesehenen Teller verteilen und mit knusprigen Brotbröseln bestreuen, sofort servieren. Dazu Zitronenschnitze reichen, mit denen nach Geschmack nachgewürzt werden kann.

Ergibt 4 kleine Vorspeisenportionen oder
2 reichliche Portionen als Hauptgericht.

7. KAPITEL

Karneval für die Karnivoren: Über Fleischgerichte

In den USA werden jährlich 20 Milliarden Kilogramm Fleisch vom Rind, Kalb, Lamm und Schwein verzehrt, hinzu kommen noch 16 Milliarden Kilogramm Geflügel.

Nach Angaben der amerikanischen Statistikbehörde hat der Durchschnittsamerikaner im Jahr 2001 verspeist: 30 Kilo Rindfleisch, 23,5 Kilo Schweinefleisch, 0,8 Kilo Kalb, Lamm und Hammel, 35 Kilo Hähnchen und 8,1 Kilo Pute. Macht pro Kopf mehr als 90 Kilo Fleisch für Mann, Frau, Junge, Mädchen oder Säugling, und sogar die Vegetarier sind da mitgerechnet*.

Wer fühlt sich da nicht vollgefressen?

Technisch gesehen umfasst das Wort *Fleisch* das Muskelgewebe aller Tiere einschließlich Fisch und Schalentieren. Da wir aber im letzten Kapitel auf einem Fischzug waren, wollen wir uns in diesem an die zwei- und vierbeinigen Kreaturen halten – also Geflügel bzw. »rotes« Fleisch.

Die meisten Tiere besitzen neben Muskeln für Bewegung und Vorankommen auch Knochen als Gerüst und innere Organe für die Aufrechterhaltung der Lebensprozesse. Deshalb reden wir hier, abgesehen vom Fleisch selbst, auch über Knochen, die man für Fleischbrühe verwendet, und wir tauchen kurz in die essbaren, aber (in

---

* 2005 waren es in den USA 133, in der EU 96 und in Deutschland 89 Kilogramm Fleisch pro Kopf und Jahr. – Anm. d. Ü.

diesem Land) weitgehend nicht gerade begehrten Innereien ein.

Die Unterschiede zwischen den Kulturen der Welt spiegeln sich in ihren Einstellungen gegenüber Fleisch – welches Fleisch wird wie und wann verzehrt? In den USA stammt rotes Fleisch praktisch ausschließlich von drei Säugetierarten: Rind, Schaf und Schwein. Wir lesen möglicherweise fasziniert und auch mehr oder weniger angewidert von Kulturen, in denen man andere Säugetiere (darunter Ziegen, Kaninchen, Kamele, Pferde, Wale und Hunde) verzehrt, ganz zu schweigen von Amphibien und Reptilien (Frösche, Eidechsen, Alligatoren und Schlangen) oder gar Insekten (Heuschrecken und Larven).

Gleichzeitig kann man auch in anderen Kulturen Widerwillen gegenüber mindestens zwei unserer drei bevorzugten Fleischsorten antreffen: Rind ist den Hindus verboten, Schweinefleisch den Juden und Moslems. In großen Teilen der katholischen Welt meidet man am Freitag jedes Fleisch, und Vegetarier weisen es allezeit von sich (oder 24 / 7 / 52, um es in zeitgemäßem Jargon auszudrücken).

Sehen wir uns kurz an, wie Fleisch sich zusammensetzt und aufbaut und was geschieht, wenn wir es garen.

Der Muskel eines Säugetiers besteht aus (Überraschung!) Muskelzellen, die man auch als Muskelfasern bezeichnet. Diese langen, dünnen Zellen enthalten jeweils einige Zellkerne und sind durch eine elastische Hülle (das *Sarkolemm*) gruppenweise zu parallelen Bündeln zusammengefasst wie ungekochte Spaghetti in einem Gartenschlauch. Diese mit Fasern angefüllten »Bündel« wiederum liegen weitgehend parallel aneinander wie ein Stapel Baumstämme und bilden so den eigentlichen Muskel. Daher rührt die fasrige Konsistenz oder »Maserung« von Fleisch.

Muskelgewebe besteht größtenteils aus Protein. Beispielsweise macht das Eiweiß eines Lendensteaks vom Rind 57 % des Trockengewichts aus, während es je nach Zuschnitt etwa 41 % Fett sind. In den allerkleinsten Fasern innerhalb der Muskelzelle (den *Myofilamenten*) befinden sich die eigentlichen Proteinmoleküle, vor allem *Actin* und *Myosin*. Sobald das Nervensystem mit chemischen und elektrischen Signalen eine Bewegung in Gang setzt, verbinden sich diese Proteinmoleküle über Querbrücken zu dichter gepackten, kürzeren Proteinmolekülen. Dadurch ziehen sich die Myofilamente und damit der ganze Muskel zusammen.

Jetzt aber in die Küche!

Gart man Fleisch, so werden zunächst die Proteinmoleküle *denaturiert* oder umstrukturiert. Das heißt, sobald sie durch Hitze in Bewegung geraten, entwirren sich ihre verwickelten Strukturen, worauf sie in der Regel miteinander verklumpen, weil sie kohäsive Bindungen bilden. Dieses als Koagulation bezeichnete Verklumpen hat mehrere Auswirkungen.

Erstens bringt die Koagulation die ordentlich aufgeschichteten Faserbündel des Muskelgewebes durcheinander, wodurch die Struktur wirrer, zufälliger und steifer wird. *Zweitens* presst der dichtere Aufbau der neu angeordneten Proteine Säfte aus dem Gewebe (Muskeln bestehen zu 65–75 % aus Wasser), wodurch das Fleisch trockener wird. Ein zu lange gegartes Steak wird demnach sowohl zäh als auch trocken. Dagegen ist maßvolles Garen in vielerlei Hinsicht vorteilhaft: Es macht das Fleisch zart, verbessert seinen Geschmack und sein Aussehen und tötet Mikroorganismen ab, was Gefahren für die Gesundheit vermindert.

Nun ist es Zeit, zu essen. Fleisch ist eine sehr gute Quelle für Proteine hoher Qualität – mit essentiellen

Aminosäuren und Fetten aus wertvollen Fettsäuren. Da sind das üppig vorhandene Eisen und die Vitamine A und B noch gar nicht mit einbezogen. Schnappen Sie sich also das Steakmesser und schneiden Sie rein.

Maschinen fieseln Fleisch ab

Ich lese die Etiketten auf Nahrungsmitteln, da bin ich unverbesserlich. Früher konnte ich bei Würstchen und anderen industriell hergestellten Fleischprodukten regelmäßig Aussagen lesen wie »mechanisch separiertes Hühnchen« oder »mechanisch separiertes Rindfleisch«. Damals wunderte ich mich darüber, aber nun, als ich mich danach erkundigen will, finde ich auf den Etiketten keine solchen Formulierungen mehr. Was ist (oder war) mechanisch abgetrenntes Fleisch (Separatorenfleisch), und warum wird so etwas nicht mehr gemacht?*

Die Behörden lassen es nicht mehr zu. Sie reagieren damit auf den »Rinderwahn« BSE.

Auch wenn die meisten lieber nicht so viel darüber nachdenken, so beginnt der Weg des Fleisches mit dem Schlachtvorgang in einem Schlachthof. Sobald das Tier getötet und ausgeblutet ist, hat sich das, was zuvor Skelettmuskulatur gewesen war, offiziell in Fleisch verwandelt. (Die Skelettmuskulatur ist Muskelfleisch, das am Skelett sitzt; die Muskelpartien des Kreislaufsystems wie das Herz gehören nicht dazu.) Ein Schlachtkörper besteht jedoch nicht nur aus Fleisch, sondern auch aus inneren

* Es handelt sich um Fleischreste (ca. 10 % vom Gesamtgewicht des essbaren Fleisches eines Schlachtkörpers), die maschinell von den Knochen abgelöst werden. – Anm. d. Ü.

Organen, Knochen, Knorpeln, Sehnen, Bindegewebe, Fett und Haut, und all das muss bei den nachfolgenden Schritten der »Zerlegung« abgeschnitten werden. Das erfolgt vorwiegend mit Sägen und scharfen, von Schlachthofarbeitern geschwungenen Messern.

Nachdem der Schlachtkörper mittels einer Motorsäge in zwei Hälften aufgeteilt ist, werden diese (beim Rind) mit dem Messer in neun sogenannte Gebinde* zerlegt: Keule, Lappen, Roastbeef, Hochrippe, Bug, Brust, Spannrippe, Fehlrippe und Kamm. In jedem Fall bleibt an den übrigen Teilen immer noch ziemlich viel nicht verwertetes Fleisch zurück, und hier kommt die Maschine ins Spiel. Sie kann fast das gesamte verbliebene Fleisch von den Knochen lösen.

In der EU sind seit dem Jahr 2000 nur Verfahren zulässig, bei denen die Knochen nicht gebrochen werden. Sie kommen im Ganzen in die entsprechenden Maschinen, aus denen sie, nachdem alles Fleisch abgekratzt, abgeschabt, abgedrückt oder in kleinen Stücken abgezogen wurde, im wesentlichen intakt wieder herauskommen. Das so gewonnene Material darf in den USA einfach als »Fleisch« bezeichnet werden, in der EU ist es als »Separatorenfleisch« auf dem Etikett auszuweisen. Es kann winzige, salzkorngroße Knochenteile enthalten.

Nachdem in den 1980er Jahren in England und anschließend in den USA wie im übrigen Europa die Rinderkrankheit BSE ausgebrochen war, haben die Behörden angeordnet, dass alles mechanisch separierte Fleisch in routinemäßigen Stichproben auf vorhandenes Gewebe aus dem Rückenmark oder dem Gehirn zu überprüfen

---

* Die amerikanische Zerlegung wurde hier durch die Zerlegung nach den Vorgaben der Deutschen Landwirtschaftsgesellschaft (DLG) ersetzt. – Anm. d. Ü.

ist. In diesen Gewebeteilen finden sich bei kranken Tieren die Prionen, die die Krankheit übertragen.

Selbstverständlich können Schlachthöfe mit Hilfe der Separatoren mehr Fleisch verkaufen, und deshalb setzen sie sie ein. Auf seiner Webseite erläutert das amerikanische Fleischinstitut, welche Vorteile der Einsatz dieser Maschinen hat: »Bei einer Zerlegung von Hand muss wiederholt mit dem Messer geschnitten werden, was bei den Beschäftigten zu Schäden wegen ständig wiederholter Handgriffe führen kann. Wenn wir [durch den Einsatz der Maschinen] den Zuschnitt mit der Hand reduzieren, schützen wir unsere Mitarbeiter.« (Gut zu wissen, dass die Schlachtunternehmen um die Hände ihrer Beschäftigten so besorgt sind!)

Wenn Sie beim Fleisch die Etiketten so aufmerksam studieren, stoßen Sie möglicherweise auf Würstchen, die laut Aufschrift »verschiedene Fleischsorten« enthalten. Das ist eine schönfärberische Umschreibung für alle Muskel- und Fleischpartien von Tieren, die nicht zu den Skelettmuskeln zählen: Herz, Hirn (außer Rinderhirn), kleine Eingeweide (Kutteln), Milz, Pankreas und Thymusdrüse (Bries), Niere, Leber, Lippen und Zunge.

Überdies können auch noch andere Tierteile ihren Weg in Wiener Würstchen, Brühwürste und andere Produkte aus geheimnisvollen Fleischsorten finden – Blut, Mark, Wangen und anderer Verschnitt vom Kopf, Fuß (Schweinsfüße), Schwanz (Ochsenschwanz), Magen, Lunge, Därme (als Wursthaut), Schwarten (von Schwein und Rind), Mageninnenwand und Hoden (Prärieaustern oder Bergaustern). Man beachte, wie die Zahl der Euphemismen mit zunehmender Unansehnlichkeit der Organe zunimmt.

Wow, braune Cowburger?

Unter der Folie ist Rinderhackfleisch immer rot, doch wenn ich es verwende, zeigt sich, dass das Fleisch innen braun ist. Wenn ich dem Text auf der Verpackung glauben darf, ist das normal – dort wird sogar behauptet, das Fleisch würde, sobald man es zum Hamburger geformt hat, wieder durch und durch rot. Warum ist das Fleisch innen braun? Und warum wird es dann, wenn überhaupt, wieder rot?

Die Chemie der Farbe von Fleisch – das gilt für alle Sorten – ist einigermaßen kompliziert, und was wir als »rotes Fleisch« bezeichnen, könnte einem Chamäleon Konkurrenz machen. Zusammengefasst lässt sich sagen, dass die Farbe von Fleisch weitgehend davon abhängt, in welchem Verhältnis drei farbige Proteine vorhanden sind – etwa so, als würde ein Maler auf der Palette drei Pigmente mischen, um einen bestimmten Farbton zu erzielen. Verantwortlich sind die Proteine *Desoxymyoglobin* (das tiefe Purpurrot von frisch geschnittenem Rindfleisch), *Oxymyoglobin* (ein helles Kirschrot) und *Metmyoglobin* (ein graubrauner Farbton). Es gibt noch andere Formen von Myoglobin, doch das sind die wichtigsten.

Die drei Verbindungen stehen untereinander in einem dynamischen Gleichgewicht, das heißt, sie können sich wechselseitig ineinander umwandeln. Welchen Anteil jede Verbindung zu einem gegebenen Zeitpunkt hat, hängt davon ab, wieviel Sauerstoff, Enzyme und Antioxidantien jeweils vorhanden sind. Auf den Geschmack oder die Bekömmlichkeit wirkt sich jedoch keine der Verbindungen aus. Es ist nur eine Frage der Kosmetik.

Zunächst muss Sauerstoff verfügbar sein, der das purpurfarbene Desoxymyoglobin des frischen Fleisches entweder in rotes Oxymyoglobin oder braunes Metmyoglobin umwandelt. Welche der beiden Varianten überwiegt, hängt vor allem davon ab, wieviel Sauerstoff dem Fleisch zur Verfügung steht. Wenn – wie in einer Vakuumverpackung – praktisch kein Sauerstoff vorhanden ist, behält das Fleisch das Purpur des Desoxymyoglobins.

Sind für das Fleisch nur kleine Mengen Sauerstoff verfügbar, so ist das braune Metmyoglobin die bevorzugte Form. Aus diesem Grund ist der Luft ausgesetztes Rindfleisch vielleicht außen rot, während das Fleisch darunter ohne Sauerstoff allmählich braun wird. Der Einzelhandel verpackt Fleisch meist in starren Plastikschalen, die mit einer sauerstoffdurchlässigen Kunststofffolie (in der Regel aus Polyvinylchlorid, PVC) abgedeckt sind. So erhält die Oberfläche viel Sauerstoff und sieht schön rot aus, doch sehr weit kann der Sauerstoff nicht eindringen. Je tiefer man kommt, desto brauner ist das Fleisch.

Die auf dem Etikett stehende Behauptung, das braune innere Fleisch würde an der Luft bei Raumtemperatur (Kühlung verlangsamt den Vorgang) wieder rot, ist teilweise richtig. Metmyoglobin kann tatsächlich mit Sauerstoff reagieren und wieder zu Oxymyoglobin werden. Dieser Prozess verläuft jedoch langsam und unvollständig, selbst wenn man das Hackfleisch für einen maximalen Kontakt mit Sauerstoff in einer dünnen Schicht ausbreitet – was aus hygienischen Gründen offenkundig keine gute Idee ist. Sie sollten jedoch daran denken, dass Sie das Fleisch beim Garen noch stärker bräunen werden – warum sich also aufregen? Die beim Garen wirkende Wärme bräunt das Fleisch nicht nur aufgrund von Maillard-Reaktionen (siehe S. 264), sondern fördert auch die Umwandlung von Oxymyoglobin in Metmyoglobin.

Bei der Umwandlung von rotem zu braunem Rindfleisch kommt als weiterer wichtiger Faktor dazu, dass die beiden Proteine Desoxymyoglobin und Oxymyoglobin je ein einsames Eisenatom besitzen, das tief in ihrem großen, kugelförmigen Molekül vergraben ist. Normalerweise liegt es dort in der von Chemikern so bezeichneten reduzierten Form Fe(II) vor. Wenn das Eisenatom jedoch in die oxidierte Form Fe(III) überführt wird, verlieren die Proteinmoleküle ihre rote oder violettrote Färbung und werden braun. Normalerweise wird dieser Vorgang durch Enzyme unterbunden, die der Oxidation entgegenwirken. Wenn man das Fleisch aber zu lange lagert, lässt die Wirkung des Enzyms selbst bei Kühlschranktemperatur nach, was das Braunwerden erleichtert.

Sobald Bakterien sich vor, während oder nach der Verarbeitung zu Hackfleisch auf der Oberfläche des Fleisches ansiedeln, laufen andere Bräunungs- und Zersetzungsvorgänge ab. Schädliche Bakterien können nicht nur rotes Oxymyoglobin in braunes Metmyoglobin umwandeln, sondern anschließend aus dem Metmyoglobin grünes Choleglobin und Sulfmyoglobin machen. Und Sie wissen ja schon: Wenn Sie grün sehen, sollten Sie flott vor Fleisch fliehen. Zudem setzen die Bakterien, wenn sie Metmyoglobin in Sulfmyoglobin verwandeln, Schwefelwasserstoff frei, ein bekannt anrüchiges Gas.

Wer misstrauisch ist, sollte, sobald er den Supermarkt verlassen hat, ein Loch in die Fleischverpackung reißen und die Geruchsprobe vornehmen, solange er noch in höchster Erregung in den Laden zurückstürmen kann. (In Deutschland halten Supermarktketten die deutsche Hackfleischverordnung* normalerweise penibel ein, weshalb verdorbenes Hackfleisch zumindest theoretisch nie den Verbraucher erreichen sollte.)

* Für den deutschen Verbraucher ist entscheidend, dass Hackfleisch hier nur am Tag der Herstellung in den Verkehr gebracht werden darf. – Anm. d. Ü.

Regenbogen an Roggenbrot

Können Sie mir sagen, was es mit dem regenbogenfarbenen Schimmer auf Roastbeef, gepökeltem Rindfleisch und Pastrami auf sich hat? Ist meine Angst davor irrational? Kann ich so etwas gefahrlos essen, falls es mir gelingt, mich über das Aussehen hinwegzusetzen? Ich habe seit Jahren kein Rindfleischsandwich aus dem Delikatessenladen gegessen.*

Schämen Sie sich. Es geht nichts über ein belegtes Roggenbrot mit dünn geschnittenem, fettüberladenem gepökeltem Rindfleisch nach Art der New Yorker. Nun schwingt das Pendel der Ernährungslehren gewöhnlich vor und zurück, und je nachdem, ob gerade die Fette oder die Kohlenhydrate in Ungnade gefallen sind, wird man Ihnen empfehlen, das Sandwich entweder ohne Fleisch oder ohne Brot zu bestellen.

Nun zu Ihrem bunt schillernden Fleisch: Dieses irisierende, regenbogenfarbene Aussehen, das aufgeschnittenes Fleisch gelegentlich annimmt, ist kein bösartiger Belag von Schimmel oder Fäulnis. Es ist nichts weiter als ein optischer Effekt, sowohl auf haltbar gemachtem Fleisch wie Schinken oder gepökeltem Rindfleisch und auf nicht konserviertem Fleisch wie Roastbeef und Schwein. Hervorgerufen wird er durch das Aufschneiden.

Fleisch, also tierisches Muskelgewebe, setzt sich aus *Myofilamenten* (winzigen Proteinsträngen) zusammen. Diese sind in Form paralleler Bündel zu Muskelfasern zusammengefasst, aus denen der Muskel sich aufbaut. Werden diese Myofilamente mit einem scharfen Messer oder

* Ein gepökeltes und geräuchertes Stück von der Rinderbrust. – Anm. d. Ü.

einer Schneidemaschine in einem bestimmten Winkel durchgeschnitten, so können ihre Enden, deren Größe gewissen Wellenlängen des Lichts entspricht, optische Streiche spielen. Einer Theorie zufolge werden die Lichtwellen von den lichtdurchlässigen Enden in zwei verschiedene Richtungen gebrochen. Diesen optischen Effekt nennt man Doppelbrechung. Auf dem Weg zum Auge interferieren die beiden gebrochenen Wellen und werden in die Spektral- oder Regenbogenfarben zerlegt, aus denen sie sich zusammensetzen. Möglicherweise entsteht der irisierende Effekt auf der Oberfläche von Fleisch aber auch durch *Diffraktion*, die Beugung des Lichts – wie man sie auch bei so genannten Beugungsgittern kennt – durch das Muster eng beieinander liegender Muskelfasern. In beiden Fällen sind die sichtbaren Farben vom Grün beherrscht, weil das menschliche Auge für diese Farbe am empfindlichsten ist.

Das alles ist völlig harmlos.

Wenn Anti-Aging* zu bunt wird

Woher hat haltbar gemachtes Fleisch wie Schinken, gepökeltes Rindfleisch oder ein Hot Dog diese hellrote Farbe?

Fleisch »haltbar« zu machen heißt, es vor dem Verderb zu bewahren und für künftigen Verzehr zu konservieren. (Interessanterweise beugt diese »Kur« dem Problem eher vor, als es zu lösen.) Zu den altehrwürdigen Konservierungsmethoden für Fleisch gehören Räuchern, Trock-

* Anti-Aging ist eine (hoffentlich) zeitgemäße Eindeutschung des englischen Begriffs *to cure*, der für »haltbar machen« steht. – Anm. d. Ü.

nen und Einsalzen. Als dann Kühlung und maschinelles Verpacken aufkamen, wurden diese geschmacksintensiven Verfahren nicht mehr gebraucht, und man fing an, mit chemischen Konservierungsmethoden zu experimentieren.

Das mit reinem Kochsalz (Natriumchlorid, NaCl) konservierte Fleisch entwickelt tendenziell eine unappetitliche, bräunlich-graue Farbe. Vor hundert Jahren fand man jedoch heraus, dass Fleisch, wenn man dem Salz Salpeter (Kaliumnitrat, KNO_3) beimischte, ein schönes, rosiges Pink entwickelte. Wie wir heute wissen, wird das Kaliumnitrat durch Mikroorganismen auf dem Fleisch zu Kaliumnitrit (KNO_2) reduziert, und dieses Nitrit ist für die Färbung verantwortlich. Deshalb verwendet man heute kaum noch Salpeter, sondern mischt gleich Kalium- oder Natriumnitrit in das Pökelsalz. Nitrite verleihen dem Fleisch einen kräftigen Geschmack und eine appetitliche Farbe, die auf die Reaktion des Nitrits mit Myoglobin zurückzuführen ist. Dabei entsteht *Nitrosomyoglobin.* Außerdem wird das so behandelte Fleisch bei der Lagerung nicht so leicht ranzig, und es entstehen keine schlechten Gerüche oder Aromen.

Wichtig ist aber vor allem, dass Nitrite das Wachstum krankmachender Bakterien wie *Staphylococcus aureus* und *Clostridium botulinum* hemmen (letztere verursachen Botulismus).

Dieses (buchstäblich) rosige Bild hat nur einen Schönheitsfehler: Nitrit tötet nicht nur Bakterien, die das Botulinus-Toxin erzeugen, sondern es kann in einer Dosis von etwa 20 Milligramm pro Kilogramm Körpergewicht auch Menschen töten. Zum Glück zersetzt sich ein beträchtlicher Teil des bei der Konservierung verwendeten Nitrits beim Kochen.

In den USA darf in verzehrfähigen, gekochten oder rohen Fleischprodukten der Anteil von Nitrit maximal 70 ppm* betragen. Das würde bedeuten, dass ein Mensch von 68 Kilo Körpergewicht auf einen Sitz 19 Kilo des Produkts verzehren müsste, um eine tödliche Dosis Nitrit aufzunehmen. Das ist ein ganz schöner Haufen Bologneser Wurst.

Die schlechte Nachricht ist, dass Nitrite in konserviertem Fleisch mit den Aminen der Aminosäuren in erhitztem Fleisch reagieren und die sogenannten *Nitrosamine* bilden können, von denen viele nachgewiesenermaßen bei Versuchstieren Krebs auslösen und wahrscheinlich auch beim Menschen karzinogen wirken. Kochschinken ist insofern ein besonderer Fall, als die hohen Temperaturen, bei denen er gegart wird, die Bildung von Nitrosaminen besonders stark fördern. Aus diesem Grund ist bei der Haltbarmachung von Kochschinken in den USA weniger Nitrit zulässig als bei der Konservierung anderer Fleischsorten.

All das mag sich furchterregend anhören, aber auch wer Nitrite und Nitrosamine meiden will, muss deswegen nicht auf haltbar gemachtes Fleisch verzichten. In unserer Gesellschaft können wir nicht immer frisches Fleisch essen – einige Fleischprodukte müssen konserviert werden, ehe man sie über größere Entfernungen in den Handel bringt. Gegenüber dem Risiko einer Botulinusvergiftung ist ein kleiner und sorgfältig kontrollierter Nitritanteil eher ein Gewinn.

Andererseits sollte man vielleicht so umsichtig sein, den Gott der Nitrosamine nicht dadurch herauszufordern, dass man mehrere Packungen Zigaretten raucht,

* In Deutschland gilt für Fleischerzeugnisse ein Grenzwert von 100 ppm Nitrit, für Rohschinken sind es 150 ppm. – Anm. d. Ü.

während man gleichzeitig 19 Kilo gepökelte Würstchen vertilgt und mit 10 Mass Bier hinunterspült...

Anders gesagt, halten Sie sich von solchen Oktoberfest-Rekordversuchen fern.

Die Extraportion Küchenwissenschaft: Das treibt der Wurst die Schamröte ins Gesicht

Den Zauber der Fleischkonservierung vollbringen die Nitrite, indem sie zunächst selbst zu Stickoxid (NO) reduziert werden. Dieser Vorgang läuft nur langsam ab – hier wirken natürliche Antioxidantien im Fleisch (die Chemiker kennen sie als *Reduktionsmittel*). Das Stickoxid bindet sich dann an Myoglobin, das hauptsächliche Pigment von rotem Fleisch, wobei das noch stärker rot gefärbte Nitrosomyoglobin entsteht (dies heißt *Umrötung*). Nach dem Kochen oder Heißräuchern wandelt sich das Nitrosomyoglobin in Nitrosylhämochromogen (tut mir wirklich leid wegen all dieser Silben), das für die typisch rotviolette Färbung aller mit diesen Verfahren konservierten Fleischsorten verantwortlich ist.

Um die Farbentwicklung zu beschleunigen, setzen die Fleischverarbeiter Reduktionsmittel zu, beispielsweise Natriumerythorbat, eine Form (*Isomer*) des Natriumsalzes der Ascorbinsäure (Vitamin C). Natriumerythorbat (E 316) oder Erythorbinsäure (E 315) sind auf der Liste der Inhaltsstoffe vieler durch Pökeln haltbar gemachter Fleischprodukte aufgeführt, so bei Räucherschinken, Bologneser Wurst, Würstchen und Kochschinken.

Die beim Pökeln verwendeten Reduktionsmittel bewirken noch eine weitere Farbvertiefung. Das im Fleisch enthaltene Myoglobin kann in vielen unterschiedlich gefärbten Formen von Rotviolett über Hellrot bis zu Braun vorkommen (siehe »Wow, braune Cowburger?« auf

S. 247). Reduktionsmittel wandeln die braunen Formen in rote um, indem sie die Eisenatome in den Myoglobinmolekülen von einer Oxidationsstufe (Eisen–III) in eine andere (Eisen–II) überführen. Diese kleine Änderung an den Eisenatomen reicht aus, um den Farbwechsel der Moleküle von Braun zu flammendem Rot zu bewirken.

Steak – weich reiten oder einweichen?

Ich bin Kochlehrer und Kochbuchautor, habe aber eine Frage: Warum schreiben manche Rezepte vor, Fleisch nur für eine oder zwei Stunden zu marinieren? So habe ich beispielsweise Schwein in Orangensaft, Hühnchen in Rumsauce und Lamm in Bier im Programm. Für mich ist es einfacher (denn ich bin dauernd unterwegs), alles entweder über Nacht oder den ganzen Tag lang zu marinieren.

Marinieren (abgeleitet vom lateinischen *mare*, Meer) läuft bekanntlich darauf hinaus, Fleisch, Geflügel oder Fisch vor dem Garen in einem flüssigen Gebräu einzulegen. Damit soll entweder der Geschmack oder die Zartheit gefördert werden. Aus einer Reihe von Gründen kann es für das Marinieren jedoch keine festen Regeln geben. Die jeweils dafür erforderliche Zeit hängt unter anderem von der Art und dem Säuregrad der Marinade sowie von Größe, Form und Konsistenz des Fleisches ab.

Seit eine griechische Meeresgöttin namens Thetis ihren Sohn Achilles, um ihn unverwundbar zu machen, in den Fluss Styx tauchte, hat die Vorstellung von einem heilsamen oder wiederherstellenden Bad unsere Sehnsucht nach schnellen und einfachen Heilmethoden beflügelt. Zahllose Heilbäder und Mineralbadeinrichtungen in aller

Welt profitieren von dieser Sehnsucht: Sie tauchen ihre Kundschaft sowohl buchstäblich als auch im übertragenen Sinn ein. Diese »Heilbäder« können aus Schlamm, Gurkenbrei oder japanischem Steinsaft bestehen. Tatsache ist, dass gutes Wässern in einem Bad gleich welcher (vernünftigen) Zusammensetzung sich einfach rundum gut anfühlt und den Kunden oft genug glücklich entlässt. Leider liegen die Ursachen unserer Krankheiten zumeist tief in unserem Körper, und »kurative« Elixiere dringen einfach nicht in unsere Haut ein wie in ein Löschblatt. (Wer weiß noch, was ein Löschblatt ist?) Diese Tatsache hat die Hersteller zahlloser balsamischer Mischungen, Tinkturen und Salbungen nicht davon abhalten können, unablässig zu behaupten, sie würden »tiefe, durchdringende Schmerzlinderung« oder so etwas in dieser Richtung bieten. Dabei schaffen sie es höchstens, die Haut zu reizen, worauf die örtliche Blutzirkulation zunimmt, um die Reizung zu verringern, und die Haut sich warm anfühlt.

Und wo wir schon in der Nähe zweifelhafter Behandlungsmethoden sind, möchte ich festhalten, dass Magnetfelder tatsächlich in Menschen eindringen können – na und? Die Behauptungen, wonach Bandagen und Pflaster mit eingenähten Magneten die Gesundheit fördern sollen, sind, um in der kulinarischen Terminologie zu bleiben, nichts als Quark.

Dass ich mich gegen Quacksalberei so sehr ins Zeug lege, hat damit zu tun, dass das Baden von Fleisch, wenn Sie mir diese lästerliche Bezeichnung für den menschlichen Körper nachsehen wollen, nicht viel tiefer als oberflächlich wirken kann. Dasselbe gilt für das Marinieren von Rind, Schwein, Geflügel und Fisch, auch wenn wir garantiert keine ganzen Schweine mit Haut und Haar marinieren werden, wie wir das mit Menschen machen.

Marinaden dringen, selbst wenn keine Haut vorhanden ist, nicht ausreichend tief in das Fleisch ein, um über dessen gesamtes Volumen Aromen einbringen zu können. Somit wirkt Marinade vor allem an der Oberfläche – je nach solchen Faktoren wie Dichte und Struktur, Zuschnitt, Alter, Dicke und Temperatur des Fleisches gelangen die Zutaten allenfalls einige Millimeter tief ins Fleisch. Faserige Fleischsorten wie Rindersteak aus dem Bauchlappen können dagegen zwischen den Fasern Kapillarkanäle bieten, die für Marinade durchlässig sind, vor allem, wenn das Fleisch in spitzem Winkel quer zur Faser in kleine Stücke geschnitten ist. Dadurch werden ähnlich wie bei einem schrägen Schnitt durch einen Strohhalm die Öffnungen der Kapillarwege vergrößert – die kreisförmige Öffnung wird zum Oval mit größerer Fläche.

Um einige dieser Ideen zu überprüfen, schnitt ich rohes Fleisch aus dem Bauchlappen in Stücke von 1,5 × 1,5 × 5 Zentimeter, wobei die Maserung in Längsrichtung verlief. Die Faserenden durchschnitt ich mit einem sehr scharfen Messer, um möglichst viele der möglichen Durchlässe zu öffnen, ohne sie zusammenzuquetschen. Dann legte ich die Stücke bei Raumtemperatur unterschiedlich lang (bis zu einer Stunde) in eine aus Wasser, Essig und grüner Lebensmittelfarbe bestehende Pseudomarinade.

Am Ende der jeweiligen Marinierzeit nahm ich das Fleisch heraus und schnitt an den Enden sehr dünne Scheibchen ab, um zu sehen, wie weit die grüne Farbe eingedrungen war. In keinem Fall waren das mehr als ein paar Millimeter.

Es sieht so aus, als würde die Wirkung einer Marinade, ähnlich wie die »heilsamen« Wasser eines Heilbads, nicht tiefer reichen als die oberste Hautschicht, obwohl sie bei längerem Marinieren möglicherweise tiefer eindringen könnte. Auf dem *einen* Experiment lässt sich aber keine

Theorie aufbauen. Wie habe ich doch mehr als einmal am Ende meiner Forschungsaufsätze geschrieben: »Es sind weitere Untersuchungen notwendig, mit denen zu prüfen ist, ob diese Resultate allgemein auf andere Systeme anzuwenden sind.« (Klartext: »Ich brauche mehr Geld.«)

Nachdem das getan und gesagt ist, bleibt festzuhalten, dass das Marinieren von Fleisch eine lange Tradition hat und zweifellos so lange weiterbetrieben werden wird, wie Menschen darin einen Wert sehen. Das Verfahren verändert sicherlich den Geschmack der Fleischoberfläche und beeinflusst den weiteren Garverlauf. Deshalb möchte ich das Thema Marinieren hier auch noch etwas fortsetzen.

Eine Würzmarinade kann, im Unterschied zu einer Marinade, die das Fleisch zarter machen soll, aus einer breiten Palette von Gewürzen bestehen, die in einer Flüssigkeit oder einer Mischung von Flüssigkeiten enthalten sind. Recht häufig sind Marinaden auf Weinbasis, oft mit Kräutern, Gewürzen oder anderen Geschmacksträgern angereichert, von denen man annimmt, dass sie im oder am Fleisch bleiben und beim Garen zu dessen Geschmack beitragen. Je größer die Oberfläche des Fleischstücks ist, desto mehr Möglichkeiten hat die Marinade, den Geschmack zu beeinflussen. Deshalb mariniert man statt dicker Steaks besser Fleisch, das wie für Gulasch oder Kebab in dünne Scheiben oder kleine Würfel geschnitten worden ist. Nach einer gewissen optimalen Zeitspanne dringt Marinade nicht mehr tiefer ein, kann aber den Geschmack in den äußeren Fleischbereichen noch intensivieren.

Anders als allgemein angenommen ist es nicht nur nutzlos, sondern sogar kontraproduktiv, das Fleisch mit einer Gabel anzustechen, um der Marinade mit den Löchern einen Weg zu öffnen. Wegen der Elastizität des Fleisches schließen sich solche Stichöffnungen fast sofort wieder. Außerdem können sich die zunächst verborgenen Spuren der Einstiche später, wenn die Kochhitze das Fleisch schrumpfen lässt, wieder öffnen, weshalb dann möglicherweise Säfte auslaufen. Wird ein dickes Fleischstück jedoch vor dem Marinieren oberflächlich eingeschnitten, so kann das den Geschmack verstärken, weil die Marinade auf eine größere Oberfläche einwirken kann.

Marinaden, mit denen zähe Fleischstücke zarter gemacht werden sollen, enthalten fast immer eine Säure, weil Säuren die Proteine in Muskelgeweben abbauen (*denaturieren*). Doch das vollzieht sich langsam. Kleinere Zuschnitte faserigen Fleisches können zwar weniger lange eingelegt werden, aber säurehaltige Marinaden benötigen in der Regel längere Zeit, um Fleisch zarter und nicht nur aromatischer zu machen.

Je höher der Säuregrad der Marinade, desto kürzer ist die optimale Zeit, in der sie das Fleisch zart macht. In der Reihenfolge ansteigenden Säuregehalts kann eine Marinade Joghurt, Buttermilch, Bier, Tomatensaft, Wein, Orangensaft, Essig, Zitronen- oder Limettensaft enthalten. In der Regel gehört noch Öl in diese Marinaden, weil zähe Fleischsorten auch eher mager und trocken sind. (Ob ein Fleisch »saftig« ist, hängt mindestens ebensosehr vom Fett wie vom Wasser ab.) Fertiges Salatdressing auf Essigbasis kann als Zweifrontenmarinade dienen, weil Essig zart macht, während Öl und Gewürze Saftigkeit und Aroma verbessern.

Doch wie lange, o Gott? Angesichts all dieser Variablen kann es keine allgemeingültigen Empfehlungen für die Dauer des Marinierens geben. Überlieferte Weisheit sagt uns aber, dass Fisch zumeist zart und halbwegs porös ist, weshalb er nur für 10–15 Minuten mariniert werden muss. Bei dichtfleischigem Fisch wie Thunfisch und Lachs kann die doppelte Zeit erforderlich sein. Hähnchen ohne Haut benötigen vielleicht 2–4 Stunden, mit Haut können es 6 Stunden oder mehr sein. Verschiedene Zuschnitte von Rind und Schwein mariniert man gewöhnlich 4–8 Stunden, also »über Nacht«, wenn man den längsten Zeitraum betrachtet. Verbleibt das Fleisch wesentlich länger in der Marinade, kann deren Säure die Proteinmoleküle in dichtere, kompaktere Formen umwandeln, was die Oberfläche zäher macht. Schlafen Sie also nicht allzu lang in den Tag hinein, und erwarten Sie keine Wunder. Zartheit gibt es nur, wenn Sie zartes Fleisch wählen oder es lange und mit viel Flüssigkeit garen.

Nach all diesen Vorbemerkungen kommen wir nun zur obersten Regel für das Marinieren: Man halte sich an das Rezept. Jedes vernünftige Rezept ist vor der Veröffentlichung immer wieder ausprobiert worden. Die Dauer des Marinierens ist einfach eine weitere Zutat wie die Menge an gehackter Zwiebel oder an Knoblauch, und damit sollte man nicht herumspielen (abgesehen davon, dass man meiner Ansicht nach stets mehr Knoblauch verwenden kann).

Am einfachsten ist Fleisch in einem verschließbaren Plastikbeutel zu marinieren, aus dem man, ehe man ihn schließt, möglichst viel Luft herausdrückt, damit die Flüssigkeit optimal mit dem Fleisch in Kontakt kommt. Sicherheitshalber sollte man das Paket dann in den Kühlschrank legen. Wer das Fleisch beim späteren Grillen mit der Marinade bepinseln oder aus ihr eine Sauce zubereiten will, der sollte einiges davon beiseite stellen, *bevor* er das Fleisch zugibt – denn selbst im perfektesten Haushalt kann rohes Fleisch krankmachende Bakterien beherbergen. Nach dem Marinieren sollte die Marinade dann weggeschüttet werden.

Fajitas mit mariniertem Rinderzwerchfell*

Das Zwerchfell (amerikanisch skirt steak*) trennt Brustraum und Eingeweidehöhle des Tieres voneinander und schmeckt kräftig nach Rindfleisch. Es war lange Zeit hindurch nicht leicht zu bekommen, aber seit die mexikanischen Fajitas in den USA immer beliebter werden, wird es relativ häufig angeboten. Da das flache und grobfaserige Fleischstück ziemlich zäh ist, eignet es sich gut zum Marinieren.*

Unter Fajita *verstehen die Mexikaner eine kleine Bauchbinde, einen Kummerbund oder einen Pfannkuchen. Die Fajitas zum Essen heißen nach der Methode, in der Fleisch und andere Zutaten in eine Tortilla gewickelt werden.*

Eine Portion Maischips als Beilage und eine Schüssel mit warmen schwarzen Bohnen oder einem kühlen Salat aus diesen Bohnen passen gut zu diesem Gericht.

30 Milliliter Olivenöl
30 Milliliter frisch gepresster Limettensaft
2 grob gehackte Knoblauchzehen
1 grob gehackte Chilischote
1 Kilogramm Rindfleisch (Zwerchfell, Brust oder Bauchlappen)
2 große, in Scheiben geschnittene Zwiebeln
12 Tortillas aus Weizen- oder Maismehl, Durchmesser ca. 20 Zentimeter
Grobes Salz und frisch gemahlener Pfeffer
Avocadocreme zum Anrichten
Salsa** zum Anrichten

1. Olivenöl, Limettensaft, Knoblauch und Chilischote mit dem Mixstab oder in der Küchenmaschine gemeinsam pürieren und glatt rühren. Das Fleisch auf allen Seiten mit der Mischung

* Da Rinder in Deutschland anders zerlegt werden, ist dieser spezielle Zuschnitt bei uns kaum erhältlich. Das Rezept lässt sich aber auch mit anderen grobfaserigen Rindfleischstücken wie Brust oder Bauchlappen nachvollziehen, soweit das Fleisch gut abgehangen ist. – Anm. d. Ü.

** Avocadocreme und die Chilisauce namens Salsa kauft man am besten fertig, da das Rezept sonst zu aufwendig wird. – Anm. d. Ü.

überziehen und in eine Schüssel oder einen verschließbaren Plastikbeutel legen. Zugedeckt oder im verschlossenen Beutel für mindestens 2 und bis zu 8 Stunden im Kühlschrank marinieren lassen. Vor dem Kochen wieder auf Raumtemperatur bringen.
2. Grill einschalten oder Backrohr auf 150 °C vorheizen.
3. Zwiebelscheiben grillen und im Herd warm halten. Tortillas in ein leicht angefeuchtetes Geschirrtuch packen und in einer Pastetenform oder auf einem Backblech im Herd erwärmen und dämpfen.
4. Fleisch maximal 5 Minuten auf jeder Seite grillen. Es sollte nicht ganz durch sein. Auf ein Schneidebrett legen und mindestens 5 Minuten ruhen lassen.
5. Das Fleisch mit schräg geführter, scharfer Messerklinge quer zur Faser in dünne Scheiben schneiden. Scheiben mit grobem Salz und Pfeffer würzen.
6. Die Gäste können ihre Fajitas nach Belieben selbst zusammenstellen. Dazu eine Tortilla in der Hand halten und Fleischstreifen, Grillzwiebeln und löffelweise Avocadocreme und Salsa daraufgeben. Mit dem Einrollen der Füllung erhält man ein Gericht, das sich aus der Hand essen lässt.

Ergibt 4 Portionen.

Es klingt in den Ohren: Ein Lob für das Schmoren

Ich kenne mich mit fast allen Garmethoden wie Kochen, Köcheln, Dämpfen, Herausbacken, Sautieren, Braten und Grillen aus. Einige davon arbeiten mit trockener, andere mit feuchter Hitze. Probleme bereitet mir das Schmoren, das anscheinend Feuchtigkeit und Trockenheit verbindet. Was genau ist Schmoren, und wodurch unterscheidet es sich von anderen Verfahren?

Am liebsten definiere ich das Schmoren als zweistufiges Verfahren: Erst bräunt man das Fleisch, um seinen Geschmack zu heben, dann köchelt man es, damit es zart wird. Als Ergebnis bekommt man Schmorbraten oder Frikassee, die gleichermaßen zart, saftig und aromaintensiv sind. Ohne das Anbraten am Anfang kann eine einzigartige Fülle von Geschmacksnuancen verloren gehen. Nichtsdestoweniger stellen viele Autoren das Schmoren ausschließlich als den nassen Schritt des Garens dar, wozu sie auch das Schmoren im sogenannten Slow-cooker* rechnen. Hier wird das Fleisch am Anfang nicht angebräunt, weil das Gerät nicht dafür ausgelegt ist, die erforderliche Anbrathitze zu erzeugen. Man könnte das Fleisch zwar in der Pfanne anbraten, die man dann mit ein wenig von der Flüssigkeit ablöscht, die für das Kochgerät vorgesehen ist. Damit verliert man aber einen der Vorteile dieses Kochtopfs: keine Pfanne, die sauber zu machen wäre.

Ob das Anbräunen nun in die Definition aufgenommen wird oder nicht – manche Rezepte zum Schmoren sehen den Schritt nicht vor, und die Ergebnisse sind ausgezeichnet. Auf alle Fälle schmoren wir heute, um widerspenstige Fleischzuschnitte wie Brust, Hals, Bauchlappen, Keule und Schwanzstück zu besiegen, die ansonsten hartnäckig zäh und im Geschmack relativ unbeeinflusst bleiben würden.

Sehen wir uns zunächst das Anbräunen an. In der Politik mag Schwarz ja für viele die Farbe der Wahl sein, aber beim Essen ist Braun die bevorzugte Farbe vieler

---

* Dieser Kochtopf mit eingebauter elektrischer Beheizung ist in Deutschland kaum im Handel und wird entsprechend selten verwendet. Er erlaubt es, Speisen langsam und bei der relativ niedrigen Temperatur von etwa 93 °C zu garen. – Anm. d. Ü.

Gerichte: Unser Fleisch mögen wir außen schön gebräunt, und Brot sollte eine dunkle oder leicht braune (häufig als »golden« glorifizierte) Kruste haben; Toast schmeckt besser als ungetoastetes Brot; gegrillte Steaks sind uns lieber als gekochtes Rindfleisch. Die durch Hitze hervorgerufene Bräunung diente lange Zeit dazu, unseren Speisen mehr Aroma zu vermitteln. Beim Schmoren würden wir, wenn wir das einleitende Anbräunen ausließen und Fleisch wie auch Gemüse nur kochten, viel vom Geschmack des fertigen Gerichts preisgeben.

Im ersten Schritt des Schmorens bräunen wir das Fleisch, indem wir es in einem schweren, später zugedeckten Topf in wenig heißem Öl auf allen Seiten scharf anbraten. Beim scharfen Anbraten läuft eine Reihe verwickelter chemischer Reaktionen ab, die zu den gebräunten Produkten führen. Diese Reaktionen sind nach dem französischen Chemiker Louis Camille Maillard (1878–1936) benannt, der diesen ersten Schritt als Reaktion eines sogenannten reduzierenden Zuckers (z.B. Fruktose, Laktose, Maltose und Glukose) mit einem Protein beschrieb – genauer gesagt als Reaktion der Carbonylgruppe des Zuckers mit der Aminogruppe des Proteins. Nach diesem ersten Schritt folgen weitere komplexe Reaktionen, aus denen dunkle und vorwiegend aromatische und wohlschmeckende Polymere hervorgehen, aber auch einige bittere oder (leider) auch mutagene – diese erhöhen das Risiko vererbbarer genetischer Schäden.

Ich halte es für wenig zweckmäßig, Sie weiter in das Dickicht von Glykosylaminen, Desoxyosonen und Amadori-Umlagerungen zu locken und Sie dann in einer Art Niemandsland, wo die Wege sich verlieren, sich selbst zu überlassen. Die meisten Chemiker (und ich schließe mich ihnen an) ziehen sich einfach aus der Affäre, indem sie all die am Ende dunkelbraunen, stickstoffhaltigen Verbindungen als *Melanoidine* bezeichnen (der Begriff kommt vom griechischen *melas,* schwarz oder sehr dunkel).

Nun rasch zur zweiten Stufe des Schmorens, wo wir ein wenig Flüssigkeit – Fleischbrühe, Wein, Apfelwein oder Bier – zu dem schön gebräunten Fleisch geben sowie, falls vom Rezept verlangt, das separat gebräunte Gemüse. Hier kommt der Unterschied zwischen Schmoren und Kochen ins Spiel: Beim Schmoren wird nur wenig Flüssigkeit verwendet, beim Kochen dagegen sind Fleisch und Gemüse ganz mit Flüssigkeit bedeckt. Wenn das Fleisch in der Schmorflüssigkeit köchelt, verdampft das Wasser, kondensiert an der Innenseite des Deckels und tropft wieder ab, wodurch das Fleisch knapp unter der Siedetemperatur ständig beträufelt wird. Diese Verbindung aus Hitze und Feuchtigkeit wandelt das Kollagen, eines der wichtigsten Fleischproteine, in eine als Gelatine bezeichnete andere Form um.

Unter den Proteinen im Körper von Säugetieren macht Kollagen etwa 20–25 Prozent aus; es findet sich vor allem im Bindegewebe, also in den Hüllen der Muskelfasern und den zähen Sehnen und Bändern, welche die Skelettmuskeln mit den Knochen verbinden. Aus ihrer Position im Tierkörper lässt sich ableiten, dass es das Kollagen ist, was Fleisch zäh macht. Wenn man es jedoch in feuchter Umgebung für längere Zeit erhitzt – genau das geschieht beim Schmoren –, dann werden die Kollagenmoleküle verändert. Ihre Struktur, die drei spiralförmig verflochtenen Spaghettisträngen ähnelt, zerfällt in eine Reihe kleiner, unregelmäßiger Kringel, die an eine Ansammlung winziger Sprungfedern erinnern. Das sind die Gelatine-Moleküle. Sie sind viel weicher als das Kollagen und besitzen die erstaunliche Fähigkeit, zwischen den einzelnen Elementen ein Mehrfaches ihres eigenen Gewichts an Wasser aufzunehmen.

Osso Buco

Dies ist eines der besten (und köstlichsten) Beispiele dafür, wie das Kollagen der zähen Bindegewebe im Fleisch rund um einen Knochen unter dem Einfluss von feuchter Hitze zu weicher, glatter Gelatine wird.

Für dieses Gericht ist ein möglichst schwerer, am besten emaillierter Topf mit passendem Deckel zu verwenden. Beim Einkauf darauf achten, dass der Knochen jeder Beinscheibe vom Kalb im Zentrum Mark enthält. Bei manchen Knochen ist das nicht der Fall. Jeder Gast erhält ein kleines, schmales Messer (auch eine Hummergabel ist geeignet), damit er das cremige Mark herauslösen kann. Auf Toast und mit Salz und Pfeffer bestreut ist das Mark die reine Freude. Serviert werden die Beinscheiben mit gebackener Polenta (S. 205), dazu reicht man knuspriges Bauernbrot.

4–6 Scheiben à 250–350 Gramm von der Kalbshaxe, etwa 4 Zentimeter dick
Etwa 60 Gramm Universalmehl
Etwa 50 Milliliter Olivenöl
Salz und frisch gemahlener Pfeffer
1 Anchovisfilet
4 gehackte Knoblauchzehen
2 kleine geschälte und geschnippelte Karotten
1 in Scheiben geschnittene Zwiebel
1 in Scheiben geschnittene Selleriestange
150 Milliliter trockener Weißwein
150 Milliliter Tomatenpüree

Gremolada:
1 Bund Petersilie, gehackt
1 Knoblauchzehe, in feine Scheiben geschnitten
1 Esslöffel abgeriebene Zitronenschale
Salz und frisch gemahlener Pfeffer

1. Backrohr auf 160 °C vorheizen.
2. Die Beinscheiben in Mehl wenden, überschüssiges Mehl abschütteln. In einem schweren Schmortopf 2 Esslöffel Olivenöl bei mittlerer Hitze 1 Minute lang anwärmen, 2 Beinscheiben

hineinlegen, auf jeder Seite 4–5 Minuten anbräunen und dabei mit Salz und Pfeffer würzen. Nicht zu viel auf einmal braten. Fleisch auf einem Teller beiseite stellen und die nächsten beiden Scheiben in gleicher Weise anbraten. Bei 4 Beinscheiben dauert der ganze Vorgang etwa 15–20 Minuten.

3. Das restliche Öl und das Anchovisfilet in den Topf geben, Fischfilet im Öl zerdrücken. Knoblauch, Karotten, Zwiebel und Sellerie hinzufügen, Flamme auf mittlere Hitze zurückdrehen und das Gemüse unter gelegentlichem Umrühren ungefähr 10 Minuten weich kochen.

4. Beinscheiben in einer Lage in das Gemüse einbetten. Wein und Tomatenpüree in einer kleinen Schüssel mischen und über das Fleisch gießen.

5. Den Topf mit einem gut schließenden Deckel zudecken und ins Rohr schieben. 1½–2 Stunden garen, bis das Fleisch zart ist und sich vom Knochen löst und die Flüssigkeit reduziert ist. Etwas Wein oder Wasser nachgießen, falls die Mischung beim Garen zu trocken zu werden droht.

6. *Gremolada:* Kurz vor dem Anrichten Petersilie, Knoblauch und geriebene Zitronenschale in einer kleinen Schüssel vermengen.

7. Das servierfertige Fleisch in eine vorgewärmte tiefe Platte legen, zudecken und warmhalten. Manche Köche passieren die Sauce durch, andere ziehen es vor, das Gemüse unverändert zu lassen. Die Gremolada in die Sauce geben und mit Salz und Pfeffer abschmecken. Den Topf auf mittlerer Hitze für 2 Minuten köcheln lassen.

8. Die Sauce über das Fleisch gießen und alles sofort servieren.

Ergibt 4 reichliche Portionen.

Die Extraportion Küchenwissenschaft: Warum anbräunen?

Wie kommt es, dass wir unsere Steaks in der Pfanne oder auf dem Grill nicht etwa »angrünen« oder »anröten«, sondern anbräunen?

Zunächst sollten wir nicht vergessen, dass die Farbe

Braun nichts anderes ist als ein intensives Gelb. Demnach machen wir unsere Speisen also gelb – wir wenden Wärme an, um eine hohe Konzentration gelber chemischer Verbindungen zu erreichen.

Na gut, aber warum das Gelb? Eine Substanz erscheint gelb, weil sie aus dem alle Farben umfassenden Spektrum des Sonnenlichts – das wir »weißes« Licht nennen – vor allem das Blau absorbiert. Wenn einiges von dem Blau herausgefiltert ist, enthält das zu unseren Augen zurückgestrahlte Licht einen größeren Anteil der Komplementärfarbe Gelb.

Aber warum absorbieren unsere »angebräunten« Speisen vor allem blaues Licht? (Bleiben Sie dran, wir kommen der Sache näher.)

Wenn ein Molekül eine »Portion« der Energie des sichtbaren Lichts (ein *Photon*) absorbiert, so findet das in den Elektronen des Moleküls statt. Diese gelangen dabei auf ein höheres Energieniveau – sie werden sozusagen ein Stück die Treppe raufgekickt. Die Elektronen unterschiedlicher Moleküle sind hinsichtlich der von ihnen absorbierten Energiebeträge – der Zahl der Stufen, die sie sich nach oben befördern lassen – sehr eigenwillig, und das entspricht den spezifischen Lichtenergien, die sie absorbieren wollen und können. Das sagt die Quantentheorie.

Die bei den Maillard-Reaktionen und der Karamellisierung produzierten polymeren Verbindungen bestehen aus sehr großen Molekülen, die ihre Elektronen relativ stark an sich binden. Diese können demzufolge aus dem Licht vor allem die Photonen mit höherer Energie absorbieren. Nun ist das für menschliche Augen sichtbare Licht mit der höchsten Energie blau, und wenn Blau absorbiert wird, so erscheint das restliche Licht als gelb – oder braun, sofern es stärker ist.

Macht kaltes Bein die Brühe fein?

Aus Kochbüchern entnehme ich, dass ich für eine Fleischbrühe die Knochen und das Gemüse immer kalt aufsetzen soll, weil sie so mehr Geschmack gewinnt. Mir kommt es so vor, als sei das falsch. Lösen die meisten Substanzen sich nicht besser in heißem als in kaltem Wasser?

Das ist richtig. Sie müssen nur mal ausprobieren, wie würzig Ihre Brühe wird, wenn Sie die Zutaten stundenlang in kaltem Wasser ziehen lassen, ohne sie je zu kochen.

Kochbücher sagen einem zwar, wie man aus Fleisch- oder Fischknochen und/oder Gemüse einen konzentrierten wässrigen Auszug, also eine Brühe, herstellt, erklären aber selten die Gründe für einzelne Schritte. Das ist nachvollziehbar, weil ein Kochbuch einem dabei helfen soll, die Arbeit richtig zu erledigen. Andererseits merkt man sich ein Verfahren leichter, wenn man seinen Sinn versteht, als wenn es nur die Anweisung gibt, man solle etwas tun oder unterlassen. Wer die Gründe hinter den Anweisungen erfasst (wozu das vorliegende Buch hoffentlich beiträgt), benötigt beim nächsten Mal vielleicht kein Kochbuch mehr und kann auf eigene Faust (hm, kochen mit der Faust?) etwas ausprobieren.

Man unterscheidet »braune« Brühe, bei der Knochen und vielleicht auch Gemüse im Rohr geröstet und damit angebräunt wurden, ehe sie in den Topf kamen, und »helle« Brühe, die nicht wirklich hell, sondern nur nicht braun ist. Kalbs- und Rinderbrühe sind meist braun, während Hühner- und Gemüsebrühe in der Regel hell sind.

Trockenes Anrösten vor dem Köcheln in Wasser verleiht einer Brühe aufgrund der Maillard-Reaktionen eine unvergleichliche Aromenfülle. Dabei kommt es zu chemischen Reaktionen zwischen den Proteinen und Kohlenhydraten in den fleischigen bzw. knorpeligen Anhängseln der Knochen (siehe S. 264). Ohne die Maillard-Bräunung gäbe es diese Geschmacksnuancen in der Brühe nicht. Die anderen (»nassen«) Geschmacksbestandteile bekommen jedoch immer noch ihre Chance, sobald das Wasser wärmer wird und zu kochen beginnt.

Sehen wir uns einige der Gründe an, die hinter den üblichen Anweisungen für die Zubereitung einer Brühe stehen:

– *Setzen Sie Knochen und Gemüse stets in kaltem Wasser auf.* Die Aussage, auf diese Weise würde »das meiste Aroma« extrahiert, ist irreführend. Denn das kalte Wasser zieht keineswegs mehr von den für den Geschmack verantwortlichen Verbindungen heraus als heißes. Wirft man allerdings Knochen und Gemüse gleich in kochendes Wasser, so sind einige der geschmacksintensiven Proteine während der anschließenden Kochperiode nicht mehr so leicht zu extrahieren. Folglich wird man am Ende mehr Aroma erhalten, wenn man nicht mit heißem Wasser beginnt.

Hier ist die Begründung: Setzt man Proteine hohen Temperaturen aus, so werden sie umgebaut (*denaturiert*). Das heißt, zunächst entfalten sich ihre gekräuselten Moleküle, um sich anschließend zu dichteren und verwickelteren Strukturen zusammenzulagern. Wasser kann die geschmacksintensiven Moleküle aus dieser geronnenen Form schwerer herauslösen als aus den Proteinen in der ursprünglichen Gestalt. Damit wir das Maximum an Geschmack ins Wasser überführen können, sollen die Proteine sich nicht vorzeitig dichter aneinanderlagern.

Setzt man Knochen und Gemüse in kaltem Wasser auf, so haben die wasserlöslichen Proteine (einige von ihnen sind wasserlöslich, andere nicht) reichlich Zeit, sich im Wasser zu lösen, ehe sie durch die Denaturierung unlöslich werden und nicht mehr zu erschließen sind. Außerdem haben in diesem Stadium mit niedriger Temperatur einige unerwünschte wasserlösliche Verunreinigungen – beispielsweise jene im Blut – die Zeit, sich im Wasser aufzulösen. (Um Blutflecken aus Gewebe zu entfernen, weicht man die Textilien in kaltem Wasser ein, weil heißes Wasser den Fleck wegen der Gerinnung der Proteine »fixieren« würde.)

Wird die Brühe nach dem kalten Aufsetzen allmählich erhitzt, so gerinnen diese unerwünschten, in der ganzen Flüssigkeit verteilten Proteine nach und nach und bilden relativ große Teilchen einer schmierigen Masse. Währenddessen schmilzt auch einiges von dem Fett an den Knochen und steigt an die Oberfläche. Auf dem Weg nach oben trifft das flüssige Fett auf die geronnenen Proteinpartikel und bildet darauf einen Überzug. Der sorgt als eine Art Schwimmweste dafür, dass die Teilchen sich als fettiger Schaum an der Oberfläche sammeln und dort abgeschäumt werden können.

Demgegenüber würden beim Aufsetzen in heißem Wasser die verunreinigenden Proteine schneller gerinnen und eine Schmiere aus kleineren Partikeln bilden. Diese setzen sich weder ab, noch werden sie vom aufsteigenden Fett eingefangen. Sie verbleiben als Suspension in der Flüssigkeit und machen sie trüb. (Beim kalten Aufsetzen gibt es eine Ausnahme: Viele Köche ziehen es aus jeweils eigenen Gründen vor, das Gemüse erst dazuzugeben, wenn das Wasser heiß ist.)

- *Die Knochen sollen mit dem kalten Wasser gerade bedeckt sein.* Zu viel Wasser ergäbe eine Brühe mit weniger Geschmack, und man möchte die extrahierten Aromen ja in kräftiger Konzentration erhalten. Bei zu wenig Wasser würden andererseits einige Knochen in die Luft ragen. Damit wären nicht nur deren Aromabestandteile für die Brühe verloren – Wasser kann Aromastoffe nur aus den Teilen extrahieren, die von ihm umgeben sind –; die herausstehenden Knochen könnten auch austrocknen, nachdunkeln und die Brühe verfärben, was besonders dann zu berücksichtigen ist, wenn man eine helle Brühe zubereitet. Deswegen ist es erforderlich, das beim Kochen verdampfende Wasser immer wieder auf das richtige Niveau aufzufüllen.

- *Wasser aufkochen lassen, dann die Hitze sofort reduzieren und nur noch köcheln lassen.* Warum soll eine Brühe nur schwach köcheln und nicht wallend kochen? Hauptsächlich deswegen, weil die heftige Bewegung beim sprudelnden Kochen jene Ansammlungen fettüberzogener Schmiere aus geronnenen Proteinen in kleinste Teilchen zerlegen würde. Diese werden vom Schaumlöffel nicht erfasst, und so kriegen Sie am Ende doch wieder eine trübe Brühe.

Brühe aus Rinder- oder Kalbsknochen muss am längsten (6–8 Stunden) köcheln, weil diese Knochen relativ groß sind und das Wasser nur schwer an die Geschmackskomponenten herankommt. Deshalb sollten die Knochen hier auch in Stücke von höchstens 5–7 Zentimetern zerlegt sein. Für Hühnerbrühe genügen wegen der kleineren Knochen in der Regel 3–4 Stunden, während Fisch und Gemüse lediglich 30–45 Minuten köcheln müssen. Ziel ist es, möglichst viele gute Aromabestandteile zu extrahieren und ein Maximum des Kollagens aus dem Bindegewebe in Gelatine zu verwandeln – die Gelatine gibt der Brühe Körper und Glätte.

Kocht man eine Brühe jedoch zu lange, können manche Geschmackskomponenten zerfallen oder weniger erwünschte Eigenschaften annehmen. (Das gilt vor allem für Fischsud, weil hier die Proteine der Muskeln instabiler sind als jene der Muskeln von Landtieren.) Manche Küchenchefs lassen ihre Brühe möglicherweise 6–8 Stunden köcheln und reduzieren sie nach dem Abseihen sogar noch weiter. Für kleinere Mengen im normalen Haushalt sollten aber 3–4 Stunden vollauf genügen. Das ergibt den besten Kompromiss, wenn man einerseits möglichst viel Gelatine extrahieren, andererseits aber den maximalen Geschmack erhalten will. Kürzere Kochzeiten führen in der Regel zu einer dünneren und weniger aromatischen Brühe.

– *Häufig abschäumen.* Der Schaum besteht, wie wir gesehen haben, weitgehend aus unlöslichen, geronnenen Proteinen. Das bringt einen nicht um, ist aber unappetitlich. Lässt man die Proteine während des Kochens im Wasser, so verhärten sie sich sogar noch mehr und bilden schmierige graue Flocken, die teilweise entlang der Wasserlinie am Topfrand kleben bleiben wie eine Art (Pardon für den Vergleich) Badewannenring.

Abschäumen sollte man mit einem richtigen Schaumlöffel (als Drahtnetz oder gelochter großer Löffel ausgelegt) und *nicht* mit einem beliebigen Löffel. Ein Schlitzlöffel lässt den Schaum einfach durchgleiten, und mit dem normalen Löffel erwischt man nicht nur den Schaum, sondern auch die schwimmende Schicht aus Fett, die viel Geschmack in sich trägt – mit ihr befassen wir uns später.

Nach der vorgeschriebenen Kochzeit entfernt man die Knochen und das Gemüse (hier kommt der Schlitzlöffel zum Einsatz) und seiht die verbleibende Flüssigkeit durch zwei oder drei Lagen Käseleinen.

Nun fragen Sie vielleicht, was das ganze Bohei zur Vermeidung trüber Bestandteile soll, wenn man am Ende sowieso alles abseiht? Nun, selbst die Filtration durch mehrere Lagen Baumwollgewebe kann die sehr kleinen, für die Trübung von Flüssigkeiten verantwortlichen Schwebeteilchen (die *Kolloide*) nicht entfernen.

– *Brühe rasch abkühlen.* Brühe ist für Bakterien ebenso lecker wie für Menschen, also ein großartiges Nährmedium. Lässt man sie zu langsam abkühlen, bleibt sie vielleicht zu lange in der für das Gedeihen der Bakterien besonders günstigen Temperaturspanne zwischen 4 und 60 °C (siehe auch »Bakterien in Ritterrüstung«, S. 276).

In Restaurants gibt es tiefe Spülbecken mit Überlauf, in denen kaltes Wasser um riesige Töpfe mit heißer Fleischbrühe zirkuliert. Zu Hause kann man den Topf in ein Spülbecken stellen, das bis zur Höhe des Flüssigkeitsspiegels im Topf mit kaltem Wasser gefüllt ist (ein höherer Wasserstand würde den Topf aufschwimmen lassen). Die Brühe sollte regelmäßig umgerührt und das Kühlwasser erneuert werden, sobald es zu warm geworden ist.

– *Die durchgeseihte, abgekühlte Brühe im Kühlschrank weiter abkühlen und das verfestigte Fett von der Oberfläche entfernen.* Das geschieht nicht allein wegen der üblichen Fettphobie, sondern weil das Fett, während es fest wird, auch einiges von dem fettigen Treibgut einfängt, das dem Schaumlöffel entkommen ist. Es ist auf der

Unterseite des Fettkuchens zu sehen. Fett ist aber auch ein Geschmacksträger – man sollte nicht zu pingelig sein. Besonders bei Hühnerbrühe dürfte man gern etwas von dem Fett behalten wollen.

Die Extraportion Küchenwissenschaft: Köcheln und Kräuseln

Richtiges Köcheln erkennt man daran, dass nur ab und zu ein Bläschen an die Oberfläche kommt. Bläschen sind kleine Portionen Wasserdampf. Sie entstehen am Topfboden, wo die Temperatur am höchsten ist. Von dort steigen sie auf, doch der größte Teil wird auf dem Weg nach oben abgekühlt und wieder zu Flüssigkeit – die Bläschen fallen zusammen und kommen nicht bis zur Oberfläche. Nur jene, die den ganzen Weg schaffen, betrachten wir als »echte Bläschen«.

In manchen Kochbüchern wird Köcheln durch Angabe bestimmter, oft weit auseinanderliegender Wassertemperaturen irgendwo unterhalb von 100 °C definiert. Die exakte Temperatur eines köchelnden Topfinhalts hängt jedoch von den Eigenschaften des Brenners, des Topfes und seines Inhalts ab, ganz zu schweigen von der Höhenlage der Küche über dem Meeresspiegel und vom Wetter.

Folglich braucht man gar nicht erst damit anzufangen, eine bestimmte Temperatur zu erreichen, sondern kann die kleine Zahl der gelegentlich aufsteigenden Blasen als Kriterium heranziehen.

Betrachtet man einen Topf mit Wasser, das gerade aufgeheizt wird und allmählich zu köcheln beginnt, noch ehe die ersten Bläschen oben ankommen, so sieht man, wie die Oberfläche sich kräuselt. Dieses Kräuseln entsteht durch Konvektionsströmungen – heißes Wasser steigt schwallweise durch Bereiche mit kälterem Wasser auf und gibt an den Grenzflächen Wärme ab, worauf es etwas abgekühlt wieder nach unten sinkt. Die von der Umkehr der Bewegungsrichtung ausgelösten geringfügigen Störungen an der Wasseroberfläche erzeugen einen sichtbaren Kräuseleffekt.

Bakterien in Ritterrüstung

Was soll die Vorsichtsmaßnahme, bei Suppe oder Fleischbrühe durch schnelles Abkühlen zu verhindern, dass Bakterien wachsen können? Das Zeug hat schließlich für mehr als eine Stunde vor sich hingeköchelt. Dadurch müsste es doch sterilisiert worden sein, und wenn ich es beim Abkühlen zudecke, sollten auch keine neuen Bakterien zum Dinner einfallen können.

Leider werden bei 100 °C nicht alle Bakterien abgetötet. Einige können überleben, weil sie sich mit einer praktisch unangreifbaren Hülle ausrüsten. Sie werden dann als Sporen bezeichnet.

Die meisten Bakterien pflanzen sich durch Zweiteilung fort, das heißt, jeder Organismus spaltet sich in zwei neue Organismen auf. Deshalb können sie sich mit exponentiellen Zuwachsraten vermehren, also ihre Zahl beispielsweise von 5000 auf 10 000, auf 20 000 und dann auf 40 000 vermehren und so weiter, wobei diese Verdoppelung oft innerhalb von 10 Minuten abläuft. Dabei wächst die Population auf bis zu 10 Milliarden Exemplare pro Milliliter Ihrer Suppe oder Brühe, ehe ihr die Nahrung ausgeht.

Unter Bedingungen, die für ihr Wachstum nicht so günstig oder ganz und gar schädlich sind, können einige Bakterienarten (und Pilze) als Sporen überleben – als schlafende und praktisch unzerstörbare Formen. Im Schutz ihrer zähen, hornartigen Panzer sind Sporen imstande, so lebensfeindliche Bedingungen wie kochendes Wasser, Nahrungsentzug, Trockenheit, Frost, ultraviolettes Licht, ätzende Chemikalien und selbst Heavy Metal Rock zu überstehen. Unter günstigeren Umständen – wenn etwa Ihre Brühe auf eine angenehme Vermehrungstemperatur abgekühlt ist – können die Sporen sich in vollständige, neue Individuen umwandeln, die ihre Fortpflanzung auf normale Weise wieder aufnehmen.

Eine verbreitete Gattung sporenbildender Bakterien, die sich in Erde, Wasser und den Verdauungssystemen von Mensch und Tier findet, ist *Clostridium*, speziell die Art *C. perfringens*, eine häufige Ursache von Lebensmittelvergiftungen, sowie die weit seltenere Art *C. botulinum*, welche das Botulinus-Toxin, eines der stärksten bekannten Gifte überhaupt, produziert. Bakterien der Gattung *Clostridium* benötigen keinen Sauerstoff, tatsächlich können sie an der Luft nicht überleben – ein Topf mit Fleischbrühe ist also die perfekte Umgebung für ihr Gedeihen.

Um Sporen abzutöten, benötigt man erheblich höhere Temperaturen als 100 °C. Deshalb werden medizinische und chirurgische Instrumente im Autoklav, einer Art Dampfkochtopf, sterilisiert. Unter höherem Druck siedet das Wasser bei höherer Temperatur. Dampfkochtöpfe und Autoklaven sind geschlossene Behälter, in denen sich ein so hoher Dampfdruck aufbaut, dass die Siedetemperatur des Wassers auf ungefähr 141 °C steigt – das überleben die meisten Bakteriensporen nicht.

Knochenbiegen für Anfänger

Als ich noch bei meiner Mutter auf den Knien saß, hat sie mir beigebracht, bei der Zubereitung von Fleischbrühe ein wenig Säure – Zitronensaft, Essig oder Wein – dazuzugeben, weil damit mehr Kalzium aus den Knochen gelöst würde. Funktioniert das denn?

Ja, in ganz geringem Maß.

Knochen sind eine Verbindung aus zwei verschiedenen Substanzgruppen: erstens weiche, organische Zellen, die bei Köcheln einer Fleischbrühe vom Wasser teilweise extrahiert werden, und zweitens ein festes, anorganisches Mineral, das sich weder nennenswert löst noch irgendein Aroma liefert. Dieses sowohl in Knochen als auch in Zähnen vorliegende Mineral ist vor allem eine Kalziumphosphatverbindung namens Hydroxyapatit, die, wie Ihr Zahnarzt Ihnen eilfertig mitteilen wird, von Säuren angegriffen wird (bei Karies werden die Säuren von Bakterien produziert).

Sofern nicht sehr starke Säuren beteiligt sind, dauert es geraume Zeit, eine größere Menge des Kalziumphosphats aus den Suppenknochen zu lösen. Die kleinen Mengen relativ schwacher Säuren in Zitronensaft, Essig oder Wein extrahieren selbst nach stundenlangem Köcheln nur wenig Kalzium.

Zum Spaß können Sie aber Folgendes probieren: Legen Sie einen gekochten und gut gesäuberten Hühnerknochen (der Schenkel eignet sich gut dafür) in ein Schraubglas mit unverdünntem Essig und lassen Sie alles verschlossen vier oder fünf Wochen stehen. Die Säure des Essigs löst so viel Hydroxyapatit heraus, dass vor allem die weichen organischen Bestandteile übrig bleiben. Dann können Sie Ihren staunenden Freunden vorführen, wie man ein sehr flexibles Hühnerbein verbiegt.

Erzählen Sie ihnen, es stamme von einem Gummihuhn.

Warum Wein?

»Wird ein Gericht mit Wein zubereitet, gewinnt es dadurch zusätzliches Aroma, weil der Alkohol Geschmackskomponenten löst und freisetzt, die in Wasser nicht löslich sind.« Stimmt diese Behauptung, die ich so oder ähnlich schon mehrfach gelesen habe? Für mich als Chemiker hört sich das falsch an.

Ich habe mit Köchen gesprochen, die diese Vorstellung als gut nachvollziehbar übernehmen, und oberflächlich betrachtet scheint sie ja auch zuzutreffen, weil tatsächlich viele Substanzen in Alkohol, nicht aber in Wasser löslich sind. Dennoch ist die Aussage falsch. Wein verwenden wir in der Küche im Grunde einfach deshalb, weil ein guter Wein seinen Geschmack an das Gericht weitergibt. Mit dem Lösen von Geschmackskomponenten hat das nichts zu tun.

Und hier liegt der Haken: In einer Mischung von Alkohol und Wasser (zum Beispiel im Wein) verhält der Alkohol sich nicht wie reiner Alkohol, und das Wasser verhält sich nicht wie reines Wasser. Sie zeigen die Eigenschaften einer Mischung aus beiden, und diese kann sich erheblich anders verhalten als jede der reinen Flüssigkeiten für sich.

Mischt man beispielsweise Alkohol und Wasser zu gleichen Teilen, so ist die Mischung mehr als 2,5mal viskoser (»dickflüssiger«) als Alkohol oder Wasser allein. Das liegt daran, dass die Moleküle beider Flüssigkeiten einander anziehen und sich über sogenannte Wasserstoffbrücken miteinander verbinden. Deswegen können sie nicht so frei fließen wie die weniger behinderten Moleküle in reinem Wasser oder reinem Alkohol. Die Eigenschaften der Mischung einschließlich ihrer Fähigkeit, etwas aufzulösen oder nicht, ändern sich mit dem prozentualen Alkoholgehalt. Löst eine bestimmte Substanz sich in reinem Alkohol oder in reinem Wasser, so heißt das nicht, dass sie sich auch in einer bestimmten Mischung der beiden Flüssigkeiten löst.

Ist das alles reine Theorie? Nein. Ich habe Versuche gemacht, um es zu überprüfen.

Unter Anatto oder Arnotto versteht man die Samen des immergrünen tropischen Orleansstrauchs *Bixa orellana*. Sie sind mit einem ölig-klebrigen Fruchtfleisch umhüllt, dessen intensiv gelb-orange gefärbtes Karotinoid-Pigment namens Bixin sich in Ölen und Alkohol, nicht aber in Wasser löst. Dieses Karotinoid ist ein in den USA und in der EU zugelassener Farbstoff (E 160b) für fetthaltige Lebensmittel wie Butter, Margarine und Schmelzkäse. In meinem Versuch simulierte ich mit dem sehr gut sichtbaren Bixin eine in Alkohol lösliche Geschmackskomponente in Nahrungsmitteln.

Ich legte in vier kleine Reagenzgläser jeweils fünf Anattosamen und gab in jedes Reagenzglas 15 Milliliter einer der folgenden Flüssigkeiten: Wasser, Chardonnay mit 13 % Alkohol, Wodka mit 40 % Alkohol und reinen Äthylalkohol mit 95 %. Dann ließ ich die Gläser mehrere Tage lang stehen und schüttelte sie gelegentlich.

Hier das Ergebnis: Weder im Wasser noch im Wein waren auch nur Spuren gelösten Bixins zu erkennen; das Wasser blieb farblos und der Chardonnay behielt, nun ja, seine Weißweinfarbe. Der Wodka hatte eine kleine

Menge Bixin gelöst und ein schwaches Gelb angenommen, während der reine Alkohol sich intensiv gelb verfärbt hatte.

Daraus folgt: Wein (selbst der unverdünnte) löst keinerlei in Alkohol lösliches Bixin aus den Samen. Damit eine nennenswerte Menge des Farbstoffs gelöst wird, muss die Alkoholkonzentration hoch sein – um die 40 % oder höher. In der Küche kommen so hohe Alkoholkonzentrationen nie vor. Selbst wenn man 100 Milliliter Wodka in einen Liter Sauce kippte, ergäbe das eine Lösung mit allenfalls 5 % Alkohol, also weit weniger als bei der völlig wirkungslosen Alkoholkonzentration des unverdünnten Weins.

Aber das spielte sich bei Zimmertemperatur ab. Was geschieht in der Hitze des Gefechts – Verzeihung! – des Kochens?

Zwar sind die meisten Substanzen bei höherer Temperatur besser löslich, aber in Hinblick auf die Wasserstoffbindungen bleiben die Tatsachen des Lebens in Kraft. Wo heißer reiner Alkohol bei höherer Temperatur auch mehr in Alkohol lösliche Bestandteile löst, da geschieht bei heißem Wein nach wie vor nichts. Insofern ist die Theorie, nach der »Alkohol Aromen extrahiert«, sozusagen nicht wasserdicht.

Dennoch kann der Alkohol im Wein neben den im Wein selbst vorhandenen Aromen auch etwas zum Geschmack beitragen. Beim Kochen kann der Alkohol mit den Säuren des Gerichts chemisch zu wohlriechenden und fruchtigen Verbindungen, sogenannten Estern, reagieren. Das kann man selbst ausprobieren, indem man in einer dicht verschlossenen Flasche ein wenig medizinischen Alkohol mit Essig kräftig durchschüttelt. Öffnet man die Flasche nach einigen Minuten Schütteln, um daran zu schnüffeln, so entdeckt man neben den Gerüchen von Alkohol und Essig auch die fruchtige Note von Äthylacetat, einem der Ester im Aroma der Ananas.

Im Kochtopf kann Alkohol außerdem mit oxidierenden Substanzen reagieren und Aldehyde bilden – diese Verbindungen sind beispielsweise für das Aroma von Mandeln, Zimt und Vanille verantwortlich. Sowohl die Ester als auch die Aldehyde sind neue Geschmacksrichtungen, die in den ursprünglichen Zutaten nicht vorhanden waren. Und entgegen der weitverbreiteten Überzeugung »verkocht« Alkohol nie vollständig. So hat er viel Zeit, sich an diesen chemischen Reaktionen während des Kochvorgangs zu beteiligen.

Genießen Sie also Ihren *Coq au vin* oder Ihr *Bœuf bourguignon*. Der Wein wird in mehrfacher Weise zum Geschmack beitragen, nur sollten Sie nicht erwarten, dass er irgendwelche in Alkohol löslichen Aromen aus Ihren Zutaten »extrahiert« oder »freisetzt«.

Die Extraportion Küchenwissenschaft: Über Lösungsmittel*, gelöste Stoffe und den Lösungsvorgang

Damit eine Substanz sich in einer Flüssigkeit wie Alkohol (einem *Lösungsmittel*) löst, müssen die Moleküle des Lösungsmittels jedes Molekül des zu lösenden Stoffes wie ein Schwarm hungriger Piranhas umringen (lösen) und in die Flüssigkeit hineinziehen. Wenn der Alkohol jedoch mit Wasser vermischt ist, dann behindern die Wasserstoffbrücken zwischen den beiden die Fähigkeit der

* In der Fachsprache lautet der korrekte Begriff »Lösemittel«, doch da verschiedene Lexika und Lehrbücher der Chemie und vor allem die Umgangssprache die Bezeichnung »Lösungsmittel« gebrauchen, wird hier die letztere verwendet. – Anm. d. Ü.

Alkoholmoleküle, die Moleküle des zu lösenden Stoffes in die Lösung zu überführen. Folglich kann eine Mischung von Alkohol in Wasser das, was reiner Alkohol vielleicht lösen könnte, nicht so effektiv in Lösung bringen.

Je weniger Alkohol im Wasser ist, desto mehr wird überdies der Lösungsvorgang beeinträchtigt. Gibt man beispielsweise 100 Milliliter Wein mit 12 % Alkohol in einen Liter Schmorflüssigkeit, so sinkt die Alkoholkonzentration auf 1,2 %. Die Zahl der Wassermoleküle ist ungefähr 200mal größer als die der Alkoholmoleküle – deren Anteil reicht einfach nicht, um die Moleküle des zu lösenden Stoffes vollständig zu umgeben und sie in die Lösung zu überführen. Ihnen sind zu viele Wassermoleküle im Weg.

Ausgeräuchert!

Meine Nachbarn haben sich einen Räucherofen angeschafft. Sieht aus wie ein großes grünes Ei, ist etwa einen Meter hoch und unten schmaler als oben. Sie garen darin Fleisch und Fisch mittels Rauch, und sie haben eine Kollektion verschiedener Hölzer, die angeblich unterschiedliches Aroma haben. Wie kann Holzrauch Speisen garen und geschmacklich anreichern?

Da ich in keinem meiner früheren Leben eine Termite gewesen bin, kann ich über den Geschmack von Hölzern nichts sagen. Wenn wir sie aber verbrennen und ihren Rauch verzehren (lachen Sie nicht, das tun wir wirklich), kann ich dazu einige Anmerkungen machen.

Der Eigenname des großen grünen Eies Ihres Nachbarn ist »Großes Grünes Ei«, eine der Handelsmarken für einen *Kamado*. Das Wort ist vom japanischen *Mushikamado* abgeleitet, dem traditionellen Reiskochgerät der Japaner. Dabei handelt es sich um eine hohle Urne aus gebranntem Ton, in deren unterem Teil ein Holzfeuer brennt, während vom Deckel ein Reiskocher herabhängt. Der Reis wird hier nicht nur gegart – der Rauch vermittelt ihm auch ein interessantes Räucheraroma.

Zu den beliebtesten geräucherten Speisen gehören Forelle, Lachs, Rinderbrust, Schweineschulter, Truthahn und sogar Gemüse wie Kartoffeln und Tomaten. Die Temperatur sollte zwischen 52 und 104 °C gehalten werden, was langdauerndes, langsames Garen ermöglicht. So wird zähes Fleisch (mit Ausnahme von Fisch, der schnell gar ist) zarter, und der Rauch bekommt ausreichend Zeit, sein Aroma weiterzugeben.

Hier ist anzumerken, dass wir vom sogenannten *Heißräuchern* sprechen. Bei 52–104 °C werden die Speisen nicht nur mit Rauch imprägniert, sondern auch bis zu einem gewissem Grad gegart. Manche Firmen wenden auch das so genannte *Kalträucherverfahren* an (siehe S. 314), bei dem die Temperatur des Räucherguts (beispielsweise Schinken) nicht mehr als 32–38 °C erreicht. Oft wird auch so genannter flüssiger Rauch (siehe S. 313) eingesetzt.

Bei einer der frühesten Garmethoden, die der Mensch erfunden hat, wurde das Fleisch über einem Holzfeuer aufgehängt, das in einer Grube im Fußboden brannte. Die Hitze des Feuers sollte das Fleisch garen, doch wo Feuer ist, da ist auch Rauch (um den bekannten Aphorismus einmal umzudrehen), und die Auswirkungen des Rauchs waren nicht zu vermeiden. Einer der bedeutsamen Aspekte – der jedoch erst in neuerer Zeit verstanden wurde – war hier, dass Rauch konserviert, weil er Mikroorganismen abtötet, die das Fleisch verderben lassen.

Am Ende setzte man den Rauch selbst als eigenständiges Mittel ein, und das Räuchern von Nahrung, vor allem von Schinken, wurde zu einem weltweit verbreiteten Verfahren.

Heute, wo die Verteilung der Nahrungsmittel vom Hersteller zum Verbraucher sehr effizient abläuft, ist es nicht mehr so wichtig wie einst, Lebensmittel für lange Zeit zu konservieren. Außerdem können wir alles kühlen – damit werden die krankmachenden Organismen zwar nicht abgetötet, aber ihr Wachstum wird verlangsamt. So räuchern wir heutzutage einfach deswegen zu Hause, weil wir den Geschmack mögen. Und ja, verschiedene Harthölzer – Erle, Apfel, Kirsche, Hickorybaum, Ahorn, Eiche und Pekanbaum – vermitteln den Speisen mit ihrem Rauch unterschiedliche Aromen. Denn wenn die Hölzer chemisch so sehr übereinstimmten, dass sie chemisch identischen Rauch produzierten, dann wären es ja am Ende keine unterschiedlichen Baumarten mehr. Weichhölzer wie Pinie, Kiefer und Fichte eignen sich nicht zum Räuchern von Nahrungsmitteln, weil sie zuviel Saft und Harz enthalten und schädlichen, rußigen Rauch erzeugen.

Werfen Sie nun einen Blick auf die blaue Flamme am Brenner Ihres Gasherds oder Ihres Gasgrills: Die Flamme lässt überhaupt keinen Rauch entstehen, weil dem Gas so viel Sauerstoff zugeführt wird, dass es vollständig verbrennt. So werden fast alle seine Moleküle in die unsichtbaren gasförmigen Produkte Kohlendioxid, Kohlenmonoxid und Wasserdampf umgewandelt. Wenn dagegen Holz oder fast alle anderen Brennstoffe verbrennen, laufen die entsprechenden Reaktionen selten vollständig ab. Holz ist ein Feststoff, und darum erhalten nicht alle seine Moleküle eine Chance, sich ungehindert mit dem Luftsauerstoff zu mischen. Bei mangelndem Sauerstoff kann der Brennstoff nicht restlos verbrennen, und so werden kleine, halbverbrannte und noch feste Teilchen in den Sog der Flamme gerissen. Diese Partikel steigen mit den Gasen als schwarze oder graue Wolke auf: Rauch.

Wenn wir aus brennenden Holzstücken ein Maximum an Rauch gewinnen wollen, dann müssen wir die Sauerstoffzufuhr drosseln. Deshalb wässern wir Holzschnitzel ungefähr eine Stunde lang, um sie anschließend bis zum Rauchpunkt zu erhitzen: Nun verschwelen sie und imprägnieren unsere Speisen mit Aromen, die man auf keine andere Weise bekommen kann.

Und jetzt zu den schlechten Nachrichten:

Auf dem Weg zur vollständigen Verbrennung – die mit Holz als Brennstoff bekanntlich nie zu erreichen ist – entstehen Hunderte von chemischen Zwischenprodukten, die im Rauch aufsteigen. Das sind unter anderem Formaldehyd, Ameisensäure, Phenole, Benzol, Chinolin und viele andere giftige Verbindungen, von denen einige zudem auch noch krebserregend sind. Zu den übelsten Akteuren gehört die Klasse der polyzyklischen aromatischen Kohlenwasserstoffe (PAK), die das äußerst karzinogene 3,4-Benzpyren einschließen. Dessen flache Moleküle können zwischen die Sprossen der DNS-Doppelhelix schlüpfen und diese schädigen, was möglicherweise Krebs auslöst. Der beliebte und einmalig aromatische Mesquite-Strauch liefert ein harziges Holz, dessen Rauch Berichten zufolge besonders reich an PAK ist.

Welchen Preis zahlt man also für den Geschmack? Als ich in Arizona das erste Mal ein über einem Mesquite-Holzfeuer gegrilltes Steak bekam, war ich hin und weg, Mann! Zum Niederknien! Oberaffengeil! (Das war für meine jüngeren Leser.) Ansonsten gilt, dass ein Risiko noch keine Gewissheit ist. Wegen der Risikostatistiken habe ich vor mehr als 20 Jahren meine tägliche Aufnahme von Tabakrauch ganz eingestellt. Auf der gleichen Basis sehe ich aber auch keinen Grund, einem gelegentlichen Zusammenstoß mit Räucherlachs aus dem Weg zu gehen. Wie schon Voltaire sagte: »Mäßigung ist das Vergnügen des Weisen.«

Die Extraportion Küchenwissenschaft

Die vielen hundert chemischen Verbindungen im Holzrauch entstehen bei der Verbrennung der beiden wichtigsten Bestandteile der Holzstruktur, Lignin und Zellulose. Lignine sind polymere (aus großen Molekülen bestehende) Verbindungen, welche die Zellulosewände der Zellen verbinden wie der Mörtel die Ziegel. Damit gibt Lignin dem Holz mehr Stabilität, Härte und Festigkeit. Ohne diesen Stoff wären Bäume so schlaff wie Telefonmasten aus Gummi.

Die im Holzrauch vorliegenden Aromastoffe stammen vor allem aus der Verbrennung des Lignins – es handelt sich um die phenolischen Verbindungen Syringol und Guajacol sowie deren Derivate. Dagegen entstehen bei der Verbrennung der Zellulose des Holzes flüchtige Verbindungen namens Cyclopentenolone, die dem Raucharoma eine Art Karamellnote verleihen.

8. KAPITEL

Würze ist die Vielfalt des Lebens

Ordnen Sie jedes der folgenden Gewürze jeweils der Küche des Landes zu, in dem man es am häufigsten verwendet. Die Antworten* finden Sie in der Fußnote. Nicht mogeln!

1) Curry	a) China
2) Harissa	b) Frankreich
3) Ketjap manis (süße Sojasauce)	c) Indien
4) Kräuter der Provence	d) Indonesien
5) Miso	e) Italien
6) Mole (Basis Kakao und Chili)	f) Japan
7) Paprika	g) Mexiko
8) Pesto	h) Spanien
9) Pimentón	i) Tunesien
10) Sternanis	j) Ungarn

Sie haben doch sicher (oder sehr wahrscheinlich) sieben oder mehr Punkte, und damit ist bewiesen, worauf ich hinauswill: Die Küche unterschiedlicher ethnischer, nationaler und regionaler Kulturen lässt sich weitgehend durch die Art und Weise charakterisieren, in der man Gewürze, Kräuter und Würzmischungen verwendet. Es sind in der Tat die Gewürze, welche die Vielfalt des kulinarischen Lebens auf der ganzen Welt mehren.

---

* Antworten: 1–c, 2–i, 3–d, 4–b, 5–f, 6–g, 7–j, 8–e, 9–h, 10–a

Was aber ist denn nun der Unterschied zwischen einem Gewürz und einem Kraut? Beide lassen sich als Nahrungszutaten pflanzlicher Herkunft beschreiben, bei denen kleine Mengen einer Substanz große Mengen an Aroma liefern. Diese gebräuchliche Nichtunterscheidung reicht in den meisten Fällen völlig aus, denn für den Koch ist es sehr viel wichtiger, die speziellen Geschmacksnuancen und die Verwendung eines Gewürzes oder Krautes zu kennen, als über die netten botanischen Einzelheiten Bescheid zu wissen. Dennoch gibt es eine einigermaßen verlässliche (wenn auch oft etwas verworrene) technische Unterscheidung zwischen Kräutern und Gewürzen.

Das englische Wort »herb« stammt (wie das deutsche »Herbarium«) vom lateinischen *herba* ab, das Gras oder grüne Blätter bedeutet. Für den Botaniker ist »Kraut« bzw. »Kräuter« der Ausdruck für alle oberirdischen, nie verholzenden Teile von Kräutern und Halbsträuchern. Umgangssprachlich sind Kräuter jedoch als Pflanzenmaterial definiert, das wegen seines Geschmacks, seines Aromas oder seiner medizinischen Eigenschaften verwendet wird: Im Laufe der Geschichte sind Kräuter nicht nur beim Kochen, sondern in mystischen Zeremonien und – angeblich – zum Heilen angewandt worden. Die heutige Flut von »Kräuterheilmitteln« und Nahrungsergänzungsmitteln ist nur die jüngste Inkarnation der uralten Schlangenölbranche. Aus irgendeinem Grund glauben manche Menschen, »aus Kräutern hergestellt« sei gleichbedeutend mit »natürlich« und folglich gesund. (»Hier, Herr Sokrates, trinken Sie diese Tasse mit Schierlingstee. Es ist eine durch und durch natürliche Nahrungsergänzung.«)

Der Ausdruck »Gewürz« dagegen hat keine wissenschaftliche Bedeutung, sondern wird als Sammelbegriff für pflanzliche Stoffe (gewöhnlich mit Ausnahme der Blätter) gebraucht, die den Speisen starke Aromen und

Geschmacksnuancen vermitteln. Dabei kann es sich um Wurzeln, Wurzelstöcke, Rinden, Samen, Früchte oder Blüten handeln, doch zumeist sind es die Samen. Kräuter sind gewöhnlich grün und relativ mild, während Gewürze braun, schwarz oder rot sein können und stärkere Aromen besitzen.

Der Gedanke, all diese duftenden und aromatischen botanischen Substanzen seien von der Natur allein zu dem Zweck erschaffen worden, uns gastronomisch zu erfreuen, mag ja recht nett sein. Aber für wen halten wir uns eigentlich, wir von der Gattung *Homo sapiens*? Es muss noch andere evolutionäre Gründe dafür geben, dass Pflanzen die speziellen chemischen Verbindungen in Kräutern und Gewürzen, die uns so köstlich vorkommen, entwickelt haben. Und die gibt es tatsächlich.

Für die Erhaltung und Vermehrung ihrer Art sind die meisten Pflanzen auf die Bestäubung durch Bienen und andere Insekten angewiesen, die sie durch irgendeine Kombination physikalischer und chemischer Vorgänge anlocken. Stärkste physikalische Verlockung ist die Wahrnehmung von Blütenfarben, doch chemische Verbindungen sind ebenso wichtig. Viele Pflanzen haben duftende Chemikalien entwickelt. Diese sogenannten *essentiellen Öle* (siehe »Quintessenz, und doch nicht essentiell?« auf S. 294) sind ziemlich flüchtig, das heißt, sie wehen leicht in die Luft davon. (Ganz nebenbei sei angemerkt, dass Blüten und Düfte häufig auch beim Vorspiel für die Fortpflanzung – der Name lässt es ahnen – des Menschen eine besondere Rolle spielen.)

Andere Pflanzen enthalten unangenehm riechende oder schmeckende chemische Verbindungen, die Fressfeinde abschrecken sollen. Doch selbst diese Verbindungen findet der Mensch noch erfreulich, wenn sie in kleinen Mengen dazu dienen, unsere Speisen zu aromatisieren.

Den Löwenanteil der kulinarisch verwendeten Kräuter und Gewürze stellen drei Pflanzenfamilien:

- Die Minzarten aus der Familie der Lippenblütler (*Labiatae*) bieten uns Basilikum, Thymian, Majoran, Rosmarin, Lavendel und Katzenminze.
- Den Petersiliengewächsen aus der Familie der Doldengewächse (*Apiaceae*, früher *Umbelliferae*) verdanken wir Anis, Dill, Koriander, Kümmel, Kreuzkümmel, Gefleckten Schierling (sehr giftig!) sowie sehr unterschiedlich schmeckende Gemüsesorten wie Karotte, Sellerie, Pastinak und Fenchel.
- Zu den Kreuzblütlern (*Brassicaceae*) gehören Senf, Rettich, Meerrettich und viele Gemüsesorten wie Brokkoli, Rosenkohl, Weißkohl, Blumenkohl, Grünkohl, Kohlrabi, Rübe, Raps und Steckrübe, deren Blätter ausnahmslos pfeffrig schmecken, wenngleich sie nicht generell als Kräuter verwendet werden.

Innerhalb der Familie der Nachtschattengewächse (*Solanaceae*) stellen die Arten des Spanischen Pfeffers (*Capsicum*) eine eigene Gattung dar. Sie sind die würzigsten aller Gewürze. Zu ihnen gehören die brennend scharfen Pfefferschoten aus der Neuen Welt, die, wie wir sehen werden, weder brennend im wörtlichen Sinn sind noch zu den Pfeffern gehören.

Weil rund um den Globus mehr als hundert Kräuter und Gewürze dazu verwendet werden, den Speisen Pfeffer – äh, Pfiff zu geben, kann ich hier nur auf ein paar bemerkenswerte Punkte hinweisen. Wer alles – und damit meine ich wirklich *alles* – über ein Kraut oder Gewürz erfahren möchte, der kann unter www.uni-graz.at/~katzer/germ nachsehen.

Würzige, knittrige Schokoladenmonster

Zucker und Ei und viel Gutes dabei – daraus bestehen diese aufregenden Plätzchen. Ihre verführerische Wirkung verdanken sie monströser Größe, einem Hauch von schwarzem Pfeffer auf der Zunge und dem Nachbrennen des scharfen Cayennepfeffers. Sie sehen aus wie jene überdimensionalen Plätzchen auf Bäckereiregalen oder in Coffee Shops, *die man dort zu unverschämten Preisen anbietet. Statt frisch gemahlenen schwarzen Pfeffers kann auch gekaufter grober Pfeffer verwendet werden, weil sich das Fertigprodukt durch gleichbleibende Schrotgröße auszeichnet.*

450 Gramm Haushaltszucker
180 Milliliter Olivenöl
4 große Eier
20 Milliliter Vanilleextrakt
300 Gramm Universalmehl
250 Gramm Kakaopulver
½ Päckchen Backpulver (ca. 8 Gramm)
10 Gramm grob gemahlener schwarzer Pfeffer
½ Teelöffel Salz
½ Teelöffel Pimentpulver
¼ Teelöffel Zimtpulver
1 Prise Cayennepfeffer
Ungefähr 200 Gramm Puderzucker

1. Backrohr auf 180 °C vorheizen. Zwei Backbleche mit Antihaftspray einsprühen.
2. In einer großen Schüssel den Haushaltszucker mit dem Öl verrühren. Eier und Vanille mit dem Schneebesen einarbeiten. In einer mittelgroßen Schüssel Mehl, Kakao, Backpulver, Pfeffer, Salz und Gewürze gut miteinander verrühren. Durchsieben ist nicht erforderlich.
3. Die trockenen Zutaten auf einmal in die Eiermischung geben und mit einem Holzlöffel umrühren, bis keine Klumpen der trockenen Mehlmischung mehr zu sehen sind.
4. Puderzucker auf einem großen Teller mit niedrigem Rand verteilen – er wird beim Ausformen der Plätzchen benötigt.

5. Der Eisportionierer sollte ein Volumen von 60 Milliliter haben. Zum Messen mit Wasser füllen und in einen Messbecher umgießen. Wer keinen Eisportionierer zur Hand hat, misst die Teigmenge mit einem entsprechenden Messbecher ab. Das im Rezept vorgesehene Öl verhindert, dass der Teig an den Händen oder Werkzeugen kleben bleibt. Kleinere Plätzchen erhält man, wenn man etwa walnussgroße Bällchen formt.
6. Für das erste Plätzchen den Teig mit dem Portionierer aus der Masse schöpfen und in den Puderzucker setzen. Die Kugel mit zwei Löffeln oder den Fingern im Zucker wälzen und gut damit überziehen, dann auf das Blech legen. Mit dem übrigen Teig genauso fortfahren; die Kugeln sollen dabei in einem Abstand von 5–7 Zentimetern liegen.
7. 12–15 Minuten backen, bis die Plätzchen oben zerknittert aussehen und sich nicht mehr weich anfühlen. Aus dem Rohr nehmen und das Gebäck auf dem Blech für 2 Minuten ruhen lassen, dann mit geeignetem Gerät auf einen Rost befördern, wo es vollständig abkühlen kann.

Ergibt 16 große Plätzchen.

Quintessenz, und doch nicht essentiell?

Ständig lese und höre ich eine Menge über essentielle Öle in allem möglichen Zeug von Gewürzen über Feuchtigkeitscremes bis hin zu Produkten für die Aromatherapie. Was ist daran essentiell? Ist das mit den essentiellen Aminosäuren vergleichbar, die in unserer Nahrung vorhanden sein müssen?

Absolut nicht.

Essentiell ist hier eine unglückliche Bezeichnung. Ein essentielles Öl ist nicht zwangsläufig ein Öl im chemischen Sinn, und es fühlt sich möglicherweise noch nicht einmal ölig an. Und es ist auch nicht in dem Sinn essentiell, dass es unentbehrlich wäre. In der Aromatherapie und der Kosmetikwerbung macht man sich dieses Missverständnis zunutze und preist die essentiellen Öle in den Produkten an, als wären sie für die Gesundheit und Schönheit zwingend erforderlich. Das Adjektiv *essentiell* in der Bezeichnung bedeutet hier schlicht, dass die Substanz die aromatische Essenz – den konzentrierten Geist, wenn man so will – der Pflanze darstellt.

Essentielle Öle in reiner Form erhält man durch Dampfdestillation (das zerkleinerte Pflanzenmaterial wird in Wasser erhitzt und das Gemisch aus Öl- und Wasserdampf kondensiert), durch Extraktion in kaltem Fett (*Enfleurage*), in heißem Fett (Mazeration) oder mit Hilfe flüchtiger organischer Lösungsmittel, die anschließend wieder abgedampft werden können.

Ein essentielles Öl, das unsere Sinne als Aroma oder Duft beeinflussen soll, muss aus kleinen, leichten Molekülen (mit Molekulargewichten, die kleiner als 300 oder 400 sind) bestehen, die durch die Luft schweben können. Diese von der Luft getragenen Moleküle sind in der Lage, in unsere oberen Nasenwege zu gelangen – entweder direkt durch die Nase oder, wenn wir das Gewürz verspeisen, über das hintere Ende der Mundhöhle. In den oberen Nasengängen docken die Moleküle an Geruchsrezeptoren an, welche Nervenzellen dazu anregen, ein Geruchssignal zu erzeugen. Die Signale werden zusammen mit Signalen der Geschmacksknospen vom Cortex des Gehirns interpretiert und zu der Gesamtempfindung vereint, die wir *Geschmack* nennen. 70–85 % des Aromas unserer Speisen nehmen wir also, obgleich wir Geschmacksempfindungen gewöhnlich im Mund lokalisieren, über unseren Geruchssinn wahr.

Viele essentielle Öle gehören zu den *Terpenen*, einer Klasse ungesättigter Kohlenwasserstoffverbindungen. Darunter finden wir beispielsweise das Menthol im Pfefferminzöl, das Limonen in Orangen- und Zitronenöl sowie Zingeron und Gingerol, die den Ingwer scharf machen.

Heiß, heißer, am heißesten

Ich finde die Bezeichnungen brennend heiß, scharf oder würzig für Chilischoten, Pfeffer und andere Gewürze immer ein wenig verwirrend. Warum ist beispielsweise schwarzer Pfeffer »pfeffrig«, während Chili als »scharf« oder »brennend heiß« gilt und Ingwer als »würzig«? Sind verschiedene chemische Verbindungen dafür verantwortlich, oder ist das alles eins?

Nein, die unterschiedlichen sensorischen Wirkungen werden durch verschiedene chemische Verbindungen hervorgerufen (siehe Tabelle 3 auf S. 301).

Hätten wir jeweils eigene Worte, um jede der Empfindungen zu benennen, wäre alles viel eindeutiger, denn sie unterscheiden sich in der Tat alle voneinander. Dessenungeachtet vermitteln »brennend scharfe« Gewürze mehr als nur »Hitze«. Wie alle Nahrungsmittel besitzen sie ihre eigenen komplexen Aromen. Verschiedene scharfe Chilischoten, die man häufig einfach durch ihre relative Schärfe charakterisiert, tragen je eigene erdige, fruchtige, rauchige, süße oder blumige Nuancen zu unseren Speisen bei. So zeichnet sich die mexikanische Küche dadurch aus, dass sie Gerichte mit unterschiedlichen Chilisorten würzt und ihnen damit verschiedene Geschmacksprofile verleiht.

Sehen wir uns doch nacheinander einige der »scharfen Sachen« an:

Schwarzer Pfeffer wächst auf der Pflanze mit der lateinischen Bezeichnung *Piper nigrum*, was, wie passend, auf deutsch eben schwarzer Pfeffer heißt. Wenn man die Beeren der Pflanze in fast reifem Zustand pflückt und in der Sonne trocknet, werden sie durch Enzyme dunkler und schrumpfen zu unseren vertrauten schwarzen Pfefferkörnern mit dem nicht übermäßig scharfen Aroma.

Aus den gleichen Beeren entsteht, wenn man sie auf andere Weise erntet und verarbeitet, auch grüner und weißer Pfeffer. Dazu pflückt man die weichen und unreifen grünen Pfefferkörner, die anschließend entweder getrocknet oder in Salzlake oder Essig eingelegt werden. In diesem Zustand verwendet man sie oft anstelle von Kapern (mit denen sie gelegentlich auch verwechselt werden). Weiße Pfefferkörner erhält man, wenn man die Beeren rot und reif erntet, dann aber einer Gärung unterzieht. Dadurch weicht die Hüllschicht auf und kann abgewaschen werden, was das blasse Samenkorn zum Vorschein bringt. Alternativ dazu kann man die äußere Schale schwarzer Pfefferkörner auch mechanisch entfernen und so den weißen Samen freilegen.

Ihre Schärfe verdanken diese echten Pfefferbeeren hauptsächlich dem aromatischen Bestandteil *Piperin*, der freigesetzt wird, wenn man die Pfefferkörner aufbricht. Dieses stark aromatische Öl verdampft allmählich, sodass gemahlener Pfeffer seine Schärfe verliert. Jedes Rezept, das Salz und Pfeffer wert ist, schreibt deshalb »frisch gemahlenen« Pfeffer vor.

Die feurig-scharfen »Pfeffer«, die Kolumbus und andere spanische Entdecker (ja, ich weiß, er war Italiener, aber seine Rechnungen hat er in spanischen *Peseten* ausgestellt) in der Neuen Welt aufgespürt haben, gehören in eine ganz andere Kategorie. Hier handelt es sich nicht um echten Pfeffer, weil diese Gewürze nicht von der Pflanze *Piper nigrum* stammen. Vielmehr gehören die entsprechenden Pflanzen zu den *Solanaceae* (Nachtschattengewächsen), genauer gesagt sind es Varietäten von *Capsicum annuum* (Paprika). Die Entdecker hatten deren Früchten den Namen *Pimiento* gegeben – vielleicht (diesen Verdacht könnte jedenfalls ein Zyniker hegen) weil der echte Pfeffer (spanisch *Pimienta*) im Europa jener Zeit als so wertvolles Gewürz galt, dass ein kleines Abweichen von der Wahrheit in der Heimat zu besseren Preisen führte. Doch die Eroberer benannten sie auch nach den von den Azteken bzw. den Taíno-Indios gebrauchten Namen *Chile* und *Ají*, und seitdem herrscht weltweit Verwirrung darüber, wie das Zeug denn nun heißt.

Deswegen folgt hier ein kurzer Bericht über diesen seltsamen Stand der Dinge.

Im heutigen Spanien nennt man Pfefferschoten nach wie vor *Pimientos*, in Mexiko dagegen *Chiles*. In anderen Ländern Lateinamerikas sagt man jedoch Ají dazu, was wiederum nicht mit *Ajo* (Knoblauch) verwechselt werden darf. Die Engländer machten *Chile* zu *Chilli*, während die Deutschen und die Nordamerikaner sich für die Schreibweise *Chili* entschieden. Letztere wiederum verwenden das Wort *Pimiento* ausschließlich für jene andere Art von Capsicum, die in Deutschland Gemüsepaprika heißt. Hier ist jedoch anzumerken, dass die Amerikaner *Pimiento* manchmal auch als *Pimento* schreiben, was nicht mit *Pimenta* zu verwechseln ist, denn so heißt der Baum, von dem die Piment-Beeren stammen. Und deren amerikanischer Name *Allspice* (»Allgewürz«) hat damit zu tun, dass sie wie eine Kombination aus Nelken, Zimt und Muskatnuss schmecken. Alles verstanden?

Die essentiellen Öle in Chilischoten enthalten die Alkaloide *Capsaicin* und Dihydrocapsaicin sowie ein paar nah verwandte chemische Verbindungen, die alle in dem Sammelbegriff Capsaicinoide zusammengefasst sind. Sie sind die brennend scharfen Bestandteile von »heißem« Chili. Ungefähr 80 Prozent der Capsaicinoide befinden sich in den fleischigen Rippen, welche die Samen an der Fruchtwand festhalten und nicht, wie häufig angenommen, in den Samen selbst.

Capsaicinoide sind geruchlos und werden von unseren Nasen oder Geschmacksknospen nicht wahrgenommen. Die eigentlichen Aromen der verschiedenen Capsicum-Früchte stammen – wie auch bei Früchten, die nicht scharf sind – von anderen chemischen Verbindungen. Dagegen stimulieren die Capsaicinoide Nervenenden in der Haut und in den Schleimhäuten, speziell jene des Trigeminusnervs, der unter anderem dazu da ist, dem Gehirn Empfindungen von Schmerz und Hitze aus den Bereichen von Gesicht, Mund und Nase zu übermitteln. Daher überredet uns das Gehirn, all diese Früchte als »brennend scharf« und ihre Schärfe als »Hitze« zu bezeichnen – das funktioniert so gut, dass wir sogar schwitzen, wenn wir sie essen.

Wie scharf ist eine scharfe Chilischote? Um eine Liste zu erstellen, in der die verschiedenen Arten von Capsicum in der Reihenfolge ihrer Schärfe aufgeführt sind, hat der Amerikaner Wilbur Scoville 1912 seinen organoleptischen Scoville-Test entwickelt. Dieser misst ganz einfach, als wie scharf eine Gruppe von Geschmackstestern jede Sorte jeweils empfindet. Scoville mischte die zerriebenen Paprikaschoten mit Zuckerwasser und verdünnte die Mischung immer weiter, bis die Tester keine Schärfe mehr wahrnehmen konnten. (Will da noch jemand homöopathisches Capsaicin?) Die Zahl der jeweils notwendigen Verdünnungsschritte ist inzwischen als Scoville-Einheit der Schärfe jener Chilischoten bekannt.

Die als Gemüsepaprika bekannten roten und grünen Capsicumsorten enthalten wenig oder gar kein Capsaicin, weshalb sie auf der Scoville-Skala den Wert Null haben. Die Schärfe des reinen Capsaicins am anderen Ende des Spektrums verschwand erst bei einem Verdünnungsfaktor von etwa 16 Millionen. Mexikanische Anchos lagen bei 1000 bis 2000, die Jalapeños bei 2500 bis 5000 und Cayenne bei 30 000 bis 50 000. Weithin anerkannter Champion sind mit 200 000 bis 300 000 die Habaneros, obgleich dieser Rekord kürzlich von *Capsicum annuum* der Varietät *aviculare* oder *tepín* überboten wurde, einer winzigen (0,5 Zentimeter) wilden Paprikasorte aus den Bergen Nordmexikos. Scoville hat diese Sorte nie gesehen.

Dabei ist jedoch zu berücksichtigen, dass eine bestimmte Paprikasorte je nach Wachstumsbedingungen unterschiedlich scharf sein kann – es bringt also nichts, genaue Scoville-Werte anzuführen und sich darum zu streiten, wer die schärfsten Chilis essen kann (ein unauslotbarer Grund zum Stolz für alle selbsternannten Chili-Köpfe).

Wenn wir die echten wie die falsch benannten Pfeffer verlassen, stoßen wir auf einige andere kräftige Gewürze, die mit den Mischungen scharfer chemischer Verbindungen in ihren essentiellen Ölen unsere Speisen eine Stufe aufpeppen können. Tabelle 3 zeigt, welche chemischen Stoffe in bestimmten Gewürzen hauptsächlich für deren Schärfe verantwortlich sind. Wie sich zeigt, finden sich die schärfsten bei den Senfgewächsen der Kreuzblütler (*Brassicaceae*).

Die Bezeichnungen in Tabelle 3 muss man sich nicht merken – in der Abschlussprüfung kommen sie nicht vor. Bemerkenswert ist aber, dass *Isothiocyanate* die wichtigsten Schärfelieferanten der Senfgewächse sind. Diese entstehen, wenn Samen oder Wurzeln der Pflanzen zerschnitten oder zerquetscht werden und die Zellen auf-

Tabelle 3: Was die Gewürze heiß macht			
	Lateinischer Name der Pflanze	Pflanzenfamilie	Hauptsächlicher Schärfelieferant
Gewürz-nelke	Syzygium aromaticum	Myrtaceae	Eugenol
Dillsamen	Anethum graveolens	Apiaceae (Korbblütler)	Carvone (40–60 %) und Limonene (40 %)
Ingwer	Zingiber officinale	Zingiberaceae	Zingerone und Gingerole
Meerrettich	Armoracia rusticana	Brassicaceae (Kreuzblütler)	Allyl-Isothio-cyanat
Senfsamen	Brassica juncea oder Sinapis alba	Brassicaceae (Kreuzblütler)	Allyl-Isothio-cyanat und *p*-hydroxyben-zyl-Isothiocyanat
Radieschen	Raphanus sativus	Brassicaceae (Kreuzblütler)	4-Methylthio-trans-3-butenyl-Isothiocyanat
Wasabi	Wasabia japonica	Brassicaceae (Kreuzblütler)	Allyl-Isothio-cyanat und Sek-butyl-Isothiocyanat

reißen, worauf ein Enzym in einem Teil der Zellen mit gewissen schwefelhaltigen Verbindungen aus einem anderen Bereich zu Isothiocyanat reagiert (die Silbe *-thio* im Namen einer chemischen Verbindung besagt, dass deren Moleküle ein oder mehrere Schwefelatome enthalten).

Allyl-Isothiocyanat ist das sehr wirksame »scharfe

Zeug« in Meerrettich, Senfsamen und Wasabi*. Außerdem ist es der hauptsächliche Bestandteil von Senföl, das beim Kochen, vor allem in einigen chinesischen Gerichten (nach der Methode »unter Umrühren braten«), sehr sparsam eingesetzt wird.

☞ *Münder in Flammen!*

Im Mund stimulieren die Capsaicinoide in Chilischoten die gleichen Nervenenden wie Hitze. Weil dabei aber keine echte Hitze erzeugt wird, ist es zwecklos, den Mund nach einem überschwänglichen Happen mit einem Schluck kalten Wassers zu »kühlen«.

Capsaicin-Öle sind in Wasser nicht sehr gut löslich, obwohl sie sich in Alkohol lösen. Bier mit seinen etwa 5 Prozent enthält jedoch – leider! – nicht genug Alkohol, um sie von Ihrer brennenden Zunge zu entfernen. Dafür ist Tequila (40 % Alkohol oder mehr) besser und mit einiger Wahrscheinlichkeit überall dort verfügbar, wo man zu scharf gewürzte Speisen serviert.

Noch besser als Tequila sind Milch oder saure Sahne, weil deren Proteinmoleküle (vorwiegend Kasein) von Ölen angezogen werden und sie anschließend in fast der gleichen Weise entfernen, wie Seife das mit öligem Schmutz macht. Wer es nicht ausstehen kann, seinen Tequila durch Milch zu ersetzen, kann einfach ein Stück Brot oder Tortilla kauen. Das reibt das Öl von der Zunge ab und absorbiert es. Das Bier können Sie so oder so trinken. Wer braucht da einen Vorwand?

---

* Japanischer Meerrettich (*Wasabi japanicum*), ebenfalls ein Kreuzblütengewächs. – Anm. d. Ü.

Die Extraportion Küchenwissenschaft
Allmählich wird Wilbur Scovilles höchst subjektive Methode zur Bestimmung der Schärfe durch wissenschaftlichere Verfahren ersetzt. Mit einer Technik namens Hochleistungsflüssigkeitschromatographie (nach der englischen Bezeichnung *high-performance liquid chromatography* als HPLC abgekürzt) können Chemiker heute bestimmen, wie viel an Capsaicin und seinen Verwandten – Dihydrocapsaicin, Nordihydrocapsaicin, Homocapsaicin und Homodihydrocapsaicin – in einer Capsicum-Schote enthalten ist. Capsaicin und Dihydrocapsaicin stellen zusammen etwa 80–90 % der Capsaicinoide in den Chilipfeffern. Wilbur bewertete diese beiden Verbindungen mit 16 Millionen Scoville-Einheiten, während die anderen drei relativ läppische 9000 erreichten.

Chili-Bratkartoffeln

Chilischoten, auch solche derselben Sorte, schmecken nicht alle gleich. Manche mögen ziemlich scharf sein, andere dagegen relativ mild. Falls Ihre Sorte sich als zu mild herausstellt und dem Gericht nicht genügend Schmackes mitgibt, können Sie zum Abschmecken ein wenig sehr scharfe rote Chiliflocken darüberstreuen. Dieses Gericht sollte definitiv scharf gewürzt sein.

Paprika und Kartoffeln können schon vorher vorbereitet werden, so dass das Gericht sich in nur etwa 12 Minuten servierfertig zubereiten lässt. Diese Bratkartoffeln sollten Sie einmal zu gebratenem Hühnchen probieren. Falls etwas übrig bleibt (sehr unwahrscheinlich!), wärmt man die Bratkartoffeln zum Frühstück auf und reicht sie mit einem sanft pochierten oder vorsichtig gebratenen Ei.

2 große gut gewaschene, ungeschälte Süßkartoffeln
15 Milliliter Olivenöl
15 Gramm ungesalzene Butter

1 kleine fein gehackte Zwiebel
½ kleine rote Gemüsepaprika, fein geschnitten
½ kleine grüne Gemüsepaprika, fein geschnitten
50 Gramm gehackte frische Chilischote (Ancho, Serrano, Poblano oder Jalapeño), entstielt und von Samen befreit
Salz
Chiliflocken zum Abschmecken

1. In einem großen Kochtopf Salzwasser zum Kochen bringen. Die ganzen Süßkartoffeln dazugeben und 10 Minuten köcheln lassen – sie sind dann noch ziemlich fest. Abgießen. (Sie sollten nicht einmal im Traum daran denken, sie vorher zu halbieren oder länger zu kochen, weil Sie sonst nur Kartoffelmatsch erhalten.)
2. Die ausreichend abgekühlten Kartoffeln schälen, der Länge nach vierteln und die Viertel in Stücke von etwa 0,5 Zentimeter Dicke schneiden.
3. Olivenöl und Butter in einer großen Pfanne auf mittlerer Flamme erhitzen. Zwiebel und alle Chili- bzw. Paprikaschoten ins Fett geben und unter Umrühren 1–2 Minuten garen. Kartoffeln dazugeben und etwa 10 Minuten garen, dabei gelegentlich die Pfanne schwenken und so die Kartoffeln wenden, bis sie schön braun und zart sind.
4. Nach Belieben mit Salz und, wenn nötig, mit Chiliflocken nachwürzen.

Ergibt 4 Portionen.

Nicht küssen, bitte!

Sopa de ajo (Knoblauchsuppe) habe ich in Mexiko kennengelernt, wo man sie noch kochend in einem irdenen Suppenteller serviert, nachdem man unmittelbar zuvor ein rohes Ei hineingeschlagen hat. Es wunderte mich – und erstaunt mich noch heute, wenn ich die Suppe selbst zubereite –, dass die vielen Knoblauchzehen zu einem so ganz anderen, milden Geschmack ein-

kochen, der dem Aroma von rohem oder sautiertem Knoblauch überhaupt nicht mehr ähnelt. Wie kommt es, dass Knoblauch durch Köcheln in Wasser derartig »zahm« wird?

Beim Vetter des Knoblauchs, der Zwiebel, geschieht das gleiche: Französische Zwiebelsuppe schmeckt in keiner Weise nach rohen oder gebratenen Zwiebeln. Das hängt mit den je unterschiedlichen chemischen Reaktionen zusammen, die bei Zimmertemperatur, bei der Temperatur kochenden Wassers und den hohen und trockenen Temperaturen des Bratens oder Fritierens ablaufen.

Knoblauch und Zwiebeln haben im Rohzustand wenig oder gar kein Aroma, solange die Zellwände nicht durch Schneiden oder Kauen aufgebrochen werden. Ein Enzym und eine weitere, schon vorher vorliegende Verbindung (ein Vorläufer), die zuvor voneinander getrennt waren, können jetzt zusammentreffen und chemisch zu den geruchsintensiven und kräftig aromatischen Substanzen reagieren, die wir nur allzugut kennen.

In kochendem Wasser wandeln sich diese siebensilbigen Chemikalien (Alkyl-Thiosulfonate) in einige andere mehrsilbige Verbindungen um: Propyl- und Propenyldisowie -trisulfide und Thiophene. Zusammen mit anderen Verbindungen geben sie unseren Knoblauch- und Zwiebelsuppen Geschmack.

Und was geschieht beim Fritieren? Fragen Sie lieber nicht. Bei den hier herrschenden Temperaturen entstehen Dutzende anderer Verbindungen, insbesondere die vielen aromatischen, geschmacksintensiven und bitteren chemischen Stoffe, welche die Maillard-Bräunung erzeugt (siehe S. 264).

Sehen wir uns an, was mit Zwiebeln geschieht, wenn wir sie zunehmend aggressiveren Kochmethoden unterziehen. Der Knoblauch verhält sich sehr ähnlich.

Getrocknete rohe Zwiebeln bestehen zu etwa 37 % aus Zuckern und zu 8 % aus Proteinen, weshalb sie vorwiegend durch Maillard-Reaktionen (Zucker-Aminosäuren-Reaktionen) braun werden. Dennoch sagt uns fast jeder Profikoch, er würde Zwiebeln »karamellisieren«, wenn er sie in einer Pfanne anbräunt. Ein Grund dafür findet sich möglicherweise, wenn wir die drei verschiedenen Stufen untersuchen, in denen dieses Gemüse mit dem einzigartigen Aroma gegart wird: anschwitzen, goldgelb anschmoren und rösten.

– *Anschwitzen:* Dazu gibt man die gehackten oder in Scheiben geschnittenen rohen Zwiebeln in eine Pfanne mit ein wenig Butter oder Öl, deckt die Pfanne mit einer passend zugeschnittenen Lage Backpapier oder einem Deckel zu und dünstet die Zwiebeln langsam bei sehr schwacher Hitze. Durch die Wärme geht ein Teil des Wassers in den Zwiebelzellen (Zwiebeln bestehen zu 89 % aus Wasser) in Dampf über. Der Dampfdruck lässt die Zellen platzen und die Zellsäfte austreten, in denen die Zwiebeln dann köcheln und dünsten. Dabei werden sie weich und durchsichtig (auch das eine Folge der zusammengebrochenen Zellstrukturen), doch wir unterbrechen den Garvorgang, ehe sie braun werden können. Die ursprünglichen scharfen Geschmackskomponenten haben sich in die milder schmeckenden Verbindungen umgewandelt, die wir von der Zwiebelsuppe kennen.
– *Goldgelb anschmoren:* Werden die Zwiebeln dagegen ohne Deckel gegart, verkochen die freigesetzten Zellsäfte relativ rasch, und die Temperatur steigt von ungefähr 100 °C auf vielleicht 149 °C – hier laufen die Maillard-Bräunungsreaktionen schnell ab. Einige der Maillard-Produkte sind süß, und möglicherweise veranlasst das neben anderen Gründen die Köche dazu,

für diesen Vorgang die auf den Zucker bezogene Formulierung *karamellisieren* zu verwenden. In Wahrheit meinen sie damit aber, dass die Zwiebeln nur eine schwache goldgelbe Farbe – wie Karamellbonbons – annehmen dürfen und vom Feuer genommen werden, ehe sie wirklich braun werden.

– *Rösten:* Sobald wir über dieses Stadium hinaus weitergaren, kommt Monsieur Maillard wirklich zur Sache, und wir erhalten echte Röstzwiebeln mit ihren intensiven »gebräunten« Geschmacksnoten.

Schmoren Sie also Ihre Zwiebeln, bis sie eine gefällige goldgelbe Farbe und einen milden, süßen Geschmack angenommen haben. Damit karamellisieren Sie sie noch lange nicht, außer Sie gehören zu den Leuten, welche ein wenig Zucker dazugeben, damit alles schneller Farbe annimmt.

Die Extraportion Küchenwissenschaft

Werden die Zellen einer Knoblauchzehe durch Schneiden, Quetschen oder Kauen aufgebrochen, so tritt aus den Zellvakuolen das Enzym *Alliinase* aus und reagiert mit der Vorläuferverbindung *Alliin* aus einem anderen Zellbereich zu den wichtigsten geruchs- und geschmacksintensiven Verbindungen Diallylthiosulfinat (*Allicin*) und anderen Thiosulfinaten. Bis in relativ kurz zurückliegende Zeit – 1993 – hielt man Diallylsulfid und andere Polysulfide für die stark riechenden Bestandteile, aber inzwischen konnte gezeigt werden, dass die Thiosulfinate im Analyselabor durch die angewandten Hochtemperaturverfahren unabsichtlich zu den Sulfiden abgebaut worden waren.

Wenn man Knoblauch also in immer kleinere Stücke

schneidet oder durch Quetschen noch stärker zerteilt, dann werden immer mehr Vakuolen aufgebrochen und weitere Alliinase freigesetzt, was zusätzliche Thiosulfate entstehen lässt und zu einem stärkeren Aroma und Geschmack führt.

Bei geschnittenen und gehackten Zwiebeln läuft ein ähnlicher, ebenfalls durch das Enzym Alliinase angestoßener Vorgang ab, der jedoch zu etwas anderen Geschmacks- und Geruchsverbindungen führt (siehe »Der Tränenfaktor«, S. 112).

Wenn ein Rezept also eine Paste aus der Knoblauchpresse, in Scheiben geschnittene Zehen oder fein gehackten Knoblauch vorschreibt, sollte man das beachten, denn sonst bekommt man vielleicht weniger oder mehr, als man erwartet hat.

Gräuter-Bändiger

Manche Rezepte schreiben vor, Gewürze oder Kräuter gleich am Anfang dazuzugeben, während andere erst am Ende einer langen Periode des Köchelns hineinkommen. Spielt das wirklich eine Rolle? Und wenn ja, welche?

Ja, das spielt eine Rolle.

Wieviel Aroma ein Gewürz oder Küchenkraut liefert, hängt nicht von der Gesamtmenge oder dem Gewicht der Würze ab, sondern von der Menge der darin enthaltenen essentiellen Öle.

Darf ich – anstatt »Gewürze oder Kräuter« in diesem Abschnitt noch weitere neunmal zu wiederholen – einfach »Gräuter« schreiben? Danke.

Pulverisierte oder gemahlene Gräuter geben ihre Öle

in der Kochwärme bereitwillig ab, weil ihre große Oberfläche die essentiellen Öle leicht verdampfen lässt. Folglich sollten fein verteilte Gräuter nicht am Anfang, sondern eher gegen Ende des Kochens zugegeben werden, weil sonst alle essentiellen Öle in Dampf übergehen und die Küche besser duftet, als das Essen schmeckt. Dagegen geben ganze Gräuter wie Pfefferkörner und Lorbeerblätter ihre Essenzen langsam ab und werden gleich zu Anfang dazugegeben.

Da die meisten essentiellen Öle flüchtig sind, verlieren Gräuter während der Lagerung, wenn die Öle langsam verdampfen, ihre Wirkung. Frische Gräuter sind also stets würzkräftiger als abgestandene. Selbst nur wenig Wärme kann diese Öle allmählich austreiben, weshalb man Gräuter stets an einem kühlen Ort aufbewahren sollte. Und gemahlene Gräuter verlieren ihre Kraft aufgrund des Verdampfens sehr viel schneller als ganze.

Besonders Muskatnuss und schwarzen Pfeffer sollte man immer im Ganzen kaufen und erst bei Bedarf mahlen oder reiben. Dagegen behalten scharfe Chilischoten auch getrocknet und gemahlen ihre Schärfe, weil das Capsaicin, das »heiße Zeug«, nicht sehr flüchtig ist. Deshalb lässt sich nicht am Geruch feststellen, wie scharf Chili ist.

Einige Gräuterfanatiker (Gräuterfresser?) gehen sogar so weit, ihre Gräuter im Gefrierschrank aufzubewahren. Ich sehe keinen Grund, weshalb das nicht funktionieren sollte.

Wie gut würzt das Kraut da im Löffel?*

Viele Rezepte schreiben frische Kräuter vor – zum Beispiel Oregano, Thymian, Petersilie und so weiter. Manchmal habe ich aber nur das getrocknete Würzkraut zur Hand. Gibt es eine Faustregel, mit welcher Menge eines getrockneten Küchenkrauts das frische zu ersetzen ist?

Leider gibt es da keine zuverlässige Regel, weil die Kräuter sich so sehr voneinander unterscheiden. Aber vielleicht geben Ihnen die folgenden Erwägungen ein paar Hinweise. Dabei ist zu beachten, dass beim Würzen nicht die Menge frischer oder getrockneter Pflanzensubstanz zählt, sondern die Menge der darin enthaltenen essentiellen Öle – dort befindet sich nämlich das Aroma.

Die Blätter von Gewürzkräutern bestehen zu 80–90 % ihres Gewichts aus Wasser. Bei einem Wassergehalt von 80 % sollten 100 Gramm Blätter 20 Gramm Trockenmasse enthalten – das getrocknete Kraut ist also fünffach stärker. Nimmt man getrocknetes Gewürzkraut, sollte man demnach nur ein Fünftel vom *Gewicht* des frischen Krauts verwenden. Bei einem Wassergehalt von 90 % ergibt sich zwischen Frisch und Getrocknet der Faktor 10, und deshalb würde man hier nur ein Zehntel vom Gewicht des frischen Krauts benötigen. All das geht jedoch von der Annahme aus, dass beim Trocknen nur Wasser und kein flüchtiges Öl verlorengeht – und diese Annahme steht auf recht wackeligen Beinen.

Ein weiteres Problem ist, dass wir in der Küche Kräuter oft nicht nach Gewicht, sondern nach Volumen ab-

---

* Zu singen nach der Melodie von »How much is that dog in the window …«, dem Hit von Freddie Fender aus dem Jahr 1975 (vor allem älteren Lesern wohl noch bekannt). – Anm. d. Ü.

messen (Teelöffel, Prise, Messerspitze). Das Volumen hängt aber von der Aufbereitung frischer oder getrockneter Kräuter ab – ganze Blätter, getrocknete Blätter, zerkleinerte Stückchen, Pulver und so weiter –, weshalb die Verhältnisse der Volumina ziemlich unvorhersagbar sind. Soweit es also nicht möglich ist, die Kräuter in ein Labor zu verfrachten, die jeweiligen Anteile essentieller Öle analysieren zu lassen und sie dann auszuwiegen, kann es keine Faustregel geben, welches Volumen eines getrockneten Würzkrauts man anstelle der frischen Pflanze verwenden sollte.

Falls Sie dennoch frische Kräuter durch getrocknete ersetzen müssen und weder die Laborkosten noch die 30tägige Wartezeit bis zur Rücksendung der Analyse auf essentielle Öle in Kauf nehmen wollen, könnten Sie es mal damit versuchen, ungefähr ein Viertel bis eine Hälfte des frischen Krauts in getrockneter Form zu verwenden. Wenn Sie in die andere Richtung ersetzen, nehmen Sie selbstverständlich vom frischen Kraut die doppelte bis vierfache Menge der getrockneten Variante. In den allermeisten Fällen dürften Sie damit nicht allzuweit vom Pfad der Tugend abweichen.

Beetles (= Volkswagen) in der Speisekammer?

In meinen Cayennepfeffer sind irgendwelche Käfer reingekommen. Wie es aussieht, paddeln sie vergnügt in dem scharfen Zeug herum. Ich wollte meinen Augen nicht trauen. Nicht Muskatblüte, Paprika oder andere, mildere Gewürze haben sie sich ausgesucht, sondern ausgerechnet den Cayennepfeffer! Wie halten sie die Schärfe aus?

Das ist nichts als ein weiteres Beispiel für biologische Vielfalt. Zwischen verschiedenen Tierarten kann es enorme Unterschiede geben. Man sollte nicht erwarten, dass Schädlinge sich wie Menschen verhalten, nur weil Menschen sich manchmal wie Schädlinge benehmen.

Die »brennende Schärfe« des Cayennepfeffers und anderer Chiliarten ist auf die sogenannten Capsaicinoide (siehe S. 299) zurückzuführen. Bei Menschen und anderen Säugetieren reizen sie die Mundschleimhäute (und später noch weitere Schleimhäute, aber dorthin begeben wir uns jetzt nicht).

Die brennende Schärfe empfinden wir vor allem, weil unsere Trigeminusnerven gereizt werden, die auch auf Schmerz und Hitze reagieren. Ich bin zwar kein entomologischer Neurologe (gibt es da überhaupt einen?), aber ich würde meine Jalapeño-Chilis darauf wetten, dass Insekten keine Trigeminusnerven besitzen. Dafür reagieren ihre Antennen auf Reize, die wir Menschen uns nicht einmal vorstellen können – wir sollten uns also in der Sensorikabteilung nicht allzu überlegen vorkommen.

Es gibt einige Insektenarten, die Gewürze und andere getrocknete Lebensmittel befallen. Auf alle Fälle sollten Sie alle Gewürze, die einen Befall zu zeigen scheinen, sofort entsorgen, ehe die kleinen Teufel sich in der ganzen Küche – oder gar im ganzen Haus – verbreiten. Einmal fand ich einige Tabakkäfer (*Lasioderma serricorne*), die sich in einer importierten Packung mit Crackern vermehrten. Es war ein Alptraum, sie wieder loszuwerden, denn weil sie Flügel haben, fliegen sie im ganzen Haus herum und fressen fast alles einschließlich, ja, Tabak. Sie sind gelblich-braun, etwa drei Millimeter lang und sehen – ob Sie es glauben oder nicht – fast genauso aus wie die »Käfer« von Volkswagen.

Heutzutage werden viele Gewürze vor dem Versand

bestrahlt, was Insekten und deren Eier abtöten soll. Ich persönlich lege als Vorsichtsmaßnahme alle von mir gekauften importierten Gewürze für drei oder vier Tage in die Tiefkühltruhe. Starker Frost tötet die Eier des Tabakkäfers, muss aber bei anderen Arten nicht unbedingt wirken, und deshalb sollten Sie sich nicht darauf verlassen.

Eine Flasche voll Rauch

Wie ich dem Etikett einer Flasche mit Barbecuesauce entnehme, enthält sie »flüssigen Rauch«. Ist das nicht ein Widerspruch in sich?

Entschuldigen Sie mich, ich trinke noch schnell ein Glas flüssigen Eises, in dem Würfel festen Wassers schwimmen, damit alles kalt bleibt. Ahhh! Das war erfrischend. Nun zu Ihrer Frage.

Auch wenn die Bezeichnung flüssiger Rauch ein wenig bescheuert klingen mag, handelt es sich dabei um ein legitimes und praktisches Produkt. Es verleiht Speisen ein rauchiges Aroma, ohne dass man rausgehen, Holz hacken, ein Feuer anmachen und den ganzen Rest zelebrieren muss.

Holzrauch kann nicht nur für Bakterien tödlich sein, sondern, wie jeder Feuerwehrmann weiß, auch für Menschen, sofern genug davon vorhanden ist. Wenn wir jedoch nur ein wenig Rauch abbekommen, mögen wir den Duft (man denke nur an das Kaminfeuer in einer Winternacht) und das Aroma (wie bei einer geräucherten Forelle). Doch Rauch ist eine Mischung aus heißen Gasen und mikroskopisch kleinen Schwebeteilchen, die schwerer einzufangen und in eine Flasche zu packen sind als ein Geist. Deshalb erfand die Nahrungsmittelindustrie flüssigen Rauch, den sie nicht nur für industriell hergestellte Nahrung verwendet, sondern in Flaschen abfüllt und für den Gebrauch in der heimischen Küche verkauft.

In der traditionellen Räucherkammer hängt man das Fleisch an der Decke auf, dann leitet man durch Luftkanäle den Rauch eines außerhalb brennenden Feuers aus feuchten Sägespänen ein. In modernen Räucherfabriken werden Rauchdichte, Temperatur und Feuchtigkeit sorgfältig kontrolliert, wodurch spezielle Effekte zu erreichen sind.

Heutzutage räuchern Gewerbebetriebe nach einer von zwei Methoden. Das ist einmal das *Kalträuchern*, bei dem das Räuchergut höchstens auf 32–38 °C erwärmt werden darf, und außerdem das *Heißräuchern*, bei dem die Produkte 93 °C oder mehr erreichen und teilweise gegart werden. Manche Fleischprodukte wurden heiß geräuchert und gelten deshalb als gegart (z. B. Bologneser Wurst), während andere kalt geräuchert wurden und als roh verkauft werden (z. B. roher Schinken).

Es ist eine echte Herausforderung, Wurstwaren richtig einzuordnen. So kann das zerkleinerte Fleisch frisch oder (beispielsweise mit Nitriten) gepökelt worden sein; die gefüllten Würste können gegart, geräuchert, getrocknet und / oder fermentiert worden sein oder auch nicht. Zur Sicherheit bekommen Frankfurter Würstchen gegen bakterielle Kontaminationen gewissermaßen Gürtel und Hosenträger mit auf den Weg: Sie werden gepökelt, gekocht und geräuchert, während italienische Salami in der Regel gepökelt, fermentiert und dann getrocknet wird.

Am Ende findet ein großer Teil des Rauchs einer Räucherfabrik unvermeidlich seinen Weg hinaus aus dem Schuppen und verschmutzt die Atmosphäre. Die Rettung: flüssiger Rauch! Um ihn herzustellen, verbrennt man zunächst feuchte Hartholzschnitzel oder Sägemehl und erzeugt so echten Rauch. Die Feuchtigkeit entzieht dem Feuer einen Teil des Sauerstoffs, was maximale Rauchentwicklung garantiert. Dann bläst man den Rauch über gekühlte Kondensatoren, an denen viele seiner chemischen Verbindungen (in Holzrauch hat man Hunderte verschiedener Chemikalien festgestellt) zu einer braunen Flüssigkeit kondensieren. Diese reinigt man von unerwünschten – und giftigen – Bestandteilen. Den Rest mischt man dann in Essigsäure (Essig), und in dieser Form können Sie ihn in Ihre Barbecuesauce rühren.

In den USA dürfen ausschließlich Nahrungsmittel, die unmittelbar dem echten Rauch eines Holzfeuers ausgesetzt waren, als »geräuchert« bezeichnet werden. Das Etikett auf der Packung Ihrer Lieblingswürstchen verrät es – manche sind nur mit »Raucharoma« verfeinert, das heißt, mit flüssigem Rauch eingesprüht oder darin eingetaucht worden*.

Sie haben bestimmt noch nicht vergessen, was ich weiter oben über die giftigen Bestandteile von Rauch geschrieben habe, und fragen sich jetzt, ob die mit flüssigem Rauch behandelten Speisen ungefährlich sind.

Mein Albtraumszenario: Ich behaupte, diese Speisen seien ungefährlich. Sie essen davon und bekommen Kopfschmerzen. Ein opportunistischer Anwalt erklärt Ihnen: »Sie haben da eine Klagemöglichkeit.« Er verklagt mich und die Lebensmittelfirma, spickt eine Jury mit Leuten, die an Migräne leiden, und bekommt 2 Millionen Dollar Entschädigung von der Firma und 500 Dollar aus meinen fadenscheinigen Autorentaschen zugesprochen. Der Anwalt beansprucht 1,5 Millionen für sich und

* In der EU gibt es eine Positivliste, die angibt, wie flüssiges Raucharoma zusammengesetzt sein darf. – Anm. d. Ü.

rennt hinter einem weiteren Krankenwagen her, während Ihnen nach Abzug der Gerichtskosten gerade noch die Summe für eine Packung Aspirin bleibt...

Sollte ich also sagen, geräucherte Speisen seien ungefährlich? Ja, in den kleinen Mengen, die Sie in Speisen mit Raucharoma zu sich nehmen, sind die aus Rauch gewonnenen chemischen Verbindungen in gereinigtem flüssigem Rauch unschädlich. Also sprach die allmächtige FDA. Die können Sie dann ja verklagen.

Der wahre Rettich

Der Besitzer eines japanischen Restaurants hat mir gesagt, dass die grüne Paste, die in Restaurants gereicht wird, gar kein echtes Wasabi sei (auch bei ihm nicht), sondern lediglich grün gefärbter Meerrettich. Wollte er jemand in Schutz nehmen?

Nein, er hat Ihnen den echten Knüller, aber nicht den wahren Rettich serviert.

Amerikaner, die in einem japanischen Restaurant Sushi bestellen, kennen die Gewürze auf der Platte zumeist. Eines besteht aus einem Häufchen dünn geschnittener, eingelegter Ingwerscheiben, dazu gedacht, zwischen zwei Happen den Gaumen zu neutralisieren. Das andere ist ein Klacks aus feurigem grünem »Wasabi«. Der Ingwer ist echt, das Wasabi eher nicht. Außerhalb Japans kriegt kaum jemand richtiges Wasabi vorgesetzt.

Aber woraus besteht dann dieser Klumpen auf dem Teller in der Sushi-Bar um die Ecke? Es ist ein Gemisch aus Meerrettich, Senf, Maisstärke sowie gelben und blauen Farbstoffen, als Trockenpulver verpackt und mit Wasser zu einer dicken Paste anzurühren. Sobald Sie mehr als einen Klecks auf die Zunge bekommen, reinigt der flammende Stoff Ihre Nebenhöhlen, treibt Ihnen das Wasser in die Augen und reißt Ihnen fast den Kopf ab. Dagegen ist das Erlebnis, das einem Wasabi bietet, überraschend kultiviert.

Beim echten Wasabi handelt es sich um die grüne Wurzel (das Rhizom) einer Pflanze mit der botanischen Bezeichnung *Wasabi japonica* oder *Eutrema japonica* sowie noch ein paar anderen Namen. Und sie ist nicht schön anzuschauen. Seitlich wachsen lange, strähnige Wurzeltriebe heraus, und selbst geputzt sieht sie aus wie eine knubbelige Süßkartoffel, deren Friseur einen schlechten Tag hatte. Da Wasabi sehr spezielle Bedingungen in eisigen Gewässern benötigt, ist es außerordentlich schwer anzubauen; weltweit gibt es nur ungefähr fünf Betriebe, die es kultivieren. Im Großhandel kostet die Wurzel zwischen 40 und 160 Dollar pro Kilo, im Einzelhandel um die 200 Dollar. Deshalb ist die echte Ware außerhalb Japans kaum zu finden.

Nach dem Reiben – die Schärfe soll bleiben

Bei uns ist es Tradition, dass mein Mann zum Passah-Festessen den Meerrettich (als das traditionelle bittere Kraut) reibt. Gewöhnlich macht er eine ganze Menge davon und erträgt brennende Augen und Nebenhöhlen, um dieses köstliche Gewürz zuzubereiten. Wenn etwas übrig bleibt, verliert es jedoch rasch seine Kraft und wird nach einigen Tagen ganz mild. Wie können wir seine Würze und Stärke für die gesamten acht Tage des Passah-Fests bewahren, damit wir nicht jeden Tag Meerrettichwurzeln reiben müssen?

Die scharfe und tränentreibende (lakrimogene) Verbindung im essentiellen Öl des Meerrettichs ist das gewöhnlich als Senföl bekannte *Allyl-Isothiocyanat* (das ist auch in schwarzen Senfsamen enthalten). Es entsteht, wenn die durch das Reiben zerschnittenen Pflanzenzellen das Enzym Myrosin und die Verbindung Sinigrin freisetzen. Zunächst waren diese beiden Stoffe in verschiedenen Teilen der Pflanze voneinander isoliert, doch in Gegenwart von Wasser reagieren sie, einmal freigesetzt, gemeinsam zu Allyl-Isothiocyanat.

Nachdem das Öl entstanden ist, beginnt es zu verdampfen, was die kräftigen Dämpfe in die Luft entlässt. Der Dampf ist jedoch nicht sehr beständig und verschwindet nach 10–20 Minuten.

Sie können den übrigen geriebenen Meerrettich in einem dicht verschlossenen Schraubglas im Kühlschrank aufbewahren. Das hält die Dämpfe in der Masse und verlangsamt ihre Freisetzung. Er lässt sich aber auch mit Hühnerschmalz (einem weiteren Bestandteil des Passah-Mahls) vermischen. Der im Kühlschrank verfestigte Fettüberzug schließt die scharfen Dämpfe ein und versiegelt sie.

Noch besser ist es, den geriebenen Meerrettich, wie die gewerblichen Hersteller, mit Essig anzufeuchten. Die Essigsäure deaktiviert das Enzym Myrosin an der Oberfläche der Meerrettichschnipsel und hemmt so die Reaktion, bei der das Allyl-Isothiocyanat gebildet würde. Wenn Sie den Meerrettich später zerkauen, brechen Sie weitere Zellen auf, was erneut Enzyme freisetzt und die Schärfe auferstehen lässt (wenn auch nicht im religiösen Sinne).

Avocadocreme Wasabi

Selbst wenn man seine Essstäbchen in echtes Wasabi tauchen könnte, wäre es doch eine Schande, Wasabi für dieses Rezept zu verwenden, weil es durch die übrigen Zutaten stark verdünnt würde. Man besorge sich also in einer Sushi-Bar oder einem Asienladen ein wenig von der gewöhnlichen, frisch zubereiteten »Wasabi-Paste« sowie eingelegten Ingwer. Wasabi-Pulver, das man mit Wasser aufbereiten kann, ist in Dosen erhältlich. Nach meiner Erfahrung ist fertige Wasabi-Paste in Tuben von wechselnder Qualität. Nachdem Wasabi bei längerem Stehen dazu neigt, seine Schärfe zu verlieren, sollte man diesen kleinen Appetitanreger höchstens eine Stunde vor dem Servieren zubereiten.

1 große, reife Avocado der Sorte Hass
Saft einer ganzen Limette
15 Milliliter Wasabi-Paste
15 Gramm gehackter, eingelegter Ingwer
1 kleine Knoblauchzehe, zerdrückt und gehackt
Kräftige Prise Salz
1 ganze Lauchzwiebel, geputzt und gehackt
1 Bund frischer Koriander, gehackt

1. Avocado der Länge nach durchschneiden und den Kern entfernen. Das Fruchtfleisch jeder Hälfte mit einem spitzen Messer mehrmals kreuzweise bis zur Schale einschneiden und die Würfel mit einem Teelöffel in eine mittelgroße Schüssel umfüllen. Limettensaft dazugeben.
2. Avocado mit einer Gabel grob zerdrücken. Wasabi-Paste, Ingwer, Knoblauch und Salz zugeben und alles gründlich miteinander vermengen. (Vorsicht: Weil Wasabi und Avocado gleichfarbig sind, muss man darauf achten, die Zutaten wirklich gut zu mischen. Eine kleine Menge puren Wasabis wäre eine unangenehme Überraschung.)
3. Falls nötig, je nach persönlicher Vorliebe mit Wasabi und Salz nachwürzen und am Ende die gehackte Lauchzwiebel und den Koriander dazugeben.

Ergibt ungefähr 0,25 Liter.

Was haben Sie denn da geraucht?

Getrocknete Gewürze wie Senfsamen und Pfefferkörner zerkleinere ich mit einer elektrischen Kaffeemühle. Dabei ist etwas Seltsames passiert. Nachdem ich ein paar Gewürznelken gemahlen hatte, wies der Kunststoffdeckel der Mühle innen kleine Krater auf, und am Rand war er sogar weich geworden. Und jetzt kann ich das Aroma der Nelken nicht mehr herauswaschen. Haben diese Stifte der Gewürznelken ungewöhnliche korrosive Eigenschaften?

Ja, das haben sie.

Nelken enthalten bis zu 20 % eines intensiven, ein wenig scharfen essentiellen Öls und sind wahrscheinlich die stärksten aller aromatischen Gewürze. Es handelt sich dabei um die getrockneten Blütenknospen des tropischen immergrünen Baumes namens *Syzygium aromaticum*, und ursprünglich kommen sie – wie passend – von den heute zu Indonesien gehörenden Gewürzinseln. Mit Stiel und Kopf ähneln getrocknete Gewürznelken Nägeln, und dieser Form verdanken sie auch ihren englischen Namen »Cloves«, der vom lateinischen Wort *clavus* für Nagel* abgeleitet ist.

Die Gewürznelken enthalten (ist da jemand überrascht?) Nelkenöl, dessen wichtigster chemischer Bestandteil, das *Eugenol*, Chemikern unter seinem Spitznamen 2-Methoxy-4-(2-Propenyl)Phenol geläufig ist. Vielleicht hat Ihr Zahnarzt es schon einmal als Schmerzstiller und Antiseptikum an einem Ihrer Zähne angewandt.

---

* Ein Nachhall dieser Bezeichnung findet sich auch in dem deutschen Schlaflied »Guten Abend, gute Nacht, mit Rosen bedacht, mit Näglein besteckt …«, das mit hoher Wahrscheinlichkeit keine Kreuzigung, sondern die Anwendung der bewussten Nelkenstifte zur Beruhigung des Kindes meint. – Anm. d. Ü.

Möglicherweise haben Sie aber auch – wie ich in Jakarta oder auf Bali – ein paar indonesische, mit Nelken aromatisierte Zigaretten geraucht. Diese sogenannten *Kreteks* sind mit zwei Teilen Tabak und einem Teil gemahlener Nelken gestopft. Annähernd die Hälfte der weltweiten Nelkenproduktion wird für die indonesische Leidenschaft für Kreteks verbraucht.

Eugenol ist ein Phenol, und Phenole können saure sowie korrosive Eigenschaften haben. In Ihrem Fall drang das Eugenol in den durchsichtigen Kunststoffdeckel Ihrer Mühle ein, löste sie an und weichte sie auf. Wahrscheinlich besteht der Deckel aus Polymethylmethacrylat (Plexiglas). In diese Verbindung hat sich das Aroma dauerhaft eingelagert. Sie haben nun, befürchte ich, eine nur noch für Gewürznelken zu nutzende Mühle.

Für weniger aggressive Gewürze werden Sie sich wohl eine neue Kaffeemühle anschaffen müssen, die Sie nach jedem Gebrauch gut auswaschen sollten, ehe Sie sie für Kaffeebohnen verwenden. Die meisten anderen Gewürze dürften die Mühle nicht auf Dauer mit ihrem Aroma infizieren.

Ich nehm' Vanille ...

Vor ein paar Jahren kostete eine Phiole mit zwei Vanilleschoten hier im Supermarkt noch 4,50 Dollar, inzwischen 9,50 Dollar. Im selben Laden bezahlte ich für eine Flasche Extrakt aus reiner Madagaskar-Bourbon-Vanille mit 120 Milliliter Inhalt 11 Dollar, jetzt sind es 20 Dollar. Nachdem die Preise für Vanille so in die Höhe schießen, wechseln viele Leute zu mexikanischer Vanille. Ist die echt oder künstlich? Aufgrund des Preises habe ich den Verdacht, es könnte synthetisch hergestellt worden sein.

Ihr Verdacht ist wahrscheinlich begründet.

Echte Vanille ist immer sehr teuer gewesen, weil es viel Zeit und Arbeit kostet, sie der Natur abzugewinnen, und weil sie in fernen Ländern angebaut wird. Wie Kakao, Cashewnüsse und Kaffeebohnen ist Vanille ein Handelsgut, das den Unwägbarkeiten der Natur und den Gesetzen von Angebot und Nachfrage unterworfen ist. Diese äußerst beliebten Genüsse kommen alle aus tropischen Breiten, wo die Ernte immer wieder durch Stürme dezimiert wird, was die Preise weltweit beeinflusst.

Beginnen wir mit der echten Vanille, den fermentierten und getrockneten Samenhülsen (Schoten) von einem der beiden rankenden Orchideengewächse *Vanilla tahitensis* (von den pazifischen Inseln stammend) und *Vanilla planifolia* (aus Mexiko stammend). Es waren die mexikanischen Azteken, die als erste das Aroma der Vanille mit den Samen einer anderen heimischen Pflanze vermählten – diese kennen wir als Schokolade. Weil die Schote so klein ist, nannten die spanischen Eroberer sie *vainilla*, »kleine Hülse«.

Heute werden drei Viertel der weltweiten Vanilleproduktion aus der mexikanischen Sorte *V. planifolia* gewonnen, die man jedoch auf den Inseln der Komoren, auf Madagaskar und Réunion im Indischen Ozean anbaut. Im frühen 19. Jahrhundert gehörten diese Inseln zum Herrschaftsbereich der französischen Bourbonenkönige – die Vanille aus jener Region ist noch heute als Bourbon-Vanille bekannt.

Die Vanille-Orchidee trägt immer nur wenige Blüten gleichzeitig. Jede Blüte öffnet sich am Morgen und schließt sich am Nachmittag; nicht bestäubte Blüten fallen am folgenden Tag von der Pflanze ab. Soll sie ihre wertvolle Frucht entwickeln, muss sie während der Morgenstunden ihres großen Tages bestäubt werden.

Wie aber haben es die Vanillepflanzen dann geschafft, sich über Äonen hinweg fortzupflanzen und zu überleben, ehe der Mensch daherkam und sich bemühte, sie anzubauen? Versuche, Vanillepflanzen außerhalb Mexikos zu kultivieren, blieben für etwa 300 Jahre in der ganzen Welt erfolglos. Schließlich fand man heraus, dass eine kleine, nur in Mexiko lebende Biene der Gattung *Melipona* die Bestäubung, wie das Bienen eben so tun, ganz unauffällig vollzogen hatte. Heutzutage sind es Menschen, die fast alle Vanillepflanzen in Mexiko wie auch in Madagaskar von Hand bestäuben. Dazu verwenden sie dünne Holzstäbchen, die sie genau zur rechten Zeit sehr präzise in die Blüten einführen. Verstehen Sie allmählich, warum Vanille so teuer ist?

Sobald die Vanilleschote ihre maximale Länge von ungefähr 20 Zentimetern erreicht hat, wird sie geerntet, 10–30 Tage in der Sonne getrocknet und jeweils nachts abgedeckt, damit sie im Kondenswasser fermentiert. Erst dann haben die Schoten ihr großartiges Aroma und ihren Geschmack gewonnen.

Als Aromabestandteile der Vanille hat man um die 170 verschiedene chemische Verbindungen gefunden, doch der größte Anteil am Geschmack ist der aromatischen Phenolverbindung Vanillin zu verdanken. Zum Glück (oder leider) kann der Mensch das Vanillin sehr viel effizienter produzieren als die Vanillepflanze. Es lässt sich aus Eugenol, dem Hauptbestandteil des Nelkenöls, oder aus Guajakol, einer in den Harzen tropischer Bäume vorkommenden Verbindung, synthetisieren. Außerdem kann man es aus Lignin gewinnen – einer Strukturkomponente verholzter Pflanzen und einem Nebenprodukt bei der Herstellung von Papier aus Holzbrei. In den USA und Kanada wird Vanillin jedoch nicht mehr auf diese Weise hergestellt, weil das Verfahren nicht umweltverträglich ist.

Synthetisches Vanillin ist der Hauptbestandteil künstlicher oder »nachgeahmter« Vanille, die weit weniger kostet als echter Vanilleextrakt und als Ersatz für das echte Gewürz nicht allzu schlecht ist, obwohl hier die Vielfalt natürlichen Vanillearomas fehlt. Zur Aromatisierung abgepackter Nahrungsmittel verwendetes synthetisches Vanillin muss als künstliches Aroma auf dem Etikett genannt werden.

Vanilleextrakt lässt sich viel bequemer einsetzen als ganze Schoten. Der Extrakt muss einen Alkoholgehalt von mindestens 35 Volumenprozent haben (je höher die Alkoholkonzentration, desto mehr von dem feinen Vanillearoma wird extrahiert) und aus nicht weniger als 100 Gramm Vanilleschoten pro Liter Alkohol gewonnen worden sein. Damit er glatter fließt, darf er Zucker und andere Zutaten wie Glycerin oder Propylenglykol enthalten, doch wenn synthetisches Vanillin zugesetzt wurde, muss er die Bezeichnung »Nachgeahmtes Vanillearoma«* tragen.

Und schließlich noch zur Verbindung mit Mexiko: Als während der Revolution von 1910 die Vanillepflanzungen an der mexikanischen Golfküste größtenteils zerstört wurden, verlor das Land seine führende Rolle in der weltweiten Vanilleproduktion. Der gute Ruf hat sich jedoch erhalten, und mexikanischer »Vanilleextrakt« ist überall auf der Welt erhältlich. Weil aber die Kennzeichnungsvorschriften in Mexiko nicht so strikt durchgesetzt werden wie in den USA, kann ein mexikanischer »Vanilleextrakt« vielleicht auch eine Imitation auf der Basis von Vanillin sein.

---

* In der EU gibt es die (nicht unmittelbar aus amerikanischen Vorschriften zu übertragende) Regel, wonach u. a. zwischen natürlichen Aromen, naturidentischen Aromen (wie z. B. synthetischem Vanillin) und künstlichen Aromen zu unterscheiden ist. – Anm. d. Ü.

Schlimmer ist, dass manche Vanilleprodukte aus Mexiko und der Karibik Cumarin (Chromen-2-on) enthalten, das aus den bohnenähnlichen Samen des Tonka-Baums *Dipteryx odorata* gewonnen wird. Cumarin besitzt ein stark vanilleähnliches Aroma, ist aber giftig (eines seiner Derivate wird unter der Bezeichnung Warfarin als Rattengift eingesetzt; es verdünnt das Blut, worauf die vergifteten Ratten innerlich verbluten). Ein weiteres Cumarin-Derivat wird als Coumadin bei der Behandlung von Herzkrankheiten als Gerinnungshemmer verwendet. Als Nahrungsmittelzusatz wurde Cumarin schon 1954 in den USA verboten.*

* In der EU sind geringe Mengen (bis zu 10 mg/kg) zulässig. – Anm. d. Ü.

9. KAPITEL

Kombüsenkram

Ob es nun Küche heißt, Kombüse, Kabuff, Gulaschkanone oder Feldküche, ob die Einrichtung sich in einer Wohnung, einem Restaurant, auf einem Schiff, in einem ICE oder unter freiem Himmel befindet: Immer ist dieser Ort der lebenswichtigen Aufgabe gewidmet, Speisen für jedermann, vom einsamen Esser bis zu einer ganzen Armee, zuzubereiten. Als schlichteste Grundausstattung benötigt man ein paar Töpfe aus Ton oder Metall, Quellen für Wärme und Wasser und vielleicht noch ein Messer. Alles weitere ist der reine Überfluss.

Und in den Küchen unserer Tage herrscht wirklich Überfluss! Wir verfügen über Kühlschränke, Gas-, Strom- und Induktionsherde, Konvektions- und Mikrowellenöfen, Stabmixer, Küchenmaschinen, Antihaftgeschirr und – nun, sehen Sie sich nur mal in Ihrer Küche um: Sie haben es herrlich weit gebracht!

Freilich sollten wir auch wissen, wie mit diesen Werkzeugen umzugehen ist. Für einen Handwerker ist nichts frustrierender, als ein Werkzeug reparieren zu müssen, noch ehe er damit arbeiten kann.

Zerfrisst der Geschirrspüler die Aluminiumutensilien? Verströmt der Kühlschrank einen unerwünschten Geruch? Verdirbt die Butter im Butterfach? Wird ein Braten im Backrohr schneller oder langsamer gar, als es das Rezept angibt? Kommen die Pizzas schlabbrig und die Kuchen zähflüssig aus dem Backrohr?

Alles hängt davon ab, wie Sie Ihre Rüstkammer voller Anwendungen, Apparate, Ausstattungen, Geräte, nützlicher Gegenstände, Kram, Zeug und Utensilien anwenden. Sie sollten alles mit Verstand und Respekt behandeln, denn wie heißt es doch so schön: »Wenn du die Werkzeuge nicht beherrschst, dann beherrschen sie dich.«

Konservieren mit Schutzheiligen – oder mit Chemie?

Ich frage mich immer wieder, warum manche Nahrungsmittel auch im Kühlschrank so rasch verderben, während andere auch ohne Kühlung ewig haltbar zu sein scheinen. Dinge wie angebrochene Senfgläser und Ketchupflaschen können ungekühlt wochenlang herumstehen, Käse, Honig und Erdnussbutter halten sich bei Zimmertemperatur sogar noch länger. Gibt es eine allgemeine Regel, nach der sich abschätzen lässt, wie lange die einzelnen Speisen haltbar sind?

Wäre das Leben doch nur so einfach! Es kann keine allgemeine Regel für all die von uns verzehrten Nahrungsmittel geben – unsere Allesfresserkost besteht aus einer fast unendlichen Zahl von Kombinationen vieler tausend Proteine, Kohlenhydrate, Fette und Mineralien. Wenn etwas verdirbt, so kann das auf Bakterien, Schimmelpilze und Hefen zurückzuführen sein, auf Hitze, Oxidation durch Kontakt mit der Luft oder auf Enzyme in der Nahrung selbst. So gibt es in Früchten spezifische Enzyme, welche die Reifung, die Vollreife und am Ende den Zerfall beschleunigen.

Eines ist indessen unvermeidlich: Letztlich verdirbt, verrottet, zerfällt, zersetzt sich oder schrumpelt jede Nahrung; sie verwest, wird ranzig oder ganz einfach voll eklig. So lautet das Gesetz der Natur, denn Staub sind sie, und zu Staub sollen sie werden: Proteine werden weich, matschig, faulig und grün, Kohlenhydrate gären und werden sauer, Fette ranzig. Ketchup und Senf bleiben so lange genießbar, weil sie bakterienhemmende Säure (Essig) enthalten, dafür aber weder Fett noch aktive Enzyme.

Im Kampf gegen den Verderb von Speisen haben wir Menschen die Nahrung gekocht, geräuchert, getrocknet, gesäuert und gesalzen oder gezuckert – und, was weitgehend einem amerikanischen Erfinder namens Clarence Birdseye zu verdanken ist, in jüngster Zeit *tiefgefroren*.

Als Birdseye für eine Weile als Pelzhändler in Labrador war, beobachtete er, wie die Eingeborenen Fisch und Fleisch für späteren Verzehr einfroren. Ihm fiel auf, dass bei Nahrung, die im Winter schnell und nicht – wie in den milderen Jahreszeiten – langsam eingefroren wurde, Konsistenz, Geschmack und Farbe besser erhalten waren, wenn man sie später wieder auftaute. 1925 stellte Clarence Birdseye seine »Schnellgefriermaschine« vor, das war der Beginn der Lebensmittel-Tiefkühlindustrie.

Einfrieren konserviert Nahrungsmittel, weil die schädlichen Mikroorganismen gefrorenes Wasser, also Eis, nicht nutzen und somit nicht wachsen können. Bloße Kühlung dagegen verlangsamt ihr Wachstum zwar, ist aber nur begrenzt wirksam. Bei typischer Kühlschranktemperatur können aus 10 000 Bakterien in wenigen Tagen 10 Milliarden werden.

Hier kommen Konservierungsmittel ins Spiel: chemische Verbindungen, die man fertigen Speisen zusetzt, um deren Haltbarkeitsdauer zu verlängern – und unser persönliches Verfallsdatum, wenn wir sie verzehren. Ja, Konservierungsmittel sind Chemikalien. Und ja, es sind Zusatzstoffe, denn sie wurden eindeutig zugesetzt (gilt auch für Salz, Zucker, Gewürze, Vitamine und so weiter). Ohne Konservierungsmittel würden nämlich die meisten unserer Nahrungsmittel ganz einfach verderben. Trotzdem umwirbt man uns auf den Etiketten von Lebensmitteln mit dezenten Hinweisen auf deren Überlegenheit, weil sie »garantiert ohne Zusatzstoffe oder Konservierungsmittel« seien. Ich würde gern mal ein Etikett sehen, auf dem außerdem noch steht: »Verdirbt fast augenblicklich, sobald Sie es nach Hause gebracht haben.«

Was sind das nun für Chemikalien? Sie lassen sich zum größten Teil in vier Kategorien einordnen:

– *Wirkstoffe gegen Mikroorganismen* hemmen das Wachstum von Bakterien, Schimmelpilzen und Hefen. Dazu gehören Schwefeldioxid und Sulfite, die für Früchte, Fruchtsäfte, Essig und Wein eingesetzt werden, außerdem Sorbinsäure für Käse, Kalziumpropionat und andere Propionate, mit denen man Schimmel in Brot und anderen Backwaren hemmt, sowie Natriumbenzoat und andere Benzoate, die Pilzwachstum in Getränken, Obstkonserven, Käsen, Sauergemüse und vielen anderen Produkten verhüten sollen. Benzoate finden sich von Natur aus in Preiselbeeren, Propionate in Erdbeeren, Äpfeln und Käse.
– *Antioxidantien* hemmen die Oxidation an der Luft, durch welche Fette, insbesondere die ungesättigten, ranzig werden. Hier finden wir Sulfite (schon wieder), BHA (*Butylhydroxy-anisol*), BHT (*Butylhydroxy-toluol*), TBHC (*tertiäres Butylhydrochinon*), Ascorbinsäure (Vitamin C) und Propylgallat. Sie werden für Kartoffelchips, Nüsse, Getreideprodukte und Cracker verwendet.
– *Enzymhemmer* verlangsamen den durch enzymgesteuerte Reaktionen in Lebensmitteln verursachten Verderb. Sulfite (erneut) hemmen die enzymatischen Ab-

baureaktionen in Früchten wie Rosinen und getrockneten Aprikosen. Säuren wie Ascorbinsäure und Zitronensäure in Zitrusfrüchten deaktivieren Enzyme, darunter auch die Phenolase, welche Äpfel und Kartoffeln braun werden lässt, sobald man sie angeschnitten hat.

– *Komplexbildner*, auch als Chelatbildner bekannt, nehmen die Atome von Spurenmetallen wie Eisen und Kupfer auf, die Oxidationsreaktionen katalysieren (beschleunigen) und Entfärbung verursachen. Als häufigster Chelatbildner wird EDTA oder *Ethylendiamintetraessigsäure* verwendet, neben Polyphosphaten und Zitronensäure.

Na schön, einige dieser chemischen Bezeichnungen sind vielleicht schwierig auszusprechen. Aber das macht sie, obwohl manche Leute es meinen, noch nicht gefährlich. Sie alle werden in kleinen, von den Behörden geregelten Mengen zugesetzt, und niemand verzehrt sie löffelweise.

Wer eine Alternative zu Lebensmitteln mit Konservierungsstoffen sucht, ist darauf angewiesen, täglich beim Bauern oder auf Bauernmärkten Frischfleisch und andere frische Produkte zu kaufen. Außerdem müssen sie selber herstellen: Sahne, Konserven, Sauergemüse, Wein, Kartoffelchips, Frühstücksflocken, Olivenöl – und dann all das essen, ehe es schlecht wird.

Und willkommen in der guten alten Zeit!*

---

* In weiten Teilen der EU und auch in Deutschland ist es anscheinend sogar im 21. Jahrhundert viel leichter als in den USA, Lebensmittel ohne chemische Konservierungsstoffe zu bekommen – selbst in Supermarktketten gibt es eine ständig zunehmende Auswahl davon. – Anm. d. Ü.

Die Basis ist basisch

Ich frage mich, weshalb meine Töpfe und Küchenutensilien aus Aluminium im Geschirrspüler die Farbe ändern und anscheinend korrodieren. Bei einem Sieb aus Aluminiumgeflecht ging es besonders schnell. Liegt es an sauren Bedingungen in der Seife oder im Wasser?

Nein, da ist keine Säure im Spiel, sondern deren chemisches Gegenteil, eine (alkalische) Lauge oder Base, wie die Chemiker sagen.

Anders als die Spülmittel fürs Handspülen enthalten die meisten Reiniger für Spülmaschinen die stark alkalische Verbindung Natriumkarbonat, die auch als das gute alte Waschnatron bekannt ist – nicht zu verwechseln mit Backnatron, dem Natrium*bi*karbonat.

In der Geschirrspülmaschine sind alkalische Verbindungen erforderlich, weil sie Fett in Seife umwandeln. Seifen gehören zu einer Klasse chemischer Verbindungen, die durch die Einwirkung von Alkalien auf Fette entstehen. Dagegen sind Detergentien moderne, synthetische Verbindungen – speziell dafür gemacht, die Reinigungsaufgaben der Seife zu erledigen. Trotz dieses Unterschieds lassen viele sich nicht davon abbringen, alle im Haushalt verwendeten Reiniger als »Seife« zu bezeichnen.

Aber ich s(chw)eife ab.

Wenn ein chemischer Stoff Metall angreift und auflöst, neigen wir dazu, den Stoff für eine Säure zu halten. Gewöhnlich stimmt das auch: Eine ausreichend starke Säure könnte einen Hummer* verschlingen und die Reifen

* Gemeint ist kein bereifter Krebs, sondern ein besonders großes Geländefahrzeug der US-Armee. – Anm. d. Ü.

ausspucken. Aluminium ist jedoch insofern ein außergewöhnliches Metall, als es sowohl von Säuren als auch von Alkalien angegriffen wird (es ist *amphoter*). Somit greift das alkalische Natriumkarbonat im Geschirrspüler tatsächlich Aluminium an; zumindest frisst es sich so weit in die Oberfläche, dass diese stumpf und wegen der entstehenden Alu-Verbindungen zinngrau wird. Deshalb raten die meisten Hersteller hochwertiger Aluminiumgeschirre davon ab, sie in die Spülmaschine zu stecken.

Manche Maschinenspülmittel enthalten, was noch schlimmer ist, Kalium- oder Natriumhydroxid (Natronlauge). Sie sind weit stärker alkalisch als Natriumkarbonat und würden Ihre Aluminiumtöpfe buchstäblich auffressen. So ist vermutlich Ihr Flechtsieb in den Reifen eines Basketballkorbs verwandelt worden. Falls Sie Ihre Alu-Utensilien weiterhin in der Spülmaschine reinigen wollen, sollten Sie die Etiketten der Spülmittel studieren und ein Mittel wählen, das weder Kalium- noch Natriumhydroxid und auch kein Natriumkarbonat enthält. Solche gibt es.

In der Geschirrspülmaschine kann Aluminium noch einem anderen zerstörerischen Phänomen ausgesetzt sein, falls Ihre Gerätschaften aus Alu zufällig mit einem anderen Metall, meist rostfreiem Stahl, in Berührung kommen. Denn wann immer zwei verschiedene Metalle (in diesem Fall Aluminium und Eisen) miteinander Kontakt haben und dabei von einer elektrisch leitfähigen Flüssigkeit umgeben sind, kommt es zu einer elektrischen (genauer gesagt einer elektrolytischen) Reaktion, bei der eines der beiden Metalle angegriffen wird. Hier ist es das Aluminium, dessen Oberfläche *korrodiert* und stumpf wird. Sollten Sie also darauf bestehen, Aluminiumteile in der Maschine zu spülen, müssen Sie dafür sorgen, dass diese kein anderes Metall berühren.

Die Extraportion Küchenwissenschaft

Eisenatome halten aus komplexen Gründen, die wir hier nicht erörtern wollen, ihre Elektronen fester an sich gebunden als Aluminiumatome (Eisen ist *elektronegativer* als Aluminium). Wenn nun die beiden Metalle in einer elektrisch leitenden Flüssigkeit (einem *Elektrolyten*) wie der Lösung eines Maschinenspülmittels in Wasser zufällig miteinander in Kontakt kommen, entreißen die Eisenatome den Aluminiumatomen Elektronen. Diese Elektronenübertragung lässt einen elektrischen Strom fließen, wobei der Elektrolyt den Stromkreis schließt.

Den Aluminiumatomen fehlen nun Elektronen (damit sind es *Aluminiumkationen*), und diese möchten ihre normale Elektronenkonfiguration wiederherstellen. Dazu müssen sie mit etwas – was es auch sei – reagieren, das Elektronen abgeben kann. Deshalb reagiert die Oberfläche des Metalls Aluminium mit negativen Ionen (*Anionen*) der Lösung und bildet eine stumpfe Schicht einer Aluminiumverbindung – meist ist es Aluminiumoxid.

Triebhaft emulgieren

Bei Emulsionen blicke ich nicht ganz durch. In manchen Rezepten steht, ich soll bestimmte Zutaten »emulgieren«, aber so viel ich sehe, vermenge ich sie bloß. Ist mir da ein besonderer Trick entgangen?

Nein, aber ich fühle mit Ihnen. Der Begriff *emulgieren* wird allzu oft als Synonym für *vermengen* oder *andicken* missbraucht. Zu Unrecht. Köche behaupten gern, sie würden eine Sauce mit Hilfe von *roux* (französisch für Mehlschwitze) emulgieren. Das machen sie aber definitiv nicht.

Viele Substanzen, darunter Mehl, Maisstärke, Gelatine, Pektin, Okra, Ei und sogar pürierte Banane, eignen sich dazu, Suppe, Vanillesauce, Marmelade, Bratensauce und andere Saucen anzudicken. Das heißt aber nicht, dass man damit etwas emulgieren würde. Eine Emulsion ist eine sehr spezielle Art der Mischung zweier Flüssigkeiten, die sich gewöhnlich nicht mischen lassen: Eine davon befindet sich innerhalb der anderen in Form kleiner Tröpfchen in Schwebe – wir haben eine Suspension.

Prototyp einer echten Emulsion in der Küche ist die Mayonnaise, in der die wechselseitige Abscheu zwischen Öl und Wasser (das mit Essig, Zitronensaft oder Eiweiß hineinkommt) durch zwei Faktoren überwunden wird: Sie werden mit roher Kraft miteinander verquirlt, und hinzu kommt die Wirkung einer speziellen chemischen Zutat namens Emulgator. Nur wenn die chemische und die physikalische Kraft kombiniert arbeiten, lassen Öl und Wasser sich miteinander mischen und bleiben in Form einer echten Emulsion verbunden.

Wie im Fall jener Verabredungen mit Unbekannten, die wir alle das eine oder andere Mal durchlitten haben, gibt es zwischen einem Wasser- und einem Ölmolekül einfach keine anziehenden Wirkungen. Sogar wenn Sie Pflanzenöl und Essig in einer Flasche so lange schütteln, bis sie sich zu einem homogenen Ganzen vereint zu haben scheinen, werden sie sich früher oder später (gewöhnlich früher) wieder in zwei verschiedene Schichten auftrennen. Im besten Fall bringen Sie eine kolloidale Suspension zustande. In ihr ist das Öl in winzige Mikrotröpfchen oder Kügelchen zerlegt, welche durch das ständige Bombardement der Wassermoleküle aus allen Richtungen in der Schwebe gehalten werden. Diese »Vermählung« ist jedoch zum Scheitern verurteilt. Gleichgültig, wieviel Muskelenergie Sie (selbst mit Hilfe des derzeitigen Gouverneurs von Kalifornien) in das Schütteln der Vinaigrette investieren mögen – die Ölkügelchen werden schließlich zusammenstoßen und sich in einer kohärenten, abgetrennten Schicht vereinen. Auch hier entsteht keine beständige Emulsion.

Diese Wiedervereinigung der Ölkügelchen können wir vereiteln, indem wir eine geheime, Emulgator genannte Zutat dazugeben. Substanzen dieser Art bestehen aus schlangenähnlichen Molekülen mit einem langen, ölliebenden (*lipophilen*) Schwanzende und einem wasserliebenden (*hydrophilen*) Kopf. Die lipophilen Schwänze dringen in die Öltröpfchen ein und lassen die hydrophilen Köpfe herausstehen wie viele tausend Gewürznelken aus einem gespickten Schinken. Weil diese »Nelken« positive und negative Ladungen besitzen, ziehen sie die schwach negativen bzw. positiven Teile der Wassermoleküle (sie sind *Dipole*) an und bilden so eine Wasserhülle. Diese wiederum maskiert das Öltröpfchen als Wasserliebhaber, was andere Öltröpfchen davon abhält, sich mit ihm zu vereinigen. Da der Emulgator alle Öltröpfchen auf diese Weise einhüllt, verbinden sie sich selbst dann nicht wieder miteinander, wenn sie zusammenstoßen. Sie verbleiben einzeln in Suspension, und somit haben wir eine echte Emulsion.

Wo finden wir diese geheimen Wirkstoffe, die als Emulgator bezeichnet werden? Hier zeichnet sich u. a. das Lecithin aus, eine phosphorhaltige, fettähnliche Verbindung (ein *Phospholipid*), die in Eidottern vorkommt. Ihre mit Phosphor bestückten Molekülenden sind hydrophil, die anderen lipophil. In der Mayonnaise emulgieren sie Öl und Essig zu einer dauerhaft stabilen, homogenen Sauce.

Wir bereiten Mayonnaise mit einer kleinen Menge Essig oder Zitronensaft (Wasser) und einer großen Menge

Öl – ungefähr dem Achtfachen – zu, und da mag man kaum glauben, dass all dieses Öl in eine so kleine Wassermenge hineingezwungen werden kann. So mancher glaubt deswegen auch, bei Mayonnaise handle es sich um eine Suspension winziger Wassertröpfchen in Öl und nicht um eine Suspension winziger Öltröpfchen in Wasser. In Wahrheit haben wir hier so viele Öltröpfchen, dass sie nicht wirklich im Essig schweben, sondern eher mit einem dünnen Wasserfilm überzogen sind. Man könnte es mit feuchten Erbsen in einem Eimer vergleichen, die wegen der Oberflächenspannung des Wassers die Neigung haben, aneinander zu haften. Deshalb ist Mayonnaise so steif.

Wahr ist hingegen auch, dass das Gegenteil der Mayonnaise – eine Suspension von winzigen Wassertröpfchen in Öl – ebenfalls als Emulsion gilt. Beispielsweise sind Butter und Margarine Emulsionen von Wasser in Öl.

Wenn wir Mayonnaise mit Hilfe eines Schneebesens zubereiten, müssen wir das Öl sehr langsam in die Mischung aus Säure und Ei einträufeln, damit alles zugeführte Öl auf der Stelle in Kügelchen von Kolloidgröße zerlegt wird. Sind die Öltropfen nämlich zu groß, um in Suspension bleiben zu können, vereinigen sie sich auf dem Weg zur Oberfläche, wo sie eine abgetrennte Schicht bilden und das ganze Vorhaben vereiteln. Nach einiger Zeit kann man das Öl dann schneller dazugeben, weil nun auch relativ große Tröpfchen rasch von Millionen bereits mit dem Emulgator überzogener kolloidaler Kügelchen umgeben sind. Diese »isolieren« sie voneinander und halten sie so lange getrennt, bis sie ihrerseits zu Kolloidgröße zerschlagen sind.

Bereiten wir dagegen Mayonnaise in einem Küchenmixer zu, können wir eine kleine Menge Öl direkt in die Mischung aus Essig und Ei gießen, ehe wir den Mixer einschalten. Die Klingen des Mixers zerschlagen die Ölkügelchen sehr viel schneller auf Kolloidgröße als der Schneebesen, und so haben die Kügelchen keine Zeit, sich zu vereinen.

Industriell hergestellte Dressings und andere Nahrungsmittel enthalten eine breite Vielfalt von Emulgatoren, mit denen die komplexen Mischungen aus Kohlenhydraten, Fetten, Proteinen und Wasser in stabiler Form gehalten werden. Auf der Liste der Inhaltsstoffe findet man neben anderen Mono- und Diglyzeride, Polyglyzerinester, Propylenglykolester und Zuckerester von Fettsäuren. Und selbstverständlich Lecithin.

Oft werden Lebensmittel mit Stoffen wie Gelatine, Stärke und harzähnlichen Substanzen angedickt, darunter Agar, Gummi arabicum, Xanthan-Gummi und Carrageenan*. Mittel zum Andicken sind jedoch keine Emulgatoren. Sie wirken, weil sie den wässrigen Anteil so dickflüssig machen, dass darin selbst relativ große Öltröpfchen nicht aufsteigen und eine Ölschicht bilden können.

Jeder Trick ist recht, um Speisen homogen zu halten. Wer möchte schon ölige, mit Klumpen wässriger Paste gemischte?

Die Extraportion Küchenwissenschaft: Mischungen!

Wenn wir kochen, mischen und pürieren wir ständig Zutaten. Es gibt jedoch mehrere klar unterscheidbare Mischungsarten, von denen die Emulsion nur eine ist.

Kombinationen fester Teilchen wie etwa gesalzenes

* Xanthan-Gummi ist ein Polysaccharid, Carrageenan wird aus Algen gewonnen. – Anm. d. Ü.

oder gepfeffertes Mehl oder gemischte getrocknete Gewürze sind lediglich physikalische Mischungen. Sind dagegen Flüssigkeiten beteiligt, kann eine Mischung einer der folgenden Formen angehören:

- *Lösung:* Eine Lösung ist die homogenste aller Mischungen. In ihr sind die einzelnen Moleküle oder Ionen (elektrisch geladene Atome oder Atomgruppen) einer Substanz Molekül für Molekül gleichmäßig zwischen jenen der anderen verteilt. Sehr anschaulich wird das bei der Verbindung Lycopin, dem roten Farbstoff der Tomaten, wenn man sie in Öl löst: Das Fett in den Gerichten mit Tomaten färbt sich dadurch immer gleichmäßig rot.
- *Kolloidale Suspension:* Viele andere Speisegemische sind Kolloide oder kolloidale Suspensionen, in denen unsichtbar kleine Teilchen (in der Regel größer als ein Molekül, ungefähr 1 Millionstel bis einige Tausendstel eines Zentimeters) der einen Substanz gleichmäßig im gesamten Volumen der anderen (meist einer Flüssigkeit) schweben. Die Teilchen bleiben gegen den Zug der Schwerkraft in der Schwebe, weil sie beständig von allen Seiten mit den Molekülen der Substanz bombardiert werden, in der sie sich verteilt haben. Die Flüssigkeiten im Inneren pflanzlicher und tierischer Zellen bestehen aus kolloidalen Proteinpartikeln, die in wässrigen Lösungen schweben.
- *Emulsion:* Die Emulsion ähnelt der kolloidalen Suspension. In der durch Einwirkung eines Emulgators gebildeten Emulsion schweben die Kügelchen der einen Flüssigkeit (sie sind etwas größer als jene der kolloidalen Suspension) in einer anderen Flüssigkeit, mit der sie sich normalerweise nicht mischen würde. Die bekanntesten Beispiele aus der Küche sind hier Mayonnaise und Holländische Sauce.

Rauchige Knoblauchmayonnaise

Pimentón (geräucherte spanische Paprika) verleiht dieser Knoblauchmayonnaise einen feinen Hauch von Holzfeuer. Sollte der Geschmack zu intensiv sein, kann man je zur Hälfte Oliven- und Erdnussöl dazugeben und erhält so ein köstliches Dressing.

Für Kräutermayonnaise kommen bei Schritt 2 statt des Knoblauchs frisch gehackte Kräuter (je ein kleines Bund Petersilie, Schnittlauch, Kerbel und Estragon) hinein. Am besten lassen die Kräuter sich mit einem Küchenmixer in die Emulsion einarbeiten.

1 großes Ei
1 Teelöffel spanische Rauchpaprika (Pimentón)
½ Teelöffel mittelscharfer Senf
½ Teelöffel Salz
30 Milliliter Cidre, Sherry oder Weinessig
0,25 Liter mildes Olivenöl, extra vergine
1 große Knoblauchzehe, grob gehackt

1. Das Ei in den Behälter des Küchenmixers schlagen. Paprika, Senf, Salz und Essig dazugeben, dann ¼ des Öls. Deckel schließen und den Motor auf niedrige Geschwindigkeit stellen.
2. Nun sofort den Deckel wieder öffnen und das restliche Öl in dünnem, gleichmäßigem Strahl hineingießen. Nichts übereilen! Sobald alles Öl eingearbeitet ist, Knoblauch (oder die Kräuter) dazugeben. Noch etwa 1 Minute laufen lassen, bis die Mischung glatt ist.
3. Die Mayonnaise vor dem Verzehr für mindestens 1 Stunde im Kühlschrank ruhen lassen – so werden die Aromen milder und weicher. Im Kühlschrank maximal 4 Tage haltbar. Nicht kalt servieren, weil die Kälte den Geschmack des Öls abstumpft.

Ergibt etwa 0,3 Liter.

Daheim auf dem Herd – auf dem Herd daheim?

Weil der Drehknopf des Backrohrs die zu wählenden Temperaturen zeigt, sind diese recht einfach zu kontrollieren. Aber was ist mit den Herdplatten? Bei meinen Gasflammen sind nur drei Stufen vorgesehen, nämlich »hoch«, »mittel« und »niedrig«. Da zwei Flammen mit höherer Leistung brennen als die übrigen, ist »mittel« dort heißer als »hoch« bei den anderen beiden. Früher hatte ich einen Elektroherd, wo die Leistungsstufen in derselben Weise angegeben waren, obwohl die Platten ganz andere Kochgeschwindigkeiten hatten als die Gasbrenner. Gibt es eine Industrienorm für Brennertemperaturen?

Leider nein. Zunächst ist festzuhalten, dass Wärme und Temperatur zwei unterschiedlichen Kategorien angehören. Wärme ist eine Form der Energie, die sich von anderen Formen (Kern-, Gravitations- und Bewegungsenergie [*kinetischer* Energie] sowie elektrischer Energie) unterscheidet. Tatsächlich ist sie die endgültige Energieform, zu der alle anderen Formen schließlich degenerieren.

Die zum Kochen eingesetzte Wärme soll physikalische und chemische Veränderungen herbeiführen, welche (so hoffen wir wenigstens) Zartheit, Verdaulichkeit und Geschmack der Speisen verbessern. Es dürfte kaum überraschen, dass ein Nahrungsmittel (wie alles andere auch) »wärmer« wird, sobald es Wärme aufnimmt – seine Temperatur wird steigen. Aber was ist Temperatur? Nichts weiter als eine von Menschen erfundene praktische Zahl (die Herren Fahrenheit und Celsius lassen grüßen), die anzeigt, wieviel Wärmeenergie eine Substanz enthält. Wenn Speisen beim Kochen bestimmte Temperaturen erreichen (also in Bezug auf ihre Masse genügend Wärme aufgenommen haben), finden jeweils spezifische Veränderungen statt. Insofern könnte man sagen, die Temperatur gibt die Konzentration von Wärme innerhalb einer Substanz an.

Den Koch interessiert also die Temperatur seines Kochguts, nicht die Temperatur der Gasflamme oder der Elektroplatte unter dem Topf bzw. der Pfanne. Die Brenner sind ungeachtet ihrer im Betrieb erreichten Temperatur nur dazu da, Wärme in die Speisen zu pumpen. Wir könnten auch einen weißglühenden Schürhaken unter eine Bratpfanne legen, aber das wäre eine schrecklich ineffektive Methode, das Gericht in der Pfanne warm zu machen.

Nun pumpen verschiedene Brenner, ob mit Gas oder Strom, die Wärme in der Tat jeweils unterschiedlich schnell heraus. Ein Maß für diese Geschwindigkeit ist BTU* pro Stunde, wobei die BTU wie die Kalorie eine bestimmte Wärmemenge bezeichnet. Und genau um diese Leistungsabgabe geht es, wenn man wissen will, wie schnell ein Brenner das Essen aufheizt und gart. Denn letztlich kommt es beim Kochen darauf an, wie schnell die Speisen ihre optimale Gartemperatur erreichen und wie beständig sie diese bei unterschiedlichen Brennerleistungen beibehalten. Doch leider können die Leistungsstufen nur grobe Anhaltspunkte bieten, denn unabhängig davon wird mit der erzeugten Wärme vor allem die Küche aufgeheizt.

Nur durch eigene Erfahrung können Sie annähernd herausfinden, was eine bestimmte Kombination von Brenner und Einstellung jeweils leisten kann. Ein guter Koch behält ohnehin einfach im Auge, was mit seinem

* *British Thermal Unit.* In Deutschland ist die Einheit für jede Art von physikalischer Leistung das Kilowatt (kW), was ebenfalls für Energieeinheit pro Zeiteinheit steht. – Anm. d. Ü.

Kochgut gerade geschieht. Er beurteilt ständig, ob mehr oder weniger Hitze erforderlich ist, und stellt dann die Flamme entsprechend ein.

Das Leben ist eben so – »einfach«.

Der Thrill am Grill

Ich habe versucht, zu Grilleinrichtungen im Backrohr ein paar Informationen zu erhalten. Wie es scheint, sind sie die unzuverlässigsten Küchengeräte. Ich bin mehrmals umgezogen und konnte deswegen einige dieser Vorrichtungen benutzen. Beim einen Grill wird das Steak ganz wunderbar, beim anderen ist es gedämpft, ehe es braun werden kann. Wie weit sollte das Grillgut von der Wärmequelle entfernt sein? Was ist der Unterschied zwischen Gas- und Elektrogrill? Vorheizen oder nicht? Klappe offen oder geschlossen?

Sie sind zu Recht verwirrt. Von den sechs Basismethoden des Garens ist das Grillen am schwersten zu beherrschen.

Sie wollen wissen, welche sechs Basismethoden das sind? Nun, es gibt 1. Eintauchen in heißes Wasser oder in Brühe (Kochen, Pochieren, Dünsten), 2. heißen Wasserdampf (Dampfgaren), 3. Eintauchen in heißes Öl (Fritieren), 4. Kontakt mit heißem Metall (Braten, Sautieren, Grillen in der Pfanne), 5. Kontakt mit heißer Luft (Backen, Braten im Rohr) und 6. Infrarotstrahlung. Das zuletzt genannte Verfahren nennen wir Grillen. (Wer will, kann auch noch die Absorption von Mikrowellen mit auf die Liste nehmen.)

Vielleicht sind Sie ja der Ansicht, Sie würden nicht mit infraroter Strahlung grillen. Aber die Moleküle eines jeden warmen Objekts, etwa der Flamme oder des

Heizelements im Herdgrill, emittieren Infrarotstrahlung. Diese Art der elektromagnetischen Energie können andere Moleküle absorbieren, und die erwärmen sich nun ihrerseits. Die Wärme der Moleküle spüren Sie beispielsweise, wenn Sie an heißen Gegenständen wie einem Hochofen oder auch nur an einer Herdplatte vorbeikommen, die Sie versehentlich nicht ausgeschaltet hatten. Jede Garmethode, zu der eine Wärmequelle gehört – und bei welcher wäre das nicht der Fall? (gut, abgesehen von Mikrowellen) –, läuft darauf hinaus, dass die Speisen zumindest teilweise durch den Beschuss mit infraroter Strahlung erhitzt werden.

Beim Grillen werden die Speisen fast ausschließlich durch Infrarotstrahlung gegart. Die Wärmequelle, entweder ein rotglühendes elektrisches Heizelement oder eine Reihe von Gasflammen, berührt das Grillgut nicht, sondern badet es in intensiver Infrarotstrahlung, die von der äußeren Oberfläche des Grillguts aufgenommen wird. Sie erreicht auf diese Weise 320–370 °C und wird rasch gar und braun. Sobald Sie das Stück umgedreht haben, geschieht das gleiche auf der anderen Seite.

Bei Elektroherden wird in der Einstellung »Grillen« nur das obere Heizelement heiß; das Grillgut schiebt man dicht darunter. Bei Gasherden kann der Brenner unterhalb des Ofenbodens liegen und als zweite Aufgabe auch das Backrohr heizen. Hier muss man das Grillgut vielleicht sogar in einer Schublade darunter einschieben.

Aber haben wir in der Schule nicht alle gelernt, dass Wärme aufsteigt? Wie kommt es dann, dass wir Speisen *unterhalb* der Wärmequelle garen können? Nun ja, verzeihen Sie mir, aber Wärme steigt gar nicht auf. Die Wärme eines heißen Objekts kann nach oben, nach unten oder zur Seite fließen. Sie überträgt sich auf jeden kühleren Gegenstand, der zufällig mit dem heißeren in

Kontakt ist. Im Fall der aufsteigenden Wärme ist eigentlich gemeint, dass *warme Luft* aufsteigt. Erwärmte Luft dehnt sich aus und wird weniger dicht, weshalb sie durch die dichtere, kühlere Luft aufsteigt wie eine Luftblase in Wasser.

Beim Grillen (ob über oder unter der Wärmequelle) werden die Speisen nicht durch aufsteigende heiße Luft, sondern durch Infrarotstrahlung gegart. Auf dem Holzkohlengrill im Garten sorgen jedoch Rauch und Säfte, die in die Glut tropfen und verdampfen, im Vergleich zum Grillen im Haus für ganz andere Aromen.

Das Grillen im Herd eignet sich gut für zartes Fleisch wie Geflügel und Fisch, weil es ein trockenes Kurzzeitverfahren mit hoher Temperatur ist. Zähere Fleischsorten müssen in der Regel lang und mit Flüssigkeit gegart werden, damit das Kollagen des Bindegewebes weich wird. Beefsteak ist wie anderes rotes Fleisch ideal zum Grillen, während Schwein, Hähnchen und Fisch genau zu beobachten sind, damit sie nicht austrocknen.

Die wichtigste Frage beim Grillen im Herd ist der Abstand zwischen dem Fleisch und dem Heizelement oder der Gasflamme – eine kleine Abstandsdifferenz kann einen großen Temperaturunterschied ergeben. Der richtige Abstand hängt von Art und Dicke des Fleisches, seinem Fettanteil sowie von den Eigenheiten des Grillgeräts selbst ab. Wie Sie bereits gemerkt haben, ist Ihr eigener Grill nicht der Ihrer Mutter oder Ihres Nachbarn – jeder ist anders. Allgemein aber sollte die obere Seite des Grillguts zwischen 7 und 15 Zentimeter von der Wärmequelle entfernt sein, dünne Fleischscheiben dagegen etwas näher und dicke Stücke etwas weiter, damit sie durch sind, ehe die Oberfläche verkohlt.

Sollte die Herdklappe offen bleiben? Bei Elektroherden sollte sie immer geöffnet sein, weil so das Backen in

Heißluft verhindert wird und Rauch abziehen kann. Sollte das Rohr vorgeheizt werden? Normalerweise ist das nicht notwendig, obwohl ich die Anweisung »Immer vorheizen« ebenso oft gelesen habe wie »Nie vorheizen«. Am besten – das ist in der Tat der einzig gute Rat – folgt man den Anweisungen in der Bedienungsanleitung des Herstellers.

Zweimal eins ist gleich 1,8

In der Betriebsanleitung meiner Mikrowelle ist angegeben, wie lange ich eine Portion von dem oder jenem aufwärmen soll. Manchmal will ich aber zwei oder mehr Portionen auf einmal erwärmen. Muss ich, wenn ich zwei Portionen habe, die Schaltuhr auf zweimal die Zeit für eine Portion einstellen?

Nein. Für zwei Portionen ist weniger als die doppelte Zeit für eine erforderlich.

Verschiedene Speisen absorbieren die Mikrowellen in unterschiedlichem Ausmaß. Bei Wasser und Fett verläuft der Vorgang effizient, während Proteine und Kohlenhydrate generell nicht viel aufnehmen. Deshalb dauert es unterschiedlich lang, die jeweiligen Gerichte aufzuwärmen oder zu garen. Außerdem variiert der Mikrowellengenerator (das *Magnetron*) seine Leistungsabgabe je nach Umfang der »Ladung« mit absorbierendem Material (also der Speisen) im Herd.

Das Problem lässt sich sehr grob auf folgende Weise betrachten: Nehmen wir an, das spezielle Gericht würde einen bestimmten Prozentsatz der abgegebenen Leistung des Magnetrons absorbieren und in Wärme umwandeln. Wenn nun aber zwei Portionen davon in der Mikrowelle sind, empfängt keine von beiden die volle Leistungsabgabe des Magnetrons – jede kriegt nur jeweils das ab, was die andere »übrig lässt«. Damit erfordert es selbstverständlich mehr Zeit, zwei Portionen statt nur einer zu erwärmen. Aber um wie viel mehr?

Ich erspare Ihnen die Rechnerei, aber prinzipiell läuft es so: Falls die jeweilige Einzelportion, sagen wir, 40 % der bei ihr ankommenden Mikrowellen absorbiert, dann sind für das Aufwärmen von zwei Portionen nur 25 % mehr Zeit erforderlich. Es sind aber nicht immer diese 25 % mehr Zeit nötig – die Differenz hängt von der Art der Speisen und dem jeweils unterschiedlichen Appetit ab, mit dem die Speisen Mikrowellen absorbieren.

Diese Vorstellungen habe ich in meiner eigenen »schlauen« Mikrowelle überprüft. Das Gerät verfügt über vorprogrammierte Zyklen für viele übliche Aufwärm- und Garabläufe. Unter dem Menüpunkt »Getränk erwärmen« fordert der Ofen mich beispielsweise zunächst auf, durch Knopfdruck mitzuteilen, welche Flüssigkeitsmenge ich aufwärmen will. Dann setzt er seinen vorprogrammierten Heizzyklus für diese Menge in Gang. Die Aufheizzeiten habe ich mitgestoppt. Hier die Ergebnisse: 0,125 Liter in 30 Sekunden, 0,25 Liter in 50, 0,375 Liter in 70 und 0,5 Liter in 90 Sekunden. Wie Sie sehen, erfordern 0,125 Liter 30 Sekunden, während jeweils 125 Milliliter zusätzlich nur 20 Sekunden mehr erfordern. Für die doppelte Menge (0,5 Liter statt 0,25 Liter) war nur das 1,8fache an Zeit (90 geteilt durch 50) nötig.

Noch ein Beispiel: Bei »Baked Potatoes« (diese sogenannten gebackenen Kartoffeln sind in Wahrheit nicht gebacken, aber das lasse ich einfach so stehen) gart die Mikrowelle eine Kartoffel in 4½ Minuten. Für jede weitere Kartoffel addiert sie dann 3 Minuten und 10 Sekunden. Anders gesagt, für 2 Kartoffeln ist nur das 1,7fache an Zeit erforderlich, für 3 das 2,4fache und für vier das 3,1fache.

Mangels einer allwissenden Mikrowelle mit vorprogrammierten Zyklen für jede vorstellbare Art und Menge von Speisen sind wir auf Schätzungen angewiesen. Für zwei Portionen können Sie zunächst ein Viertel bis drei Viertel der für eine Portion geforderten Zeit dazurechnen. Die doppelte Zeit würde Ihr Gericht wahrscheinlich überhitzen und es möglicherweise spritzen oder austrocknen lassen. Besser zurückhaltend anfangen, denn ein wenig Zeit zulegen können Sie dann immer noch.

Ofen aus Stein, und die Pizza wird fein

In meinem Viertel ist kürzlich ein neues italienisches Restaurant eröffnet worden. Vom Mobiliar bis hin zu dem aus Ziegeln gemauerten Pizzaofen hat Roberto, der Chef (mit einem Pizzabäckerdiplom aus Neapel), alles aus Italien eingeführt. Für ihn ist der Ofen aus Backsteinen ein wesentlicher Grund für die prima Qualität seiner Pizzas. Auch einige Hobbyköche in meiner Bekanntschaft schwören auf ihre Pizzasteine, wenn es darum geht, Pizza und Brot mit schöner Kruste zu backen. Stimmen diese Behauptungen denn, und wenn ja, was ist so besonders an Ziegeln und Steinen?

Das ist wahr. Bäckt man Teig, ob für Pizza oder für Brot, auf einer Steinoberfläche wie dem Boden eines Ziegelofens oder einem jener flachen Pizzasteine aus Steingut (einem Zubehör für das Backrohr), so wird er tatsächlich knuspriger als auf einem Blech oder einer anderen Unterlage aus Metall. Sind auch die Wände des Ofens aus Stein oder Ziegel, ist das sogar noch besser. In früheren

Zeiten *musste* der Bäcker seinen Ofen aus vorhandenem natürlichem Material wie beispielsweise Stein oder aus Ton gefertigten Ziegeln bauen. Heute backen sie unser Brot in »verbesserten«, technisch ausgeklügelten Öfen aus Stahl – und mit denen geht das ironischerweise nicht annähernd so gut.

Zwei Eigenschaften sorgen dafür, dass Steine und Ziegel so gut funktionieren: hohe Wärmekapazität und hohe Abstrahlung.

Der technische Begriff Wärmekapazität steht für die Fähigkeit einer Substanz, Wärme zu speichern, das heißt, bei hoher Kapazität kann sie viel Wärme aufnehmen, ohne dabei eine wesentlich höhere Temperatur zu erreichen. Dieser Widerstand gegen Temperaturänderungen wirkt in beiden Richtungen – beim Erwärmen wie beim Abkühlen. Sobald eine solche Substanz eine höhere Temperatur angenommen hat, will sie sich weder groß abkühlen noch aufheizen und behält ihre Temperatur demnach für einen relativ langen Zeitraum bei.

Steine und Ziegel haben eine höhere Wärmekapazität als Metalle. Bei gleicher Dicke kann ein Backofenboden aus gebranntem Ton die doppelte Wärmemenge aufnehmen wie Eisen und die zweieinhalbfache Wärmemenge von Kupfer. Ein Tonboden, der die gewünschte Temperatur erreicht hat (und das kann lange dauern), hält seine Wärme gut. Er bleibt gleichmäßig bei dieser Temperatur und widersetzt sich Änderungen, wenn beispielsweise relativ kalter Teig daraufgelegt wird. Zu beachten ist außerdem, dass ein Material mit zunehmender Masse auch mehr Wärme aufnehmen kann, so wie ein größerer Krug mehr Wasser fasst. Aus diesem Grund hat man massive Ziegelöfen mit dicken Böden und Wänden ihrer Backleistungen wegen stets geschätzt. In kleinerem Maßstab hält deshalb auch eine schwere Bratpfanne »die

Hitze besser« (ihre Temperatur bleibt konstant) als eine dünne.

Doch Ziegel, Ton und Stein haben als Baumaterial für Öfen noch einen zweiten, fast größeren Vorteil gegenüber Metallen, nämlich ihre weit überlegene *Emissivität** oder Abstrahlung.

Die Infrarotstrahlung (etwas unpräzise auch »Wärmestrahlung« genannt) in einem heißen Backofen wird von den Molekülen der von ihr getroffenen Materialien absorbiert, welche ihrerseits einen großen Teil davon fast sofort wieder abstrahlen. In manchen Substanzen, vor allem in Metallen, wird der größte Teil der aufgenommenen Strahlung abgeleitet und verteilt, ehe er wieder abgestrahlt werden kann. Nur ein Bruchteil (16 % bei Ofenwänden aus rostfreiem Stahl) strahlt sofort wieder in die Umgebung zurück – in die Luft im Ofen (im Jargon der Techniker: Die *Emissivität* einer Oberfläche aus rostfreiem Stahl beträgt 0,16). Die übrige Wärme bleibt in der Ofenwand und ist, was die zu backenden Speisen angeht, verloren, auch wenn sie langsam und ineffizient wieder in die Luft zurückgelangt.

Demnach emittiert Stein auch bei gleicher Temperatur mehr Infrarotstrahlung als Metall. Und weil infrarote Strahlung nicht unter die Oberfläche des Materials eindringt, trifft ein größerer Anteil auf den Teig, was ihn an der Oberfläche besser bräunen und knuspriger werden lässt.

Wenn Sie also eine Pizza vom Schnelldienst aufwärmen, eine selbstgemachte Pizza oder einen richtigen Laib Brot backen, dann sollten Sie das auf einem vorgeheizten

* Physikalisch bezeichnet die Emissivität das Verhältnis zwischen einfallender und absorbierter Strahlung, was in diesem Zusammenhang aber keinen Unterschied macht. – Anm. d. Ü.

Pizzastein tun. Ein unglasierter und somit poröser Stein hat den zusätzlichen Vorteil, den aus dem Teigboden austretenden Dampf aufnehmen zu können, was den Teig trocken hält und noch besser kross werden lässt.

Die Extraportion Küchenwissenschaft

– *Wärmekapazität:* Wasser ist das vertrauteste Beispiel einer Substanz mit relativ hoher Wärmekapazität. Wenn wir Wasser erwärmen, pumpen wir Wärmekalorien hinein, weshalb seine Temperatur zunimmt. Die Temperatur ist ein Maß für die Geschwindigkeit, mit der die Moleküle sich bewegen. Weil Wassermoleküle recht zäh aneinander hängen (per *Dipol-Dipol-Wechselwirkung* sowie über die *Wasserstoffbrücken*), ist es relativ schwierig, sie zu schnelleren Bewegungen anzutreiben. Man muss eine Kilokalorie Wärme zuführen, um ein Kilogramm Wasser (einen Liter) um ein Grad Celsius* zu erwärmen (die spezifische Wärme von Wasser beträgt 1 Kilokalorie pro Kilogramm und Grad Celsius). Wenn Wasser hingegen abkühlt, muss es viel Wärme abgeben, nämlich wiederum eine Kilokalorie pro Kilogramm, damit seine Temperatur um ein Grad fällt.

  Daraus ergeben sich zwei Konsequenzen: 1. Es dauert »ewig«, bis man Wasser im Topf zum Kochen bringt. 2. Ein Wasserkörper wie etwa ein großer See oder ein Ozean mildert das Klima in der Umgebung, weil er sich nicht so schnell aufheizen oder abkühlen lässt wie das Land.

---

* In wissenschaftlichen Formeln werden mittlerweile andere Maßeinheiten verwendet: Statt Kalorien Joule (1 Kalorie = 4,18 Joule), statt Grad Celsius Kelvin. – Anm. d. Ü.

– *Emissivität:* In jeder Umgebung, deren Temperatur über dem absoluten Nullpunkt liegt – und das sind *alle* möglichen Umgebungen –, fliegt infrarote Strahlung durch den Raum. Sobald diese Strahlung auf eine Oberfläche trifft, wird sie von deren Molekülen teilweise absorbiert. Dass diese Moleküle nun mehr Energie enthalten, äußert sich in verstärkter Bewegung: Sie rotieren, winden sich und taumeln wie hyperaktive Figuren in Zeichentrickfilmen. Jede Molekülart rotiert und taumelt entsprechend ihrer jeweiligen Aufnahmefähigkeit für Energie auf ganz spezifische Weise (unterschiedliche Moleküle zeigen verschiedene *Infrarot-Absorptionsspektren*).

Nachdem sie die Strahlungsenergie aufgenommen haben, »beruhigen« sich die aufgeregten Moleküle, indem sie einen Teil davon wieder abstrahlen. Manche Moleküle emittieren praktisch die gesamte aufgenommene Energie, während andere einiges davon zurückhalten und in verschiedene andere Energieformen umwandeln. Einer Substanz, die 100 % der absorbierten Energie wieder abstrahlt, wird eine Emissivität von 1,00 zugeordnet (im Jargon der Wissenschaft ist das ein *strahlender Schwarzer Körper*).

Bei Metallen ist die Emissivität in der Regel sehr klein, weil ihre beweglichen Elektronen die Energie aufsaugen wie ein Schwamm. Aluminium beispielsweise strahlt nur 5 % der aufgenommenen Infrarotstrahlung wieder ab, Kupfer nur 2 %. Dagegen können Materialien wie Stein und Ziegel praktisch die gesamte absorbierte Strahlungsenergie wieder emittieren: dunkler Backstein 90 %, Marmor 93 %, Ziegel 97 % (die entsprechenden Emissivitäten sind 0,90, 0,93 und 0,97). Das liegt daran, dass hier die Moleküle starr an ihrem Ort fixiert sind und die Energie nicht durch

Oszillieren und Taumeln in sich speichern können. In solchen Materialien geht sehr wenig infrarote Energie verloren – fast die gesamte Infrarotstrahlung, welche die steinartigen Oberflächen trifft, wird zu den Speisen zurückgestrahlt.

Wie in Backrohren gegart wird

Die Temperatur im Backrohr betrachten wir als jene Variable, die darüber entscheidet, wie schnell ein Kuchen oder ein anderes Gericht fertig gebacken ist. Die Temperatur ist zwar vorrangig, aber nur ein Faktor. Denn selbst bei exakt derselben Temperatur im Rohr muss die tatsächlich bei den Speisen ankommende und von ihnen absorbierte Wärmeenergie nicht dieselbe sein.

Unter der »Temperatur im Backrohr« ist die Temperatur der Luft innerhalb des geschlossenen Rohrs zu verstehen. Sie wird durch die Einrichtungen zur Temperaturkontrolle geregelt. Sobald die Luft auf einen bestimmten Wert aufgeheizt ist, kann ihre Wärme aber immer noch auf drei verschiedenen Wegen in die Speisen übertragen werden: durch Konduktion, Konvektion und Strahlung.

– *Konduktion:* Wenn zwei Substanzen mit unterschiedlicher Temperatur miteinander in Kontakt sind (beispielsweise die heiße Luft im Ofen mit der Oberfläche des Gerichts), dann fließt die Wärme durch einen Vorgang namens Konduktion von der wärmeren Luft zur kälteren Speise. Wie Wasser, das stets bergab fließt, versucht Wärme immer, von oben nach unten zur tieferen Temperatur zu fließen. Dabei wird die Wärmeenergie aus der Luft entlang der Berührungsflächen durch direkte Zusammenstöße der Moleküle auf das Gericht übertragen. Das heißt, die heißen Luftmoleküle bewegen sich schneller als die kälteren der Speisen (das entspricht eigentlich der Definition der Temperatur als der durchschnittlichen Bewegungsenergie – der kinetischen Energie – von Molekülen), und sobald die einen mit den anderen zusammenstoßen, werden die langsameren auf eine höhere (heißere) Geschwindigkeit beschleunigt.

Doch die Konduktion ist sehr ineffizient. Luftmoleküle sind – relativ gesehen – durch interplanetarische Entfernungen voneinander getrennt, deshalb ist die Chance, dass ein heißes Luftmolekül mit der Oberfläche einer Kuchenform oder einem Braten kollidiert, recht klein. Zwischen zwei einander berührenden Festkörpern wie Ihrer Hand auf dem heißen Pfannengriff kann die Konduktion einigermaßen effizient ablaufen, nicht aber zwischen heißer Luft und jeder beliebigen anderen Substanz. In ein Backrohr mit 93 °C können Sie die Hand mehrere Sekunden lang ohne Furcht hineinhalten, weil die Übertragungsrate der Energie aus der Luftwärme in die Haut außerordentlich klein ist. Dagegen sollten Sie besser nicht versuchen, mit der Hand in Wasser von 93 °C zu greifen. Wasser ist ein weit besserer Wärmeleiter, weil seine Moleküle sehr viel näher zusammen sind als jene der Luft.

Und warum sind Metalle die besten Wärmeleiter überhaupt?

In fast allen anderen Materialien sind die Elektronen der Atome Teil eines bestimmten Moleküls. In Metallen hingegen gehören die Elektronen letztlich zu allen Atomen gleichzeitig. Metallatome kann man sich etwa so vorstellen, als wären sie in einen Schwarm oder einen See gemeinsamer Elektronen eingebettet wie Rosinen in einen (Elektronen-)Pudding. Kommt ein Metall mit den bewegten Molekülen einer heißen

Substanz in Berührung, führt dieser Elektronenschwarm die Bewegung – die Wärme – rasch in sämtliche Bereiche des Metalls ab. Das ist Wärmekonduktion.

Im Backrohr sind jedoch Konvektion und Strahlung, die beiden anderen Mechanismen der Wärmeübertragung, wichtiger als die Konduktion.

– *Konvektion:* Die variablen Bedingungen innerhalb des Rohrs, etwa die zwangsläufig ungleichmäßige Temperaturverteilung zwischen verschiedenen Punkten, halten die Luft in Bewegung, weil heißere »Luftpakete« aufsteigen und kältere absinken. Die so hervorgerufene Zirkulation nennen wir Konvektion oder Konvektionsströmung. Sie verstärkt die Effizienz der Wärmeübertragung zwischen Luft und Speisen, weil sie die Kontaktmöglichkeiten zwischen dem Gericht und den heißen Luftmolekülen innerhalb des Rohrs vermehrt. In Konvektions- oder Heißluftherden wird dieser Effekt noch durch einen Ventilator verstärkt, der die Luft im Rohr oder extern aufgeheizte und eingeblasene Luft umwälzt. Das bewirkt eine weiter verbesserte Wärmeübertragung und schnelleres Garen. Deshalb ist es auch völlig richtig, bei Heißluftherden eine um etwa 15 °C niedrigere Temperatur einzustellen als bei traditionellen Herden.

– *Strahlung:* Sie ist der dritte Weg, auf dem Speisen im Backrohr heiß werden. Das Heizelement oder die Flamme des Rohrs sowie dessen Wände und Boden sind heiß – sie erwärmen die Luft im Rohr –, und heiße Gegenstände geben Infrarotstrahlung ab. Tatsächlich emittieren alle Stoffe bei jeder Temperatur einen Teil ihrer Energie in Form infraroter Strahlung.

Je heißer ein Gegenstand ist, desto mehr Infrarotstrahlung gibt er ab. Wenn die von den heißen Backrohrwänden und der heißen Luft kommende Infrarotstrahlung auf die Speisen trifft, nehmen deren Moleküle sie auf – sie bewegen sich dann mit höherer Energie, werden also heißer.

Anders als manche Bücher behaupten, ist Infrarotstrahlung nicht dasselbe wie Wärme. Es handelt sich vielmehr wie beim Radio, beim Radar und bei der Mikrowelle um elektromagnetische Strahlung – und zwar mit genau der Wellenlänge, die von den meisten Molekülarten absorbiert werden kann. Deren Energiegehalt wird dabei höher, sie werden heißer.

Ich bezeichne die Infrarotstrahlung als »Transitwärme«, weil sie von heißer Materie abgestrahlt wird und sich durch den Raum bewegt, sich aber erst dann wieder in Wärme zurückverwandelt, wenn sie von anderer Materie absorbiert wird.

Gummi im Backrohr

Immer öfter sehe ich Küchenutensilien wie Teigschaber und Küchenpinsel aus Silikon. Erstaunlich finde ich die Backformen und »Bleche« für Muffins, die wie Gummi aussehen und sich auch so anfühlen, aber angeblich Temperaturen bis 260 °C aushalten. Welches Geheimnis steckt dahinter?

Da gibt es keine Geheimnisse, sondern die drei Grundarten von Gummi, welche aus unterschiedlichen Quellen stammen: Naturgummi, der aus Latex, dem Saft des tropischen Baums *Hevea brasiliensis* gewonnen wird; synthetischen Gummi, der in der Chemiefabrik gemacht wird;

und Silikongummi, der aus, nun ja, einer anderen Art Chemiefabrik kommt. Die zwei letzteren haben sich Chemiker einfallen lassen, als sie sich darum bemühten, einige der einzigartigen Eigenschaften des Naturgummis nachzuahmen und andere zu verbessern. 1931 brachte die Firma DuPont unter der Bezeichnung Neopren als erste einen synthetischen Gummi auf den Markt, seit den 1940ern produzieren General Electric und Dow Corning eine breite Vielfalt von Silikongummiarten.

In jüngster Zeit hat man leider den Begriff *Silikon* vorwiegend in einem einzigen Kontext ins Bewusstsein der Öffentlichkeit »implantiert« – kosmetische Korrekturen. Dabei sind Silikone eine bemerkenswert vielfältige Familie chemischer Verbindungen mit Hunderten von Anwendungen. Für kulinarische Zwecke wird die französische, fiberglasverstärkte Silikonauskleidung für Backformen namens Silpat seit ihrer Einführung im Jahr 1982 in Gewerbeküchen eingesetzt. In die privaten Küchen sind Silikone verschiedenster Formen jedoch erst in jüngster Zeit eingezogen – und alle sind für den Kontakt mit Nahrungsmitteln zugelassen. Heute wird die ganze Backform und nicht nur die Auskleidung aus Silikon hergestellt. (Das berühmte »Silicon Valley« hat übrigens nichts mit Silikon* zu tun, während man Los Angeles aus Gründen, die ich wohl nicht näher erläutern muss, den Spitznamen »Silicone Valley« gegeben hat.)

Silikone sind chemische Verbindungen, die wie natürliche und synthetische Gummiarten als Polymere aufgebaut sind, das heißt, die Moleküle bestehen aus langen Ketten von vielen tausend miteinander verbundenen

---

* Silikon heißt auf Englisch *silicone*, das englische *silicon* bezeichnet dagegen das Element Silizium, einen Halbleiter, aus dem Computerchips hergestellt werden,. – Anm. d. Ü.

kleineren Molekülen. Das Rückgrat der Silikonmoleküle bilden im Wechsel Silizium- und Sauerstoffatome, an denen verschiedene Gruppen von Kohlenstoff- und Wasserstoffatomen hängen. Je nach Länge der Ketten und den an sie angehängten Gruppen können Silikone als Flüssigkeit (in Bremsflüssigkeit und wasserabweisenden Textilsprays), Gel (in Brustimplantaten), Schmiere (in Gleitmitteln und Lippenstiften) sowie als Elastomere vorliegen – letztere bilden das gummiähnliche Material in *Silly Putty* (bei uns auch als *Gak* bekannt), Flummibällen, Dichtungen für Kühlschranktüren und inzwischen auch in Küchenutensilien.

Backgerätschaften aus Silikon besitzen einige bemerkenswert nützliche Eigenschaften. Vor allem ist das Material als solches durchsichtig, sodass man die Produkte mit einem wahren Kaleidoskop an Farben versehen kann. Silikonbackformen können hohen Temperaturen widerstehen, ohne zu schmelzen (ihre Moleküle fliegen also nicht auseinander), weil die Moleküle sehr lang und miteinander verflochten sind wie kalte, übrig gebliebene Spaghetti mit Leimsauce. Das ist auch der Grund, weshalb man sie direkt vom Backrohr in den Gefrierschrank oder umgekehrt befördern kann, ohne Sprünge befürchten zu müssen – das einzelne Molekül ist zwar flexibel, aber so starr in das Gefüge eingebunden, dass das Material sich bei Temperaturänderungen kaum ausdehnen oder zusammenziehen kann.

Silikone absorbieren keine Mikrowellen, aber wie alle für die Mikrowelle geeigneten Utensilien können sie im Mikrowellenofen durch den Kontakt mit heißen Speisen ebenfalls heiß werden. Weil Silikone chemisch wenig reaktionsfreudig sind, werden sie im Geschirrspüler nicht angegriffen – ätzende Detergenzien können ihnen nichts anhaben. Wegen ihrer Reaktionsträgheit bleibt außerdem kaum etwas an ihnen haften, weshalb Kuchen und Muffins – meistens – leicht aus der Form zu lösen sind, weil man diese verbiegen und das Gebäck herausdrücken kann. Weil Silikon ein guter Wärme-Isolator ist, sollte man solche Formen jedoch nicht für Gelee oder Sülze verwenden, weil die Gelatine sich im warmen Wasserbad nicht ablöst.

Gibt es Nachteile? Als elektrische Isolatoren (eine der wichtigsten Eigenschaften von Silikongummi in anderen Anwendungen) sind sie anfällig für statische Elektrizität und können Staub anziehen, wenn sie zwischendurch im Regal stehen. Und weil sie elastisch sind, machen sie einen vielleicht nervös, wenn man zum Beispiel eine mit Teig gefüllte Form zum Herd trägt ... Einfach die Form auf einem randlosen Backblech befördern, das man wie eine Schaufel verwendet, wenn man die Form ins Rohr schiebt.

Braten-Knowhow: Auf die Form kommt es an!

In Rezepten steht immer, ich soll einen Braten bei einer bestimmten Temperatur für eine bestimmte Zeit garen. Doch dann steht da auch noch, ich soll gegen Ende prüfen, ob er wirklich durch ist, und nach meiner Erfahrung ist er das eigentlich nie. Sind Kochbuchautoren denn nicht imstande, eine genauere Garzeit anzugeben?

Die schnelle und schnöde Antwort lautet: Nein. Es gibt einfach zu viele unkontrollierbare Variablen.

Die Aussage eines Rezepts, etwas sei »bei x Grad für y Stunden« zu garen, ist lediglich ein Richtwert, eine vernünftige Schätzung, ein Anhaltspunkt. Sie gibt wieder, was bei den Heinzelmännchen, die das Rezept getestet haben, meistens funktioniert hat, stellt aber keine Garantie dar, dass es bei Ihnen auch so läuft.

So etwas wie den Normbraten auf einem Normrost in einem Normbräter, der in einem sorgfältig auf Normtemperatur gehaltenen Normbackrohr eine Normposition einnimmt, gibt es allenfalls in einem lebensmittelchemischen Versuchslabor. Jeder dieser Faktoren kann variieren, was selbst dann unterschiedliche Ergebnisse bringen kann, wenn alle anderen Einflussgrößen gleich sind. Doch wie sagt Wolkes Gesetz der um sich greifenden Abweichungen? »Alle anderen Einflussgrößen sind nie gleich.«

Man kann noch nicht einmal hergehen und behaupten, ein Schweine- oder Rinderbraten, ein Hühnchen oder ein Truthahn sollten bei einer bestimmten Temperatur für eine bestimmte Zahl von Minuten pro Kilo gegart werden. Selbst wenn Wolkes Gesetz nicht gelten würde und man alles andere wie durch Zauberei kontrollieren könnte, bleibt *eine* Variable, die man nicht im Griff hat, und das ist die wichtigste: die Form des Bratens. Nicht das Gewicht, sondern die *Oberfläche,* die der Braten der Wärme des Backrohrs präsentiert. Die Wärme kann nur auf dem Weg über die Oberfläche ins Innere des Fleischstücks gelangen, und deshalb ist ein Stück Fleisch mit größerer Oberfläche pro Gewicht entsprechend schneller durch.

Ein Beispiel: Wenn von zwei Bratenstücken gleichen Gewichts – also mit gleichem Volumen – das eine würfel-, das andere kugelförmig ist, dann hat das würfelförmige Stück eine um 24 % größere Oberfläche als das andere. Das ist nichts als Geometrie. Wenn es Ihnen was bringt, können Sie es ja selbst nachrechnen. Was mich angeht:

Sah nie 'ne Kuh in Würfelform,
will auch den Anblick mir ersparen.
Doch für den Braten gilt die Norm:
Statt einer Kugel würde sie
ein Viertel schneller garen.

Noch ein Beispiel: Nehmen wir an, wir würden diesen würfelförmigen Braten parallel zu einer Fläche halbieren. Dadurch nähme die Oberfläche insgesamt um 33 % zu, und die beiden Hälften sollten um ungefähr 33 % schneller gegart sein.

Tempus und Temperatur oder Braten in Zeiten der Krise

Ich habe vor, ein Fleischstück 24 Stunden lang bei 80 °C im Rohr zu braten. Würde dabei mehr oder weniger Gas bzw. elektrische Energie verbraucht als bei 3 Stunden Garzeit mit 190 °C? Und wie wäre es bei 6 Stunden mit 120 °C?

Das hört sich vielleicht nach einer verrückten Frage an, aber sie wurde mir von einer Autorität auf dem Sektor Ernährung gestellt: Paula Wolfert (als sie gerade ihr Buch *The Slow Mediterranean Kitchen: Recipes for the Passionate Cook* schrieb). Paula ging davon aus, dass Fleisch durch langes, langsames Garen so zart, saftig und aromatisch wird, wie das durch Garen bei höherer Temperatur nicht möglich ist. Und wie gewöhnlich hat sie recht.

Es war stets eine übertriebene Vereinfachung, wenn behauptet wurde, dass Garzeit und Gartemperatur einander umgekehrt proportional seien, dass man also in kurzer Garzeit bei hoher Temperatur das gleiche oder ein ähnliches Ergebnis erzielen könne wie in längerer Zeit bei niedrigerer Temperatur. Abgesehen von einer sehr begrenzten Spannweite von Zeiten und Temperaturen ist diese Vorstellung beklagenswert unangemessen, weil Kochen sich nicht darauf beschränkt, einfach eine bestimmte Kalorienmenge Wärme in ein Gericht zu pumpen. Es kommt hier nicht so sehr darauf an, *was* man macht, sondern *wie* man es macht.

Als wir uns über diese Frage unterhielten, steckte die Welt gerade in einer ihrer periodisch wiederkehrenden *Energiekrisen*, und Paula befürchtete, langes Braten bei niedriger Temperatur könnte mehr Energie erfordern als kurzes Garen bei höherer Temperatur. Fasziniert stürzte ich mich darauf, das Problem zu lösen. Ich wählte nicht den experimentellen Ansatz, der darauf hinausgelaufen wäre, Tage in der Küche zu verbringen und, nachdem alle anderen Stromverbraucher des Hauses (wirklich erstaunlich, wie viele das sind) außer meinem Elektroherd vom Netz genommen waren, die Anzeige des Stromzählers abzulesen. Statt dessen entschied ich mich für eine theoretische Annäherung: Ich wollte das Ganze mathematisch lösen. Hier meine Resultate!

Es gibt zwei Stadien, in denen beim Braten von Fleisch Energie verbraucht wird: Zunächst ist das Backrohr auf die Brattemperatur vorzuheizen; dann muss diese während der Garzeit aufrechterhalten werden. Offensichtlich ist mehr Energie nötig, um den Herd auf die höhere der beiden Temperaturen vorzuheizen, wobei die tatsächliche Differenz von den Eigenheiten des jeweiligen Herdes abhängt. In beiden Fällen ist die Vorheizzeit im Vergleich zur gesamten Garzeit kurz, weshalb wir diesen Unterschied möglicherweise vernachlässigen können. Dennoch spricht die kürzere Vorheizzeit für einen geringeren Energieverbrauch des Niedertemperaturverfahrens.

Während der Bratzeit wird der Herd ständig Wärme an seine Umgebung abgeben und so tendenziell abkühlen. Doch immer, wenn die Temperatur auf ein bestimmtes Niveau abgesunken ist, stellt der Thermostat den Gasbrenner oder das elektrische Heizelement so ein, dass die verlorene Wärme ersetzt wird. Demnach sollte die gesamte *Energiezufuhr* während der Garzeit genau dem gesamten *Energieverlust* durch Abkühlung entsprechen. Folglich lässt sich der Energieaufwand des jeweiligen Bratverfahrens ermitteln, wenn man den Betrag des Energieverlusts durch Abkühlung berechnet. Die durchschnittliche Abkühlung (in Kalorien pro Stunde), multipliziert mit den Stunden der Garzeit, sollte dann den Gesamtbetrag der eingesetzten Energie ergeben.

Für meine Berechnungen wendete ich Isaac Newtons Abkühlungsgesetz (ja, *genau der* Isaac Newton) an, welches besagt, dass die Abkühlungsrate eines warmen Objekts dem Temperaturunterschied zwischen dem Objekt und seiner Umgebung proportional ist. In unserem Fall ist die heiße Luft im Herd das »Objekt«, während die Luft der Küche die Umgebung darstellt. Die dazwischenliegenden Herdwände verlangsamen zwar die Wärmeübertragung, verändern die letztlich abgegebene Wärmemenge aber nicht.

Weil alle Parameter der Wärmeübertragung von Fall zu Fall unterschiedlich sind, kann ich die absoluten Beträge der jeweiligen Energieverluste nicht berechnen. Aus Newtons Gesetz lässt sich aber der Zeitpunkt ableiten, zu dem sich ein *Gleichstand* herstellt, also die Zahl der Stunden beim Niedertemperaturverfahren, nach denen der Energieverbrauch gleich hoch ist wie bei der schnellen Bratmethode. Sobald wir das langsame Verfahren über diese Zeit hinaus anwenden, verbrauchen wir mehr Energie als beim Schnellverfahren.

In Paulas erstem Beispiel stellte sich heraus, dass der Energiegleichstand für langsames Braten mit 80 °C nach neun Stunden erreicht wurde. Eine Garzeit von 24 Stunden bei dieser Temperatur würde also erheblich mehr Energie erfordern als das Braten bei 190 °C für 3 Stunden. Allerdings stellen 24 Stunden bei 80 °C extreme Rahmenbedingungen für langsames Braten dar.

In Paulas zweitem Beispiel wurde der Energiegleichstand für langsames Braten bei 120 °C nach fünf Stunden erreicht, was ausreichend nah an den von Paula gewünschten sechs Stunden liegt. Also los, Paula!

Ich habe demnach herausgefunden, dass langes, langsames Braten nicht unbedingt mehr Energie verbraucht als das schnellere Verfahren bei höherer Temperatur, vorausgesetzt, das langsame Braten läuft nicht bei einer zu niedrigen Temperatur ab. Wahrscheinlich liegt die niedrigste, praktisch mögliche Stufe zwischen 106 und 120 °C. Wenn der Energieverbrauch kein Thema ist, kann man auf jeden Fall alle Register ziehen und den Braten mit mindestens 74 °C garen, weil das ausreicht, um die meisten Oberflächenkeime abzutöten.

Man kann es aber auch so machen, wie Paula es in ihrem Buch empfiehlt: Erst erhitzt man das Fleischstück kräftig oder brät es rundum an, was alle Oberflächenkeime abtötet, ehe man den Herd auf die Brattemperatur einstellt.

Paula Wolferts Lammkeule, langsam gegart, mit Granatapfelglasur und einer Würzmischung aus roten Zwiebeln und Petersilie

Mit dem Niedertemperaturgaren erhält man schmelzend zartes, noch rotes und saftiges Fleisch. Das Lammstück wird zunächst im heißen Herd angebräunt, worauf man die Temperatur auf ca. 110 °C zurückdreht. Weiterbraten, bis das Fleisch eine Innentemperatur von 55–57 °C erreicht hat. Vor dem Tranchieren muss der Braten ruhen, wobei die Temperatur langsam auf 57–60 °C steigt – so bleibt der Braten saftig und rot.

Beim Tranchieren beginnt man am unteren Ende und schneidet senkrecht zum Hauptknochen. Außerdem sollte man immer quer zur Faser schneiden, damit man zarte Fleischscheiben erhält. Zu diesem Lammbraten nach türkischer Art reicht man die traditionelle Würzmischung aus roten Zwiebeln und Petersilie.

1 Lammkeule von 2,5–3 Kilogramm
30 Milliliter Granatapfelkonzentrat oder Melasse
0,1 Liter Wasser
25 Milliliter Olivenöl, extra vergine
100 Gramm fein gehackte Zwiebeln
4 große zerdrückte Knoblauchzehen
2 Teelöffel Tomatenmark
1 Teelöffel rote getrocknete Peperoni
1 Prise Zucker
Salz und frisch gemahlener schwarzer Pfeffer
0,25 Liter Hühner- oder Gemüsebrühe
20–40 Gramm ungesalzene Butter
Paste aus roten Zwiebeln und Petersilie (Rezept nachstehend)

1. Etwa 6 Stunden vor dem geplanten Servieren überschüssiges Fett von der Keule abschneiden, eine Schicht von ca. 0,5 Zentimeter stehen lassen. Das Granatapfelkonzentrat oder die Melasse in einer großen, tiefen Schüssel mit dem Wasser verdünnen. Olivenöl, Zwiebel, Knoblauch, Tomatenmark, Peperoni und Zucker einrühren. Lammkeule hineinlegen und in der

Flüssigkeit wenden. Maximal 2–3 Stunden bei Raumtemperatur stehen lassen, dabei ein- oder zweimal wenden.
2. An die 3 Stunden vor dem Beginn der Mahlzeit einen Rost ins untere Drittel des Backrohrs einschieben, auf 230 °C vorheizen.
3. Lamm mit der Fettseite nach oben in einem eingefetteten niedrigen Bräter auf einen Rost stellen, großzügig mit Salz und Pfeffer würzen und in den Herd schieben. Die Temperatur sofort auf 120 °C zurückdrehen. 1¾ Stunden braten, dabei ab und zu mit der herabgetropften Flüssigkeit bestreichen. Keule umdrehen und weitere 30 Minuten braten, bis die Kerntemperatur des Bratens 55–57 °C erreicht hat.
4. Die Lammkeule auf ein Schneidbrett legen, locker mit Folie abdecken und 15–20 Minuten ruhen lassen (die Kerntemperatur erreicht dabei 57–60 °C). In der Zwischenzeit den Bratensaft im Bräter entfetten. Brühe hineingießen und den Bräter auf den Herd stellen. Bratensatz durch Rühren ablösen und alles bei mittlerer Hitze reduzieren, bis es zum Nappieren hinreichend eingekocht ist. Gewürze dazugeben und warm stellen.
5. Keule tranchieren und mit der Bratensauce sowie der Zwiebelsauce servieren.

Ergibt 6–8 Portionen.

Relish (Würzmischung) aus roten Zwiebeln mit Petersilie

2 rote Zwiebeln, in dünne Scheiben geschnitten
1 Teelöffel grobes Salz
2 Bund glatte Petersilie, fein gehackt
1 Teelöffel gemahlene Früchte des Gewürzsumach-Strauchs*

Das grobe Salz gut mit den roten Zwiebeln vermischen, Salz in die Zwiebelscheiben reiben, 5 Minuten stehen lassen. Zwie-

---

* Die roten Früchte von Gewürz- oder Gerbersumach (*Rhus coriaria*), auch als Essigbaum bekannt, verleihen den Gerichten einen charakteristischen sauer-adstringierenden Geschmack. Das Gewürz ist im spezialisierten Gewürzhandel erhältlich.

beln unter fließend kaltem Wasser abspülen und gründlich abtropfen lassen, anschließend mit der Petersilie und dem Sumach vermengen. Innerhalb von 30 Minuten servieren.

Ergibt ungefähr 1 große Tasse voll.

❖ ❖ ❖ ❖ ❖ ❖

10. KAPITEL

Ein paar Zuckerl extra für den unersättlich fragenden Geist

Der Brauch, jemandem »ein kleines Extra« zu verehren, ist in allen Gesellschaften in der einen oder anderen Weise verbreitet.

Im Restaurant oder im Taxi geben wir in Form eines Trinkgelds mehr, als auf der Rechnung steht. Und aus Gründen, die ich nie ausloten konnte, überreicht man den Angestellten vieler Firmen – bedauerlicherweise aber nicht jenen an Universitäten – gelegentlich Vergütungen, die man als »Boni« bezeichnet.

In der Zeit vor Einführung der Supermärkte bezeichnete das Bäckerdutzend 13 statt 12 Brötchen, also 8,33 % mehr Ware, was, wie Zyniker vermuten, durch eine versteckte Preiserhöhung um 8,33 % abgedeckt gewesen sein dürfte. Es war eine brillante Methode, die verinnerlichte Vorstellung der Kunden von »einem Dutzend« als starr festgelegter Einheit auszunutzen, um mehr Brötchen zu verkaufen. Denn wenn jemand ein Dutzend kaufte und 13 bekam, erhielt er nicht einfach nur 13 statt 12 – es waren 12 Brötchen und ein »kostenloses«. Ich persönlich sagte dazu »Schwindlerdutzend«. Den Kunden hat es aber sicherlich ein gutes Gefühl gegeben.

Auch der in manchen Restaurants gepflegte Brauch, dem Gast ein kleines, unerwartetes Häppchen zu servieren, das weder auf der Karte noch auf der Rechnung erscheint, hebt das Wohlbefinden des Kunden. Immer wenn ich in einem Restaurant damit bedacht werde, schwindet mein Zynismus blitzartig, und ich denke: »Oh, wie nett!«

Dieser Tradition folgend biete ich in diesem Schlusskapitel (auch weil ich keine bessere Stelle fand, wo ich sie hätte unterbringen können) ein paar »Zuckerl« für Ihren unersättlich fragenden Geist: ein paar Erörterungen über Sprache, Kochkunst und Wissenschaft, mit denen ich das Festmahl der Informationen, das sie hoffentlich genossen haben, abrunden will.

Um es mit dem grammatikalisch so schön falschen Satz von Sara Lee zu sagen: *Niemand mag keine Schokolade.* Und deshalb möchte ich unser gemeinsames Mahl, das wir mit einem Getränk begonnen haben, mit zwei Schokoladendesserts beenden (siehe unten S. 386ff.), die in Ihrem (fragenden) Geist hoffentlich einen angenehmen und lang anhaltenden Geschmack hinterlassen.

Natürlich natürlich?

Auf vielen Lebensmittelverpackungen sind in der Liste der Inhaltsstoffe »natürliche Aromastoffe« aufgeführt, aber wenn ich die Nährstoffliste durchlese, sind sie nicht näher spezifiziert. Was geben die da rein, und warum müssen sie nicht sagen, worum es sich handelt? Geht es um Salz oder Enzyme oder was? Das Adjektiv »natürlich« erklärt praktisch gar nichts! Mein Chemielehrer pflegte immer zu sagen, alles auf Erden sei natürlich.

Dem stimme ich als Chemieprofessor zu. Wenn etwas nicht natürlich ist, was soll es dann sein? Übernatürlich?

Das Lexikon führt für das Adjektiv *natürlich* eine ganze

Reihe von Bedeutungen auf: vom »nicht adoptierten« Kind bis hin zu den so bezeichneten natürlichen Zahlen. Demnach ist Ihre Verwirrung absolut – na was wohl? – natürlich.

Viele Verbraucher scheinen zu glauben, *natürlich* sei im Gegensatz zu allem, was der Mensch herstellt oder weiterverarbeitet hat, gleichbedeutend mit gut oder gesund. Doch die Natur verbirgt in unserer Nahrung manche entschieden unfreundliche Chemikalie. Viele der in Spuren vorhandenen Stoffe, denen Lebensmittel ihren Geschmack verdanken, sind in größeren Mengen so giftig, dass sie von den Gesundheitsbehörden niemals als Zusatzstoffe zugelassen würden.

Man sollte auch bedenken, dass die Verbindung Amygdalin, ein in Aprikosen und Pfirsichen vorkommendes »natürliches« Glykosid, mit einem Magenenzym zu Blausäure (Zyanwasserstoff) reagiert, dem tödlichen Gas, mit dem man früher zum Tod verurteilte Verbrecher hingerichtet hat. Laetril (auch als Vitamin B 17 bekannt), ein naher chemischer Abkömmling des Amygdalins, wird von gewissen Kliniken der Alternativmedizin als Krebstherapie angepriesen. Die Tatsache, dass die Behandlung mit Laetril von der American Cancer Society als pure Quacksalberei bezeichnet wird, hat viele Amerikaner nicht davon abgehalten, für eine einschlägige »Behandlung« nach Mexiko zu reisen.

In der Cassavawurzel (auch als Maniok-, Yucca- oder Tapiokawurzel bekannt) ist ebenfalls Blausäure zu finden, aus der das Gift nach dem Raspeln sorgfältig herausgewaschen werden muss, ehe man sie zu Mehl und anderen Produkten weiterverarbeiten kann.

Um den wild wuchernden Gebrauch des Wortes *natürlich* auf den Lebensmittelpackungen zu kontrollieren, hat die FDA zumindest im Zusammenhang mit Geschmackszusätzen eine Begriffsdefinition herausgebracht. Die inflationär verwendete Floskel »reine Natur«, mit der die Hersteller so gut wie alles von der Kosmetik bis hin zum Toilettenreiniger zu verkaufen pflegen (gütiger Himmel! – niemand würde einen übernatürlichen Toilettenreiniger wollen, oder?), unterliegt jedoch keiner Regelung und kann das wohl auch nicht, weil sie fast alles bedeuten kann, was die Hersteller wollen – am Ende sogar gar nichts.

Als *natürlicher* Aromastoff gilt, einfach formuliert, jede Substanz, die aus pflanzlichem oder tierischem Material extrahiert, destilliert oder in anderer Weise gewonnen wird, sei es direkt aus dem Material selbst oder nachdem dieses geröstet, erhitzt oder vergoren worden ist. Man beachte, dass in diese Definition auch »tierisches Material« einbezogen ist, eine Enthüllung, die Vegetarier bis in die Karottenspitzen zu erschüttern pflegt und alle, welche der koscheren Trennung von Fleisch und Molkereiprodukten anhängen, zu ihrem Rabbi rennen lässt, damit der ihnen Aufklärung zuteil werden lasse. Dabei sind Tiere doch ebenso natürlich wie Pflanzen, oder? Außerdem ist anzumerken, dass ein natürlicher Aromastoff nicht von dem Nahrungsmittel stammen muss, dem er Geschmack verleiht. So kann beispielsweise ein natürlicher, aus Hühnchen gewonnener Aromastoff – der nicht zwangsläufig nach Huhn schmecken muss – dazu verwendet werden, eine Dose Ravioli mit Rindfleisch zu aromatisieren.

Als *künstliche* Aromastoffe definiert die FDA kurzerhand alle Substanzen, die nicht der Definition eines natürlichen Aromastoffes entsprechen. Ironischerweise dürfen derartige synthetische Geschmacksstoffe, die ja nun ganz unverschämt *unnatürlich* sind, in allen mit Verboten versehenen Ernährungslehren, von der veganischen bis zur koscheren Küche, problemlos verwendet werden, weil sie weder tierischen noch pflanzlichen Ursprungs sind. Ein philosophisches oder religiöses Verbot von 2,6-Dimethylpyrazin, dem hervorstechenden künstlichen Aromastoff in Schokolade, wird man vergebens suchen. Zudem erkennt unser Verdauungssystem die meisten chemischen Verbindungen sowohl der natürlichen als auch der künstlichen Aromastoffe nicht als Nahrung, weshalb es diese nicht in den Stoffwechsel einbezieht. Deshalb tauchen sie auf der Liste der Nährstoffe auch nicht auf – sie sind keine Nahrungsmittel und ohnehin nur in Spuren vorhanden.

Selten wird die Tatsache zur Kenntnis genommen, dass alle Aromazusatzstoffe, ob natürlich oder künstlich, von Menschen gemacht werden. Um ein künstliches Aroma herzustellen und einen natürlichen Geschmack nachzuahmen, muss ein spezialisierter Lebensmittelchemiker (der Flavorist) im Labor die passenden Verbindungen auswählen und in den richtigen Proportionen mischen. Und wenn ein natürlicher Aromastoff herzustellen ist, muss jemand in einem anderen Labor oder in einer Fabrik die aromatischen Verbindungen aus den pflanzlichen oder tierischen Rohstoffen extrahieren und destillieren oder konzentrieren.

Noch weniger wird berücksichtigt, dass die von uns Menschen hergestellten aromatisierenden Chemikalien mit den natürlichen Verbindungen identisch sind (»naturidentische Aromastoffe«). Einer der wichtigsten Geschmacksbestandteile in Bananen ist beispielsweise das Isoamylacetat, das synthetisch produziert und als (eher armseliger) Ersatz für den Geschmack von Bananen verwendet wird.

Die meisten natürlichen Aromastoffe sind jedoch sehr viel komplexer aufgebaut. Im Mangogeschmack hat man ungefähr 37 verschiedene chemische Verbindungen gefunden, im Aroma von Kaffee mehr als 800. Ein Flavorist, der die Wirkungen dieser natürlichen Substanzen nachahmen will, muss ein Dutzend oder mehr Chemikalien mischen, von denen keine einzige den Geschmack genau trifft.

Ein interessanter Fall ist die Vanilleschote, in der der größte Teil des natürlichen Aromas aus dem mit 2 % vertretenen Vanillin stammt. Die Chemiker kennen es unter seinem Spitznamen 4-Hydroxy-3-methoxybenzaldehyd. Extrahiert man dieses und andere Vanillearomen mit Alkohol, darf das Produkt ganz legal als »Reiner Vanilleextrakt« und damit als »natürliches Aroma« bezeichnet werden. Enthält das Produkt dagegen synthetisches Vanillin, das durch eines von mehreren Verfahren gewonnen werden kann, muss es als »Vanillin« gekennzeichnet sein.

Dazu sollte man aber folgendes wissen: Wenn das synthetische Vanillin nicht durch die Kombination verschiedener Chemikalien im Labor erzeugt wurde, sondern durch Bakterien, welche die aus Mais oder Reis gewonnene Hydroxy-3-methoxyzimtsäure fermentieren, darf es als »Natürliches Vanillearoma«* bezeichnet werden, weil die Fermentierung ein »natürlicher« Vorgang ist. Das auf diesem Weg erzeugte Vanillin ist jedoch absolut identisch mit dem im Labor hergestellten Stoff.

Für den Koch bleibt unter dem Strich nur die Frage, ob künstliches Vanillearoma ebenso gut schmeckt wie na-

---

* Es würde den Rahmen dieser Übersetzung sprengen, auf die teils übereinstimmenden, teils abweichenden oder gar nicht vorhandenen Vorschriften der EU näher einzugehen. Für Aromastoffe ganz allgemein gilt in der EU, dass zwischen *natürlichen*, *naturidentischen* und *künstlichen* Aromastoffen unterschieden werden muss, die in der Regel auch entsprechend zu deklarieren sind. Ansonsten gelten zugesetzte Aromastoffe jeder Art als gesundheitlich unbedenklich. – Anm. d. Ü.

türliches. Von den Testgruppen, welche die Zeitschrift *Cook's Illustrated* über mehrere Jahre hinweg einberufen hat, wurde das nachgemachte Vanillearoma dem natürlichen vorgezogen. Na so was aber auch!

Darf's ein bisschen mehr sein?

Ich möchte gern was über Marshmallows wissen. Schon als Kind habe ich mich immer gefragt, wie dieses süße, wattige Zeug mit dem seltsamen Namen wohl einst erfunden wurde. Ist es wirklich so alt?

Die heutige Form ist zwar erst ungefähr hundert Jahre alt, aber als Neuauflage einer mehrere Jahrtausende alten Leckerei anzusehen.

Die magische Substanz namens Marshmallow hat ihren Namen von der englischen Bezeichnung für den Echten Eibisch (*Marsh mallow* = *Althea officinalis*). Die Wurzeln dieses Malvengewächses enthalten einen süßen, klebrigen Saft, der seit etwa viertausend Jahren für Süßigkeiten und wegen seiner unterstellten medizinischen Eigenschaften genutzt wird.

Als die Hersteller von Süßigkeiten gegen Ende des 19. Jahrhunderts mit der Nachfrage nach dem echten Produkt nicht mehr Schritt halten konnten, rührten sie aus Zucker, Stärke und Gelatine nachgemachte Marshmallows zusammen. Heute stellt man sie meist aus Maissirup, aus Zucker, modifizierter Stärke (chemisch oder mechanisch behandelte Stärke, die sich besser zur industriellen Verarbeitung eignet, weil sie sich zum Beispiel besser mit kaltem Wasser mischt und es andickt) sowie aus Gelatine her.

Die angenehmste Eigenschaft von Marshmallows ist ihre unvergleichlich weiche, wattige Konsistenz, die kein anderes Nahrungsmittel besitzt. Zu ihrer Herstellung wird eine heiße Mischung (115 °C) aus Maissirup, Zucker, Wasser und Gelatine kräftig zu einem lockeren Schaum geschlagen, der schließlich das doppelte oder dreifache Volumen der Ausgangsmischung erreicht. Während das Produkt abkühlt und die Gelatine fest wird, bleiben viele Millionen Luftbläschen in der Masse eingeschlossen. Das Ergebnis ist ein solider Schaum, dessen Dichte bei 35–45 % der Dichte von Wasser liegt.

Technisch gesehen ist Schaum eine Suspension von Gasblasen in einer Flüssigkeit. Die Bläschen sind so winzig (sie liegen im Bereich der Kolloidgröße), dass sie nie an die Oberfläche steigen, sondern in der Flüssigkeit schweben. Oft wird die Bezeichnung Schaum beibehalten, wenn die Flüssigkeit ausgehärtet oder eingetrocknet ist, beispielsweise bei Marshmallows, Polystyrol und Schaumgebäck (Meringen). Mit Emulgatoren wie Seifen und bestimmten Proteinen lassen sich Schäume stabilisieren (die Luftbläschen werden daran gehindert, sich zu größeren Blasen zu vereinigen). Für Speisen bevorzugen wir die Protein-Stabilisatoren – diese Aufgabe können Gelatine, Kasein in Schlagsahne und Albumin im Eiweiß der Meringen gleichermaßen erfüllen.

Die Konsistenz der Marshmallows lässt sich kontrolliert verändern, wenn man die jeweiligen Anteile der Zutaten und die Dauer des Schaumigschlagens entsprechend einstellt. Die Ergebnisse reichen vom halbflüssigen »Marshmallow Fluff« bis zu jenen elastischeren und bissfesteren Marshmallows, die man aufstellen und mit Schokolade überziehen kann. Aus diesem Grund sind die Produkte mit Schokoladenüberzug innen nie so weich wie erwartet.

Marshmallows, blitzgeröstet

Diese kleine Nascherei aus karamellisierten Marshmallows (außen knusprig, innen weich) ist nicht nur eine unvergleichliche Süßigkeit, sondern bietet auch während der Zubereitung einen sehenswerten Anblick.

6 große Marshmallows (keine Minis)
Etwa 40 Gramm Puderzucker

1. Marshmallows in einem Ring (wie in Stonehenge) aufrecht auf einem mikrowellenfesten Teller anrichten.
2. Marshmallows in der Mikrowelle auf höchster Stufe erhitzen und zusehen, wie sie sich auf ein Mehrfaches ihrer Größe aufblähen. Abschalten, sobald sie oben braune, einem Vulkanschlund ähnelnde Öffnungen gebildet haben (abhängig vom Gerät nach etwa 1½ Minuten).
3. Den Teller vorsichtig herausnehmen (er kann recht heiß sein) und auf einer hitzefesten Unterlage vollständig abkühlen lassen. In dieser Zeit fallen die Marshmallows wieder ein wenig zusammen.
4. Marshmallows einzeln vom Teller nehmen (sie dürften recht klebrig sein), den Boden in Puderzucker stippen und das Ganze auf einem weiteren Teller anrichten. Es ist außen knusprig wie eine Meringe und innen weich, in der Mitte befindet sich eine Schicht braunen, karamellisierten Zuckers wie bei einem von innen her im Feuer gerösteten Marshmallow.

Sieht vielleicht nicht so toll aus, aber jeder wird noch ein bisschen mehr davon haben wollen.

Nahrung für die Götter (keine Götterspeise!)

In letzter Zeit bieten viele Lebensmittelgeschäfte und Supermärkte ein breites Sortiment mit Schokolade aus verschiedenen Ländern an. Freunde von mir vergleichen und diskutieren über deren Vorzüge, als handle es sich um Weine. Meist reden sie von »Prozenten«, aber Prozente wovon? Können Sie mir helfen, diese Dinge auf die Reihe zu bekommen, damit ich mich ebenso als fachmännischer Snob aufspielen kann wie meine Freunde?

Die Amerikaner haben anscheinend erst vor wenigen Jahren entdeckt, dass Schokolade nicht nur auf schwer gezuckerte Milch- oder Nougatmischungen bekannter Marken beschränkt ist; mittlerweile wissen sie, dass ernstzunehmende Schokolade im Unterschied zu gewöhnlichen Schokoladensüßigkeiten eine ganze Welt neuer Aromen zu bieten hat. Heute kann man im Handel Dutzende dunkler Schokoladensorten verschiedener Hersteller aus vielen Ländern finden. In Gourmetkreisen drohen Schokoladeverkostungen als unterhaltsamer und lehrreicher Zeitvertreib Weinproben den Rang abzulaufen.

Alles fängt mit der Kakaobohne an. Kakaobohnen sind Samen aus den Früchten des tropischen Baumes *Theobroma cacao* (*Theobroma* bedeutet »Nahrung der Götter« – der Name wurde offenbar von einem schokophilen Taxonomen geprägt). Azteken und Mayas schätzten die bittere Kakaobohne als Gewürz; erst als die Frucht bis nach Europa gelangt war, wurde sie mit Zucker gesüßt.

Die Prozentangabe auf der Packung steht für den Gewichtsanteil der Tafel, der aus der Kakaobohne gewonnen wurde, also für die tatsächliche Menge an Kakaobestandteilen. Naturbelassene Kakaobohnen enthalten 54 Gewichtsprozent Fett, die anderen 46 Prozent bestehen aus harter, fester Pflanzensubstanz. Die Prozentzahl auf der Packung nennt also die Summe aus Kakaobutter und den festen Kakaobestandteilen.

Ansonsten besteht eine Schokoladentafel vor allem noch aus Zucker – eine Tafel mit »75 %« enthält also 25 %

Zucker. Folglich ist Schokolade, je höher die Zahl auf der Packung ist, entsprechend weniger süß, bitterer und durch komplexere Aromen ausgezeichnet. Zu den weiteren, gewöhnlich in Anteilen von weniger als einem Prozent vorhandenen Zutaten gehören vielleicht noch Vanille oder Vanillin (ein künstlicher Aromastoff) und Lecithin, ein aus Sojabohnen gewonnener Emulgator, der die Schokolade glatter und cremiger macht.

Hier eine Aufzählung der drei wesentlichen Bestandteile einer Schokolade hoher Qualität:

- *Kakaomasse:* Sie stellt das »Rohmaterial« von Schokolade dar und besteht aus gemahlenen Kakaobohnen. Da deren Fettanteil durch die Reibungswärme des Mahlvorgangs schmilzt, bezeichnet man das aus der Mühle kommende Produkt manchmal auch als Kakaopaste. Der prozentuale Anteil dieser Kakaomasse entspricht dem tatsächlichen Kakaogehalt.
- *Kakaobutter:* das Fett der Kakaobohne. *Butter* klingt ansprechender als *Fett*, doch das sollte keinen zu der Vorstellung verleiten, dafür sei eine Kuh verantwortlich. Nicht einmal eine braune Kuh, von der lila Kuh ganz zu schweigen.
- *Kakaopulver:* die entölten, braunen und festen Bestandteile der Kakaobohne, zu Pulver gemahlen.

Das ist schon alles. Lediglich drei Hauptdarsteller auf der Besetzungsliste – Kakao, sein Fettanteil und die Feststoffanteile. Hat man Kakaobutter und Kakaopulver getrennt, können sie mit unterschiedlichen Anteilen von Zucker zu einer Vielfalt verschiedener Schokoladensorten kombiniert werden.

Bei »ungesüßter Schokolade« oder »Backschokolade« handelt es sich einfach um Schokoladenmasse, die in Formen gegossen und zum Aushärten abgekühlt wird. Ihr Fettgehalt muss in den USA zwischen 50 und 58 % liegen, was eine Abweichung vom natürlichen Fettgehalt der Kakaobohne von 54 % um 4 % nach oben oder unten zulässt.

Zusätzlich zu diesen 54 % Fett enthält Schokoladenmasse noch 17 % Kohlenhydrate, 11 % Protein, 6 % Tannine und 1,5 % Theobromin, ein dem Koffein ähnelndes Alkaloid mit leicht anregender Wirkung. Dazu kommt mit einem Anteil von unter 1 % noch Phenylethylalanin vor, ein etwas stärkeres Stimulans, das dem als »Speed« bekannten Amphetamin ähnelt. Außerdem enthält Schokolade noch geringe Mengen von Polyphenpolen, die oxidationshemmend wirken und somit freie Radikale bekämpfen, sowie Anandamid, einen nahen Verwandten des Tetrahydrocannabiols (THC), des Wirkstoffs der Marihuanapflanze. Dazu ist anzumerken, dass alle diese physiologisch wirksamen und psychoaktiven Substanzen nur in winzigen Mengen vorliegen. Das von ihnen ausgelöste »Hochgefühl« ist zudem kurzlebig und nicht sehr intensiv.

In der Schokoladenfabrik kann man das Fett aus der Kakaomasse pressen und so von den Feststoffanteilen trennen. Die fettfreien Feststoffe nennt man gewöhnlich und ganz korrekt Kakao und verkauft sie auch unter dieser Bezeichnung. Das abgetrennte Fett gibt der Hersteller dann oft wieder zu einer Schokoladenmischung dazu, um Geschmeidigkeit und Schmelzverhalten der speziellen Sorte zu beeinflussen. Da die zusätzliche Kakaobutter das natürliche Verhältnis von Fett zu Feststoffen (54:46) ändert, wird sie in der Liste der Zutaten separat aufgeführt. Der auf der Packung angegebene Prozentsatz der Kakaobestandteile schließt dieses hinzugefügte Fett ein.

Wie glatt und geschmeidig die Schokolade dann sein

soll – das hängt vom Fettgehalt ab –, ist je nach Land unterschiedlich. Die Kontinentaleuropäer mögen ihre Schokolade sehr geschmeidig – die Zuckerteilchen sind hier nicht größer als 2 Mikrometer –, während die Engländer eine etwas körnigere Variante mit Zuckerteilchen von 10 Mikrometer Durchmesser bevorzugen. Körnige Schokolade mit festen Partikeln von mehr als 15 Mikrometer Durchmesser mag fast niemand.

2003 hat die EU infolge von Differenzen zwischen Belgien, England, Frankreich und Deutschland (unter besorgter Mitwirkung der Schweiz) verfügt, dass bis zu 5 % der Kakaobutter durch andere pflanzliche Fette ersetzt werden darf. Deshalb brüsten sich viele der besten dunklen Schokoladen Europas mit ihrem hohen Kakaogehalt, indem sie den Prozentsatz in großen Ziffern auf der Packung mitteilen.

Falls Sie Ihren Snobquotienten wirklich aufbrezeln wollen, sollten Sie so viel dunkle Schokolade ausprobieren, wie Sie auftreiben (oder sich leisten) können – sie ist nicht billig. Den Kakaoanteil sollten Sie nur als ersten Hinweis dafür nehmen, wie süß oder bitter Sie die Schokolade mögen. In dieser Kategorie probieren Sie dann viele verschiedene Sorten, bis Sie herausgefunden haben, welche Eigenschaften wie beispielsweise Konsistenz oder Körnigkeit, Aroma und Mundgefühl Sie persönlich bevorzugen. Dann lernen Sie die Prozentzahlen und Ursprungsländer einiger Sorten auswendig und reden bei jeder sich bietenden Gelegenheit darüber. Verwenden Sie dabei das Vokabular aus Weinzeitschriften (Bouquet, Frucht, Abgang und so weiter), und schon können Sie ein ebenso versierter Schokoladensnob sein wie Ihre Freunde.

☞ ***Schnellkurs: Kuchen garnieren***

Eine Kuchendekoration, für die man geschmolzene Schokolade mit der Spritztülle auf das Gebäck oder ein Blatt Pergamentpapier zum späteren Abziehen aufträgt, soll aushärten und nicht flüssig bleiben und sich ausbreiten. Um das zu erreichen, bringt man die Schokolade vor dem Spritzen dazu, ein wenig anzuziehen – man gibt unter Rühren vorsichtig (tropfenweise) Wasser hinein, bis sie anfängt, anzudicken. Mit der richtigen Wassermenge sollte ein Probemuster rasch aushärten, vor allem wenn man es 3–5 Minuten in den Kühlschrank stellt.

Wenn Schokolade ausblüht

Mir ist aufgefallen, dass in einer Packung mit einem Sortiment verschiedener Schokoladen nur auf den mit dunkler Schokolade überzogenen Leckereien nach einigen Monaten ein weißer Belag entstand, bei Milchschokolade dagegen nicht. Welcher Bestandteil in der chemischen Zusammensetzung der dunklen Schokolade ist dafür verantwortlich?

Nach mehreren Monaten, sagen Sie? Bei mir zu Hause hält eine Packung Schokolade nur mit Glück eine Woche vor.

Der weiße Belag entsteht durch extreme oder stark wechselnde Temperaturen. Sie haben sich der Schokoladenmisshandlung durch falsche Lagerung schuldig gemacht!

Die weiße Schicht ist kein Schimmel und völlig harmlos, da sie allenfalls das Aussehen und in gewissem Umfang die Konsistenz beeinträchtigt. Milchschokolade besteht üblicherweise zu 70 % aus Milchpulver und Zucker.

Mit einem Anteil von lediglich 12 % Kakaomasse ist sie weniger anfällig für diese Ausblühung als dunkle Schokolade, bei der es bis zu 75 % Kakaomasse sein können.

Es gibt drei Arten dieses weißen Belags: Fettausblühungen, Zuckerausblühungen und Altersausblühungen.

Zur Ausblühung von Fett kommt es, wenn bei extremer Wärme ein Teil der verflüssigten Fettbestandteile an die Oberfläche wandert und dort relativ große, das Licht reflektierende Kristalle bildet. Schokolade sollte man immer bei Temperaturen unter 27 °C aufbewahren, 17 °C sind ideal.

Zucker blüht aus, wenn die Schokolade nass oder bei hoher Feuchtigkeit gelagert wird. Dadurch löst sich einiges von dem Zucker der Oberfläche, wo er in kristalliner Form zurückbleibt, wenn die Feuchtigkeit verdunstet.

Altersausblühungen treten bei älterer Schokolade auf, wenn langsam entstehende Kristalle bestimmter Form eine Chance bekommen, sich zu entwickeln. Es sind große, grobe Kristalle, welche die glatte Konsistenz der Schokolade so stark aufbrechen können, dass sie zu krümeln beginnt. Falls Sie beispielsweise eine Tafel Schokolade hinter den Autositz fallen lassen und dort vergessen, so werden Sie, wenn Sie das Auto erst zwei Jahre später kurz vor dem Verkauf reinigen, bemerken – ach, ich kann nicht weiter! Diese Vorstellung ist einfach zu schrecklich.

Ausblühungen auf Schokolade vermeiden Sie am besten, wenn Sie Schokolade grundsätzlich vernaschen, sobald sie in Reichweite kommt. Das ist meine Methode.

Der Grinch, der die Schokolade klaute*

In Läden für Gesundheitskost habe ich eine aus Carob hergestellte Schokolade gesehen – vermutlich, weil man damit das Fett und das Koffein in normaler Schokolade vermeiden kann. Was ist Carob eigentlich genau?

Also los, begeben wir uns vom Erhabenen zum Lächerlichen.

Zunächst ist festzuhalten, dass Schokolade im Gegensatz zu einer weit verbreiteten Meinung nur sehr wenig Koffein enthält. In einem kleinen Block ungesüßter Backschokolade (ca. 25 Gramm) finden sich durchschnittlich 23 Milligramm Koffein, während eine Tasse Kaffee mehr als 100 Milligramm hat. Dieselbe Menge Schokolade enthält jedoch 370 Milligramm Theobromin, ein mit dem Koffein eng verwandtes Alkaloid mit weniger anregender Wirkung.

Der zu den Leguminosen (Hülsenfrüchtlern) zählende Johannisbrotbaum (*Ceratonia siliqua*), auch Karob-Baum genannt, wächst in relativ ariden (wasserarmen) Zonen der Subtropen, etwa in Kalifornien, Florida und dem östlichen Mittelmeerraum. Seinen Namen verdankt er Johannes dem Täufer, der in der Wildnis überlebt haben soll, weil er sich außer von Heuschrecken von »wildem Honig« ernährt hat, der aus den Früchten dieses Baums gewonnen wurde**.

---

* Robert Wolke spielt hier auf einen Film mit Jim Carrey aus dem Jahr 2000 an. Der Originaltitel lautete: »How The Grinch Stole Christmas« (etwa: Wie der Grinch Weihnachten klaute). – Anm. d. Ü.

** Im amerikanischen Original zitiert Robert Wolke die King-James-Bibel, in der es heißt, Johannes hätte von »locusts and honey« (Heuschrecken und Honig) gelebt, und meint, es seien wohl eher »locust *beans*« (die Schoten des Johannisbrotbaums) gewesen. Einer dritten

Das auf vielen Listen der Inhaltsstoffe von Lebensmitteln auftauchende Johannisbrotkernmehl ist ein geschmacksneutrales, klebriges Polysaccharid, das aus den Samen des Karob-Baums stammt und als Verdickungsmittel verwendet wird. Man findet es in gefrorenen Desserts, bakteriell veredelten Molkereiprodukten, Frischkäse und anderen Nahrungsmitteln. Zusammen mit den anderen pflanzlichen Verdickungsmitteln Xanthan und Carrageen bildet es feste Gele, weshalb es selten allein eingesetzt wird.

Wo kommt denn nun die Schokolade ins Spiel? Der Karob-Baum entwickelt lange, essbare Samenhülsen, die getrocknet und zu einem Pulver vermahlen werden können. Weil das Pulver braun, süß (es enthält ungefähr 40 % Zucker) und praktisch fettfrei ist, kam jemand auf die nicht besonders schlaue Idee, es als Schokoladenersatz zu verwenden. Denn ohne das Fett der Schokolade ist seine Konsistenz leider eher sandig und krümelig, ganz zu schweigen davon, dass ihm fast jedes Aroma fehlt.

Für mich ist Karob der Grinch, der die Schokolade geklaut hat. Kann man total vergessen.

Wir sind in unserem Festmahl des Wissens nun bei der letzten Lektion angekommen – dem Dessert. So schließen wir denn mit zwei Rezepten für süße Genüsse, einem klassischen und einem, das aus dem Rahmen fällt.

Klassisch ist die *Ganache*, eine Mischung von Schokolade und Schlagsahne, den beiden üppigsten Zutaten in unserem epikureischen Arsenal. Ganache, im Grunde eine Verbindung der zwei Fette Kakaobutter und Butter-

---

Version zufolge wurden möglicherweise die hebräischen Worte »hagavim« für Heuschrecken und »haruvim« für den Johannisbrotbaum verwechselt. – Anm. d. Ü.

fett, ist nichts für Leute, die angesichts der Speisekarte von Höllenängsten befallen werden. Sie wird selten unter ihrem Namen aufgeführt, sondern vielleicht als Glasur auf einem Kuchen oder als Füllung zwischen seinen Schichten getarnt. Sie kann auch als Mittelpunkt einer Trüffel auf den Tisch kommen. Wo immer Ganache auch erscheinen mag, sie ist die Schokoladencreme schlechthin, und jeder / jede weiß, dass eine französisch buchstabierte Creme einfach gut sein muss.

Als abschließendes, etwas ausgefallenes Konfekt bieten wir noch ein gegrilltes Schokoladensandwich an. Ja, Sandwich, Brot und all das. Wann immer Ihnen der Sinn nach Futter für die Seele steht, können Sie schnell die Antwort des Kakaogottes auf ein gegrilltes Käsesandwich herbeizaubern.

Lassen Sie es sich gut schmecken!

Ganache

Diese Mischung aus geschmolzener Schokolade und heißer vollfetter Sahne wird so lange zusammengerührt, bis sie ganz glatt ist. Der jeweilige Anteil der beiden Zutaten kann zwar variieren, aber bei gleichen Mengen erhält man gute Ergebnisse und kann sich das Rezept am leichtesten merken. Ganache wird oft gekühlt und zu Bällchen geformt, die das weiche Zentrum von Trüffelpralinen bilden. In unserem Fall gießen wir die lauwarme Ganache über einen Kuchen, wo sie zu einer glatten und verlockend glänzenden Glasur wird.

Für einen einschichtigen runden Kuchen mit einem Durchmesser von 20–23 Zentimetern benötigt man ungefähr 0,25 Liter Ganache. Was übrig bleibt, eignet sich als Sauce für pochierte Birnen, Eiscreme oder andere Desserts. Im gut verschlossenen Behälter kann sie bis zu zwei Monate lang im Kühlschrank aufbewahrt werden – das heißt, falls Sie sich beherrschen können und sie nicht gleich löffelweise wegfuttern.

250 Gramm halbsüße oder bittersüße Schokolade, fein zerkleinert
0,25 Liter vollfette Sahne

1. Die zerkleinerte Schokolade in eine mittelgroße, hitzefeste Schüssel geben.
2. Sahne in einem kleinen Topf aufkochen lassen, über die Schokolade gießen und mit dem Schneebesen sachte schlagen, bis die Schokolade vollständig geschmolzen und glatt ist. Abkühlen lassen.
3. Einen abgekühlten Tortenboden von 20–23 Zentimetern Durchmesser auf Backpapier oder Folie auf ein Blech legen. Die warme Ganache über den Kuchen gießen und mit einem Metallschaber auf der Oberfläche und über die Seiten verteilen. Den Kuchen vor dem Servieren etwa 1 Stunde ruhen lassen.

Ergibt ungefähr 360 Milliliter.

❖ ❖ ❖ ❖ ❖ ❖

Gegrilltes Schokoladensandwich

Dieses Sandwich – als überraschendes, köstliches Dessert, als kleiner Imbiss am Nachmittag oder als genussvolles Frühstück – ist, wenn man so will, eine halb inzestuöse Affäre zwischen zwei transatlantischen Cousins: die Verbindung von amerikanischem gegrilltem Käsesandwich mit französischem Pain au chocolat *(Schokoladenbrot). Für diesen Klassiker der französischen* Patisserie *werden Schokoladenstäbchen in Rechtecke aus Blätterteig gehüllt.*

Wir bevorzugen dunkle Schokolade, aber wer mag, kann es auch mit Milchschokolade zubereiten.

30 Gramm ungesalzene Butter (Zimmertemperatur)
2 Scheiben einfaches Weißbrot oder Sauerteigbrot, höchstens 1 Zentimeter dick
30 Gramm Halbbitterschokolade, grob zerkleinert

1. Auf jede Brotscheibe jeweils die Hälfte der weichen Butter einseitig aufstreichen. 1 Scheibe mit der Butterseite nach unten in eine kleine Pfanne mit Antihaftbeschichtung legen. Die Schokolade vorsichtig auf das Brot aufbringen, dabei rundum einen Rand von 0,5 Zentimeter freihalten. Die andere Brotscheibe mit der Butterseite nach oben drauflegen.
2. Pfanne auf dem Herd bei mittlerer Hitze erwärmen. Ein flaches Gewicht (z. B. einen Teller) auf das Sandwich stellen. 2–3 Minuten auf dem Feuer lassen, bis die untere Scheibe leicht angebräunt ist. Die Schokolade sollte gerade ein wenig angeschmolzen sein und nicht seitlich herausquellen. Sandwich wenden und noch einmal für 2 Minuten garen, bis die andere Brotscheibe braun ist.
3. Sandwich auf einen Teller legen, in vier Teile schneiden und warm servieren.

Für 1 oder 2 Personen.

❖ ❖ ❖ ❖ ❖ ❖

Danksagung

An Johannes Mario Simmel angelehnt könnte man sagen, kein Autor sei eine Insel – er hat Lektoren.

Es mag nicht allgemein bekannt sein, dass jedes Wort eines Buches von mindestens einem und häufig von bis zu einem Dutzend Augenpaaren betrachtet und geprüft worden ist – ihre Fingerabdrücke (um ein paar Metaphern zu verquirlen) sind über das ganze Buch verteilt.

Als ich an diesem Buch und seinem Vorgänger schrieb, profitierte ich in hohem Maß von der Klugheit, den Ratschlägen und dem guten Urteilsvermögen der Cheflektorin Maria Guarnaschelli vom Verlag W. W. Norton. Als personifizierte »hartnäckige Zuneigung« betätigte sie sich nicht bloß als »Lektorin im Nachhinein«, sondern von den ersten Anfängen bis zur Fertigstellung als nachsichtige Mitarbeiterin. Ohne ihre lenkende Hand bei der Gestaltung und Umgestaltung des Umfangs und Aufbaus wäre dieses Buch nicht möglich gewesen.

Meine Dankbarkeit hat sich auch Marias aufgeweckter und äußerst fähiger Assistent Erik Johnson verdient, der vieles, was in die Veröffentlichung eines Buches einfließt, koordiniert hat – unter anderem, indem er den Autor mit dem Hinweis auf Abgabefristen nervte.

Zu den gewieften Profis von W. W. Norton, die mein Manuskript in ein Buch verwandelten, gehören unter der Leitung des Direktors Drake McFeely, des Chefherausgebers Star Lawrence und der leitenden Redakteurin

Nancy Palmquist die Designerin Barbara Bachman, der Umschlagkünstler John Fulbrook III, Georgia Liebman als Art Director, Jeanne Luciano als Verlagsleiterin, Andrew Marasia als Leiter der Herstellung, Produktionsleiterin Anna Oler, Verkaufsleiter Bill Rusin und die Redakteurin Susan Sanfrey. Ich danke ihnen allen.

Meine spezielle Wertschätzung gilt der überaus genauen Lektorin Katya Rice, deren scharfem Auge und linguistischen Fachkenntnissen (wer sonst würde mir einen ganzen Absatz schreiben, um ein geändertes Komma zu rechtfertigen?) es zu verdanken ist, dass der Text entweder makellos syntaktisch oder syntaktisch makellos ist – und auch den entsprechenden Unterschied hätte sie hier scharfsinnig herausgearbeitet.

Meinem Literaturagenten Ethan Ellenberg, der mich vor langer Zeit dazu ermutigt hat, das Buch zu schreiben, welches das erste meiner »Einstein-Reihe« werden sollte, bin ich weiterhin dankbar. Der Band, den Sie in der Hand halten, ist der vierte, nachdem ich anfangs gerade gehofft hatte, es vielleicht bis zur Trilogie zu bringen.

Und natürlich verdient meine Ehefrau und Ko-Autorin Marlene Parrish meine Bewunderung – nicht nur für die von ihr geleistete Arbeit mit den Rezepten, sondern auch dafür, dass sie es in den vielen Monaten, in denen ich als Sklave am Computer schuften musste, ertragen hat, auf meine Gesellschaft zu verzichten.

Verzeichnis der Rezepte

Sachregister